UNE CONVENTION ET UNE COUR POUR LES DROITS FONDAMENTAUX, LA DÉMOCRATIE ET L'ÉTAT DE DROIT EN EUROPE

UNE CONVENTION ET UNE COUR POUR LES DROITS FONDAMENTAUX, LA DÉMOCRATIE ET L'ÉTAT DE DROIT EN EUROPE

Frédéric KRENC

Juge élu au titre de la Belgique à la Cour européenne des droits de l'homme

ANTHEMIS

LGDJ une marque de Lextenso

LEXNOW La version en ligne de cet ouvrage est disponible sur la plateforme juridique Lexnow à l'adresse www.lexnow.io

Place Albert I, 9 B-1300 Limal
Tél. 32 (0)10 42 02 90 – info@anthemis.be – www.anthemis.be

Dépôt légal : D/2023/10.622/94
ISBN : 978-2-8072-1129-2

Mise en page : MC Compo – www.mccompo.be
Couverture : Matthieu Lepoutre
Impression : Ciaco
Imprimé en Belgique

Plan

Avant-propos

Le présent ouvrage entend offrir une réflexion d'ensemble sur le système de protection des droits fondamentaux, tel qu'il a été mis en place par la Convention européenne des droits de l'homme. Il est notamment le fruit de conférences que l'auteur a eu le privilège de prononcer, mais aussi d'enseignements qu'il a eu le plaisir de dispenser, durant plusieurs années, à l'université, ainsi qu'auprès de magistrats et d'avocats. Il s'inscrit par ailleurs à la suite de précédentes publications consacrées à la Convention et à son mécanisme de contrôle.

Au regard externe longtemps porté sur ce système se superpose une vision interne tirée d'une première expérience de juge à la Cour européenne des droits de l'homme.

Naturellement, les considérations développées dans cet ouvrage sont propres à l'auteur et n'engagent pas la Cour que celui-ci a l'honneur de servir.

Introduction

1. La Convention de sauvegarde des droits de l'homme et des libertés fondamentales (mieux connue sous l'appellation « Convention européenne des droits de l'homme » et dénommée ci-après « la Convention ») est un traité international qui, élaboré sur les cendres de la Seconde Guerre mondiale, reconnaît des droits et libertés à tous les individus qui relèvent de la « juridiction » des États qui y sont parties. Ayant pour dessein de garantir un espace démocratique fondé sur la prééminence du droit et le respect de la dignité humaine, elle est le socle de la protection des droits fondamentaux en Europe.

2. Ce traité international est placé sous le contrôle subsidiaire de la Cour européenne des droits de l'homme (ci-après « la Cour ») qui veille, en dernière instance, au respect, par les États, de leurs engagements. Sur saisine individuelle ou – plus rarement – étatique, la Cour tend à assurer l'effectivité des droits garantis par la Convention et à faire de celle-ci un « instrument vivant » adapté aux réalités d'aujourd'hui et capable de répondre aux défis de demain. Ainsi la Convention ne peut-elle être dissociée de l'œuvre prétorienne de la Cour. Cette jurisprudence fait corps avec le texte en sorte que celui-ci ne peut être lu qu'à la lumière de celle-là. Il y a donc la Convention, mais aussi ses juges qui en ont la garde ultime et la font vivre.

3. Instrument de droit international, la Convention est devenue progressivement une norme de droit interne par son invocation et son incorporation croissantes dans les ordres nationaux. Si le président Henri Rolin avait pu déplorer peu après son adoption que « la Convention se trouve pratiquement ignorée de la plupart des praticiens »[1], il ne fait pratiquement aucun doute que ces propos ne pourraient être réitérés aujourd'hui. La Convention s'invite quotidiennement dans les prétoires au sein desquels elle est de plus en plus mobilisée. Plus aucune branche du droit n'échappe à son empire, qu'il s'agisse du droit des personnes et de la famille, du droit fiscal, du droit pénal ou encore du droit des assurances, pour ne citer que ceux-là. La Convention a massivement contribué à la fondamentalisation du droit, tandis qu'elle a connu une judiciarisation exponentielle au fil du temps, aux niveaux tant interne qu'international. Alimenté par une jurisprudence opulente de la Cour, le droit de la

[1] H. Rolin, « Un texte de droit positif ignoré des juristes belges : la Convention européenne des droits de l'homme », *J.T.*, 1958, p. 515.

Convention a également gagné en densité, technicité mais aussi, par voie de conséquence, en complexité.

4. Dans ce contexte, le présent ouvrage cherche à proposer une vision globale, concrète, actuelle et synthétique du système de la Convention, agrémentée de réflexions personnelles. Le choix de son intitulé participe d'une double préoccupation. Il s'agit, d'une part, de mettre en exergue les trois piliers du Conseil de l'Europe que sont les droits fondamentaux, la démocratie et l'État de droit et, d'autre part, de souligner que ceux-ci sont au cœur de la Convention dont la Cour assure le respect.

5. Dans les lignes qui suivent, je commencerai par exposer le projet poursuivi par la Convention pour en montrer la singularité, avant de décrire plus avant les valeurs qu'elle vise à sauvegarder (partie I).

6. Après cette présentation générale, je me concentrerai sur le texte de la Convention en envisageant les principes interprétatifs qui président à sa lecture, les droits et libertés qu'il reconnaît aux individus, ainsi que les obligations qu'il impose corrélativement aux États parties (partie II).

7. L'attention se portera ensuite sur le mécanisme de contrôle tel qu'il est institué devant la Cour (partie III). Je chercherai notamment à en circonscrire le caractère juridictionnel et subsidiaire. Les modes de saisine de la Cour seront naturellement précisés, de même que la portée et l'autorité de ses arrêts qui visent autant à « rendre la justice » qu'à « dire le droit ».

8. Enfin, il s'agira de prendre la mesure des défis majeurs, internes (partie IV) comme externes (partie V), auxquels le système mis en place par la Convention est appelé à faire face, à l'heure où les droits que celle-ci garantit « ne sont plus une évidence »[2] et l'existence même d'un contrôle juridictionnel international tend à être remise en cause ci et là.

9. Tout au long de ces pages, c'est la nécessité de ce système que l'ouvrage entend fondamentalement souligner. En filigrane, il montrera la complémentarité que la Convention entretient avec les ordres internes. Il en ressortira que les relations entre la Cour et les autorités nationales reposent moins sur un modèle hiérarchique et vertical que sur un partage de responsabilités irrigué par la subsidiarité.

---

[2] P. LEMMENS, « Conclusions », *in Les droits de l'homme. Une réalité quotidienne*, Anthemis, Limal, 2014, p. 232.

Partie I

Un projet unique et ambitieux

Chapitre I

L'adoption de la Convention

10. La Convention a été signée le 4 novembre 1950 à Rome, au palais Barberini. Elle est entrée en vigueur le 3 septembre 1953, après le dépôt du dixième instrument de ratification par le Luxembourg. Elle constitue le texte phare du Conseil de l'Europe, cette organisation internationale créée en 1949 par le Traité de Londres en vue de garantir avant tout la paix sur le continent[3].

A. Une concrétisation régionale et contraignante de la Déclaration universelle des droits de l'homme

11. Ainsi que l'exprime son Préambule, les États signataires de la Convention ont voulu «prendre les premières mesures propres à assurer la garantie collective de certains des droits énoncés dans la Déclaration universelle [des droits de l'homme]». Cette dernière fut adoptée le 10 décembre 1948 aux termes d'une résolution de l'Assemblée générale des Nations Unies[4]. Elle est, on le sait, formellement dépourvue de caractère obligatoire. Toutefois, son autorité, souvent

---

3 Le Conseil de l'Europe fut fondé par dix États (Belgique, Danemark, France, Irlande, Italie, Luxembourg, Norvège, Pays-Bas, Royaume-Uni et Suède).

4 Comme le note le doyen Cohen-Jonathan, la Déclaration «mérite bien cette qualification d"universelle' à trois points de vue: d'abord, elle n'est inféodée à aucune doctrine particulière, politique, religieuse ou philosophique, mais elle exprime une foi commune dans la destinée de l'homme, un idéal commun qui est de rétablir la dignité et la liberté de l'homme dans son unité. L'universalité de la Déclaration s'affirme également quant à ses destinataires: c'est l'être humain qu'elle entend protéger, tous les êtres humains sans discrimination d'aucune sorte en tout territoire, en tout lieu de la terre. Enfin, c'est par son contenu que la Déclaration est universelle puisqu'elle définit pour la première fois un standard international commun englobant l'ensemble des droits de toute nature, civils, sociaux ou culturels qui doivent être garantis dans toute société démocratique, de façon indivisible» («Les droits de l'homme, une valeur internationalisée», *Droits fondamentaux*, n° 1, juillet - décembre 2001, p. 157).

qualifiée de morale et/ou politique, est indéniable et, pour beaucoup, elle est même devenue l'expression d'un impératif juridique[5].

12. Si elle s'inscrit dans la lignée de la Déclaration universelle des droits de l'homme, la Convention s'en distingue à plusieurs titres. Tout d'abord, la Convention consacre pour l'essentiel des droits civils et politiques (droit à la vie, interdiction de la torture, interdiction de l'esclavage et du travail forcé, droit à la liberté, droit au respect de la vie privée et familiale, du domicile et de la correspondance, liberté de pensée, de conscience et de religion, liberté d'expression, liberté de réunion et d'association, notamment), alors que la Déclaration offre une plus large place aux droits économiques et sociaux (droit au travail, droit à la sécurité sociale, droit à des congés payés périodiques...). Cependant, ainsi qu'il sera montré ci-après (*infra* n°s 418-422), cette distinction doit être considérablement relativisée à la lueur de la jurisprudence de la Cour qui, par une interprétation téléologique et dynamique de la Convention, a dépassé ce cloisonnement.

13. La Convention se distingue ensuite, et plus encore, de la Déclaration universelle par son caractère régional et sa nature intrinsèquement contraignante. Cette dernière est renforcée par un mécanisme de contrôle mis en place devant la Cour, juridiction internationale habilitée à rendre des arrêts obligatoires pour les États qui en sont les destinataires (article 46 de la Convention).

B. Un produit de la volonté souveraine des États

14. Il importe de souligner d'entrée que les droits consacrés dans la Convention n'ont pas été édictés au mépris de la volonté souveraine des États auxquels ils peuvent être opposés. Au contraire, ils procèdent entièrement de celle-ci.

15. Si la Convention constitue assurément un texte de droit positif – elle n'est pas tombée des cieux –, elle vient toutefois sceller dans le marbre un ensemble de droits qui sont intrinsèquement liés à l'existence humaine et qui sont le reflet de valeurs communes à l'Europe. En ce sens, les droits garantis par la Convention constituent autant de normes qui surplombent le droit positif et forment un bien inaltérable pour les individus qui en sont les titulaires. Ceux-ci ne peuvent être dépossédés de ces droits qui relèvent de leur patrimoine et dont la reconnaissance caractérise les sociétés démocratiques régies par la prééminence du droit. Le doyen Vedel avait pu écrire en ce sens que les droits fondamentaux sont immanents quand ils se font, et transcendants lorsqu'ils sont faits[6]. Cette formulation me paraît particulièrement bien choisie lorsqu'il s'agit de décrire la nature des droits garantis par la Convention.

---

[5] Voy. E. Decaux, « Brève histoire juridique de la Déclaration universelle des droits de l'homme », *Rev. trim. dr. h.*, 2018, pp. 837-853. Voy. également M. Gambaraza, *Le statut de la Déclaration universelle des droits de l'homme – Une aventure juridique*, Pedone, Paris, 2016.

[6] G. Vedel, « Le Conseil constitutionnel, gardien du droit positif ou défenseur de la transcendance des droits de l'homme », *Pouvoirs*, n° 45, 1988, pp. 149-159, spéc. pp. 155-156. Je dois cette citation au professeur Dominique Rousseau que je remercie vivement.

Chapitre II
L'évolution de la Convention

A. L'adoption de protocoles additionnels

16. Depuis son adoption, la Convention a été complétée par différents protocoles. Ceux-ci sont, à ce jour, au nombre de seize. Tantôt ils viennent enrichir le patrimoine des droits et libertés. Il en va ainsi du premier protocole additionnel qui consacre le droit de propriété, le droit à l'instruction et le droit à des élections libres. Tantôt leur objet est d'amender le mécanisme de contrôle institué devant la Cour. Tel fut le but des Protocoles n°s 11, 14 et 15 (*infra* respectivement n°s 431, 680-691 et 707-708).

17. Par ailleurs, certains protocoles portent amendement à la Convention en sorte que leur entrée en vigueur nécessite impérativement la ratification par tous les États parties. Il en fut ainsi des Protocoles n°s 11, 14 et 15. D'autres, en revanche, demeurent optionnels en ce que leur entrée en vigueur n'est pas dépendante d'une acceptation par l'ensemble des États parties à la Convention. Tel est le cas du Protocole n° 16 instituant une procédure facultative d'avis consultatifs devant la Cour (*infra* n°s 721-737).

B. L'extension du nombre d'États parties

1. Une extension croissante

18. À partir de la signature de la Convention en 1950 par douze États[7], le nombre d'États parties n'a cessé de croître pour atteindre quarante-sept, jusqu'il y a peu. La chute du mur de Berlin le 9 novembre 1989 a, à cet égard, constitué un tournant majeur dans l'histoire de la Convention par l'ouverture de l'Europe des droits de l'homme à l'Est. Par la suite, ce ne sont pas moins de vingt-trois États qui ont rejoint le Conseil de l'Europe et adhéré au texte de la Convention[8]. Cette Europe est devenue progressivement un grand espace fondé sur des valeurs communes et s'étendant de Reykjavik à Nicosie et de Lisbonne à Vladivostok.

2. L'exclusion d'un État

19. L'année 2022 a cependant montré que cet édifice ancré autour de ces valeurs demeurait fragile. Certes, l'adoption de la Convention n'a pas empêché la survenance de conflits sur le territoire du Conseil de l'Europe[9]. Toutefois,

---

7 Soit la République fédérale allemande, la Belgique, le Danemark, la France, l'Irlande, l'Islande, l'Italie, le Luxembourg, la Norvège, les Pays-Bas, le Royaume-Uni, la Suède et la Türkiye, auxquels il convient d'ajouter la Sarre, à l'époque indépendante.

8 Le dernier État en date est le Monténégro qui a intégré le Conseil de l'Europe en mai 2007.

9 On songe aux opérations militaires menées par la Turquie en 1974 dans la partie septentrionale de Chypre, aux conflits dans les Balkans dans les années 1990 ou encore au conflit armé entre la Russie et la Géorgie en 2008.

pour la première fois[10], un État a été exclu de l'organisation[11]. Constatant que «l'agression de la Fédération de Russie contre l'Ukraine constitue une violation grave par la Fédération de Russie de ses obligations au titre de l'article 3 du Statut du Conseil de l'Europe», le Comité des ministres décida cette exclusion le 16 mars 2022[12]. Tirant les conséquences de cette décision, la Cour réunie en plénière a, aux termes d'une résolution du 22 mars 2022, constaté la cessation de la qualité de Haute Partie contractante de la Russie à compter du 16 septembre 2022, en application de l'article 58 de la Convention. La Cour conserve toutefois sa compétence pour connaître des violations de la Convention commises par cet État jusqu'à cette date[13].

Chapitre III
La singularité de la Convention

20. La Convention se singularise par le fait qu'elle place l'individu au cœur de ses dispositions et de son projet. Elle l'investit de droits fondamentaux que les États contractants sont tenus de respecter et de protéger. Elle lui offre, de surcroît, un droit de recours devant une juridiction internationale en cas de méconnaissance de ces droits par les États. Par cette double reconnaissance, la Convention a élevé l'individu au rang de sujet de droit international[14].

A. Une double reconnaissance

1. La reconnaissance de droits et libertés

21. La Convention se caractérise, tout d'abord, par la reconnaissance de droits et libertés à «toute personne» qui relève de la «juridiction» des États qui y sont parties.

---

[10] Il fut envisagé d'exclure la Grèce du Conseil de l'Europe à la suite de la prise de pouvoir par les Colonels en 1967. La mesure ne fut cependant jamais adoptée, la Grèce ayant décidé de se retirer volontairement de l'Organisation en 1969 pour la réintégrer ensuite en 1974.

[11] L'article 8 du Statut du Conseil de l'Europe dispose: «Tout membre du Conseil de l'Europe qui enfreint gravement les dispositions de l'article 3 peut être suspendu de son droit de représentation et invité par le Comité des Ministres à se retirer dans les conditions prévues à l'article 7. S'il n'est pas tenu compte de cette invitation, le Comité peut décider que le membre dont il s'agit a cessé d'appartenir au Conseil à compter d'une date que le Comité fixe lui-même».

[12] Résolution du Comité des ministres CM/Res(2022)2 du 16 mars 2022 sur la cessation de la qualité de membre de la Fédération de Russie du Conseil de l'Europe.

[13] Résolution de la Cour européenne des droits de l'homme du 22 mars 2022 sur les conséquences de la cessation de la qualité de membre du Conseil de l'Europe de la Fédération de Russie à la lumière de l'article 58 de la Convention européenne des droits de l'homme. Voy., pour la confirmation de cette compétence, Cour eur. dr. h., Gde Ch., arrêt *Fedotova et autres c. Russie*, 17 janvier 2023, §§ 68-73.

[14] Voy. Fr. Sudre, L. Milano, B. Pastre-Belda et A. Schahmaneche, *Droit européen et international des droits de l'homme*, PUF, Paris, 13e éd., 2023, p. 83: «pour que l'individu soit un sujet actif de l'ordre juridique international, il faut non seulement qu'il soit titulaire de droits et d'obligations créés par le droit international mais encore que lui soit reconnue l'aptitude à agir au plan du droit international».

1.1. La reconnaissance…

22. L'article 1er de la Convention traduit la force des engagements souscrits par les États parties : ceux-ci « reconnaissent à toute personne relevant de leur juridiction les droits et libertés définis au titre I de la […] Convention ». Le verbe « reconnaître » caractérise l'engagement des États. Ceux-ci ne s'engagent pas à reconnaître[15] ; ils ne s'efforcent pas de reconnaître ; ils « reconnaissent ». « En substituant le mot 'reconnaissent' à 's'engagent à reconnaître' dans le libellé de l'article 1, les rédacteurs de la Convention ont voulu indiquer […] que les droits et libertés du Titre I seraient directement reconnus à quiconque relèverait de la juridiction des États contractants »[16].

1.2. … de droits et de libertés pour « toute personne »…

23. La force de l'engagement souscrit par les États découle également de l'affirmation selon laquelle ceux-ci reconnaissent ces droits et libertés à « toute personne », sans exception, quels que soient leur nationalité[17], leur statut personnel[18], leur origine sociale, leur âge[19] ou encore leurs convictions politiques, philosophiques ou religieuses. L'article 14 de la Convention le confirme expressément : « La jouissance des droits et libertés reconnus dans la présente Convention doit être assurée, sans distinction aucune, fondée notamment sur le sexe, la race, la couleur, la langue, la religion, les opinions politiques ou toutes autres opinions, l'origine nationale ou sociale, l'appartenance à une minorité nationale, la fortune, la naissance ou toute autre situation ».

1.3. … relevant de la « juridiction » des États parties

24. Le bénéfice de la Convention est toutefois subordonné à la « juridiction » des États parties. Cette notion, préférée à celle de « territoire », définit le champ d'application spatial de la Convention en même temps qu'elle conditionne l'engagement de la responsabilité des États parties. En effet, « [l']exercice par l'État défendeur de sa 'juridiction' est une condition *sine qua non* pour que celui-ci puisse être tenu pour responsable des actes ou omissions à lui attri-

---

15 Comp. notamment avec l'article 2 du Pacte international relatif aux droits civils et politiques et l'article 2 du Pacte international relatif aux droits économiques sociaux et culturels.

16 Cour eur. dr. h., arrêt *Irlande c. Royaume-Uni*, 18 janvier 1978, § 239.

17 Il est à noter que la reconnaissance des droits et libertés de la Convention n'est pas limitée aux seuls ressortissants des États parties.

18 Voy., par exemple, en ce qui concerne la protection due au domicile, Cour eur. dr. h., arrêt *Sabani c. Belgique*, 8 mars 2022, où la Cour a expressément souligné qu'« en vertu des articles 1 et 8 de la Convention, le droit à la protection du domicile bénéficie à toute personne relevant de la 'juridiction' des États parties à la Convention. Une personne ne pourrait être privée de la jouissance de ce droit au motif qu'elle serait en situation irrégulière sur le territoire d'un État partie » (§ 31).

19 Voy. Cour eur. dr. h., arrêt *Mubilanzila Mayeka et Kaniki Mitunga c. Belgique*, 12 octobre 2006, à propos de la détention, pendant près de deux mois, d'une jeune fille congolaise non accompagnée de cinq ans dans un centre fermé, et de son renvoi vers son pays d'origine.

buables qui sont à l'origine d'une allégation de violation des droits et libertés énoncés dans la Convention »[20].

1.3.1. La juridiction territoriale de l'État

25. L'État répond devant la Cour des manquements survenus sur son territoire qui sont le fait de ses organes, indépendamment du fait que ceux-ci officient à l'échelon fédéral, régional ou local ou relèvent du pouvoir législatif, exécutif ou judiciaire. En effet, « au regard de la Convention seule se trouve en cause la responsabilité internationale de l'État, quelle que soit l'autorité nationale à qui est imputable le manquement à la Convention dans le système interne »[21].

26. Aussi, l'État est-il présumé exercer sa « juridiction » sur l'ensemble de son territoire[22]. Cette présomption ne peut être renversée que « dans des circonstances exceptionnelles »[23]. La Cour a ainsi précisé dans l'affaire *Ilaşcu et autres c. Moldova et Russie* que lorsqu'un État partie est empêché d'exercer son autorité sur l'ensemble de son territoire en raison d'une « situation de fait contraignante », cet État ne cesse pas pour autant d'exercer sa juridiction[24]. Pour la Cour, cet État « se doit, avec tous les moyens légaux et diplomatiques dont il dispose envers des États tiers et des organisations internationales, d'essayer de continuer à garantir la jouissance des droits et libertés énoncés dans la Convention »[25].

1.3.2. La juridiction extraterritoriale de l'État

27. La « juridiction » au sens de l'article 1er de la Convention ne se circonscrit cependant pas au seul territoire national des États parties. Elle peut être « extraterritoriale ». Dans certaines circonstances, elle peut même conduire à une application de la Convention en dehors de l'espace du Conseil de l'Europe[26].

28. Toutefois, la Cour n'admet qu'exceptionnellement que ceux-ci exercent leur « juridiction » en dehors de leur territoire[27]. Deux conceptions de la juridiction extraterritoriale se dégagent de la jurisprudence de la Cour: une conception spatiale axée sur le « contrôle effectif » exercé par un État en dehors

---

20 Cour eur. dr. h., Gde Ch., décision (rec.) *M.N. et autres c. Belgique*, 5 mai 2020, § 97.

21 Cour eur. dr. h., Gde Ch., arrêt *Assanidzé c. Géorgie*, 8 avril 2004, § 146.

22 *Ibidem*, § 139.

23 Cour eur. dr. h., Gde Ch., arrêt *Ilaşcu et autres c. Moldova et Russie*, 8 juillet 2004, § 312.

24 *Ibidem*, § 333.

25 *Ibidem*, § 333.

26 Voy. notamment Cour eur. dr. h., Gde Ch., arrêt *Al-Jedda c. Royaume-Uni*, 7 juillet 2011; Gde Ch., arrêt *Al-Skeini et autres c. Royaume-Uni*, 7 juillet 2011 ; et Gde Ch., arrêt *Hassan c. Royaume-Uni*, 16 septembre 2014, relativement à l'action des forces armées britanniques en Irak.

27 Voy. Cour eur. dr. h., Gde Ch., décision (rec.) *Banković et autres c. Belgique et autres*, 12 décembre 2001, §§ 61 et 67, à propos des actions menées par les forces de l'OTAN lors du conflit du Kosovo, spécialement les bombardements meurtriers du siège de la radio-télévision serbe. Voy. également Cour eur. dr. h., Gde Ch., décision (rec.) *M.N. et autres c. Belgique*, 5 mai 2020, §§ 96-126 concernant le refus des autorités belges de délivrer à une famille de ressortissants syriens les visas de court séjour que ceux-ci avaient sollicités depuis l'ambassade de Belgique à Beyrouth.

de son territoire et une conception personnelle articulée autour de l'autorité et du contrôle exercés par un agent de l'État sur un individu[28].

a. Le critère spatial

29. La juridiction extraterritoriale d'un État peut, tout d'abord, résulter du contrôle « global »[29] ou « effectif »[30] qu'à la suite d'une action militaire – légale ou non –, cet État exerce sur une zone située en dehors de son territoire. La Cour a établi cette jurisprudence dans l'affaire *Loizidou* au départ de la situation concernant la partie septentrionale de Chypre[31] pour l'étendre par la suite à d'autres situations[32].

30. La Cour a toutefois précisé que « lors d'opérations militaires, y compris par exemple des attaques armées, bombardements, pilonnages, menées au cours d'un conflit armé international on ne saurait en règle générale parler de 'contrôle effectif' sur un territoire. En effet, la réalité même de confrontations et de combats armés entre forces militaires ennemies qui cherchent à acquérir le contrôle d'un territoire dans un contexte de chaos implique qu'il n'y a pas de contrôle sur un territoire »[33].

b. Le critère personnel

31. La juridiction extraterritoriale d'un État peut également découler de l'autorité et du contrôle que cet État, par le biais de ses agents opérant hors de son territoire, exerce sur un individu[34]. Il en est ainsi :

- des actes des agents diplomatiques ou consulaires présents en territoire étranger conformément aux règles du droit international dès lors que ces agents exercent une autorité et un contrôle sur autrui[35] ;
- du recours à la force par des agents d'un État opérant hors de son territoire dès lors qu'une personne se retrouve sous le contrôle de ceux-ci[36] ;

---

28 Voy. sur les principes, Cour eur. dr. h., Gde Ch., décision (rec.) *M.N. et autres c. Belgique*, §§ 96-105.

29 Cour eur. dr. h., Gde Ch., arrêt *Ilaşcu et autres c. Moldova et Russie*, 8 juillet 2004, § 314.

30 *Ibidem*, § 316.

31 Cour eur. dr. h., Gde Ch., arrêt *Loizidou c. Turquie*, § 52 et Gde Ch., arrêt *Chypre c. Turquie*, 10 mai 2001, §§ 75-81.

32 Voy. Cour eur. dr. h., Gde Ch., arrêt *Ilaşcu et autres c. Moldova et Russie*, 8 juillet 2004, §§ 376-394, concernant la « République moldave de Transnistrie » ; Gde Ch., arrêt *Chiragov et autres c. Arménie*, 16 décembre 2015, §§ 169-186, à propos du Haut-Karabagh ; Gde Ch., décision (rec.) *Ukraine c. Russie*, 16 décembre 2020, §§ 304-352, à propos de la Crimée ; Gde Ch., arrêt *Géorgie c. Russie II*, 21 janvier 2021, §§ 161-175, concernant l'Abkhazie et l'Ossétie du Sud ; Gde Ch., décision (rec.) *Ukraine et Pays-Bas c. Russie*, 30 novembre 2022, §§ 690-706, à propos de l'Ukraine orientale.

33 Cour eur. dr. h., Gde Ch., arrêt *Géorgie c. Russie* (II), 21 janvier 2021, § 126.

34 Cour eur. dr. h., Gde Ch., arrêt *Al-Skeini et autres c. Royaume-Uni*, 7 juillet 2011, §§ 133-137.

35 Voy. *a contrario* Cour eur. dr. h., Gde Ch., décision (rec.) *M.N. et autres c. Belgique*, 5 mai 2020, § 118.

36 Voy. notamment Cour eur. dr. h., Gde Ch., arrêt *Öcalan c. Turquie*, 12 mai 2005, § 91, à propos de l'arrestation du requérant dans un avion à l'aéroport de Nairobi par des agents turcs ; Gde Ch., arrêt *Hirsi Jamaa et autres c. Italie*, 23 février 2012, §§ 76-82, concernant un groupe de migrants en provenance de Libye, arrêtés en mer puis reconduits en Libye par les autorités italiennes ; Gde Ch., arrêt *Hassan c. Royaume-Uni*,

– de l'usage, dans une zone située hors de son territoire, de prérogatives de puissance publique telles que le pouvoir et la responsabilité s'agissant du maintien de la sécurité[37].

32. La Cour a toutefois précisé que l'existence d'un conflit armé « entre forces militaires ennemies qui cherchent à acquérir le contrôle d'un territoire dans un contexte de chaos [...] exclut [...] toute forme d''autorité et de contrôle d'un agent de l'État' sur des individus »[38].

1.3.3. La juridiction de l'État et l'appartenance à une organisation internationale

33. La Convention n'interdit aucunement aux États contractants de transférer des compétences à une organisation internationale[39]. Toutefois, un État ne pourrait se délier de ses engagements conventionnels par la conclusion ultérieure d'un traité l'empêchant de respecter ceux-ci. En effet, « il serait contraire au but et à l'objet de la Convention que les États contractants soient exonérés de toute responsabilité au regard de la Convention dès lors qu'ils agissent en exécution d'obligations découlant pour eux de leur appartenance à une organisation internationale à laquelle ils ont transféré une partie de leur souveraineté : les garanties prévues par la Convention pourraient sinon être limitées ou exclues discrétionnairement, et être par là même privées de leur caractère contraignant ainsi que de leur nature concrète et effective »[40]. Pour le dire autrement, les États parties ne peuvent, par des transferts successifs de compétences au profit d'une organisation internationale, déposséder les individus de leur patrimoine.

34. Depuis 2005 et l'arrêt *Bosphorus*, il est bien établi dans la jurisprudence de la Cour qu'une mesure prise par un État en exécution d'obligations juridiques découlant de son appartenance à une obligation internationale est « réputée justifiée » dès lors que cette organisation accorde aux droits fondamentaux « une protection à tout le moins équivalente à celle assurée par la Convention ». Si cette organisation offre une telle « protection équivalente », l'État est présumé respecter la Convention lorsqu'il ne fait qu'exécuter de telles

---

16 septembre 2014, §§ 75-80, à propos de la capture et la détention d'un individu irakien par les forces armées britanniques au cours des hostilités en 2003.

[37] Cour eur. dr. h., Gde Ch., arrêt *Al-Skeini et autres c. Royaume-Uni*, 7 juillet 2011, §§ 143-150, où la Cour a considéré que le Royaume-Uni a assumé en Irak (conjointement avec les États-Unis) certaines des prérogatives de puissance publique qui sont normalement celles d'un État souverain, en particulier le pouvoir et la responsabilité du maintien de la sécurité dans le sud-est du pays, pendant la période du 1er mai 2003 au 28 juin 2004, en sorte que le Royaume-Uni exerçait sa juridiction sur les personnes tuées au cours d'opérations de sécurité menées par des soldats britanniques à Bassorah.

[38] Cour eur. dr. h., Gde Ch., arrêt *Géorgie c. Russie* (II), 21 janvier 2021, § 137.

[39] Cour eur. dr. h., Gde Ch., arrêt *Matthews c. Royaume-Uni*, 18 février 1999, § 32. Notons qu'un tel transfert n'implique pas celui, par l'État, de sa souveraineté. Il s'agit au contraire de la manifestation de cette souveraineté propre à l'État. Voy. J. COMBACAU, « Pas une puissance, une liberté : la souveraineté internationale de l'État », *in* « La souveraineté », *Pouvoirs*, n° 67, 1993, pp. 47-58.

[40] Cour eur. dr. h., arrêt *Michaud c. France*, 6 décembre 2012, § 102.

obligations. Cette présomption peut « être renversée dans le cadre d'une affaire donnée » dès lors que « la protection des droits garantis par la Convention était entachée d'une insuffisance manifeste »[41]. Pour le reste, l'État demeure « entièrement responsable au regard de la Convention de tous les actes ne relevant pas strictement de ses obligations juridiques internationales »[42].

35. Cette doctrine de la « protection équivalente » tend notamment à résoudre la question de la responsabilité conventionnelle des États parties du fait de l'Union européenne. En effet, en l'absence d'adhésion à la Convention, l'Union n'est pas liée par celle-ci et sa responsabilité ne peut dès lors être directement mise en cause devant la Cour. La Cour a toutefois considéré dans son arrêt *Matthews c. Royaume-Uni* que les États membres de l'Union demeuraient entièrement responsables au regard de la Convention des effets du droit primaire de l'Union dès lors que celui-ci est constitué d'actes librement édictés par les États[43].

36. En revanche, lorsque les griefs portés devant la Cour concernent les actes accomplis par les institutions d'une organisation internationale, sans le concours des États membres, ils sont incompatibles *ratione personae* avec les dispositions de la Convention dans la mesure où les violations alléguées ne peuvent être imputées aux États défendeurs[44].

2. La reconnaissance d'un droit de recours devant une juridiction internationale

37. La Convention se singularise, ensuite, par la reconnaissance aux personnes dont les droits et libertés ont été violés par un État partie, d'un droit d'action devant une juridiction internationale qu'est la Cour européenne des droits de l'homme. Consacré à l'article 34 de la Convention, ce droit de recours

---

41 Cour eur. dr. h., Gde Ch., arrêt *Bosphorus Hava Yolları Turizm ve Ticaret Anonim Şirketi c. Irlande*, 30 juin 2005, §§ 155-156. Dans l'arrêt *Bivolaru et Moldovan c. France* du 25 mars 2021, la Cour a constaté, pour la première fois, une telle « insuffisance manifeste » permettant de renverser la présomption énoncée par la jurisprudence *Bosphorus* (§§ 117-126).

42 Cour eur. dr. h., Gde Ch., arrêt *Bosphorus Hava Yolları Turizm ve Ticaret Anonim Şirketi c. Irlande*, 30 juin 2005, § 157. Dans l'affaire *Bosphorus*, la Cour a jugé que la doctrine de la protection équivalente trouvait à s'appliquer dès lors que l'État défendeur ne disposait d'aucune marge de manœuvre dans l'exécution d'un règlement. En revanche, dans l'affaire *Michaud c. France*, la Cour a estimé que la présomption de protection équivalente ne trouvait pas à s'appliquer dès lors qu'était en cause la mise en œuvre par la France de directives qui liaient les États membres quant au résultat à atteindre mais leur laissaient le choix des moyens et de la forme, mais aussi et surtout parce que la Cour de justice de l'Union européenne n'avait pas été en mesure, dans les circonstances de l'espèce, de se prononcer sur la question litigieuse (Cour eur. dr. h., arrêt *Michaud c. France*, 6 décembre 2012, §§ 112-115).

43 Cour eur. dr. h., Gde Ch., arrêt *Matthews c. Royaume-Uni*, 18 février 1999, § 33.

44 Cour eur. dr. h., décision (rec.) *Boivin c. France et Belgique et 32 autres États membres du Conseil de l'Europe*, 9 septembre 2008, à propos d'un litige concernant Eurocontrol; décision (rec.) *Connolly c. 15 États membres de l'Union européenne*, 9 décembre 2008, s'agissant de la révocation d'un haut fonctionnaire de la Commission européenne; décision (rec.) *Beygo c. 46 États membres du Conseil de l'Europe*, 16 juin 2009, concernant une procédure disciplinaire au sein du Conseil de l'Europe.

individuel a constitué une évolution majeure, sinon une révolution, en droit international qui régissait jusque-là principalement les rapports entre États. Par le droit de recours individuel, un individu peut faire valoir devant une juridiction internationale des droits que lui reconnaît une convention internationale. Sans doute ne mesure-t-on pas suffisamment aujourd'hui l'avancée que cette reconnaissance a emportée sur le plan de la protection juridictionnelle de l'individu et de ses droits fondamentaux.

2.1. La « pierre angulaire » du système

38. Ce droit de recours individuel participe de l'effectivité de la protection offerte par la Convention et parachève ce système. Saisie par un requérant, la Cour est appelée à vérifier si la Convention a bel et bien été respectée à son égard et, en cas de violation, elle est habilitée à rendre un arrêt juridiquement contraignant à l'égard de l'État défaillant, lequel est tenu de s'y conformer (article 46 de la Convention).

39. Le droit de recours individuel constitue la « pierre angulaire » du système de protection mis en place par la Convention[45]. Les États parties ont récemment tenu à le rappeler à l'occasion des conférences intergouvernementales consacrées à la réforme de la Cour[46] et, dernièrement et plus solennellement encore, lors du Sommet de Reykjavik des 16 et 17 mai 2023.

2.2. Une reconnaissance obligatoire

40. À l'origine, le droit de recours individuel était facultatif en ce qu'il était subordonné à une déclaration formelle et préalable d'acceptation par les États contractants. Le cas de la France, pays hôte de la Cour, illustre ce caractère facultatif. Membre fondateur du Conseil de l'Europe, la France ne ratifia la Convention qu'en 1974 et ne reconnut le droit de recours individuel qu'en 1981.

41. Le Protocole n° 11, entré en vigueur le 1er novembre 1998, a profondément modifié la Convention pour rendre obligatoire ce droit de recours individuel. Par ailleurs, ce même Protocole supprima la Commission européenne des droits de l'homme qui exerçait jusqu'alors une fonction de filtrage et d'instruction, et constituait une voie d'accès préalable à la Cour. Ainsi, depuis le 1er novembre 1998, tout individu dispose d'un droit de saisine directe de la Cour.

---

[45] Voy., pour une réaffirmation expresse en ce sens, le discours de la présidente Siofra O'Leary à l'occasion de l'audience solennelle de la Cour européenne des droits de l'homme du 27 janvier 2023.

[46] La Déclaration de Bruxelles adoptée le 27 mars 2015 à l'issue de la Conférence de haut niveau débute par la réaffirmation de « l'attachement profond et constant des États parties à la Convention de sauvegarde des droits de l'homme et des Libertés fondamentales [...] et leur engagement fort à l'égard du droit de recours individuel devant la Cour européenne des droits de l'homme [...] en tant que pierre angulaire du système de protection des droits et libertés énoncés dans la Convention ». Ce même « engagement fort » à l'égard de la « pierre angulaire du système » fut réitéré dans la Déclaration de Copenhague adoptée à l'issue de la Conférence qui s'est tenue les 12 et 13 avril 2018.

42. Naturellement, le droit de recours individuel n'est pas inconditionnel. La saisine individuelle de la Cour est subordonnée au respect de certaines conditions, lesquelles sont énoncées aux articles 34 et 35 de la Convention et seront décrites ci-après (*infra* n°s 480 et s.). À cet égard, on peut d'ores et déjà relever que les textes qui ont suivi l'entrée en vigueur du Protocole n° 11 sont venus resserrer le droit de recours individuel, victime en quelque sorte de son succès. Le Protocole n° 14 a tout d'abord modifié la Convention en subordonnant, depuis le 1er juin 2010, l'accès à la Cour à la démonstration d'un «préjudice important» (article 35, § 3, b)). Ensuite, le délai pour saisir la Cour, autrefois fixé à six mois, a été ramené à quatre mois à compter du 1er février 2022, par l'effet du Protocole n° 15 (article 35, § 1er).

2.3. Un moyen unique de saisir l'essence d'un droit fondamental

43. Outre qu'il a pour effet de contrôler le respect par les États de leurs engagements, le recours individuel recèle une autre vertu: il conduit la Cour à rendre une justice incarnée, contextualisée et vivante des droits fondamentaux, non une justice désincarnée, décontextualisée et inerte. Cette inscription de la justice des droits fondamentaux dans le réel a ceci d'heureux qu'elle permet de révéler la véritable signification des droits consacrés par la Convention, cette signification n'étant point perceptible à l'œil nu. En effet, ce n'est qu'à travers des cas concrets que l'on peut discerner la véritable portée d'une norme. Ceci est particulièrement vrai en matière de droits fondamentaux. Quand on lit la Convention, force est de constater que les droits et libertés y sont définis à un degré particulièrement élevé d'abstraction («Toute personne a droit au respect de sa vie privée et familiale»; «Toute personne a droit à la liberté d'expression»...). Seul l'examen de cas vécus – qui se traduisent devant la Cour par des récits singuliers de vie – permet de toucher l'essence de ces droits et libertés. Ceux-ci n'ont pas vocation à rester dans l'éther. Ils ne prennent leur sens que dans des situations réelles et concrètes.

B. Un caractère objectif

44. Conférant à l'individu un ensemble de droits fondamentaux placés sous le contrôle d'une juridiction internationale, la Convention est bien davantage qu'un accord multilatéral entre États régissant leurs relations mutuelles. Les obligations souscrites par ceux-ci «ont essentiellement un caractère objectif, du fait qu'elles visent à protéger les droits fondamentaux des particuliers contre les empiètements des États contractants plutôt qu'à créer des droits subjectifs et réciproques entre ces derniers»[47]. Ainsi, «à la différence des traités internationaux de type classique, la Convention déborde le cadre de la simple réciprocité entre États contractants. En sus d'un réseau d'engagements synallagmatiques bilatéraux, elle crée des obligations objectives qui, aux termes de son préam-

[47] Comm. eur. dr. h., décision *Autriche c. Italie*, requête n° 788/60, 11 janvier 1961, *Annuaire*, vol. 4, pp. 167-169.

bule, bénéficient d'une 'garantie collective'»[48]. Elle établit de la sorte un ordre public européen fondé sur des valeurs communes.

45. Cette garantie collective d'un ordre public européen se matérialise notamment par la possibilité dont dispose un État partie de saisir la Cour de «tout manquement» aux dispositions de la Convention par un autre État partie (*infra* n°s 477-479). En usant de ce droit d'action prévu par l'article 33 de la Convention, l'État requérant ne doit pas justifier d'un intérêt autre que le seul respect de la Convention[49].

C. Une nature hybride

46. La Convention relève-t-elle du droit international ou s'en distingue-t-elle notablement au point de constituer un droit parfaitement autonome[50]? Cette vieille et éternelle controverse oppose les meilleurs esprits[51]. Il y a, d'un côté, celles et ceux qui revendiquent l'autonomie du droit européen et international des droits de l'homme et soulignent, en particulier, la spécificité de la Convention et, de l'autre, celles et ceux qui entendent préserver l'unité et l'intégrité de l'ordre juridique international.

47. Dans ce débat[52], il importe de rappeler une évidence : la Convention constitue un traité international. À ce titre, elle «fait partie intégrante» du droit international[53] dont elle tire son existence, sa validité et ses effets. Elle ne procède pas d'un droit *sui generis* qui serait étranger à l'ordre juridique international.

48. Toutefois, il est tout aussi évident que la Convention n'est pas une convention internationale comme les autres. Elle revêt un «caractère spécifique» en ce qu'elle investit l'individu de droits fondamentaux dont les États sont les débiteurs[54].

49. Cette spécificité commande une interprétation de la Convention articulée autour du principe d'effectivité[55]. Pour la Cour, en effet, «l'objet et le but

---

48 Cour eur. dr. h., arrêt *Irlande c. Royaume-Uni*, 19 janvier 1978, § 239.

49 Voy., par exemple, les quatre requêtes (Danemark, Norvège, Suède et Pays-Bas) introduites en 1967 et la requête conjointe (Danemark, Norvège et Suède) introduite en 1970 contre la Grèce à l'époque du régime des Colonels.

50 Voy. L. Burgorgue-Larsen, «Le droit international des droits de l'homme existe-t-il?», *R.D.L.F.*, 2017, chron. n° 08.

51 On relira avec profit J.-Fr. Flauss, «La protection des droits de l'homme et les sources du droit international», *in La protection des droits de l'homme et l'évolution du droit international*, Société française pour le droit international, Pedone, Paris, 1998, pp. 11-79.

52 Comp. notamment l'approche de Fr. Sudre, «Conclusions», *in* J. Andriantsimbazovina, L. Burgorgue-Larsen et S. Touzé (dir.), *La protection des droits de l'homme par les cours supranationales*, Pedone, Paris, 2016, pp. 248-249, avec celle de S. Touzé, «Le droit européen des droits de l'homme sera international ou ne sera pas... Pour une approche autopoïétique du droit international», *Rev. gén. dr. intern. publ.*, 2018, pp. 5 et s.

53 Voy. notamment Cour eur. dr. h., Gde Ch., arrêt *Al-Adsani c. Royaume-Uni*, 21 novembre 2001, § 55; Gde Ch., arrêt *Saadi c. Royaume-Uni*, 29 janvier 2008, §§ 61-62; Gde Ch., arrêt *Hassan c. Royaume-Uni*, 16 septembre 2014, §§ 77 et 102.

54 Cour eur. dr. h., arrêt *Soering c. Royaume-Uni*, 7 juillet 1989, § 87.

55 Voy. G. Serghides, *The Principle of Effectiveness and its Overarching Role in the Interpretation and Application of the ECHR*, Strasbourg, 2022.

de la Convention, instrument de protection des êtres humains, appellent à interpréter et à appliquer ses dispositions d'une manière qui en rende les exigences concrètes et effectives »[56].

50. De cette effectivité découle notamment la nécessité d'interpréter la Convention de manière autonome afin que son applicabilité ne soit pas abandonnée à la « volonté souveraine » des États[57] (*infra* n°s 104-105). Cette recherche d'effectivité commande également une interprétation évolutive afin que la Convention demeure adaptée aux « conditions de vie actuelles »[58] (*infra* n°s 106-118). Elle a par ailleurs conduit la Cour à dégager des obligations positives qui viennent se superposer aux obligations négatives d'abstention incombant classiquement aux États[59] (*infra* n°s 137-147).

51. Cette nature hybride de la Convention se reflète directement dans le chef de la Cour qui en est l'ultime gardienne : la Cour est une cour internationale *et* une cour des droits fondamentaux. Ainsi, la Cour est une juridiction internationale par sa genèse, sa composition, son fonctionnement et l'objet de son contrôle qui porte sur le respect d'une convention internationale. Mais cette juridiction internationale a ceci de spécifique que son contrôle concerne exclusivement – et non accessoirement ou incidemment – le respect des droits fondamentaux des individus.

Chapitre IV
Les finalités de la Convention

52. Par les droits qu'elle reconnaît aux individus, la Convention entend garantir un espace démocratique fondé sur la prééminence du droit et le respect de la dignité humaine.

A. La dignité humaine

1. *Une exigence transversale à la Convention*

53. Selon la Cour, « le respect de la dignité humaine se trouve au cœur même de la Convention »[60].

---

56 Cour eur. dr. h., Gde Ch., arrêt *Loizidou c. Turquie* (exceptions préliminaires), 23 mars 1995, § 72.

57 Cour eur. dr. h., arrêt *Özturk c. Allemagne*, 21 février 1984, § 49 : « La Convention ne va pas à l'encontre des tendances à la 'décriminalisation' existant – sous des formes fort diverses – dans les États membres du Conseil de l'Europe ; le Gouvernement a raison d'y insister. Toutefois, si les États contractants pouvaient à leur guise, en qualifiant une infraction d''administrative' plutôt que de pénale, écarter le jeu des clauses fondamentales des articles 6 et 7, l'application de celles-ci se trouverait subordonnée à leur volonté souveraine. Une latitude aussi étendue risquerait de conduire à des résultats incompatibles avec l'objet et le but de la Convention ».

58 Cour eur. dr. h., arrêt *Tyrer c. Royaume-Uni*, 25 avril 1978, § 31.

59 Cour eur. dr. h., arrêt *Airey c. Irlande*, 9 octobre 1979, § 25 et § 32.

60 Cour eur. dr. h., Gde Ch., arrêt *Bouyid c. Belgique*, 28 septembre 2015, § 89.

54. Ce respect dû à la dignité humaine préside à l'interdiction de la torture et des peines et traitements inhumains ou dégradants, telle que celle-ci est consacrée par l'article 3 de la Convention. Ainsi, un avortement forcé pratiqué sur une jeune femme de vingt ans a été considéré comme une atteinte grave et odieuse à sa dignité[61]. Dans l'affaire *Bouyid c. Belgique*, la Cour a jugé qu'une gifle assénée aux requérants par des agents de police, alors qu'ils se trouvaient sous leur contrôle dans le commissariat de Saint-Josse-ten-Noode, avait porté atteinte à leur dignité[62].

55. Le respect dû à la dignité humaine ne se résume pas au seul prescrit de l'article 3 de la Convention, ainsi que l'illustre l'arrêt *Lacatus c. Suisse* du 19 janvier 2021. L'affaire concernait une femme d'origine rom qui, se trouvant en situation d'extrême précarité, avait été sanctionnée d'une amende puis placée en détention pour avoir mendié sur la voie publique à Genève. La Cour a conclu à la violation de l'article 8 de la Convention, considérant que « la mesure par laquelle la requérante, qui est une personne extrêmement vulnérable, a été punie pour ses actes dans une situation où elle n'avait très vraisemblablement pas d'autres moyens de subsistance et, dès lors, pas d'autres choix que la mendicité pour survivre, a atteint sa dignité humaine et l'essence même des droits protégés par l'article 8 »[63].

2. *La protection due aux personnes vulnérables*

56. Au fil de sa jurisprudence, la Cour a identifié, de manière non exhaustive, certaines catégories de personnes qui, eu égard à leur vulnérabilité, méritent une attention particulière de la part des autorités. Il en va ainsi des enfants[64], des femmes en situation de précarité[65], des personnes âgées[66] ou porteuses d'un handicap[67], des demandeurs d'asile[68] ou encore des personnes détenues[69]. Parmi ces catégories, certaines personnes se révèlent être davantage encore vulnérables. On songe notamment aux mineurs étrangers non accompagnés[70] ou aux détenus atteints de troubles mentaux[71].

---

61 Cour eur. dr. h., arrêt *S. F. K. c. Russie*, 11 octobre 2022, § 81.
62 Cour eur. dr. h., Gde Ch., arrêt *Bouyid c. Belgique*, 28 septembre 2015, § 111.
63 Cour eur. dr. h., arrêt *Lacatus c. Suisse*, 19 janvier 2021, § 115.
64 Cour eur. dr. h., Gde Ch., arrêt *O'Keeffe c. Irlande*, 28 janvier 2014, §§ 144-146.
65 Cour eur. dr. h., Gde Ch., arrêt *S.M. c. Croatie*, 25 juin 2020. Voy. aussi Cour eur. dr. h., arrêt *B.S. c. Espagne*, 24 juin 2012.
66 Cour eur. dr. h., arrêt *Heinisch c. Allemagne*, 21 juillet 2011.
67 Cour eur. dr. h., Gde Ch., arrêt *Centre de ressources juridiques au nom de Valentin Campeanu c. Roumanie*, 17 juillet 2014.
68 Cour eur. dr. h., Gde Ch., arrêt *M.S.S. c. Belgique et Grèce*, 21 janvier 2011, § 232.
69 Cour eur. dr. h., arrêt *Enache c. Roumanie*, 1er avril 2014, § 49 ; arrêt *A.Ş. c. Turquie*, 13 septembre 2016, § 66.
70 Cour eur. dr. h., arrêt *Rahimi c. Grèce*, 5 avril 2011, § 87 ; arrêt *Khan c. France*, 28 février 2019, §§ 74 et 92.
71 Cour eur. dr. h., Gde Ch., arrêt *Rooman c. Belgique*, 31 janvier 2019, § 145.

B. La démocratie

57. La Convention est « destinée à sauvegarder et promouvoir les idéaux et valeurs d'une société démocratique »[72]. Ainsi, la démocratie est « l'unique modèle politique envisagé par la Convention et le seul qui soit compatible avec elle »[73].

1. Les droits intrinsèques à la société démocratique

58. La démocratie repose classiquement sur un principe d'autonomie collective en vertu duquel les normes régissant la collectivité ne peuvent résulter que de la volonté souveraine des membres de cette collectivité. En ce sens, les droits de vote et de se porter candidat à des élections, garantis par l'article 3 du Protocole n° 1, s'avèrent naturellement « cruciaux pour l'établissement et le maintien des fondements d'une véritable démocratie régie par l'État de droit »[74].

59. Mais l'organisation d'élections ne suffit point pour qu'un régime puisse être qualifié de « démocratique ». La démocratie revêt une dimension matérielle et se double de la reconnaissance et la protection d'autres droits et libertés. Parmi ceux-ci figurent en première place la liberté d'expression et les libertés de réunion pacifique et d'association qui, consacrées respectivement aux articles 10 et 11 de la Convention, sont consubstantielles à la société démocratique. Ainsi, « la liberté d'expression constitue l'un des fondements essentiels de pareille société, l'une des conditions primordiales de son progrès et de l'épanouissement de chacun »[75]. Pour la Cour, « [l]'essence de la démocratie tient à sa capacité à résoudre des problèmes par un débat ouvert »[76]. Étroitement liée à la liberté d'expression, la liberté de réunion permet aux individus de manifester collectivement et publiquement leur contestation face aux restrictions apportées aux droits et libertés. Restreindre la liberté de réunion pacifique, c'est restreindre le champ de l'expression démocratique[77]. Enfin, la liberté d'association est tout aussi essentielle à la démocratie. La Cour affirme en effet que « l'état de la démocratie [...] peut se mesurer à la manière dont la législation nationale consacre cette liberté et dont les autorités l'appliquent dans la pratique »[78].

---

72 Cour eur. dr. h., arrêt *Soering c. Royaume-Uni*, 7 juillet 1989, § 87.

73 Cour eur. dr. h., arrêt *Parti communiste unifié de Turquie et autres*, 30 janvier 1998, § 45. Sur les liens entre la Convention et la démocratie, voy. tout particulièrement Cour eur. dr. h., Gde Ch., arrêt *Refah Partisi c. Turquie*, 13 février 2003, §§ 86-95 ; Gde Ch., arrêt *Zdanoka c. Lettonie*, 16 mars 2006, §§ 98-101.

74 Cour eur. dr. h., Gde Ch., arrêt *Hirst c. Royaume-Uni* (n° 2), 6 octobre 2005, § 58.

75 Cour eur. dr. h., arrêt *Handyside c. Royaume-Uni*, 7 décembre 1976, § 49.

76 Cour eur. dr. h., arrêt *Stankov et Organisation macédonienne unie Ilinden c. Bulgarie*, 2 octobre 2001, § 97.

77 *Ibidem*.

78 Cour eur. dr. h., Gde Ch., arrêt *Gorzelik c. Pologne*, 17 février 2004, § 88.

2. L'essence de la société démocratique

60. Telle qu'elle est envisagée par la Convention, la démocratie ne se réduit donc pas à la seule expression de la volonté populaire. Elle repose sur un socle de valeurs que sont essentiellement « le pluralisme, la tolérance et l'esprit d'ouverture »[79]. Ceux-ci constituent les marqueurs de la société démocratique promue par la Convention[80].

61. Concrètement, une société démocratique est une société qui garantit la liberté de croire autant que celle de ne pas croire[81]. Elle protège l'expression des idées[82] comme des comportements[83] qui « heurtent, choquent ou inquiètent ». Elle respecte et protège les minorités car « la démocratie ne se ramène pas à la suprématie constante de l'opinion d'une majorité ; elle commande un équilibre qui assure aux minorités un juste traitement et qui évite tout abus d'une position dominante »[84]. Une société démocratique « [perçoit] la diversité non pas comme une menace mais comme une richesse »[85]. En bref, une société démocratique est – pour emprunter les mots de Paul Lemmens – une société dans laquelle chacun se sent chez soi, indépendamment de ses convictions, ses origines, son statut ou son orientation sexuelle[86].

3. La « démocratie apte à se défendre »

62. La Convention n'est pas un pacte suicidaire. Elle habilite les États parties à prendre exceptionnellement des mesures afin d'assurer la pérennité de la société démocratique qu'elle promeut. L'article 17 de la Convention énonce en ce sens que personne ne peut se prévaloir de la Convention pour se livrer à un acte visant à la destruction des droits et libertés qui y sont consacrés[87]. Ceci conduit notamment la Cour à valider l'usage de la voie pénale à l'endroit de discours foncièrement négationnistes, nonobstant l'importance cardinale que la Convention attache à la liberté d'expression[88].

63. La Cour a expressément reçu le concept de la « démocratie apte à se défendre ». C'est sur ce fondement que la Cour a considéré qu'une mesure

---

79 Cour eur. dr. h., arrêt *Handyside c. Royaume-Uni*, 7 décembre 1976, § 49.

80 Cour eur. dr. h., Gde Ch., arrêt *Fedotova et autres c. Russie*, 17 janvier 2023, § 179.

81 Cour eur. dr. h., Gde Ch., arrêt *Buscarini et autres c. Saint-Marin*, 18 février 1999, § 34.

82 Cour eur. dr. h., arrêt *Handyside c. Royaume-Uni*, 7 décembre 1976, § 49.

83 Cour eur. dr. h., arrêt *Dudgeon c. Royaume-Uni*, 22 octobre 1981, § 60.

84 Cour eur. dr. h., arrêt *Young, James et Webster c. Royaume-Uni*, 13 août 1981, § 63.

85 Cour eur. dr. h., Gde Ch., arrêt *Natchova et autres c. Bulgarie*, 6 juillet 2005, § 145.

86 Ainsi, par exemple, dans l'affaire *Bayev et autres c. Russie* (arrêt du 20 juin 2017), la Cour eut à statuer sur une interdiction législative de la promotion de l'homosexualité ou des relations sexuelles non traditionnelles auprès des mineurs. Soulignant que « les dispositions législatives en question incarnaient un préjugé de la part de la majorité hétérosexuelle à l'égard de la minorité homosexuelle » (§ 91), elle a estimé qu'« en adoptant cette législation, les autorités accentuent la stigmatisation et les préjugés et encouragent l'homophobie, ce qui est incompatible avec les notions d'égalité, de pluralisme et de tolérance qui sont indissociables d'une société démocratique » (§ 83).

87 Voy. Cour eur. dr. h., arrêt *Lawless c. Irlande*, 1er juillet 1961, § 7.

88 Cour eur. dr. h., décision (rec.) *Garaudy c. France*, 24 juin 2003.

aussi radicale qu'une dissolution d'un groupement peut se justifier aux fins de sauvegarder les valeurs démocratiques sous-jacentes à la Convention[89]. Aux mêmes motifs, la Cour a admis la compatibilité avec l'article 11 de la Convention d'une dissolution d'un parti politique[90].

64. Pour préserver l'idéal démocratique qui est au cœur de la Convention, il convient donc de faire montre, à la fois, d'ouverture et de fermeté. Tel est le dilemme propre à cet idéal. Une extrême vigilance s'impose car, si les États sont habilités à prendre des mesures de défense face aux fossoyeurs de la démocratie, ils ne peuvent user des restrictions autorisées par la Convention à des fins étrangères à celle-ci. L'article 18 de la Convention[91] prohibe un tel «détournement de pouvoir»[92]. On ne peut manquer d'observer à cet égard que les constats de violation de cette disposition s'avèrent de plus en plus fréquents, la Cour pointant des mesures visant à «réduire [des opposants ou militants] au silence»[93] et à «étouffer le pluralisme politique»[94].

C. L'État de droit

65. En ligne avec le but assigné au Conseil de l'Europe dont elle est le texte phare[95], la Convention vise également à assurer la «prééminence du droit»[96], laquelle caractérise l'État de droit[97].

---

89 Cour eur. dr. h., arrêt *Ayoub et autres c. France*, 8 octobre 2020, § 138: «la Cour conclut que l'État a pu considérer que les associations requérantes et leurs dirigeants poursuivaient des buts prohibés par l'article 17 et qu'ils avaient abusé de leur liberté d'association, en tant qu'organisation radicale menaçant le processus politique démocratique, en contradiction avec les valeurs de tolérance, de paix sociale et de non-discrimination qui sous-tendent la Convention. Dans leur dissolution, la Cour voit l'expression dedécisions prise au regard d'une connaissance approfondie de la situation politique interne et en faveur d'une 'démocratie apte à se défendre' [...] dans un contexte de persistance et de renforcement du racisme et de l'intolérance en France et en Europe».

90 Cour eur. dr. h., Gde Ch., arrêt *Refah Partisi et autres c. Turquie*, 13 février 2003, § 102: «La Cour considère [...] qu'on ne saurait exiger de l'État d'attendre, avant d'intervenir, qu'un parti politique s'approprie le pouvoir et commence à mettre en œuvre un projet politique incompatible avec les normes de la Convention et de la démocratie, en adoptant des mesures concrètes visant à réaliser ce projet, même si le danger de ce dernier pour la démocratie est suffisamment démontré et imminent. La Cour accepte que lorsque la présence d'un tel danger est établie par les juridictions nationales, à l'issue d'un examen minutieux soumis à un contrôle européen rigoureux, un État doit pouvoir 'raisonnablement empêcher la réalisation d'un [...] projet politique, incompatible avec les normes de la Convention, avant qu'il ne soit mis en pratique par des actes concrets risquant de compromettre la paix civile et le régime démocratique dans le pays' [...]».

91 Cet article dispose: «Les restrictions qui, aux termes de la présente Convention, sont apportées auxdits droits et libertés ne peuvent être appliquées que dans le but pour lequel elles ont été prévues».

92 Cour eur. dr. h., Gde Ch., arrêt *Merabishvili c. Géorgie*, 28 novembre 2017, §§ 303 et 306.

93 Voy. notamment Cour eur. dr. h., arrêt *Kavala c. Turquie*, 10 décembre 2019, § 232; arrêt *Ilgar Mammadov c. Azerbaïdjan*, 22 mai 2014, § 143.

94 Voy. notamment Cour eur. dr. h., Gde Ch., arrêt *Navalnyy c. Russie*, 15 novembre 2018, § 175.

95 Article 3 du Statut du Conseil de l'Europe: «Tout membre du Conseil de l'Europe reconnaît le principe de la prééminence du droit et le principe en vertu duquel toute personne placée sous sa juridiction doit jouir des droits de l'homme et des libertés fondamentales. [...]».

96 Préambule de la Convention.

97 Voy. R. Spano, «L'État de droit – L'étoile polaire de la Convention européenne des droits de l'homme», *Rev. trim. dr. h.*, 2021, pp. 481-509; D. Spielmann, «La jurisprudence de la Cour européenne des droits de

66. L'État de droit[98] est un État au sein duquel les gouvernants sont, à l'instar des gouvernés, soumis au droit. Il est structuré autour d'une hiérarchie des normes ainsi que d'un contrôle juridictionnel qui ne laisse aucune place à l'arbitraire. Pour autant, il n'est guère aisé de s'accorder sur les contours précis de cette notion qui est apparue dans la doctrine allemande au cours du XIXe siècle sous l'appellation «*Rechtsstaat*»[99] et qui focalise une vive attention depuis quelque temps[100].

67. Au reste, la notion doit être repensée aujourd'hui dans un contexte où le droit ne s'identifie plus exclusivement à l'État. D'une part, le droit est de plus en plus dissocié du territoire national. D'autre part, les acteurs étatiques sont concurrencés par des acteurs privés qui jouent un rôle croissant dans la production normative contemporaine.

1. *Les contours de l'État de droit*

1.1. État de droit et État de police

68. L'État de droit se distingue tout d'abord de l'«État de police». Ce dernier est un État au sein duquel l'autorité administrative est libre d'agir comme elle l'entend et de recourir à tous les moyens utiles aux fins qu'elle se donne[101]. L'État de droit s'oppose à l'État de police par cela qu'il implique la soumission de l'administration à la loi afin d'encadrer son action.

1.2. État de droit et État légal

69. L'État de droit ne se réduit pas, pour autant, à «l'État légal», entendu comme impliquant la soumission de l'État et de ses organes à la loi. Celle-ci peut se révéler discriminante, voire liberticide. L'Histoire l'a montré à suffisance. L'État de droit se caractérise dès lors par un contrôle juridictionnel qui ne porte pas uniquement sur l'action administrative, mais qui s'étend aussi aux actes législatifs.

---

l'homme sur l'État de droit», *in L'État de droit en droit international*, Société française pour le droit international, Paris, Pedone, 2009, pp. 179-188; G. Lautenbach, *The Concept of the Rule of Law and the European Court of Human Rights*, Oxford, 2013; X. Souvignet, *La prééminence du droit dans le droit de la Convention européenne des droits de l'homme*, Bruylant, Bruxelles, 2012.

98 Voy., au sein d'une abondante littérature, J. Chevallier, «L'État de droit», *Revue du droit public et de la science politique en France et à l'étranger*, 1988, pp. 313-380; du même auteur, *L'État de droit*, 6e éd., L.G.D.J., Paris, 2017; M. Troper, «Le concept d'État de droit», *Droits*, n° 15, 1992, pp. 51-63. Voy. plus spécialement sur la distinction entre *Rechtsstaat*, *Rule of Law* et État de droit, L. Heuschling, *État de droit, Rechtsstaat, Rule of Law*, coll. La nouvelle bibliothèque de thèses, vol. 16, Dalloz, Paris, 2002.

99 Voy. O. Jouanjan (dir.), *Figures de l'État de droit. Le Rechtsstaat dans l'histoire intellectuelle et constitutionnelle de l'Allemagne*, Presses universitaires de Strasbourg, 2001.

100 Voy. Fr. Krenc, «L'État de droit, une exigence à clarifier, un édifice à préserver», *Rev. trim. dr. h.*, 2021, pp. 775-790.

101 R. Carré de Malberg, *Contribution à la théorie générale de l'État*, Paris, Sirey, 1920, p. 488.

70. En ce sens, l'avènement de la justice constitutionnelle au cours de la seconde moitié du XXe siècle participe du parachèvement de l'État de droit. Les juges constitutionnels peuvent censurer le législateur et sont concrètement habilités à annuler la loi – pourtant censée être «l'expression de la volonté générale»[102] – lorsqu'elle méconnaît les droits fondamentaux. Le dogme d'un législateur infaillible a vécu[103], d'autant que la possibilité d'engager la responsabilité de l'État en raison de la faute du législateur est désormais reconnue dans de nombreux États[104].

2. *Les critères de l'État de droit*

71. La Commission européenne pour la démocratie par le droit – mieux connue sous la dénomination «Commission de Venise» – a soigneusement identifié cinq critères constitutifs de l'État de droit, que sont la légalité, la sécurité juridique, la prévention de l'abus de pouvoir, l'égalité devant la loi et la non-discrimination et, enfin, l'accès à la justice[105].

72. En schématisant à gros traits, on peut distinguer trois types d'exigences traditionnellement attachées à l'État de droit. Il y a, tout d'abord, les exigences qui peuvent être qualifiées de «formelles». Elles concernent les qualités que doit revêtir la règle de droit (publicité, généralité, clarté, non-rétroactivité, entre autres). Il y a, ensuite, les exigences «fonctionnelles» qui portent notamment sur la séparation des pouvoirs[106], l'indépendance de la justice, le principe de légalité ou encore la possibilité de mettre en cause la responsabilité de l'État. Enfin, les exigences «substantielles» ont trait au contenu même du droit auquel gouvernants et gouvernés sont soumis. Car, si l'État de droit implique l'assujettissement de tous au droit, il ne peut s'agir de «n'importe quel droit»[107]. Le

---

102 Article 6 de la Déclaration des droits de l'homme et du citoyen de 1789.

103 Voy. M. Verdussen, *Les douze juges – La légitimité de la Cour constitutionnelle*, Labor, Bruxelles, 2004, spéc. pp. 11-15.

104 Voy., en ce qui concerne la Belgique, Cass. (b.), 28 septembre 2006, *J.T.*, 2006, pp. 594 et s. On se permettra de reproduire ici ces quelques attendus de cet arrêt *Ferrara Jung*: «[...] L'État est, comme les gouvernés, soumis aux règles de droit, et notamment à celles qui régissent la réparation des dommages découlant des atteintes portées par des fautes aux droits subjectifs et aux intérêts légitimes des personnes. [...] Le principe de la séparation des pouvoirs, qui tend à réaliser un équilibre entre les différents pouvoirs de l'État, n'implique pas que celui-ci serait, de manière générale, soustrait à l'obligation de réparer le dommage causé à autrui par sa faute ou celle de ses organes dans l'exercice de la fonction législative. [...] En appréciant le caractère fautif du comportement dommageable du pouvoir législatif, ce tribunal ne s'immisce pas dans la fonction législative et dans le processus politique de l'élaboration des lois mais se conforme à la mission du pouvoir judiciaire de protéger les droits civils».

105 Voy. la liste des critères de l'État de droit, adoptée par la Commission de Venise lors de sa 106e session plénière (Venise, 11-12 mars 2016). Voy. antérieurement le rapport sur la prééminence du droit, adopté par la Commission de Venise lors de sa 86e session plénière (Venise, 25-26 mai 2011).

106 Il est sans doute préférable de parler d'équilibre des pouvoirs plutôt que de «séparation» pure et simple. Voy. en ce sens Cour eur. dr. h., Gde Ch., arrêt *Guðmundur Andri Ástráðsson c. Islande*, 1er décembre 2020, § 215: «une certaine interaction entre les trois pouvoirs est non seulement inévitable mais aussi nécessaire pourvu qu'aucun d'eux n'empiète indûment sur les fonctions et compétences des autres».

107 J. Chevallier, *L'État de droit*, 2e éd., Montchrestien, Paris, 1994, p. 98.

droit produit par l'État doit observer un ensemble de droits et de principes supérieurs, tel le principe de non-discrimination qui tend à protéger l'égale dignité des individus. En d'autres termes, un État n'est pas un État de droit au seul motif qu'il produit du droit.

3. *Les piliers de l'État de droit*

73. Fondamentalement, l'État de droit repose sur deux piliers que sont le droit au droit (3.1.) et le droit au juge (3.2.). Au droit au juge est intrinsèquement lié le droit à l'avocat (3.3.).

3.1. Le droit au droit

74. L'État de droit, c'est, tout d'abord, le *droit au droit*. L'action étatique doit être entièrement encadrée par le droit et toute limitation apportée aux droits et libertés des individus doit être autorisée par une norme accessible et suffisamment prévisible.

75. C'est ainsi, notamment, que toute privation de liberté doit, en vertu de l'article 5 de la Convention, reposer sur une base légale entendue strictement[108], que, conformément à l'article 6, le tribunal doit être « établi par la loi »[109] ou encore que l'article 7 renferme le principe *nullum crimen, nulla poena sine lege*[110].

76. La Cour insiste avec force sur l'exigence maîtresse de légalité lorsque sont en cause des ingérences dans les droits consacrés aux articles 8 à 11 de la Convention[111]. Leur licéité se voit, en effet, subordonnée au respect d'une première condition de légalité en ce que ces ingérences doivent être « prévues par la loi ». La Cour répète inlassablement que « le droit interne doit offrir des garanties adéquates contre des ingérences arbitraires de la puissance publique dans les droits et libertés fondamentaux »[112]. Elle insiste tout particulièrement sur la « qualité de la loi »[113], ce qui « implique que la législation interne doit user de termes assez clairs pour indiquer à tous de manière suffisante en quelles circonstances et sous quelles conditions elle habilite la puissance publique à

---

108 Voy. Cour eur. dr. h., Gde Ch., arrêt *Denis et Irvine c. Belgique*, 1er juin 2021, §§ 127-128.

109 Voy. Cour eur. dr. h., Gde Ch., arrêt *Guðmundur Andri Ástráðsson c. Islande*, 1er décembre 2020, § 211.

110 Voy. Cour eur. dr. h., arrêt *S.W. c. Royaume-Uni*, 22 novembre 1995, § 35 : « l'article 7 ne se borne [...] pas à prohiber l'application rétroactive du droit pénal au désavantage de l'accusé : il consacre aussi, de manière plus générale, le principe de la légalité des délits et des peines (*nullum crimen, nulla poena sine lege*) et celui qui commande de ne pas appliquer la loi pénale de manière extensive au désavantage de l'accusé, notamment par analogie. Il en résulte qu'une infraction doit être clairement définie par la loi ».

111 Consacrant respectivement le droit au respect de la vie privée et familiale, du domicile et de la correspondance (article 8), le droit à la liberté de pensée, de conscience et de religion (article 9), le droit à la liberté d'expression (article 10) et le droit à la liberté de réunion et d'association (article 11).

112 Cour eur. dr. h., Gde Ch., arrêt *Magyar Kétfarkú Kutya Párt c. Hongrie*, 20 janvier 2020, § 93. Voy. également Cour eur. dr. h., Gde Ch., arrêt *Lekić c. Slovénie*, 11 décembre 2018, §§ 94-95.

113 Cour eur. dr. h., arrêt *Malone c. Royaume-Uni*, 2 août 1984, § 67.

recourir à des mesures affectant leurs droits protégés par la Convention»[114]. Cette exigence de prévisibilité ne concerne pas seulement la loi; elle porte également sur la jurisprudence, ainsi que la Cour l'a spécialement souligné dans l'arrêt *RTBF c. Belgique*[115].

77. En vérité, la prééminence du droit «est une notion inhérente à l'ensemble des articles de la Convention»[116].

3.2. Le droit au juge

78. Requérant la protection des droits fondamentaux des individus au moyen d'une action étatique entièrement régie par le droit, l'État de droit postule ensuite le *droit au juge* afin d'assurer, en toute indépendance, cette prééminence du droit.

79. La Cour l'a posé dans son célèbre arrêt *Golder* du 21 février 1975: «la prééminence du droit ne se conçoit guère sans la possibilité d'accéder aux tribunaux»[117]. Dans un État de droit, un contrôle juridictionnel doit pouvoir être pratiqué à l'égard de toute mesure emportant une limitation aux droits fondamentaux des individus.

80. Mais l'accès à la justice ne suffit point. Encore faut-il que celle-ci soit rendue par des juges indépendants et impartiaux dans un «délai raisonnable».

81. L'indépendance et l'impartialité sont consubstantielles à la fonction de juger. L'impartialité «se définit d'ordinaire par l'absence de préjugé ou de parti pris»[118]. Elle procède d'une qualité personnelle attendue dans le chef du juge. Elle tient à sa capacité de faire abstraction de ses convictions et certitudes pour trancher en toute objectivité le litige dont il se trouve saisi. L'impartialité participe de l'éthique du juge et doit transparaître dans la motivation de ses décisions.

82. L'indépendance de la justice, quant à elle, est véritablement au cœur de l'État de droit[119]. Elle conditionne la légitimité du pouvoir du juge; elle assoit l'autorité de ses décisions, en même temps qu'elle fonde la confiance du justi-

---

114 Cour eur. dr. h., Gde Ch., arrêt *Demirtas c. Turquie* (n° 2), 22 décembre 2020, § 254. Voy. également Cour eur. dr. h., Gde Ch., arrêt *Maestri c. Italie*, 19 février 2004, § 30.

115 Cour eur. dr. h., arrêt *RTBF c. Belgique*, 29 mars 2011, à propos d'une interdiction de diffusion d'une émission de télévision ordonnée par le juge des référés. Aux yeux de la Cour, «le cadre législatif combiné avec le cadre jurisprudentiel existant en Belgique, tel qu'il a été appliqué à la requérante, ne [répondait] pas à la condition de la prévisibilité voulue par la Convention et ne lui a pas permis de jouir d'un degré suffisant de protection requise par la prééminence du droit dans une société démocratique» (§ 116).

116 Voy. notamment Cour eur. dr. h., Gde Ch., arrêt *Lekić c. Slovénie*, 11 décembre 2018, § 94.

117 Cour eur. dr. h., arrêt *Golder c. Royaume-Uni*, 21 février 1975, § 34.

118 Cour eur. dr. h., Gde Ch., arrêt *Micallef c. Malte*, 15 octobre 2009, § 93.

119 Voy. Fr. Krenc et Fr. Tulkens, «L'indépendance du juge. Retour aux fondements d'une garantie essentielle d'une société démocratique», *in Regards croisés sur la protection nationale et internationale des droits de l'homme. Mélanges en l'honneur de Guido Raimondi*, Wolf Legal Publishers, Tilburg, 2019, pp. 377-399.

ciable, lequel voit, dans cette indépendance, une garantie contre l'arbitraire et un gage d'égalité de traitement. L'indépendance de la justice est bien davantage qu'une garantie procédurale. Elle participe, plus fondamentalement, de la garantie substantielle des droits fondamentaux en ce qu'elle est une condition de leur effectivité. Sans juge indépendant, la censure ne peut être contestée. Sans juge indépendant, il est impossible de se plaindre des arrestations et détentions arbitraires. En clair, les droits fondamentaux ne sont réellement protégés que si un juge indépendant est en mesure d'en prévenir ou d'en sanctionner la violation.

83. Ensuite, il est tout autant crucial que la justice soit rendue « dans un délai raisonnable ». Une justice qui est rendue avec retard est une justice qui perd de son efficacité et de sa crédibilité[120]. Selon la Cour, « les retards importants et récurrents dans l'administration de la justice représentent un phénomène particulièrement préoccupant, à même de compromettre la confiance du public dans l'efficacité du système judiciaire »[121]. Ainsi, « l'absence injustifiée de décision par la juridiction saisie pour une période particulièrement prolongée peut, par la force des choses, s'assimiler à un déni de justice »[122].

84. L'État de droit commande enfin que « la solution donnée de manière définitive à tout litige par les tribunaux ne soit plus remise en cause »[123]. Ceci suppose « le respect du principe de l'autorité de la chose jugée »[124]. L'inexécution de décisions de justice définitives heurte frontalement l'État de droit[125].

3.3. Le droit à l'avocat

85. Dans un État de droit, le droit au juge ne pourrait être dissocié du droit à l'avocat[126]. L'arrêt *Airey c. Irlande* a expressément souligné ce lien, considérant que, pour que le droit au juge soit « concret et effectif », l'article 6, § 1er, de la Convention doit être entendu comme obligeant les États parties à pourvoir à l'assistance d'un avocat en matière civile chaque fois que son concours s'avère indispensable pour le justiciable[127]. En matière pénale, le droit à l'assistance d'un

---

[120] Voy. notamment Cour eur. dr. h., arrêt *Bottazzi c. Italie*, 28 juillet 1999, § 22.

[121] Cour eur. dr. h., arrêt *Club nautique de Chalcidique « I Kelyfos » c. Grèce*, 21 novembre 2019, § 60.

[122] *Ibidem.*

[123] Cour eur. dr. h., Gde Ch., arrêt *Brumarescu c. Roumanie*, 28 octobre 1999, § 61.

[124] Cour eur. dr. h., Gde Ch., arrêt *Guðmundur Andri Ástráðsson c. Islande*, 1er décembre 2020, § 238.

[125] Voy. notamment Cour eur. dr. h., Gde Ch., arrêt *Assanidzé c. Géorgie*, 8 avril 2004, § 173 : « il est inconcevable que dans un État de droit un individu demeure privé de sa liberté malgré l'existence d'une décision de justice ordonnant sa libération » ; arrêt *Casa di Cura Valle Fiorita S.r.l. c. Italie*, 13 décembre 2018, § 54 : « en s'abstenant, pendant plus de cinq années, de prendre toute mesure nécessaire pour se conformer à une décision judiciaire définitive et exécutoire, les autorités nationales ont privé, en l'occurrence, les dispositions de l'article 6, § 1er de la Convention [européenne des droits de l'homme] de tout effet utile et [...] elles ont porté atteinte à l'État de droit, fondé sur la prééminence du droit et la sécurité des rapports juridiques ».

[126] Voy. Fr. Krenc et Fr. Tulkens, « L'avocat et la Convention européenne des droits de l'homme », *in L'avocat. Liber amicorum Georges-Albert Dal*, Larcier, Bruxelles, 2014, pp. 543-569.

[127] Cour eur. dr. h., arrêt *Airey c. Irlande*, 9 octobre 1979, § 26 : « l'article 6, § 1er [de la Convention européenne des droits de l'homme] peut parfois astreindre l'État à pourvoir à l'assistance d'un membre du barreau

avocat est expressément prévu à l'article 6, § 3, c), de la Convention. L'on doit à l'arrêt *Salduz c. Turquie* d'avoir généralisé ce droit durant la phase préliminaire du procès pénal, et ce, dès les premiers interrogatoires[128].

86. Autrefois, la Cour envisageait l'avocat comme un «auxiliaire de justice»[129]. Ces termes ont par la suite été abandonnés pour être remplacés par «acteur de la justice»[130]. Il est vrai que le mot «auxiliaire» pouvait laisser entendre que l'avocat n'est pas nécessaire au bon fonctionnement de la justice.

87. La Cour confirme que l'avocat jouit d'un «statut spécifique» au regard de la Convention[131]. En effet, si, à l'instar de tout individu, il jouit des droits inscrits dans la Convention, l'avocat n'est point un individu comme un autre. Dès lors qu'il participe au bon fonctionnement de la justice, il doit bénéficier d'une protection particulière dans l'exercice de ses différentes missions. En vérité, il ne s'agit pas d'accorder à l'avocat un statut exorbitant du droit commun. Il s'agit de conférer à l'avocat un statut qui est à la mesure de l'importance des missions qui lui incombent. C'est dans cette mesure – et dans cette mesure seulement – que l'avocat se voit accorder une protection particulière.

88. La Convention protège tout d'abord le secret professionnel dont l'avocat est le dépositaire[132]. Il n'est plus contestable que la protection de ce secret professionnel relève tout autant de la garantie d'un procès équitable pour le justiciable au sens de l'article 6 de la Convention, que de celle de la vie privée, du domicile et de la correspondance de l'avocat au regard de l'article 8 de la Convention. Le cabinet de l'avocat se voit ainsi protégé au titre du «domicile», tandis que la correspondance échangée entre un avocat et un client jouit d'une «protection renforcée»[133]. Il en découle que les perquisitions et saisies opérées dans les cabinets d'avocat doivent être assorties de «garanties spéciales de pro-

quand elle se révèle indispensable à un accès effectif au juge soit parce que la loi prescrit la représentation par un avocat, comme la législation nationale de certains États contractants le fait pour diverses catégories de litiges, soit en raison de la complexité de la procédure ou de la cause».

128 Cour eur. dr. h., Gde Ch., arrêt *Salduz c. Turquie*, 27 novembre 2008, § 55: «pour que le droit à un procès équitable consacré par l'article 6, § 1er demeure suffisamment 'concret et effectif' [...], il faut, en règle générale, que l'accès à un avocat soit consenti dès le premier interrogatoire d'un suspect par la police, sauf à démontrer, à la lumière des circonstances particulières de l'espèce, qu'il existe des raisons impérieuses de restreindre ce droit». La Cour a, par la suite, précisé dans ses arrêts de Grande Chambre *Ibrahim et autres c. Royaume-Uni* tout d'abord (13 septembre 2016) et *Beuze c. Belgique* ensuite (9 novembre 2018) que l'article 6, §§ 1er et 3, c), de la Convention ne se trouvait pas nécessairement violé lorsque le défaut d'accès à un avocat lors des premiers interrogatoires du suspect ne pouvait être justifié par des «raisons impérieuses». En l'absence de telles raisons, il convient de pratiquer une appréciation globale de l'équité sur l'ensemble de la procédure, la Cour étant alors appelée à exercer un contrôle «très strict» (voy. par exemple Cour eur. dr. h., arrêt *Olivieri c. France*, 11 juillet 2019, §§ 33 et 40; arrêt *Brus c. Belgique*, 14 septembre 2021, §§ 29 et 36).

129 Cour eur. dr. h., arrêt *Casado Coca c. Espagne*, 24 février 1994, § 46.

130 Cour eur. dr. h., Gde Ch., arrêt *Morice c. France*, 23 avril 2015, § 148.

131 Voy. notamment Cour eur. dr. h., Gde Ch., arrêt *Gestur Jónsson et Ragnar Halldór Hall c. Islande*, 22 décembre 2020, § 88.

132 Cour eur. dr. h., arrêt *Michaud c. France*, 6 décembre 2012, §§ 118-119.

133 *Ibidem*, § 119.

cédure», au premier rang desquelles figure la présence du bâtonnier ou de son représentant[134].

89. La Convention protège ensuite la parole de l'avocat, que ce soit au sein du prétoire ou en dehors de celui-ci. Au sein du prétoire – lieu naturel d'exercice de la profession –, l'avocat jouit d'une protection très élevée. Il est, en règle, couvert par l'immunité de plaidoiries[135]. En dehors du prétoire, la parole de l'avocat doit être protégée chaque fois que les nécessités de la défense de son client le justifient[136].

90. La Convention protège enfin et surtout l'intégrité de l'avocat. Pour la Cour, « *[t]he freedom of lawyers to practise their profession without undue hindrance is an essential component of a democratic society and a necessary prerequisite for the effective enforcement of the provisions of the Convention [...]. Persecution or harassment of members of the legal profession thus strikes at the very heart of the Convention system* »[137].

Chapitre V
La contribution de la Belgique à la Convention

91. Dans le cadre de la présentation générale du système de la Convention, je ne peux manquer d'évoquer la contribution de la Belgique. État fondateur du Conseil de l'Europe, la Belgique a ratifié la Convention le 14 juin 1955, laquelle est entrée en vigueur à son égard à cette même date. Pour Pierre Lambert – qui a joué un rôle pionnier dans la diffusion de la Convention et le développement de la doctrine francophone –, «la contribution que la Belgique a apportée à la jurisprudence de la Cour européenne des droits de l'homme est considérable» et «tient avant tout à la personnalité des juges belges au sein de la Cour»[138].

A. Les juges «belges»

92. Les juges ayant précédemment siégé à la Cour au titre de la Belgique[139] furent successivement Henri Rolin (1959-1973) qui eut l'insigne honneur de la présider entre 1968 et 1971, Walter-Jean Ganshof van der Meersch (1973-1986), Jan De Meyer (1986-1998), Françoise Tulkens (1998-2012)[140] et Paul

---

134 Cour eur. dr. h., arrêt *Niemietz c. Allemagne*, 16 décembre 1992, § 37.

135 Voy. Cour eur. dr. h., Gde Ch., arrêt *Kyprianou c. Chypre*, 15 février 2005.

136 Voy. Cour eur. dr. h., Gde Ch., arrêt *Morice c. France*, 23 avril 2015.

137 Cour eur. dr. h., arrêt *Elci et autres c. Turquie*, 13 novembre 2003, § 669.

138 P. Lambert, *La Belgique devant la Cour européenne des droits de l'homme*, coll. «Droit & Justice», n° 37, Nemesis/Bruylant, Bruxelles, 2002, p. 9.

139 Voy. leur portrait formidablement dépeint par le président Dean Spielmann, «La contribution des juges belges au rayonnement de la Convention européenne des droits de l'homme», *Rev. trim. dr. h.*, 2015, pp. 25-38.

140 Voy. à propos de la juge Tulkens, le *Journal des tribunaux* qui lui a été offert à sa sortie de charge (2012/29, n° 6489) ainsi que l'hommage rendu par *Strasbourg Observers* («Tribute to Judge Tulkens», 2012).

Lemmens (2012-2021)[141]. Il m'est difficile de retracer l'excellence de leur parcours ainsi que de résumer leurs apports respectifs au droit de la Convention.

B. La jurisprudence « belge »

93. Un grand nombre d'arrêts concernant la Belgique ont marqué la jurisprudence de la Cour dès ses origines. Que l'on songe à l'arrêt rendu dans l'*Affaire linguistique* qui posa les premiers jalons de l'interprétation de l'article 14 de la Convention[142], à l'arrêt *Marckx* qui mit en exergue les obligations positives des États sur le fondement de l'article 8 de la Convention autant qu'il stigmatisa la discrimination entre enfants « légitimes » et enfants « naturels »[143], à l'arrêt *Le Compte, Van Leuven et De Meyere* qui posa les bases d'une interprétation autonome du champ d'application de l'article 6 de la Convention pour y inclure, sous le volet « civil », le contentieux disciplinaire[144], ou à l'arrêt *Mathieu-Mohin et Clerfayt* qui livra une première lecture de l'article 3 du Premier protocole additionnel[145]. On peut encore citer l'arrêt *Van der Mussele* qui conduisit la Cour à développer sa jurisprudence relative à l'article 4 de la Convention[146] ainsi que l'arrêt *Lamy* qui interpréta l'article 5, § 4, de la Convention comme postulant l'accès au dossier d'instruction devant la chambre du conseil appelée à statuer sur la confirmation d'un mandat d'arrêt[147].

94. Dans la jurisprudence plus récente de la Grande Chambre, on peut mentionner l'arrêt *Taxquet* concernant l'exigence de motivation incombant aux jurys d'assises[148], l'arrêt *Bouyid* relatif à des faits de violence policière[149], l'arrêt *Paposhvili* qui, s'agissant de la protection due aux étrangers gravement malades faisant l'objet d'une mesure d'éloignement, corrigea la jurisprudence *N. c. Royaume-Uni*[150], l'arrêt *Beuze* qui précisa, à la suite des arrêts *Salduz* et *Ibrahim*, la jurisprudence de la Cour relative au droit à l'assistance d'un avocat dès les premiers stades de la procédure pénale[151], l'arrêt *Mugemangango* quant à l'effectivité des recours en matière électorale[152] ou, plus récemment encore, l'arrêt

---

141 Voy. à propos du juge Lemmens, *Human Rights with a Human Touch – Liber amicorum Paul Lemmens*, Intersentia, Anvers, 2019. Voy. également Fr. Krenc, « Paul Lemmens : un grand juge quitte Strasbourg », *J.T.*, 2021, p. 688.

142 Cour eur. dr. h., arrêt rendu dans l'affaire « relative à certains aspects du régime linguistique de l'enseignement en Belgique », 23 juillet 1968.

143 Cour eur. dr. h., arrêt *Marckx c. Belgique*, 13 juin 1979.

144 Cour eur. dr. h., arrêt *Le Compte, Van Leuven et De Meyere c. Belgique*, 23 juin 1981, suivi par Cour eur. dr. h., arrêt *Albert et Le Compte c. Belgique*, 10 février 1983, §§ 25-29.

145 Cour eur. dr. h., arrêt *Mathieu-Mohin et Clerfayt c. Belgique*, 2 mars 1987.

146 Cour eur. dr. h., arrêt *Van der Mussele c. Belgique*, 23 novembre 1983.

147 Cour eur. dr. h., arrêt *Lamy c. Belgique*, 30 mars 1989.

148 Cour eur. dr. h., Gde Ch., arrêt *Taxquet c. Belgique*, 16 novembre 2010.

149 Cour eur. dr. h., Gde Ch., arrêt *Bouyid c. Belgique*, 28 septembre 2015.

150 Cour eur. dr. h., Gde Ch., arrêt *Paposhvili c. Belgique*, 13 décembre 2016.

151 Cour eur. dr. h., Gde Ch., arrêt *Beuze c. Belgique*, 9 novembre 2018.

152 Cour eur. dr. h., Gde Ch., arrêt *Mugemangango c. Belgique*, 10 juillet 2020.

Hurbain concernant la problématique du droit à l'oubli[153]. Les affaires « belges » portées à Strasbourg posent souvent des questions nouvelles et complexes au regard de l'interprétation et de l'application de la Convention.

95. Cela étant, la Belgique ne figure pas parmi les premiers « fournisseurs » de la Cour[154] et le nombre d'arrêts de violation rendus à son égard n'est pas le plus élevé parmi les États parties. Différents facteurs peuvent expliquer l'importance de la jurisprudence concernant la Belgique, qui est davantage qualitative que quantitative. En réalité, la Belgique a, dès l'origine, reconnu le recours individuel (alors facultatif) devant les organes de la Convention (1955), ce qui ne fut pas le cas de tous les États fondateurs. Elle fut dès lors très vite exposée aux saisines devant la Cour, ce qui donna l'occasion à celle-ci de poser les premières bases de sa jurisprudence. En outre, le développement de la jurisprudence au départ du contentieux belge tient également, et pour beaucoup, à l'ouverture généralement manifestée par la communauté juridique belge à l'égard de la Convention et à son intégration relativement précoce par les différents acteurs internes[155] qui ont rapidement acquis un « réflexe conventionnel ».

153 Cour eur. dr. h., Gde Ch., arrêt *Hurbain c. Belgique*, 4 juillet 2023.

154 En avril 2023, près des trois quarts des requêtes pendantes concernaient cinq États, à savoir, par ordre décroissant, la Türkiye (environ 22 650 requêtes), la Fédération de Russie (environ 16 150 requêtes), l'Ukraine (environ 9 900 requêtes), la Roumanie (environ 4 500 requêtes) et l'Italie (environ 3 650 requêtes).

155 Il faut relever le rôle important à cet égard de la doctrine belge.

Partie II

Le texte de la Convention

Chapitre I
L'interprétation de la Convention

96. La Convention est une convention internationale. À ce titre, elle doit s'interpréter conformément aux normes et principes du droit international, en particulier aux articles 31 à 33 de la Convention de Vienne du 23 mai 1969 sur le droit des traités[156].

97. Toutefois, la Convention n'est pas une convention internationale comme les autres. Instrument de protection des droits fondamentaux des individus, elle présente, en raison de son objet et de son but, un « caractère spécifique »[157] (*supra* n°s 20 et 48). Cette spécificité postule une lecture de la Convention axée sur l'effectivité des droits et libertés qu'elle consacre. Ainsi, « l'objet et le but de la Convention, instrument de protection des droits de l'homme, appellent à comprendre et appliquer ses dispositions d'une manière qui en rende les exigences concrètes et effectives, et non théoriques et illusoires »[158]. Cette quête d'effectivité est au cœur de la démarche interprétative de la Cour.

98. À l'aune de cette prémisse, cinq principes directeurs peuvent être dégagés de la jurisprudence de la Cour.

A. L'interprétation téléologique

99. Dès l'affaire *Wemhoff c. Allemagne*, la Cour a récusé l'idée d'une interprétation restrictive de la Convention : « s'agissant d'un traité normatif, il y a lieu [...] de rechercher quelle est l'interprétation la plus propre à atteindre le but et

---

156 Cour eur. dr. h., Gde Ch., arrêt *Mamatkoulov et Askarov c.Turquie*, 4 février 2005, § 111 ; Gde Ch., arrêt *Chypre c. Turquie* (satisfaction équitable), 12 mai 2014, § 23 ; Gde Ch., arrêt *S.M. c. Croatie*, 25 juin 2020, § 287.

157 Cour eur. dr. h., arrêt *Soering c. Royaume-Uni*, 7 juillet 1989, § 87.

158 Cour eur. dr. h., Gde Ch., arrêt *Magyar Helsinki Bizottság c. Hongrie*, 8 novembre 2016, § 121.

à réaliser l'objet de ce traité et non celle qui donnerait l'étendue la plus limitée aux engagements des Parties»[159].

100. La Cour privilégie une interprétation téléologique (ou finaliste), laquelle s'inscrit dans le droit fil de la Convention de Vienne sur le droit des traités dont l'article 31, § 1er, dispose qu'«[u]n traité doit être interprété de bonne foi suivant le sens ordinaire à attribuer aux termes du traité dans leur contexte et à la lumière de son objet et de son but».

101. Cette lecture téléologique innerve notamment l'interprétation de l'article 6 de la Convention consacrant le droit à un procès équitable. Dans son arrêt *Delcourt*, la Cour a solennellement énoncé que, «dans une société démocratique au sens de la Convention, le droit à une bonne administration de la justice occupe une place si éminente qu'une interprétation restrictive de l'article 6, § 1er, ne correspondrait pas au but et à l'objet de cette disposition»[160]. Sur cette base, la Cour a dégagé de l'article 6 de la Convention des droits qui ne sont pas expressément mentionnés dans cette disposition mais qui doivent être considérés comme en faisant naturellement partie intégrante, parce qu'ils constituent soit le présupposé[161], soit le corollaire[162] logiques des autres droits expressément consacrés.

102. L'arrêt *Golder c. Royaume-Uni* de 1975 procède d'une telle interprétation finaliste. La Cour y déduisit de l'article 6 de la Convention un droit d'accès à un tribunal en matière civile, bien qu'un tel droit ne figure pas, comme tel, dans le texte de cette disposition: «Aux yeux de la Cour, on ne comprendrait pas que l'article 6, § 1er, décrive en détail les garanties de procédure accordées aux parties à une action civile en cours et qu'il ne protège pas d'abord ce qui seul permet d'en bénéficier en réalité: l'accès au juge. Équité, publicité et célérité du procès n'offrent point d'intérêt en l'absence de procès»[163]. Il s'ensuit que «le droit d'accès constitue un élément inhérent au droit qu'énonce l'article 6, § 1er»[164].

103. De la même manière, la Cour a reconnu, en aval du procès, l'existence d'un droit à l'exécution des décisions de justice définitives. Empruntant un raisonnement identique à celui ayant présidé à l'arrêt *Golder*, l'arrêt *Hornsby c. Grèce* du 19 mars 1997 énonce qu'«on ne comprendrait pas que l'article 6, § 1er, décrive en détail les garanties de procédure – équité, publicité et célérité –

---

159 Cour eur. dr. h., arrêt *Wemhoff c. Allemagne*, 27 juin 1968, § 8 (en droit).

160 Cour eur. dr. h., arrêt *Delcourt c. Belgique*, 17 janvier 1970, § 25. Voy. aussi, dans le même sens, Cour eur. dr. h., arrêt *De Cubber c. Belgique*, 26 octobre 1984, § 30: «[la Cour] rappelle qu'une interprétation restrictive de l'article 6, § 1er – notamment quant au respect du principe fondamental de l'impartialité du juge – ne cadrerait pas avec l'objet et le but de cette disposition, vu la place éminente que le droit à un procès équitable occupe dans une société démocratique au sens de la Convention». Voy. encore Cour eur. dr. h., Gde Ch., arrêt *Perez c. France*, 12 février 2004, § 64, à propos de l'applicabilité de l'article 6, § 1er, aux constitutions de partie civile.

161 Cour eur. dr. h., arrêt *Golder c. Royaume-Uni*, 21 février 1975.

162 Cour eur. dr. h., arrêt *Hornsby c. Grèce*, 19 mars 1997.

163 Cour eur. dr. h., arrêt *Golder c. Royaume-Uni*, 21 février 1975, § 35.

164 *Ibidem*, § 36.

accordées aux parties et qu'il ne protège pas la mise en œuvre des décisions judiciaires »[165]. Aussi, « l'exécution d'un jugement ou arrêt, de quelque juridiction que ce soit, doit [...] être considérée comme faisant partie intégrante du procès au sens de l'article 6 »[166].

B. L'interprétation autonome

104. La Convention reçoit une signification autonome par la Cour, c'est-à-dire que les termes inscrits dans la Convention reçoivent une signification propre à celle-ci, indépendante du sens qu'ils peuvent recevoir dans les différents États parties. En effet, la Convention « ne saurait s'interpréter par simple référence au droit interne de l'État défendeur »[167]. La raison tient ici encore à la nécessité d'assurer l'effectivité des droits garantis. Il s'agit d'éviter que l'application de la Convention et de ses protocoles ne soit laissée à la « volonté souveraine » des États qui pourraient réduire à leur guise la portée de leurs engagements en définissant eux-mêmes et librement ceux-ci[168]. Il s'agit aussi de mettre en place un langage commun pour l'ensemble des États parties, de sorte que les arrêts de la Cour parlent à tous ces États et non au seul État mis en cause.

105. C'est ainsi, par exemple, que :

- la Cour a considéré qu'une assignation à résidence pouvait constituer une « privation de liberté » au sens de l'article 5 de la Convention[169] ;
- elle a inclus dans la matière « civile » au sens de l'article 6 de la Convention les contentieux disciplinaires[170], publics[171] ou encore sociaux[172] pour les faire relever du champ d'application du droit à un procès équitable ;
- elle a pu qualifier des sanctions administratives de « pénales », assujettissant celles-ci au respect des garanties consacrées aux articles 6 et 7 de la Convention[173] ;
- elle a fait entrer dans le champ de protection de l'article 8 de la Convention le cabinet de l'avocat considéré comme un « domicile »[174] ;

165 Cour eur. dr. h., arrêt *Hornsby c. Grèce*, 19 mars 1997, § 40.

166 *Ibidem*.

167 Voy. notamment Cour eur. dr. h., Gde Ch., arrêt *Naït-Liman c. Suisse*, § 106.

168 Voy. Cour eur. dr. h., arrêt *Öztürk c. Allemagne*, 21 février 1984, § 49 : « si les États contractants pouvaient à leur guise, en qualifiant une infraction d'administrative plutôt que de pénale, écarter le jeu des clauses fondamentales des articles 6 et 7, l'application de celles-ci se trouverait subordonnée à leur volonté souveraine. Une latitude aussi étendue risquerait de conduire à des résultats incompatibles avec l'objet et le but de la Convention ».

169 Cour eur. dr. h., Gde Ch., arrêt *Buzadji c. République de Moldova*, 5 juillet 2016, §§ 103-104.

170 Voy. Cour eur. dr. h., arrêt *Le Compte, Van Leuven et De Meyere c. Belgique*, 23 juin 1981, §§ 41-51 ; arrêt *Albert et Le Compte c. Belgique*, 10 février 1983, §§ 25-29.

171 Cour eur. dr. h., arrêt *Ringeisen c. Autriche*, 16 juillet 1971, § 94 ; arrêt *König c. Allemagne*, 28 juin 1978, §§ 88-89 et § 94 ; Gde Ch., arrêt *Vilho Eskelinen et autres c. Finlande*, 19 avril 2007, § 62.

172 Cour eur. dr. h., arrêt *Feldbrugge c. Pays-Bas*, 25 mai 1986, §§ 26-40.

173 Voy. notamment Cour eur. dr. h., arrêt *Öztürk c. Allemagne*, 21 février 1984, §§ 46-56.

174 Cour eur. dr. h., arrêt *Niemietz c. Allemagne*, 16 décembre 1992, §§ 27-33.

- elle a estimé qu'une créance indemnitaire[175] ou une prestation sociale[176] pouvaient constituer un « bien » au sens de l'article 1er du Premier Protocole ;
- elle a jugé que le Parlement européen constituait un « corps législatif » au regard de l'article 3 du Premier Protocole garantissant le droit de vote[177].

C. L'interprétation évolutive

1. *La doctrine de l'« instrument vivant »*

106. La Convention n'est pas un texte inerte dont le sens est définitivement arrêté à l'état de la société de 1950. Aussi, en vue d'assurer ici encore l'effectivité des droits garantis par la Convention et, plus spécialement, leur « sauvegarde » et leur « développement » conformément à son Préambule, la Cour a développé la doctrine de l'« instrument vivant ».

107. Les premiers jalons de cette doctrine ont été posés en 1978 par l'arrêt *Tyrer c. Royaume-Uni*. La Cour y énonça pour la première fois que « la Convention est un instrument vivant à interpréter [...] à la lumière des conditions de vie actuelles »[178]. Depuis lors, cette doctrine est solidement ancrée dans la jurisprudence de la Cour. Elle s'inscrit en harmonie avec l'approche retenue par la Cour internationale de justice, selon laquelle « lorsque les parties ont employé dans un traité certains termes de nature générique, dont elles ne pouvaient pas ignorer que le sens était susceptible d'évoluer avec le temps, et que le traité en cause a été conclu pour une très longue période ou sans limite de durée, les parties doivent être présumées, en règle générale, avoir eu l'intention de conférer aux termes en cause un sens évolutif »[179].

1.1. L'évolution des « conditions de vie »

108. La Cour tient tout d'abord compte des « conditions de vie actuelles ». Pour ne prendre qu'un exemple, comment la Cour pourrait-elle ignorer le développement des nouvelles technologies dans l'interprétation des dispositions dont elle a la garde ? Elle a ainsi pu préciser que la « correspondance » protégée par l'article 8 de la Convention incluait les courriers électroniques[180]. Elle a également considéré qu'une publication d'une décision de justice sur internet pouvait suffire pour répondre à l'exigence de publicité du prononcé

175 Cour eur. dr. h., arrêt *Pressos Compania Naviera S.A. et autres c. Belgique*, 20 novembre 1995, §§ 31-32.
176 Cour eur. dr. h., Gde Ch., décision (rec.) *Stec et autres c. Royaume-Uni*, 6 juillet 2005.
177 Cour eur. dr. h., Gde Ch., arrêt *Matthews c. Royaume-Uni*, 18 février 1999, §§ 36-54.
178 Cour eur. dr. h., arrêt *Tyrer c. Royaume-Uni*, 25 avril 1978, § 31.
179 C.I.J., *Différend relatif à des droits de navigation et des droits connexes* (*Costa-Rica c. Nicaragua*), arrêt du 13 juillet 2009, *C.I.J. Recueil*, 2009, p. 213, § 66.
180 Cour eur. dr. h., arrêt *Copland c. Royaume-Uni*, 3 avril 2007, § 41 ; Gde Ch., arrêt *Bărbulescu c. Roumanie*, 5 septembre 2017, § 72.

prescrite par l'article 6 de la Convention, la Cour s'appuyant sur « le principe d'interprétation bien établi selon lequel la Convention doit se lire à la lumière des conditions de vie d'aujourd'hui »[181].

109. La société contemporaine est marquée par la prolifération de nouveaux espaces d'information et d'expression, ainsi que par le développement saisissant des modes d'interception, de stockage et de transmission de données. L'extraordinaire essor des moyens de communication numérique a été au centre de contentieux récents devant la Grande Chambre au regard des articles 8[182] et 10[183] de la Convention. Il conduit à la redéfinition de nouveaux équilibres entre la liberté d'expression et le droit au respect de la vie privée. On songe à l'affaire *Delfi AS c. Estonie* concernant des propos insultants postés sur le site internet d'un portail d'actualités par des tiers anonymes[184] ou à l'affaire *Hurbain c. Belgique* dans laquelle la Cour a été amenée à circonscrire les contours du « droit à l'oubli numérique »[185]. Parallèlement, la Cour a été confrontée aux mesures de « surveillance de masse » dans les affaires *Big Brother Watch et autres c. Royaume-Uni* et *Centrum för rättvisa c. Suède*[186].

1.2. L'évolution des « conceptions prévalant dans les États démocratiques »

110. Outre les « conditions de vie actuelles », la Cour a également égard aux « conceptions prévalant de nos jours dans les États démocratiques »[187]. Ainsi, comme l'a énoncé l'arrêt *Marckx*, ce qui pouvait passer pour « licite et normal » au moment où la Convention fut rédigée, peut s'avérer par la suite incompatible avec celle-ci[188].

111. En effet, « [i]l est d'une importance cruciale que la Convention soit interprétée et appliquée d'une manière qui en rende les garanties concrètes et effectives, et non pas théoriques et illusoires. Si la Cour n'adoptait pas une approche

181 Cour eur. dr. h., décision (rec.) *Bacchini c. Suisse*, 21 juin 2005 : « on ne saurait sous-estimer, de nos jours, la valeur d'une publication sur internet – moyen de communication facilement accessible pour un grand nombre de personnes, relativement peu coûteux et rapide, et qui est devenu indispensable dans la vie quotidienne – pour le respect du droit à un prononcé public au sens de l'article 6, § 1er, de la Convention ».

182 Cour eur. dr. h., Gde Ch., arrêt *L.B. c. Hongrie*, 9 mars 2023 (diffusion de données à caractère personnel de contribuables défaillants sur le site internet de l'autorité fiscale).

183 Cour eur. dr. h., Gde Ch., arrêt *Sanchez c. France*, 15 mai 2023 (condamnation pénale d'un homme politique pour n'avoir pas promptement supprimé des commentaires illicites publiés par des tiers sur son compte Facebook).

184 Voy. notamment Cour eur. dr. h., Gde Ch., arrêt *Delfi A.S. c. Estonie*, 16 juin 2015.

185 Cour eur. dr. h., Gde Ch., arrêt *Hurbain c. Belgique*, 4 juillet 2023.

186 Cour eur. dr. h., Gde Ch., arrêt *Big Brother Watch et autres c. Royaume-Uni*, 25 mai 2021 ; Gde Ch., arrêt *Centrum för rättvisa c. Suède*, 25 mai 2021. Dans ces affaires, la Cour a estimé que, si le recours à un régime d'interception en masse n'était pas en soi contraire à la Convention, pareil régime devait cependant être encadré par des « garanties de bout en bout ».

187 Cour eur. dr. h., arrêt *Guzzardi c. Italie*, 6 novembre 1980, § 95 ; arrêt *Van der Mussele c. Belgique*, 23 novembre 1983, § 32 ; Gde Ch., arrêt *Bayatyan c. Arménie*, 7 juillet 2011, § 102.

188 Cour eur. dr. h., arrêt *Marckx c. Belgique*, 13 juin 1979, § 41.

dynamique et évolutive, pareille attitude risquerait de faire obstacle à toute réforme ou amélioration »[189]. À cet égard, l'arrêt *Al-Saadoon et Mufdhi c. Royaume-Uni* du 2 mars 2010 illustre à lui seul les vertus de l'interprétation évolutive. Il concerne la peine de mort qui, lorsque la Convention fut élaborée, n'était pas prohibée. Le texte de l'article 2, § 1er, prévoit en effet que « la mort ne peut être infligée à quiconque intentionnellement, sauf en exécution d'une sentence capitale prononcée par un tribunal au cas où le délit est puni de cette peine par la loi ». Néanmoins, prenant acte de l'évolution vers l'abolition complète *de facto* et *de jure* de la peine de mort dans les États membres du Conseil de l'Europe, la Cour a solennellement indiqué dans cet arrêt *Al-Saadoon* que « l'article 2 de la Convention interdit aujourd'hui la peine de mort en toutes circonstances »[190].

112. La Cour enseigne que, « dans des affaires qui touchent à des sujets qui sont en constante évolution dans les États membres du Conseil de l'Europe, [elle] peut se pencher sur la situation qui prévaut dans d'autres pays membres relativement aux questions soulevées en l'espèce pour évaluer s'il existe un 'consensus européen' ou au moins une certaine tendance parmi les États membres »[191]. Un grand nombre d'arrêts rendus par la Cour illustre cette démarche interprétative prenant appui sur l'évolution des droits nationaux des États membres du Conseil de l'Europe et du droit international pour interpréter la portée des droits garantis par la Convention. En effet, « les dénominateurs communs des normes de droit international ou des droits nationaux des États européens reflètent une réalité, que la Cour ne saurait ignorer lorsqu'elle est appelée à clarifier la portée d'une disposition de la Convention que le recours aux moyens d'interprétation classiques n'a pas permis de dégager avec un degré suffisant de certitude »[192].

113. Outre l'arrêt *Marckx* précité relatif à la discrimination entre les enfants nés dans le mariage et ceux nés hors mariage, il est permis de citer l'affaire *Mazurek c. France* où, après avoir constaté « une nette tendance à la disparition des discriminations à l'égard des enfants adultérins » au sein des États membres du Conseil de l'Europe, la Cour indiqua qu'« elle ne saurait négliger une telle évolution dans son interprétation nécessairement dynamique des dispositions litigieuses de la Convention »[193].

114. L'affaire *Goodwin c. Royaume-Uni* mérite également l'attention. Notant une « tendance internationale continue non seulement vers une acceptation sociale accrue des transsexuels mais aussi vers la reconnaissance juridique de la nouvelle identité sexuelle des transsexuels opérés », la Cour jugea, en rupture

---

189 Cour eur. dr. h., Gde Ch., arrêt *Scoppola c. Italie* (n° 2), 17 septembre 2009, § 104; Gde Ch., arrêt *Christine Goodwin c. Royaume-Uni*, 11 juillet 2002, § 74.

190 Cour eur. dr. h., arrêt *Al-Saadoon et Mufdhi c. Royaume-Uni*, 2 mars 2010, § 120.

191 Cour eur. dr. h., Gde Ch., arrêt *Naït-Liman c. Suisse*, 15 mars 2018, § 175.

192 Cour eur. dr. h., Gde Ch., arrêt *Demir et Baykara c. Turquie*, 12 novembre 2008, § 76.

193 Cour eur. dr. h., arrêt *Mazurek c. France*, 1er février 2000, § 52.

avec sa précédente jurisprudence, que les États parties étaient désormais tenus, sur le fondement de l'article 8 de la Convention, d'assurer la reconnaissance des changements de sexe des transsexuels opérés, notamment en permettant à ceux-ci de faire modifier leur état civil[194].

115. En 1981, à l'occasion de l'affaire *Dudgeon c. Royaume-Uni*, la Cour énonça, à propos de lois incriminant les actes homosexuels accomplis en privé par des hommes consentants, qu'« on comprend mieux aujourd'hui le comportement homosexuel qu'à l'époque de l'adoption de ces lois et l'on témoigne donc de plus de tolérance envers lui : dans la grande majorité des États membres du Conseil de l'Europe, on a cessé de croire que les pratiques du genre examiné ici appellent par elles-mêmes une répression pénale ; la législation interne y a subi sur ce point une nette évolution que la Cour ne peut négliger »[195]. Quatre décennies plus tard, l'arrêt *Fedotova et autres c. Russie* a explicitement énoncé l'obligation incombant aux États parties de protéger non plus seulement la personne contre des poursuites pénales à raison de son orientation sexuelle, mais également le couple que cette personne forme avec une autre de même sexe. Montrant l'évolution de sa jurisprudence « consolidée par une tendance nette et continue au sein des États membres du Conseil de l'Europe », la Cour a considéré que « ceux-ci sont tenus, en vertu des obligations positives leur incombant sur le fondement de l'article 8 de la Convention, d'offrir un cadre juridique permettant aux personnes de même sexe de bénéficier d'une reconnaissance et d'une protection adéquates de leurs relations de couple »[196]. La Cour a assis cette lecture évolutive de la Convention sur les « valeurs de la 'société démocratique' promue par la Convention, au premier rang desquels figurent le pluralisme, la tolérance et l'esprit d'ouverture »[197].

116. La jurisprudence de la Cour montre que l'évolution des droits internes se combine généralement avec une évolution des instruments internationaux pertinents. Dans l'affaire *Bayatyan c. Arménie*, la Cour prit appui sur l'une comme sur l'autre pour considérer que l'objection de conscience relevait désormais de l'article 9 de la Convention[198]. De la même manière, après avoir souligné que « des développements importants se sont produits au niveau international »[199], la Cour énonça dans l'affaire *Scoppola c. Italie* (n° 2) que « l'article 7, § 1er, de la Convention ne garantit pas seulement le principe de non-rétroactivité des lois pénales plus sévères, mais aussi, et implicitement, le principe de rétroactivité de la loi pénale plus douce »[200].

---

194 Cour eur. dr. h., Gde Ch., arrêt *Christine Goodwin c. Royaume-Uni*, 11 juillet 2002.

195 Cour eur. dr. h., arrêt *Dudgeon c. Royaume-Uni*, 22 octobre 1981, § 60.

196 Cour eur. dr. h., Gde Ch., arrêt *Fedotova et autres c. Russie*, 17 janvier 2023, § 178.

197 *Ibidem*, §§ 179-180.

198 Cour eur. dr. h., Gde Ch., arrêt *Bayatyan c. Arménie*, 7 juillet 2011, § 108.

199 Cour eur. dr. h., Gde Ch., arrêt *Scoppola c. Italie* (n° 2), 17 septembre 2009, § 105.

200 *Ibidem*, § 109.

2. Les limites

117. Si «la Convention et ses Protocoles doivent s'interpréter à la lumière des conditions d'aujourd'hui [...], la Cour ne saurait en dégager, au moyen d'une interprétation évolutive, un droit qui n'y a pas été inséré au départ. Il en va particulièrement ainsi quand il s'agit, comme ici, d'une omission délibérée»[201]. Comme l'écrit très justement le président Sicilianos, l'interprétation de la Convention «peut aller *praeter legem*, mais [...] ne peut s'opérer *contra legem*»[202].

118. La Cour a, par exemple, indiqué à plusieurs reprises que le «droit de se marier» garanti par l'article 12 de la Convention couvre uniquement la formation de relations conjugales et ne garantit pas leur dissolution[203]. Il ne pourrait dès lors être déduit de l'article 12 un droit au divorce. Pour autant, si la législation nationale autorise le divorce, l'article 12 garantit au divorcé le droit de se remarier sans subir de restrictions disproportionnées[204].

D. L'interprétation croisée

119. La Cour ne dit pas le droit de la Convention, repliée sur elle-même en ignorant ce qui se dit, se discute et se décide autour d'elle. Au contraire, elle «tient compte des éléments de droit international autres que la Convention et des interprétations faites de ces éléments par les organes compétents»[205].

120. Cette interprétation dite «croisée», «métissée», «globalisante»[206] ou encore «cosmopolite»[207] de la Convention fut solennisée par l'arrêt *Demir et Baykara c. Turquie* du 12 novembre 2008. Elle consiste, pour la Cour, à se référer à des sources externes à la Convention, celles-ci pouvant relever tantôt du *hard law* (autres conventions internationales, par exemple), tantôt du *soft law* (droit «recommandatoire» constitué de sources non contraignantes)[208]. Elle est l'ex-

---

201 Cour eur. dr. h., arrêt *Johnston et autres c. Irlande*, 18 décembre 1986, § 53.

202 L.-A. Sicilianos, «La Convention européenne des droits de l'homme a 70 ans: dynamique d'un instrument international unique», *Rev. trim. dr. h.*, 2020, p. 826.

203 Cour eur. dr. h., arrêt *Johnston et autres c. Irlande*, 18 décembre 1986, § 54.

204 Voy. notamment Cour eur. dr. h., arrêt *F. c. Suisse*, 18 décembre 1987 et arrêt *Chernetskiy c. Ukraine*, 8 décembre 2016.

205 Cour eur. dr. h., Gde Ch., arrêt *Fedotova et autres c. Russie*, 17 janvier 2023, § 176.

206 Ce dernier qualificatif est emprunté à Patrick Wachsmann («Réflexions sur l'interprétation globalisante de la Convention européenne des droits de l'homme», *in La conscience des droits. Mélanges en l'honneur de Jean-Paul Costa*, Dalloz, Paris, 2011, pp. 667-676).

207 Voy. L. Burgorgue-Larsen, « *Nothing is perfect*. Libres propos sur la méthodologie interprétative de la Cour européenne», *in L'homme et le droit. Mélanges en hommage à Jean-François Flauss*, Pedone, Paris, 2014, pp. 129-143, ici p. 132.

208 Voy. Fr. Tulkens, S. Van Drooghenbroeck et Fr. Krenc, «Le *soft law* et la Cour européenne des droits de l'homme – Questions de légitimité et de méthode», *Rev. trim. dr. h.*, 2012, pp. 433-489. Voy. postérieurement A. Nussberger, « Hard Law or Soft Law – Does it matter? Distinctions between different sources of international law in the jurisprudence of the ECtHR», *in* A. Van Aaken et J. Motoc (éd.), *The European Convention on Human Rights and General International Law*, Oxford University Press, Oxford, 2018, pp. 41 et s.

pression de l'internationalisation du droit des droits fondamentaux et du dialogue croissant entre les juridictions et organes chargés de leur protection.

121. Il échet de relever au passage que cette interprétation « globalisante » vient réduire, sinon neutraliser, la distinction habituellement tracée en droit international entre *hard law* et *soft law*. En effet, lorsque la Cour se réfère à des instruments de *soft law*, qui sont *a priori* dépourvus de caractère obligatoire (recommandation ou avis), ceux-ci se voient intégrés dans le champ conventionnel et bénéficient de la sorte, « par la bande », du caractère contraignant inhérent à la Convention.

122. La jurisprudence de la Cour contient nombre d'illustrations d'une interprétation « par emprunt ». Celle relative aux cas d'enlèvement international d'enfants est particulièrement remarquable. La Cour enseigne en effet qu'« en matière d'enlèvement international d'enfants les obligations que l'article 8 fait peser sur l'État membre doivent s'interpréter à la lumière des exigences imposées par la Convention de La Haye [du 25 octobre 1980 sur les aspects civils de l'enlèvement international d'enfants], ainsi qu'à celles de la Convention relative aux droits de l'enfant du 20 novembre 1989 [...] »[209]. Les dispositions de la Convention de La Haye se voient dès lors incorporées au texte de la Convention en sorte que la Cour en assure indirectement le respect.

123. Plus largement, et au-delà de ce contentieux, la Cour peut être amenée à se référer aux dispositions de la Convention américaine relative aux droits de l'homme, de la Charte africaine des droits de l'homme et des peuples, mais aussi de la Charte des droits fondamentaux de l'Union européenne. La Cour peut ainsi prendre en considération les enseignements interprétatifs de ces instruments livrés respectivement par la Cour interaméricaine, la Cour africaine et la Cour de justice de l'Union européenne. La Cour peut tout autant s'appuyer sur les développements du droit onusien (notamment le Pacte international relatif aux droits civils politiques, tel qu'interprété par le Comité des droits de l'homme et le Pacte relatif aux droits économiques, sociaux et culturels, tel qu'interprété par le Comité des droits économiques, sociaux et culturels).

124. La jurisprudence de la Cour fourmille de telles références. On pense, entre autres, à l'arrêt *Zolotoukhine c. Russie* dans lequel la Cour, à propos de la portée à conférer au principe *non bis in idem*, s'est appuyée sur la jurisprudence de la Cour de justice de l'Union européenne ainsi que sur celle de la Cour interaméricaine des droits de l'homme[210]. On songe également à l'arrêt *Bayatyan c. Arménie* en ce que la Cour s'est notamment fondée sur « la jurisprudence » du Comité des droits de l'homme pour interpréter l'article 9 de la Convention et admettre l'applicabilité de cette disposition aux objecteurs de

[209] Cour eur. dr. h., Gde Ch., arrêt *X c. Lettonie*, 26 novembre 2013, § 93.

[210] Cour eur. dr. h., Gde Ch., arrêt *Sergueï Zolotoukhine c. Russie*, 10 février 2009, § 79.

conscience[211]. On peut encore citer l'arrêt *Magyar Helsinki Bizottsag c. Hongrie* dans lequel la Cour a indiqué, en s'appuyant – parmi de nombreuses sources – sur la «jurisprudence» du Comité des droits de l'homme ainsi que sur celle de la Cour interaméricaine des droits de l'homme, que l'article 10 de la Convention fonde, dans certaines circonstances, un droit d'accès aux documents détenus par l'administration[212].

125. Organe judiciaire du Conseil de l'Europe, la Cour porte naturellement une attention particulière aux positions des autres organes du Conseil, au premier rang desquels figurent le Comité des ministres et l'Assemblée parlementaire. Elle se réfère également au Comité européen pour la prévention de la torture et des traitements inhumains ou dégradants (CPT) – lorsqu'il s'agit de déterminer les standards de la Convention s'agissant des conditions de détention[213] –, à la Commission européenne contre le racisme et l'intolérance (ECRI) – lorsqu'il s'agit notamment de fixer les limites à la liberté d'expression[214] –, à la Commission européenne pour la démocratie par le droit (mieux connue sous le nom de « Commission de Venise ») – lorsqu'il s'agit de circonscrire la portée des droits électoraux[215] –, au Groupe d'experts du Conseil de l'Europe sur la lutte contre la violence à l'égard des femmes et la violence domestique (GREVIO) – lorsque la Cour est saisie de requêtes dénonçant la passivité des autorités face à des faits de violence domestique[216] –, au Conseil consultatif de juges européens – lorsqu'il s'agit de se prononcer sur des requêtes remettant en cause l'indépendance de la justice[217] – ou encore au Comité européen des droits sociaux – lorsque la Cour est amenée à connaître de questions relatives aux prolongements sociaux des droits dont elle a la garde[218].

126. À vrai dire, ce recours à des sources externes s'avère naturel dans un monde globalisé, caractérisé non plus par une structure pyramidale mais articulé autour du modèle du réseau[219]. Le décloisonnement des ordres juridiques conduit inéluctablement à une circularité accrue des normes et des jurisprudences, et c'est heureux. Les sources se croisent et se mélangent; leurs interprètes se rencontrent et entrent en dialogue.

127. Il reste que cette ouverture, préférée au repli, ne peut conduire à une anarchie. L'interprétation suppose un cadre méthodologique clair et transpa-

---

211 Cour eur. dr. h., Gde Ch., arrêt *Bayatyan c. Arménie*, 7 juillet 2011, § 105.

212 Cour eur. dr. h., Gde Ch., arrêt *Magyar Helsinki Bizottsag c. Hongrie*, 8 novembre 2016, §§ 140-148.

213 Voy. par exemple Cour eur. dr. h., arrêt *Vasilescu c. Belgique*, 25 novembre 2014. Comp. avec Cour eur. dr. h., Gde Ch., arrêt *Muršić c. Croatie*, 20 octobre 2016, où la Cour a retenu, sous l'angle de l'article 3 de la Convention, une « norme minimale » de 3 m^2 de surface au sol par détenu en cellule collective, alors que le CPT prescrit une surface minimale de 4 m^2.

214 Voy. par exemple Cour eur. dr. h., arrêt *Féret c. Belgique*, 16 juillet 2009.

215 Voy. par exemple Cour eur. dr. h., Gde Ch., arrêt *Mugemangango c. Belgique*, 10 juillet 2020.

216 Voy. par exemple Cour eur. dr. h., arrêt *Tërshana c. Albanie*, 4 août 2020.

217 Voy. par exemple Cour eur. dr. h., arrêt *Catană c. République de Moldova*, 21 février 2023.

218 Voy. par exemple Cour eur. dr. h., Gde Ch., arrêt *Sørensen et Rasmussen c. Danemark*, 11 janvier 2006.

219 Fr. Ost et M. van de Kerchove, *De la pyramide au réseau? Pour une théorie dialectique du droit*, Publications des Facultés universitaires Saint-Louis, Bruxelles, 2002.

rent. De plus, si cette interprétation croisée contribue à l'écriture d'un droit «global» des droits fondamentaux dont beaucoup se félicitent dès lors qu'elle promeut leur indivisibilité et leur universalité, il ne s'agit pas, pour autant, de priver les instruments de leur spécificité et leurs richesses propres, lesquelles gagnent à être préservées et valorisées.

E. L'interprétation holistique

128. Enfin, la Cour souligne que «la Convention doit se lire comme un tout et s'interpréter en veillant à l'harmonie et à la cohérence interne de ses différentes dispositions»[220]. Celles-ci sont, en effet, interdépendantes et intimement liées entre elles.

129. Cette quête de «cohérence interne» est absolument nécessaire. Ainsi, par exemple, l'article 10 de la Convention garantissant la liberté d'expression ne pourrait être interprété en faisant fi des exigences concurrentes de l'article 8 de la Convention qui protège la vie privée et, à ce titre, la réputation[221]. À l'inverse, l'article 8 ne pourrait être interprété d'une façon telle que l'article 10 soit vidé de sa substance. En effet, les droits garantis par l'article 8 et l'article 10 «méritent *a priori* un égal respect»[222]. Aucun n'a vocation à primer l'autre.

130. Plusieurs arrêts témoignent d'une volonté de la Cour de rechercher un point d'équilibre entre des exigences concurrentes dictées par la Convention[223]. On songe notamment à l'arrêt *Ibrahim c. Royaume-Uni* concernant le droit à l'assistance d'un avocat dès les premiers interrogatoires du suspect[224] ou à l'arrêt *S., V. et A. c. Danemark* portant sur des privations «préventives» de liberté de courte durée[225].

131. Dans l'arrêt *Ibrahim*, qui s'inscrit dans un contexte de lutte contre le terrorisme, la Cour a jugé que l'article 6 de la Convention ne se trouve pas nécessairement violé lorsque le défaut d'accès à un avocat lors des premiers interrogatoires du suspect ne peut être justifié par des «raisons impérieuses». En l'absence de telles raisons, il y a encore lieu, selon la Cour, de pratiquer une appréciation globale de l'équité sur l'ensemble de la procédure. La Cour a justifié sa position notamment en ces termes: «il ne faut pas appliquer l'article 6 d'une manière qui causerait aux autorités de police des difficultés excessives pour combattre par des mesures effectives le terrorisme et d'autres crimes graves, comme elles doivent le faire pour honorer l'obligation, découlant pour

220 Cour eur. dr. h., Gde Ch., arrêt *Mihalache c. Roumanie*, 8 juillet 2019, § 92.

221 Cour eur. dr. h., arrêt *Pfeifer c. Autriche*, 15 novembre 2007, § 35.

222 Cour eur. dr. h., Gde Ch., arrêt *Von Hannover c. Allemagne* (n° 2), 7 février 2012, § 106; Gde Ch., arrêt *Couderc et Hachette Filipacchi Associés c. France*, 10 novembre 2015, § 91.

223 Voy. Cour eur. dr. h., arrêt *Aygün c. Belgique*, 8 novembre 2022, §§ 71-72.

224 Cour eur. dr. h., Gde Ch., arrêt *Ibrahim et autres c. Royaume-Uni*, 13 septembre 2016.

225 Cour eur. dr. h., Gde Ch., arrêt *S., V. et A. c. Danemark*, 22 octobre 2018.

elles des articles 2, 3 et 5, § 1er, de la Convention, de protéger le droit à la vie et le droit à l'intégrité physique des membres de la population »[226].

132. Dans l'arrêt *S., V. et A.*, la Cour a jugé que l'article 5, § 1er, c), de la Convention ne s'oppose pas à des privations de liberté « purement préventives » de courte durée, sans présentation à un juge. Cette conclusion s'appuie notamment sur le fait que « l'article 5 ne saurait s'interpréter de manière à empêcher la police de remplir ses devoirs de maintien de l'ordre et de protection du public, sous réserve qu'elle respecte le principe qui sous-tend cette disposition, à savoir la protection de l'individu contre l'arbitraire » et qu'il convient d'avoir égard à « l'obligation de protéger le public contre les infractions qui incombe aux États en vertu des articles 2 et 3 de la Convention »[227].

133. L'approche holistique de la Convention est souvent discutée en temps de crise. Il en est particulièrement ainsi en cas de menace terroriste, comme le montre l'affaire *Ibrahim* précitée. Sur ce point, les obligations de la Convention peuvent être résumées assez simplement. Les États sont tenus, sur le fondement de l'article 6 de la Convention, de garantir un procès équitable et d'assurer aux « accusés » les garanties procédurales élémentaires qui sont consubstantielles à un État de droit. Un État qui sacrifie ces garanties est un État qui renie ses promesses. En même temps, les États sont astreints, sur la base des articles 2[228] et 3[229] de la Convention, à prendre toutes les mesures nécessaires à la garantie de la vie et de l'intégrité des personnes qui relèvent de leur « juridiction ». La Convention n'offre dès lors pas un choix entre deux options possibles : le procès équitable de l'accusé, d'un côté, ou la vie et la sécurité des citoyens, de l'autre. Il s'agit de deux obligations qui s'imposent concomitamment aux autorités et qui ne sont pas, par nature, inconciliables. Droits humains et sécurité sont des « alliés inséparables », comme le souligne Françoise Tulkens[230].

134. Un même constat peut être opéré lorsque les États sont appelés à faire face à une crise sanitaire majeure. D'une part, les articles 2 et 8 de la Convention « font peser sur les États contractants une obligation positive de prendre les mesures nécessaires à la protection de la vie et de la santé des personnes relevant de leur juridiction »[231]. D'autre part, ces mêmes États ne peuvent, en vue

---

226 Cour eur. dr. h., Gde Ch., arrêt *Ibrahim e.a. c. Royaume-Uni*, 13 septembre 2016, § 252.

227 Cour eur. dr. h., Gde Ch., arrêt *S., V. et A. c. Danemark*, 22 octobre 2018, §§ 123-124.

228 Voy. Cour eur. dr. h., Gde Ch., arrêt *Osman c. Royaume-Uni*, 28 octobre 1998, § 115 : « la première phrase de l'article 2, § 1er, astreint l'État non seulement à s'abstenir de provoquer la mort de manière volontaire et irrégulière mais aussi à prendre les mesures nécessaires à la protection de la vie des personnes relevant de sa juridiction ».

229 Voy. Cour eur. dr. h., Gde Ch., arrêt *O'Keeffe c. Irlande*, 28 janvier 2014, § 144 : « combinée avec l'article 3, l'obligation que l'article 1er de la Convention impose aux Hautes Parties contractantes de garantir à toute personne relevant de leur juridiction les droits et libertés consacrés par la Convention leur commande de prendre des mesures propres à empêcher que lesdites personnes ne soient soumises à des tortures ou à des peines ou traitements inhumains ou dégradants, même administrés par des particuliers ».

230 Fr. Tulkens, « Droits humains et sécurité, des alliés inséparables », *in Les droits de l'homme à la croisée des chemins. Mélanges en l'honneur de Frédéric Sudre*, LexisNexis, Paris, 2018, pp. 791-804.

231 Cour eur. dr. h., Gde Ch., arrêt *Vavřička et autres c. République tchèque*, 8 avril 2021, § 282.

d'honorer cette obligation, apporter des restrictions aux droits garantis par les articles 8 à 11 de la Convention que si ces restrictions s'inscrivent dans un cadre légal accessible et prévisible, et s'avèrent proportionnées. La protection de la santé n'appelle pas la négation des autres droits garantis par la Convention. Inversement, protéger la vie et la santé des individus n'est pas une faculté pour les États; il s'agit d'une obligation imposée par la Convention.

Chapitre II
La teneur des obligations des États

135. La décision *Novak c. République tchèque* synthétise lumineusement la portée des obligations des États au regard de la Convention: «la Convention ne se contente pas d'astreindre les autorités des États contractants à respecter les droits et libertés qu'elle consacre; elle implique aussi qu'il leur faut, pour en assurer la jouissance, en empêcher ou corriger la violation. L'obligation d'assurer un exercice efficace des droits énoncés par la Convention peut donc comporter pour un État des obligations positives dans un certain nombre de domaines, et ces obligations peuvent impliquer l'adoption de mesures même en ce qui concerne les relations d'individus entre eux»[232].

A. Des obligations négatives d'abstention

136. Consacrant principalement des droits civils et politiques, la Convention impose des obligations négatives d'abstention ou de non-ingérence dans le chef des États parties (ne pas porter atteinte aux droits fondamentaux). La Convention s'enracine, en effet, dans une conception libérale qui perçoit classiquement l'action des autorités nationales comme une menace pour les droits et libertés individuels qu'il convient d'encadrer et de contenir.

B. Des obligations positives d'action

1. *Le développement des obligations positives*

137. Dans la mesure où «la Convention a pour but de protéger des droits non pas théoriques ou illusoires, mais concrets et effectifs»[233], la Cour a cependant très vite interprété la Convention comme étant génératrice d'obligations positives d'action à charge de ces mêmes États.

138. La Cour le souligna, pour la première fois, à l'occasion de l'affaire linguistique belge. Statuant à propos de la portée de l'article 2 du Protocole n° 1 en vertu duquel «nul ne peut se voir refuser le droit à l'instruction», la Cour indiqua qu'«on ne saurait [...] déduire [de cette disposition libellée en des

232 Cour eur. dr. h., décision (rec.) *Novák c. République tchèque*, 13 novembre 2003.
233 Voy., parmi beaucoup d'autres, Cour eur. dr. h., Gde Ch., arrêt *Cudak c. Lituanie*, 23 mars 2010, § 58.

termes négatifs] que l'État n'ait aucune obligation positive d'assurer le respect de ce droit»[234].

139. L'arrêt *Marckx c. Belgique* du 13 juin 1979 constitua un tournant majeur dans la jurisprudence de la Cour. Celle-ci y énonça de manière explicite que, si l'article 8 de la Convention consacrant le droit au respect de la vie privée et familiale «a 'essentiellement' pour objet de prémunir l'individu contre des ingérences arbitraires des pouvoirs publics», «[i]l ne se contente pourtant pas d'astreindre l'État à s'abstenir de pareilles ingérences: à cet engagement plutôt négatif peuvent s'ajouter des obligations positives inhérentes à un 'respect' effectif de la vie familiale»[235].

140. L'arrêt *Airey c. Irlande*, rendu quelques mois plus tard, suivit le mouvement sur le terrain de l'article 6, § 1er, de la Convention. La Cour y confirma que «l'exécution d'un engagement assumé en vertu de la Convention appelle parfois des mesures positives de l'État» et que «celui-ci ne saurait se borner à demeurer passif»[236]. Aussi «l'article 6, § 1er, peut parfois astreindre l'État à pourvoir à l'assistance d'un membre du barreau quand elle se révèle indispensable à un accès effectif au juge»[237].

141. Cette consécration prétorienne d'obligations positives s'est par la suite amplifiée et généralisée à telle enseigne que l'on peut affirmer aujourd'hui que toutes les dispositions de la Convention et de ses Protocoles sont génératrices de telles obligations[238].

2. *La consécration des obligations positives de protection dans les rapports interindividuels*

142. Au titre de leurs obligations positives, les États sont également tenus d'assurer la jouissance effective des droits fondamentaux dans les relations interindividuelles. Cette obligation découle directement de l'article 1er de la Convention aux termes duquel les États parties «reconnaissent à toute personne relevant de leur juridiction les droits et libertés [de la Convention]».

143. Certes, la Convention ne s'adresse formellement qu'aux seuls États parties et ne lie juridiquement que ceux-ci. Toutefois, les États doivent, sous peine de méconnaître leurs engagements internationaux au regard de la Convention,

---

234 Cour eur. dr. h., arrêt rendu dans l'affaire «relative à certains aspects du régime linguistique de l'enseignement en Belgique», 23 juillet 1968, § 3 du point I.B.

235 Cour eur. dr. h., arrêt *Marckx c. Belgique*, 13 juin 1979, § 31.

236 Cour eur. dr. h., arrêt *Airey c. Irlande*, 9 octobre 1979, § 25.

237 *Ibidem*, § 26.

238 Voy., à propos de l'article 9 de la Convention, Cour eur. dr. h., Gde Ch., arrêt *İzzettin Doğan et autres c. Turquie*, 26 avril 2016, § 96; en ce qui concerne l'article 10 de la Convention, Cour eur. dr. h., Gde Ch., arrêt *Verein gegen Tierfabriken Schweiz (VgT) c. Suisse* (n° 2), 30 juin 2009, §§ 79-82; s'agissant de l'article 11 de la Convention et de la liberté de réunion, Cour eur. dr. h., arrêt *Plattform «Ärzte für das Leben» c. Autriche*, 21 juin 1988, § 32; en ce qui concerne l'article 11 de la Convention et la liberté d'association, Cour eur. dr. h., Gde Ch., arrêt *Sorensen et Rasmussen c. Danemark*, 11 janvier 2006, § 57; à propos de l'article 1er du Premier Protocole additionnel, Cour eur. dr. h., Gde Ch., arrêt *Broniowski c. Pologne*, 22 juin 2004, § 143.

prendre toutes les mesures utiles afin d'empêcher que des individus portent atteinte illicitement aux droits fondamentaux d'autres individus[239]. Ceci conduit à une « applicabilité horizontale indirecte » de la Convention. Dans cette mesure, on peut affirmer que la Convention est devenue une « norme de comportement des acteurs privés »[240]. Cependant, l'État ne répond pas de toutes les atteintes aux droits fondamentaux commises dans les relations interindividuelles. Concrètement, la responsabilité conventionnelle de l'État ne sera engagée que lorsque celui-ci n'a pas pris les mesures adéquates pour faire face à une situation qu'il pouvait raisonnablement prévoir ou dont il ne pouvait raisonnablement pas ignorer l'existence[241].

144. La responsabilité d'un État partie peut notamment être engagée dans le cas de violences domestiques. La circonstance que ces actes sont infligés dans l'intimité du foyer familial n'a pas pour effet d'exonérer l'État de sa responsabilité conventionnelle. Dans un grand nombre d'affaires, la Cour a, au contraire, conclu à la violation de la Convention (articles 2, 3, 8 et/ou 14 de la Convention) dès lors que l'État défendeur était resté en défaut de mettre en place un cadre juridique adéquat permettant de lutter efficacement contre toutes les formes de violences domestiques et/ou qu'une réponse inadaptée fut apportée, dans les circonstances de l'espèce, à la gravité des actes de violence subis par des femmes et/ou leurs enfants[242].

145. Le droit des relations individuelles de travail n'échappe pas davantage à la Convention. Dans l'affaire *Bărbulescu c. Roumanie*, la Cour fut confrontée à la question de savoir si la responsabilité de l'État roumain pouvait être engagée au regard de la Convention en raison d'un licenciement d'un travailleur par une société privée. La Cour répondit sans ambages par l'affirmative. S'il est vrai que l'État roumain ne s'était pas lui-même rendu coupable d'une « ingérence » – la décision de licenciement « a été prise non pas par une autorité étatique mais par une société commerciale de droit privé »[243] –, ses juridictions avaient néanmoins « validé » cette décision[244].

---

239 Voy. par exemple, en ce qui concerne l'article 3 de la Convention, Cour eur. dr. h., arrêt *M.C. c. Bulgarie*, 4 décembre 2003, § 149; s'agissant de l'article 4, Gde Ch., arrêt *S.M. c. Croatie*, 25 juin 2020, §§ 304-307; sous l'angle de l'article 8, Cour eur. dr. h., Gde Ch., arrêt *Bărbulescu c. Roumanie*, 5 septembre 2017, §§ 108-112.

240 Voy. S. Van Drooghenbroeck, « L'horizontalisation des droits de l'homme », *in* H. Dumont, Fr. Ost et S. Van Drooghenbroeck (dir.), *La responsabilité, face cachée des droits de l'homme*, Bruylant, Bruxelles, 2005, p. 356: « les droits de l'homme ont quitté la sphère verticale dans laquelle ils se mouvaient exclusivement pour investir avec force les relations horizontales que les particuliers nouent entre eux. Ils sont devenus, en d'autres termes, une norme de comportement des acteurs privés ».

241 Voy., en ce qui concerne l'article 2 de la Convention et le droit à la vie qu'il consacre, Cour eur. dr. h., Gde Ch., arrêt *Osman c. Royaume-Uni*, 28 octobre 1998, §§ 115-116 et Gde Ch., arrêt *Kurt c. Autriche*, 15 juin 2021, §§ 157-160.

242 Voy. notamment Cour eur. dr. h., arrêt *Opuz c. Turquie*, 9 juin 2009; arrêt *M.G. c. Turquie*, 22 mars 2016; arrêt *Talpis c. Italie*, 2 mars 2017; arrêt *Balsan c. Roumanie*, 23 mai 2017; arrêt *Volodina c. Russie*, 9 juillet 2019; arrêt *Buturuga c. Roumanie*, 11 février 2020; arrêt *Tunikova et autres c. Russie*, 14 décembre 2021; arrêt *Landi c. Italie*, 7 avril 2022.

243 Cour eur. dr. h., Gde Ch., arrêt *Bărbulescu c. Roumanie*, 5 septembre 2017, § 109.

244 *Ibidem*, § 110.

3. *Une brève typologie*

146. Les obligations positives incombant aux États parties peuvent être tantôt matérielles – adopter les mesures législatives, administratives, judiciaires ou opérationnelles afin d'assurer la jouissance effective des droits de la Convention par les individus[245] –, tantôt procédurales – mener une enquête effective en cas d'allégation défendable d'une violation de la Convention[246]. Ces obligations peuvent être tout autant préventives – empêcher la survenance d'une violation[247] – que curatives – sanctionner les violations perpétrées à l'encontre de particuliers, le cas échéant par la voie pénale[248]. Notons que cette obligation d'incriminer et de réprimer renverse la vision classique des droits fondamentaux perçus comme bouclier contre l'appareil pénal. En l'occurrence, la Cour

---

245 Voy. concernant l'article 2 de la Convention, Cour eur. dr. h., arrêt *Talpis c. Italie*, 2 mars 2017, §§ 100 et 101, à propos de l'obligation incombant aux États de mettre en place un cadre juridique adapté offrant une protection contre les actes de violence commis par des particuliers et le devoir de prendre des mesures opérationnelles à cette fin; Gde Ch., arrêt *Giuliani et Gaggio c. Italie*, 24 mars 2011, § 209, quant à l'obligation de mettre en place un cadre juridique et administratif approprié concernant l'usage de la force et des armes à feu par les représentants de l'État. Voy., s'agissant de l'article 3 de la Convention, Cour eur. dr. h., arrêt *A. c. Royaume-Uni*, 23 septembre 1998, § 22, où la Cour indique que « combinée avec l'article 3, l'obligation que l'article 1er de la Convention impose aux Hautes Parties contractantes de garantir à toute personne relevant de leur juridiction les droits et libertés consacrés par la Convention leur commande de prendre des mesures propres à empêcher que lesdites personnes ne soient soumises à des tortures ou à des peines ou traitements inhumains ou dégradants, même administrés par des particuliers ». Voy., concernant l'article 4 de la Convention, Cour eur. dr. h., arrêt *Rantsev c. Chypre et Russie*, 7 janvier 2010, statuant sur l'obligation de mettre un cadre législatif et administratif approprié (§§ 290-293) et l'obligation de prendre des mesures opérationnelles de protection (§§ 294-298) dans le cas de traite d'êtres humains.

246 Voy. en ce qui concerne l'article 2 de la Convention, Cour eur. dr. h., Gde Ch., *Güzelyurtlu et autres c. Chypre et Turquie*, 29 janvier 2019, § 219. Voy. l'exigence tirée de l'article 3 de la Convention d'une enquête indépendante, diligente et approfondie par les autorités, notamment en cas de viol (Cour eur. dr. h., arrêt *B.V. c. Belgique*, 2 mai 2017, §§ 55-71) ainsi que de violences policières (Cour eur. dr. h., Gde Ch., arrêt *Bouyid c. Belgique*, 28 septembre 2015, §§ 114-123) ou homophobes (Cour eur. dr. h., arrêt *Aghdgomelashvili et Japaridze c. Géorgie*, 8 octobre 2020, §§ 37-41). Voy. pareillement les obligations procédurales d'enquête imposées sous l'angle de l'article 4 de la Convention, Cour eur. dr. h., Gde Ch., arrêt *S.M. c. Croatie*, 25 juin 2020, §§ 308-320.

247 Voy. Cour eur. dr. h., Gde Ch., arrêt *Osman c. Royaume-Uni*, 28 octobre 1998, § 115, à propos de l'obligation positive de prendre préventivement des mesures d'ordre pratique pour protéger l'individu dont la vie est menacée par les agissements criminels d'autrui. Voy. également Cour eur. dr. h., Gde Ch., arrêt *O'Keeffe c. Irlande*, 28 janvier 2014, § 146, où la Cour dit qu'« eu égard au caractère fondamental des droits garantis par l'article 3 et à la vulnérabilité particulière des enfants, les pouvoirs publics ont l'obligation, inhérente à leur mission, de protéger ceux-ci contre des mauvais traitements, surtout dans le contexte de l'enseignement primaire, le cas échéant par l'adoption de mesures et de garanties spéciales ».

248 Voy., à propos de l'esclavage domestique, Cour eur. dr. h., arrêt *Siliadin c. France*, 26 juillet 2005 (concernant une ressortissante togolaise mineure maintenue dans un état de servitude) où la Cour a indiqué que « les obligations positives qui pèsent sur les États membres en vertu de l'article 4 de la Convention commandent la criminalisation et la répression effective de tout acte tendant à maintenir une personne dans ce genre de situation » (§ 112). Voy. également Cour eur. dr. h., arrêt *M.C. c. Bulgarie*, 4 décembre 2003, § 153 : « les États ont l'obligation positive, inhérente aux articles 3 et 8 de la Convention, d'adopter des dispositions en matière pénale qui sanctionnent effectivement le viol et de les appliquer en pratique au travers d'une enquête et de poursuites effectives ».

encourage et, plus encore, impose la voie pénale, alors qu'elle se méfie, voire s'oppose à son usage en d'autres circonstances[249].

147. On distinguera enfin les obligations positives *spéciales*, déduites des dispositions spécifiques de la Convention, de l'obligation positive *générale* incombant aux États parties, au titre de l'article 1er de la Convention, de « faire en sorte que leur droit interne soit compatible avec celle-ci »[250].

Chapitre III
Les régimes des droits et libertés

148. Pour fondamentaux qu'ils soient, certains droits garantis par la Convention connaissent des exceptions. D'autres peuvent faire l'objet de restrictions. Il peut encore être dérogé à un grand nombre d'entre eux dans des circonstances exceptionnelles. Certains, en revanche, sont absolus. Il en va ainsi du droit consacré par l'article 3 (interdiction de la torture et des peines ou traitements inhumains ou dégradants) qui ne connaît ni exception, ni restriction, et ne peut faire l'objet d'une dérogation[251].

149. Seront présentement et successivement examinés les régimes de l'exception, de la restriction et de la dérogation au regard de la Convention.

A. L'exception

150. L'exception vise à exclure une situation du champ d'application d'une disposition de la Convention. Il ne s'agit donc pas d'une limitation apportée à l'exercice d'un droit fondamental, mais d'une limitation propre à la disposition elle-même. Le droit à la vie (article 2, § 2), le droit à la liberté et à la sûreté (article 5, § 1er), l'interdiction du travail forcé et obligatoire (article 4, § 3) ou encore le droit à la publicité des audiences (article 6, § 1er) connaissent pareilles limitations. Ces exceptions sont de stricte interprétation afin de ne pas priver de leur substance les droits auxquels elles se rapportent[252].

---

249 Voy., sur ce « paradoxe pénal », Y. Cartuyvels, H. Dumont, Fr. Ost, M. van de Kerchove et S. Van Drooghenbroeck (dir.), *Les droits de l'homme, bouclier ou épée du droit pénal ?*, Publications des Facultés universitaires Saint-Louis, Bruxelles, 2007.

250 Cour eur. dr. h., Gde Ch., arrêt *Maestri c. Italie*, 17 février 2004, § 47.

251 La Cour l'a énoncé sans ambages dans son arrêt *Saadi c. Italie* s'agissant d'un requérant condamné pour terrorisme et frappé d'une mesure d'expulsion vers la Tunisie : « L'article 3, qui prohibe en termes absolus la torture ou les peines ou traitements inhumains ou dégradants, consacre l'une des valeurs fondamentales des sociétés démocratiques. Il ne prévoit pas de restrictions, en quoi il contraste avec la majorité des clauses normatives de la Convention et des Protocoles n° 1 et 4, et il ne souffre nulle dérogation d'après l'article 15 même en cas de danger public menaçant la vie de la nation [...]. La prohibition de la torture ou des peines ou traitements inhumains ou dégradants étant absolue, quels que soient les agissements de la personne concernée [...], la nature de l'infraction qui était reprochée au requérant est dépourvue de pertinence pour l'examen sous l'angle de l'article 3 » (Cour eur. dr. h, Gde Ch., arrêt *Saadi c. Italie*, 28 février 2008, § 127).

252 Voy. à propos de l'article 5 de la Convention, Cour eur. dr. h., Gde Ch., arrêt *Denis et Irvine c. Belgique*, 1er juin 2021, § 124 : « Les alinéas a) à f) de l'article 5, § 1er, de la Convention renferment une liste exhaustive

B. La restriction

151. La restriction constitue une limitation apportée à l'exercice d'un droit fondamental. Ceux consacrés par les articles 8 à 11 de la Convention peuvent ainsi faire l'objet d'« ingérences ». Celles-ci sont compatibles avec la Convention pour autant que, conformément au second paragraphe de ces dispositions, elles répondent à une triple condition de légalité, légitimité et proportionnalité.

1. La condition de légalité

152. Tout d'abord, la restriction doit être prévue par la loi. Ceci implique l'existence d'une base légale susceptible de fonder la restriction. Mais l'existence d'une base légale ne suffit point. La légalité requise vise également la « qualité de la loi » : celle-ci doit être accessible et suffisamment prévisible dans son application[253] (*supra* n°s 74-77).

153. La Cour a par exemple jugé que l'article 1382 du code civil belge, en tant qu'il sert de fondement aux actions en responsabilité civile en cas d'atteinte à la réputation par voie de presse, constitue une base légale suffisamment prévisible au regard de l'article 10, § 2, de la Convention[254].

2. La condition de légitimité

154. Ensuite, la restriction doit poursuivre un des buts légitimes limitativement énumérés par la disposition en cause. Ainsi que la Cour le reconnaît elle-même, « [s]a pratique [...] est d'être plutôt succincte lorsqu'elle vérifie l'existence d'un but légitime, au sens des seconds paragraphes des articles 8 à 11 de la Convention »[255]. Toutefois, elle peut y prêter une attention plus grande dans certains cas et constater l'absence d'un tel but. Il en fut ainsi dans l'affaire *Macatė c. Lituanie* où la Cour jugea que des mesures consistant en la suspension temporaire d'un livre, puis en l'apposition d'un étiquetage d'avertissement

---

des motifs autorisant la privation de liberté ; une privation de liberté n'est donc pas régulière si elle ne relève pas de l'un de ces motifs. Seule une interprétation étroite de la liste exhaustive des motifs admissibles de privation de liberté cadre avec le but de l'article 5 : assurer que nul ne soit arbitrairement privé de sa liberté ».

253 Voy. Cour eur. dr. h., Gde Ch., arrêt *Maestri c. Italie*, 17 février 2004, § 30 : « les mots 'prévues par la loi' figurant aux articles 8 à 11 de la Convention veulent d'abord que la mesure incriminée ait une base en droit interne, mais ils ont trait aussi à la qualité de la loi en question : ils exigent l'accessibilité de celle-ci aux personnes concernées et une formulation assez précise pour leur permettre – en s'entourant, au besoin, de conseils éclairés – de prévoir, à un degré raisonnable dans les circonstances de la cause, les conséquences pouvant résulter d'un acte déterminé [...] ».

254 Cour eur. dr. h., arrêt *De Haes et Gijsels c. Belgique*, 24 février 1997, § 33 ; arrêt *Leempoel et S.A. ED. Ciné Revue c. Belgique*, 9 novembre 2006, §§ 56-60.

255 Cour eur. dr. h., Gde Ch., arrêt *S.A.S. c. France*, 1er juillet 2014, § 114.

indiquant que son contenu pouvait être nuisible pour les enfants de moins de quatorze ans, ne visaient pas un but légitime au sens de l'article 10, § 2, de la Convention dès lors que ces mesures avaient pour but de limiter l'accès à des contenus représentant des relations homosexuelles comme essentiellement équivalentes aux relations hétérosexuelles[256].

3. *La condition de proportionnalité*

155. *Last but not least*, la restriction doit s'avérer « nécessaire dans une société démocratique » et, partant, se révéler proportionnée. Dans la rigueur du principe, la proportionnalité[257] induit une double exigence d'appropriation et de nécessité. Ainsi, une mesure restrictive de liberté n'est proportionnée que si elle est apte à réaliser l'objectif qu'elle poursuit (appropriation) et si elle ne va pas au-delà de ce qui est nécessaire pour atteindre cet objectif (nécessité).

156. S'agissant de cette seconde exigence tenant à la nécessité, la Cour indique depuis son arrêt *Glor c. Suisse* du 30 avril 2009 que, « pour qu'une mesure puisse être considérée comme proportionnée et nécessaire dans une société démocratique, l'existence d'une mesure portant moins gravement atteinte au droit fondamental en cause et permettant d'arriver au même but doit être exclue »[258]. Cette exigence a été mise en exergue à plusieurs reprises par la Cour sur le terrain des articles 8 à 11 de la Convention[259].

157. Il reste qu'en ce qu'elle contraint de retenir l'alternative la moins restrictive pour parvenir au but poursuivi, cette exigence de nécessité peut entrer en conflit avec la marge d'appréciation reconnue aux États, en particulier lorsque celle-ci est ample et confère une latitude dans le choix des moyens pour parvenir à la fin poursuivie. En effet, si l'exigence de nécessité oblige de choisir la mesure la moins intrusive dans le droit ou la liberté en jeu, la marge d'appréciation tend, en revanche, à offrir une certaine liberté aux autorités. L'arrêt *Vavřička c. République tchèque* concernant l'obligation de vaccination imposée

---

256 Cour eur. dr. h., Gde Ch., arrêt *Macatė c. Lituanie*, 23 janvier 2023, §§ 210-218.

257 Voy. S. Van Drooghenbroeck, *La proportionnalité dans le droit de la Convention européenne des droits de l'homme*, Bruylant/FUSL, Bruxelles, 2001; Fr. Sudre, « Le contrôle de proportionnalité par la Cour européenne des droits de l'homme. De quoi est-il question ? », *JCP*, éd. gén., 13 mars 2017, pp. 502-513.

258 Cour eur. dr. h., arrêt *Glor c. Suisse*, 30 avril 2009, § 94.

259 Voy. en ce qui concerne l'article 8 de la Convention: Cour eur. dr. h., arrêt *Saint-Paul Luxembourg S.A. c. Luxembourg*, 18 avril 2013, § 44; sous l'angle de l'article 9 de la Convention: Cour eur. dr. h., arrêt *Centre biblique de la république de Tchouvachie c. Russie*, 12 juin 2014, § 58; arrêt *Lacatus c. Suisse*, 19 janvier 2021, § 114; sur le terrain de l'article 10 de la Convention: Cour eur. dr. h., arrêt *Schweizerische Radio- und Fernsehgesellschaft SRG c. Suisse*, 21 juin 2012, § 61; s'agissant de l'article 11 de la Convention: Cour eur. dr. h., arrêt *Association Rhino et autres c. Suisse*, 11 octobre 2011, § 65; arrêt *Fédération croate de golf c. Croatie*, 17 décembre 2020, § 98.

aux enfants a ainsi fait prévaloir la marge d'appréciation[260]. De précédents arrêts de la Cour vont dans le même sens[261].

158. Par ailleurs, la recherche de l'alternative la moins préjudiciable au droit invoqué devant la Cour peut s'avérer inadéquate pour résoudre un conflit interindividuel entre deux droits d'égale valeur. En pareil cas, il s'agit plutôt de vérifier si la mesure choisie par les autorités assure un « juste équilibre » entre les deux droits en cause. Cette recherche du « juste équilibre » s'observe tout particulièrement lorsque les articles 8 (droit au respect de la vie privée) et 10 (droit à la liberté d'expression) entrent en conflit[262].

C. La dérogation

159. La dérogation constitue une suspension temporaire de l'exercice d'un ou de plusieurs droits garantis par la Convention. Le mécanisme de la dérogation est expressément prévu et organisé par l'article 15 de la Convention. Cette disposition confère aux États parties un « droit »[263] de déroger aux droits consacrés par la Convention[264].

160. On notera qu'au plus fort de la crise sanitaire liée à la pandémie de Covid-19 (mars et avril 2020), pas moins de dix États ont décidé de recourir à la clause dérogatoire de l'article 15 de la Convention[265].

161. Ce droit de dérogation conféré aux États n'est cependant pas illimité. Trois éléments doivent être principalement soulignés.

162. Premièrement, la dérogation n'est possible qu'« en cas de guerre ou en cas d'autre danger public menaçant la vie de la nation ». Par cela, il faut entendre,

---

260 Cour eur. dr. h., Gde Ch., arrêt *Vavřička et autres c. République tchèque*, 8 avril 2021, § 306 : « Pour la Cour, on ne saurait estimer disproportionné le fait qu'un État exige, de la part de ceux pour qui la vaccination représente un risque lointain pour la santé, d'accepter cette mesure de protection universellement appliquée, dans le cadre d'une obligation légale et au nom de la solidarité sociale, pour le bien du petit nombre d'enfants vulnérables qui ne peuvent pas bénéficier de la vaccination. Aux yeux de la Cour, il était valablement et légitimement loisible au législateur tchèque d'opérer ce choix, qui est pleinement compatible avec les raisons qui sous-tendent la protection de la santé de la population. L'existence théorique de moyens moins intrusifs qui, selon les requérants, permettent d'atteindre cet objectif ne change rien à cette conclusion ».

261 Voy. Cour eur. dr. h., Gde Ch., arrêt *Animal Defenders International c. Royaume-Uni*, 22 avril 2013, § 110 ; Gde Ch., arrêt *Garib c. Pays-Bas*, 6 novembre 2017, § 157.

262 La Cour considère en effet que « l'issue de la requête ne saurait en principe varier selon qu'elle a été portée devant elle, sous l'angle de l'article 8 de la Convention, par la personne faisant l'objet de l'article litigieux ou, sous l'angle de l'article 10, par l'auteur de cet article. En effet, ces droits méritent *a priori* un égal respect » (Cour eur. dr. h., Gde Ch., arrêt *Bédat c. Suisse*, 29 mars 2016, § 52). Partant, la Cour vérifie si l'État défendeur « a ménagé un juste équilibre entre le droit du requérant au respect de sa vie privée et le droit de la partie adverse à la liberté d'expression protégé par l'article 10 de la Convention » (Cour eur. dr. h., arrêt *Petrie c. Italie*, 18 mai 2017, § 40).

263 Tel est le mot utilisé à l'article 15, § 3.

264 Voy. la thèse pionnière de R. Ergec, *Les droits de l'homme à l'épreuve des circonstances exceptionnelles – Étude sur l'article 15 de la Convention européenne des droits de l'homme*, Bruylant, Bruxelles, 1987.

265 Ces États sont l'Albanie, l'Arménie, l'Estonie, la Géorgie, la Lettonie, la Macédoine du Nord, la Moldavie, la Roumanie, Saint-Marin et la Serbie.

selon la Cour, « une situation de crise ou de danger exceptionnel et imminent qui affecte l'ensemble de la population et constitue une menace pour la vie organisée de la communauté composant l'État »[266]. La Cour a admis qu'une menace terroriste pouvait participer d'un « danger public menaçant la vie de la nation »[267]. Elle a jugé plus spécifiquement que la tentative de coup d'État militaire du 15 juillet 2016 en Turquie pouvait être considérée comme relevant d'un tel danger[268].

163. Deuxièmement, ce droit de dérogation reconnu aux États ne vaut pas pour l'ensemble des droits garantis par la Convention. Certains droits sont, en effet, considérés comme « indérogeables ». Il en va ainsi des droits consacrés aux articles 2 (droit à la vie, « sauf pour le cas de décès résultant d'actes licites de guerre »), 3 (prohibition de la torture et des peines ou traitements inhumains ou dégradants), 4, § 1er (interdiction de l'esclavage et de la servitude) et 7 (consacrant le principe de légalité en matière pénale) de la Convention. À ces droits indérogeables listés par l'article 15, § 2, il convient d'ajouter – ce qui est parfois oublié – l'article 4 du Protocole n° 7 (consacrant le principe *non bis in idem*) et l'article 1er du Protocole n° 13 (interdiction de la peine de mort en toutes circonstances), pour autant, bien entendu, que ces protocoles additionnels lient l'État concerné.

164. Théoriquement, il peut donc être dérogé à l'article 6 de la Convention. La question se pose dès lors de savoir si une dérogation à l'article 6, en ce que celui-ci garantit notamment le droit à un juge indépendant, ne viendrait pas ouvrir la voie à des abus. En effet, l'absence d'un contrôle juridictionnel indépendant sur le respect des balises posées par l'article 15 de la Convention pourrait s'avérer extrêmement problématique au regard des exigences inhérentes à un État de droit (*supra* nos 78 et s.). En toute hypothèse, la dérogation ne pourrait affecter les garanties procédurales qui se rattachent aux droits indérogeables visés à l'article 15 (articles 2, 3, 4, § 1er, et 7 de la Convention), soit les garanties qui sont considérées par la Cour comme inhérentes à ces droits (*infra* nos 238 et 593-600).

165. Troisièmement, à l'égard des droits auxquels il est permis de déroger, l'article 15, § 1er, de la Convention n'autorise la dérogation que « dans la stricte mesure où la situation l'exige ». Cette exigence de stricte nécessité – qui va plus loin que la seule exigence d'aptitude – constitue un rempart important contre de possibles dérives. Les autorités nationales ne disposent pas d'une « carte blanche ».

166. L'arrêt *A et autres c. Royaume-Uni* du 19 février 2009 a circonscrit l'étendue du contrôle de la Cour au titre de l'article 15 de la Convention en ces

---

266 Cour eur. dr. h., arrêt *Lawless c. Irlande* (n° 3), 1er juillet 1961, § 28.

267 Voy., à propos de la situation en Irlande du Nord, Cour eur. dr. h., arrêt *Irlande c. Royaume-Uni*, 18 janvier 1978, § 205; à propos de la situation dans le sud-est de la Turquie, Cour eur. dr. h., arrêt *Aksoy c. Turquie*, 18 décembre 1996, § 70; à propos de la menace d'attentats au Royaume-Uni après le 11 septembre 2001, Cour eur. dr. h., Gde Ch., arrêt *A. et autres c. Royaume-Uni*, 19 février 2009, § 181.

268 Cour eur. dr. h., arrêt *Mehmet Hasan Altan c. Turquie*, 20 mars 2018, § 93.

termes: «La Cour rappelle qu'il incombe à chaque État contractant, responsable de 'la vie de [sa] nation', de déterminer si celle-ci est menacée par un 'danger public' et, dans l'affirmative, jusqu'où il faut aller pour essayer de le dissiper. En contact direct et constant avec les réalités pressantes du moment, les autorités nationales se trouvent en principe mieux placées que le juge international pour se prononcer sur la présence de pareil danger comme sur la nature et l'étendue des dérogations nécessaires pour le conjurer. Partant, on doit leur laisser en la matière une ample marge d'appréciation. Les États ne jouissent pas pour autant d'un pouvoir illimité en ce domaine. La Cour a compétence pour décider, notamment, s'ils ont excédé la 'stricte mesure' des exigences de la crise. La marge nationale d'appréciation s'accompagne donc d'un contrôle européen. Quand elle exerce celui-ci, la Cour doit en même temps attacher le poids qui convient à des facteurs pertinents tels que la nature des droits touchés par la dérogation, la durée de l'état d'urgence et les circonstances qui l'ont créé [...]»[269].

167. Ainsi, «lorsqu'une mesure dérogatoire porte atteinte à un droit conventionnel fondamental – tel que le droit à la liberté –, la Cour doit s'assurer qu'elle constitue une réponse véritable à l'état d'urgence, qu'elle se justifie pleinement au regard des circonstances spéciales de cette situation et qu'il existe des garanties contre les abus»[270].

Chapitre IV
Un patrimoine immense et inaliénable

168. La Convention et ses protocoles additionnels consacrent un ensemble de droits et libertés au profit de l'individu, qui relèvent de son patrimoine. Les lignes qui suivent n'ont aucunement la prétention d'en dresser un inventaire exhaustif. En poursuivraient-elles l'ambition, l'entreprise se révélerait vaine. En l'occurrence, il s'agit, bien plus modestement, de livrer un aperçu général et nécessairement partiel de ces droits et libertés à la lueur de la jurisprudence, tantôt récente, tantôt plus ancienne, de la Cour.

A. Le droit à la vie (article 2 de la Convention)

1. Le début de la vie

169. L'article 2 de la Convention ne définit pas le point de départ de «la vie». En l'absence d'un consensus européen sur ce point, la Cour considère

[269] Cour eur. dr. h., Gde Ch., arrêt *A. et autres c. Royaume-Uni*, 19 février 2009, § 173.
[270] Cour eur. dr. h., arrêt *Baş c. Turquie*, 3 mars 2020, § 196.

que, pour l'heure, ce point de départ «relève de la marge d'appréciation des États»[271].

2. *La fin de la vie*

170. Dans l'affaire *Pretty c. Royaume-Uni* où la requérante, atteinte d'une maladie neuro-dégénérative incurable, revendiquait l'aide au suicide, la Cour a estimé que «[l]'article 2 ne saurait, sans distorsion de langage, être interprété comme conférant un droit diamétralement opposé, à savoir un droit à mourir; il ne saurait davantage créer un droit à l'autodétermination en ce sens qu'il donnerait à tout individu le droit de choisir la mort plutôt que la vie»[272]. Par conséquent, «il n'est pas possible de déduire de l'article 2 de la Convention un droit à mourir, que ce soit de la main d'un tiers ou avec l'assistance d'une autorité publique»[273].

171. La Cour a néanmoins indiqué que «le droit d'un individu de décider de quelle manière et à quel moment sa vie doit prendre fin, à condition qu'il soit en mesure de former librement sa volonté à ce propos et d'agir en conséquence, est l'un des aspects du droit au respect de sa vie privée au sens de l'article 8 de la Convention»[274].

172. Aussi la Cour a-t-elle précisé par la suite que «s'il n'est pas possible de déduire de l'article 2 de la Convention un droit de mourir», «le droit à la vie consacré par cette disposition ne saurait être interprété comme interdisant en soi la dépénalisation conditionnelle de l'euthanasie»[275]. En pareil cas, «[p]our être compatible avec l'article 2 de la Convention, la dépénalisation de l'euthanasie doit être encadrée par la mise en place de garanties adéquates et suffisantes visant à éviter les abus et, ainsi, à assurer le respect du droit à la vie»[276]. Ainsi, le cadre législatif autorisant l'euthanasie doit permettre de s'assurer que la décision du patient de demander qu'il soit mis fin à ses jours soit «prise librement et en toute connaissance de cause»[277]. En outre, le système de contrôle mis en place pour vérifier les conditions posées par la loi doit être «indépendant»[278]. Un manquement fut constaté sur ce dernier point dans l'affaire *Mortier c. Belgique* en l'absence de garanties suffisantes concernant l'indépendance de la commission appelée à contrôler *a posteriori* l'euthanasie de la mère du requérant[279].

173. L'arrêt de traitements qui maintiennent artificiellement la vie n'est pas, en soi, contraire à l'article 2 de la Convention. Dans l'affaire *Lambert c. France*,

---

271 Cour eur. dr. h., Gde Ch., arrêt *Vo c. France*, 8 juillet 2004, § 82.
272 Cour eur. dr. h., arrêt *Pretty c. Royaume-Uni*, 29 avril 2002, § 39.
273 *Ibidem*, § 40.
274 *Ibidem*, § 51.
275 Cour eur. dr. h., arrêt *Mortier c. Belgique*, 4 octobre 2022, § 138.
276 *Ibidem*, § 139.
277 *Ibidem*, § 146.
278 *Ibidem*, § 176.
279 *Ibidem*, §§ 171-178.

la Cour jugea que la décision d'arrêter l'alimentation et l'hydratation artificielles de Vincent Lambert, plongé dans un état végétatif chronique depuis plusieurs années à la suite d'un accident de la route, n'avait pas emporté la violation de l'article 2. La Cour a estimé que le cadre législatif en vigueur était « suffisamment clair »[280], que le processus décisionnel avait été conduit en l'espèce « de façon longue et méticuleuse »[281] et que la décision litigieuse avait été précédée « d'un examen approfondi où tous les points de vue avaient pu s'exprimer et tous les aspects avaient été mûrement pesés au vu tant d'une expertise médicale détaillée que d'observations générales des plus hautes instances médicales et éthiques »[282].

3. *L'interdiction de la peine de mort*

174. L'article 2 de la Convention énonce en son paragraphe premier que « [l]a mort ne peut être infligée à quiconque intentionnellement, sauf en exécution d'une sentence capitale prononcée par un tribunal au cas où le délit est puni de cette peine par la loi ». Tenant compte de l'importante évolution intervenue depuis la rédaction de la Convention et, plus particulièrement, de la ratification massive par les États membres du Conseil de l'Europe du Protocole n° 13 prévoyant l'abolition universelle de la peine de mort ainsi que de la pratique constante desdits États consistant à observer le moratoire sur celle-ci, la Cour a considéré dans l'arrêt *Al-Sadoon et Mufdhi c. Royaume-Uni* du 2 mars 2010 que l'article 2 de la Convention devait désormais être interprété comme interdisant l'infliction de la peine de mort en toutes circonstances[283].

B. La prohibition de la torture et des peines et traitements inhumains ou dégradants (article 3 de la Convention)

175. Inhérente au respect de la dignité humaine (*supra* n°s 53-56), la prohibition de la torture et des peines ou traitements inhumains ou dégradants est absolue. Elle ne connaît aucune exception, ni restriction, et les États parties ne peuvent y déroger[284].

176. Pour tomber sous le coup de l'article 3 de la Convention, un mauvais traitement doit toutefois « atteindre un minimum de gravité. L'appréciation de ce minimum est relative ; elle dépend de l'ensemble des données de la cause, notamment de la durée du traitement et de ses effets physiques ou mentaux ainsi que, parfois, du sexe, de l'âge et de l'état de santé de la victime »[285].

---

280 Cour eur. dr. h., Gde Ch., arrêt *Lambert et autres c. France*, 5 juin 2015, § 160.
281 *Ibidem*, § 168.
282 *Ibidem*, § 181.
283 Cour eur. dr. h., arrêt *Al-Sadoon et Mufdhi c. Royaume-Uni*, 2 mars 2010, §§ 119-122.
284 Cour eur. dr. h., Gde Ch., arrêt *Bouyid c. Belgique*, 28 septembre 2015, § 81.
285 Cour eur. dr. h., Gde Ch., arrêt *Jalloh c. Allemagne*, 11 juillet 2006, § 67.

177. Dans un de ses arrêts fondateurs, en cause *Tyrer c. Royaume-Uni*, la Cour jugea que le châtiment corporel consistant en trois coups de verge infligés à un mineur était constitutif d'une peine dégradante prohibée par l'article 3 de la Convention[286]. Attacher à son lit un enfant sourd et muet, présentant un grave handicap, participe tout autant d'un traitement contraire à l'article 3 de la Convention[287]. Il en fut jugé de même dans le cas d'une stérilisation d'une jeune femme intervenue dans des conditions lui déniant toute possibilité de consentement personnel éclairé[288], ou encore d'avortements forcés[289].

178. La distinction entre la torture et une peine ou un traitement inhumain et dégradant « procède principalement d'une différence dans l'intensité des souffrances infligées »[290]. La torture recouvre les souffrances physiques comme mentales[291].

179. Au nom de la dignité des personnes, la Cour a développé une abondante jurisprudence tendant notamment à protéger les personnes les plus vulnérables de nos sociétés.

1. *La protection due aux étrangers*

180. Selon une jurisprudence bien établie de la Cour, qui trouve ses origines dans le célèbre arrêt *Soering c. Royaume-Uni*[292], un État partie ne peut procéder à un éloignement ou une extradition lorsque le destinataire de cette mesure court un risque réel d'être soumis dans le pays de destination à des traitements contraires à l'article 3 de la Convention[293].

181. Cette interdiction revêt un caractère absolu. La Cour l'a souligné avec force dans son arrêt *Saadi c. Italie* du 28 février 2008, jugeant non pertinente la circonstance que le requérant (un ressortissant tunisien visé par une mesure d'expulsion vers la Tunisie) a été poursuivi et condamné pour des faits de terrorisme. Sans « sous-estimer l'ampleur du danger que représente aujourd'hui le

---

286 Cour eur. dr. h., arrêt *Tyrer c. Royaume-Uni*, 25 avril 1978, §§ 29-35.

287 Cour eur. dr. h., arrêt *L.R. c. Macédoine du Nord*, 23 janvier 2020, §§ 72-83, spéc. § 80.

288 Cour eur. dr. h., arrêt *V.C. c. Slovaquie*, 8 novembre 2011.

289 Cour eur. dr. h., arrêt *S.F.K. c. Russie*, 11 octobre 2022, §§ 80-82 ; arrêt *G.M. et autres c. République de Moldova*, 22 novembre 2022.

290 Cour eur. dr. h., arrêt *Irlande c. Royaume-Uni*, 18 janvier 1978, § 167. La Cour a conclu dans cette affaire que les cinq techniques employées en 1971 à l'égard de personnes internées en Irlande du Nord avaient constitué des traitements inhumains et dégradants ayant emporté violation de l'article 3 de la Convention, mais non des actes de torture. En 2018, la Cour a rejeté la demande de révision introduite par l'Irlande concernant cet arrêt (Cour eur. dr. h., arrêt *Irlande c. Royaume-Uni*, 20 mars 2018). Cette demande tendait à ce que la Cour conclue que les personnes détenues par le Royaume-Uni pendant les troubles civils en Irlande du Nord avaient été soumises à la torture, et non seulement à des traitements inhumains et dégradants.

291 Cour eur. dr. h., Gde Ch., arrêt *Gäfgen c. Allemagne*, 1er juin 2010, § 108.

292 Cour eur. dr. h., arrêt *Soering c. Royaume-Uni*, 7 juillet 1989, § 91.

293 Pour un rappel des obligations incombant aux États parties au titre de l'article 3 en cas de refoulement, voy. Cour eur. dr. h., Gde Ch., arrêt *Khasanov et Rakhmanov c. Russie*, 29 avril 2022, §§ 93-116.

terrorisme et la menace qu'il fait peser sur la collectivité», «cela ne saurait [...] remettre en cause le caractère absolu de l'article 3»[294], a estimé la Cour.

1.1. Les demandeurs d'asile

182. L'affaire *M.S.S. c. Belgique et Grèce* jugée par la Grande Chambre mérite une attention particulière en ce que la Cour y a précisé les obligations des États au regard de l'article 3 de la Convention dans le contexte de la mise en œuvre de la réglementation dite «Dublin». En l'espèce, le requérant, d'origine afghane, était entré sur le territoire de l'Union européenne via la Grèce. Il quitta ensuite le territoire grec pour se rendre en Belgique où il formula une demande d'asile. En application du règlement Dublin II, les autorités belges considérèrent que l'examen de cette demande d'asile incombait aux autorités grecques et procédèrent dès lors à l'éloignement du requérant vers la Grèce. À son arrivée sur le sol grec, le requérant fut placé en détention dans un local attenant à l'aéroport d'Athènes. Lorsqu'il fut libéré, le requérant fut contraint de vivre dans la rue, sans moyens de subsistance. Dans son arrêt, la Cour retint une violation de l'article 3 tant à l'égard de la Grèce que de la Belgique. Le constat de violation à l'égard de la Grèce reposa notamment sur les conditions d'accueil réservées au requérant, lequel s'était trouvé pendant des mois dans la rue, sans ressources et sans aucun moyen de subvenir à ses besoins essentiels[295]. À l'égard de la Belgique, le constat de violation de l'article 3 était fondé sur le fait que ses autorités avaient procédé à l'éloignement du requérant vers la Grèce, alors qu'elles ne pouvaient ignorer les carences de la Grèce quant à l'accueil des demandeurs d'asile[296].

183. L'arrêt *Tarakhel c. Suisse* du 4 novembre 2014 s'inscrit à la suite de cette jurisprudence *M.S.S.* Était en cause le renvoi, par la Suisse, d'une famille de demandeurs d'asile vers l'Italie. Compte tenu de la situation, à l'époque, du système italien d'accueil, la Cour conclut à la violation de l'article 3 de la Convention en cas de renvoi des requérants par les autorités suisses en Italie sans que celles-ci aient obtenu au préalable des autorités italiennes une garantie individuelle concernant, d'une part, une prise en charge adaptée à l'âge des enfants et, d'autre part, la préservation de l'unité familiale[297].

184. Les arrêts *F.G. c. Suède*[298] et *J.K. c. Suède*[299] rendus, l'un comme l'autre, par la Grande Chambre en 2016 se sont attachés à préciser les règles relatives à l'appréciation du risque ainsi qu'à la répartition de la charge de la preuve en ce qui concerne le traitement des demandes d'asile au regard des exigences de

---

294 Cour eur. dr. h., Gde Ch., arrêt *Saadi c. Italie*, 28 février 2008, § 137.

295 Cour eur. dr. h., Gde Ch., arrêt *M.S.S. c. Belgique et Grèce*, 21 janvier 2011, §§ 249-264.

296 *Ibidem*, §§ 359-360.

297 Cour eur. dr. h., Gde Ch., arrêt *Tarakhel c. Suisse*, 4 novembre 2014, § 122.

298 Cour eur. dr. h., Gde Ch., arrêt *F.G. c. Suède*, 23 mars 2016, §§ 111-127. L'affaire concerne le refus d'accorder l'asile à un ressortissant iranien converti au christianisme en Suède.

299 Cour eur. dr. h., Gde Ch., arrêt *J.K. et autres c. Suède*, 23 août 2016, §§ 77-105. L'espèce porte sur l'expulsion vers l'Irak d'une famille menacée par Al-Qaida.

l'article 3. Selon la Cour, le risque doit s'apprécier au regard tant de la situation générale dans le pays de destination que des circonstances propres à l'intéressé. Il appartient en premier lieu au demandeur d'asile de produire les éléments établissant des raisons sérieuses de penser que, si la décision de renvoi était mise à exécution, il serait exposé à un risque réel de se voir infliger un traitement contraire à l'article 3. Toutefois, les autorités nationales doivent évaluer d'office ce risque lorsque la demande d'asile est fondée sur un risque général bien connu. En revanche, dans le cas d'une demande d'asile fondée sur un risque individuel, il incombe au demandeur d'asile d'étayer lui-même ce risque. Cependant, s'il est porté à la connaissance des autorités nationales que le demandeur fait vraisemblablement partie d'un groupe systématiquement exposé à une pratique de mauvais traitements, il leur appartient ici encore d'évaluer ce risque.

1.2. Les étrangers gravement malades

185. Dans son arrêt *N. c. Royaume-Uni* du 27 mai 2008, la Cour jugea que « le fait qu'en cas d'expulsion de l'État contractant, le requérant connaîtrait une dégradation importante de sa situation, et notamment une réduction significative de son espérance de vie, n'est pas en soi suffisant pour emporter violation de l'article 3. La décision d'expulser un étranger atteint d'une maladie physique ou mentale grave vers un pays où les moyens de traiter cette maladie sont inférieurs à ceux disponibles dans l'État contractant est susceptible de soulever une question sous l'angle de l'article 3, mais seulement dans des cas très exceptionnels, lorsque les considérations humanitaires militant contre l'expulsion sont impérieuses »[300]. Sur la base de ces principes, la Cour ne vit pas de violation de l'article 3 de la Convention dans l'expulsion, par le Royaume-Uni, d'une ressortissante ougandaise séropositive qui, mourante, alléguait ne pas pouvoir bénéficier, en cas de retour dans son pays d'origine, des médicaments antirétroviraux que nécessitait son état.

186. La Cour a reconsidéré cette jurisprudence dans son arrêt *Paposhvili c. Belgique* du 13 décembre 2016. Elle a tenu à redéfinir les « cas très exceptionnels » visés dans l'arrêt *N.* en vue d'y inclure « les cas d'éloignement d'une personne gravement malade dans lesquels il y a des motifs sérieux de croire que cette personne, bien que ne courant pas de risque imminent de mourir, ferait face, en raison de l'absence de traitements adéquats dans le pays de destination ou du défaut d'accès à ceux-ci, à un risque réel d'être exposée à un déclin grave, rapide et irréversible de son état de santé entraînant des souffrances intenses ou à une réduction significative de son espérance de vie »[301]. Conformément au principe de subsidiarité, l'article 3 de la Convention fait peser sur les autorités internes l'obligation de mettre en place des procédures adéquates leur permettant d'examiner les craintes exprimées par les intéressés et d'évaluer

300 Cour eur. dr. h., Gde Ch., arrêt *N. c. Royaume-Uni*, 27 mai 2008, § 42.

301 Cour eur. dr. h., Gde Ch., arrêt *Paposhvili c. Belgique*, 13 décembre 2016, § 183.

les risques que ceux-ci encourraient en cas de renvoi dans le pays de destination. En l'occurrence, la Cour sanctionna l'absence, par les autorités belges, de toute évaluation du risque tenant au renvoi du requérant vers la Géorgie, lequel était atteint d'une leucémie lymphoïde chronique et finalement décédé lorsque l'affaire fut prise en délibéré par la Grande Chambre.

2. La protection due aux détenus

187. Le droit du détenu à des conditions de détention compatibles avec la dignité humaine a été formalisé dans l'arrêt *Kudla c. Pologne* du 26 octobre 2000. Selon la Cour, «l'article 3 de la Convention impose à l'État de s'assurer que tout prisonnier est détenu dans des conditions qui sont compatibles avec le respect de la dignité humaine, que les modalités d'exécution de la mesure ne soumettent pas l'intéressé à une détresse ou à une épreuve d'une intensité qui excède le niveau inévitable de souffrance inhérent à la détention et que, eu égard aux exigences pratiques de l'emprisonnement, la santé et le bien-être du prisonnier sont assurés de manière adéquate, notamment par l'administration des soins médicaux requis»[302]. Il importe de noter que cette obligation «d'organiser son système pénitentiaire de façon à assurer aux détenus le respect de leur dignité humaine» s'impose à l'État «nonobstant les problèmes logistiques et financiers» qu'il peut rencontrer[303].

2.1. Les conditions ordinaires de détention

188. À l'occasion de l'affaire *Mursic c. Croatie*, la Cour a précisé sa «norme minimale» quant à l'espace personnel dont doit bénéficier une personne détenue dans une cellule collective pour que ses conditions de détention soient compatibles avec l'article 3 de la Convention. Une «norme minimale» de 3 m^2 au sol par détenu en cellule collective fut retenue[304]. Encore faut-il préciser que la transgression de ce minimum n'emporte pas *ipso facto* violation de l'article 3 de la Convention mais qu'elle a pour effet de générer «une forte présomption» d'une telle violation[305]. Selon la Cour, cette «forte présomption» «ne peut normalement être réfutée que si tous les facteurs suivants sont réunis: 1) les réductions de l'espace personnel par rapport au minimum requis de 3 m^2 sont courtes, occasionnelles et mineures; 2) elles s'accompagnent d'une liberté de circulation suffisante hors de la cellule et d'activités hors cellule adéquates; 3) le requérant est incarcéré dans un établissement offrant, de manière générale,

---

302 Cour eur. dr. h., Gde Ch., arrêt *Kudla c. Pologne*, 26 octobre 2000, § 94. Voy. également Cour eur. dr. h., arrêt *Torreggiani et autres c. Italie*, 8 janvier 2013, § 65.

303 Cour eur. dr. h., arrêt *Ebedin Abi c. Turquie*, 13 mars 2018, § 47.

304 Cour eur. dr. h., Gde Ch., arrêt *Mursic c. Croatie*, 20 octobre 2016, §§ 107, 110 et 136. La Cour enseigne qu'aux fins du calcul de la surface, il n'y a pas lieu de tenir compte des sanitaires mais qu'« en revanche, le calcul de la surface disponible dans la cellule doit inclure l'espace occupé par les meubles » (§ 114).

305 *Ibidem*, §§ 124-125 et § 137.

des conditions de détention décentes, et il n'est pas soumis à d'autres éléments considérés comme des circonstances aggravantes de mauvaises conditions de détention »[306].

189. L'arrêt *Vasilescu* du 25 novembre 2014 a constitué la première condamnation de la Belgique sous l'angle de l'article 3 en raison de conditions matérielles de détention[307]. La Cour y a jugé qu'un ressortissant roumain avait été détenu dans les prisons d'Anvers et de Merksplas, dans des conditions constitutives d'un traitement inhumain et dégradant au sens de l'article 3 de la Convention. À l'appui de ce constat, la Cour releva le manque d'espace personnel dont le requérant disposait dans les diverses cellules collectives où il avait été incarcéré[308], le fait que le requérant prétendait avoir été contraint de dormir pendant plusieurs semaines sur un matelas posé à même le sol[309], l'accès insuffisant aux toilettes et à l'eau courante[310], ainsi que le tabagisme passif dont il fut victime pendant la majeure partie de sa détention[311].

2.2. Les conditions de détention consécutives à un mouvement de grève

190. L'arrêt *Clasens c. Belgique* du 28 mai 2019 concerne des conditions de détention résultant d'un mouvement de grève d'agents pénitentiaires. Il conclut à la violation de l'article 3 de la Convention, au motif que, « pendant toute la durée de la grève, soit pendant près de deux mois, le requérant n'a eu accès à aucune activité extérieure à sa cellule, a été confiné dans sa cellule 24 h sur 24, à l'exception d'une sortie d'une heure tous les trois jours dans la cour de promenade, et n'a eu accès aux douches qu'une à deux fois par semaine, sans possibilité de s'approvisionner en produits d'hygiène dont la distribution avait été interrompue »[312].

2.3. Les conditions de détention des personnes souffrant de troubles mentaux

191. Depuis l'arrêt *Aerts*[313], la Cour a manifesté sa vive préoccupation à l'égard de la pratique consistant en Belgique à maintenir en détention des personnes souffrant de troubles mentaux dans les annexes psychiatriques des prisons, sans prise en charge thérapeutique adaptée. Aux yeux de la Cour, en effet, « l'obli-

---

306 *Ibidem*, § 138.

307 Voy. par la suite Cour eur. dr. h., arrêt *Sylla et Nollomont c. Belgique*, 16 mai 2017. Voy., en ce qui concerne la France, Cour eur. dr. h., arrêt *J.M.B. et autres c. France*, 30 janvier 2020, qui relève des problèmes de surpopulation dans plusieurs centres pénitentiaires et maisons d'arrêt.

308 Cour eur. dr. h., arrêt *Vasilescu c. Belgique*, 25 novembre 2014, § 100.

309 *Ibidem*, § 101.

310 *Ibidem*, §§ 102-103.

311 *Ibidem*, § 104.

312 Cour eur. dr. h., arrêt *Clasens c. Belgique*, 28 mai 2019, § 35.

313 Cour eur. dr. h., arrêt *Aerts c. Belgique*, 30 juillet 1998.

gation découlant de la Convention ne s'arrête pas à celle de protéger la société contre les dangers que peuvent représenter les personnes délinquantes souffrant de troubles mentaux mais impose également de dispenser à ces personnes une thérapie adaptée visant à les aider à se réinsérer le mieux possible dans la société »[314]. Dans plusieurs affaires, la Cour a conclu à la violation de l'article 3 de la Convention compte tenu de la longue durée d'une telle détention couplée à l'absence d'une perspective de réinsertion[315].

2.4. L'isolement des détenus

192. Un isolement d'un détenu pour des raisons de sécurité, de discipline ou de protection n'est pas, en soi, contraire à l'article 3. Néanmoins, l'isolement doit demeurer exceptionnel. Il ne peut être imposé à un détenu indéfiniment et doit être dûment et constamment justifié au regard des circonstances et du comportement du détenu. Pour apprécier la compatibilité d'un régime d'isolement avec l'article 3, la Cour aura essentiellement égard à la nature de l'isolement (total ou partiel), à sa durée, à ses motifs ainsi qu'aux garanties procédurales accordées au détenu[316].

3. La protection contre les violences policières

193. Lorsqu'un individu placé sous le contrôle d'agents de police présente des traces de coups et qu'il soutient que celles-ci résultent de mauvais traitements, « il est présumé – de manière réfragable – que tel a été le cas »[317]. Aux fins de cette présomption, il est accordé une « importante valeur probante » aux certificats médicaux produits par la personne se prétendant victime de tels traitements[318]. La circonstance que la réalité de ces traitements est contestée par les agents concernés n'emporte pas un renversement automatique de cette présomption[319].

194. Dans l'affaire *Selmouni*, de graves violences physiques et mentales furent infligées à un individu lors d'une garde à vue et valurent à la France une condamnation du fait de « torture »[320]. Dans l'affaire *Bouyid c. Belgique,* c'est une gifle assénée par des agents de police à deux ressortissants belges, laquelle ne corres-

314 Cour eur. dr. h., arrêt *W.D. c. Belgique*, 6 septembre 2016, § 113.

315 Voy. Cour eur. dr. h., arrêt *Claes c. Belgique*, 10 janvier 2013 ; arrêt *Lankester c. Belgique*, 9 janvier 2014 ; arrêt *W.D. c. Belgique*, 6 septembre 2016.

316 Cour eur. dr. h., Gde Ch., arrêt *Ramirez Sanchez c. France*, 4 juillet 2006, §§ 112-150 ; arrêt *A.T. c. Estonie* (n° 2), 13 novembre 2018, §§ 74-86.

317 Cour eur. dr. h., Gde Ch., arrêt *Bouyid c. Belgique*, 28 septembre 2015, § 91.

318 *Ibidem*, § 92.

319 *Ibidem*, § 96.

320 Cour eur. dr. h., Gde Ch., arrêt *Selmouni c. France*, 28 juillet 1999, §§ 95-105. Voy. antérieurement Cour eur. dr. h., arrêt *Tomasi c. France*, 27 août 1992, qui conclut à un traitement inhumain et dégradant dans le cadre d'une garde à vue.

pondait pas à une utilisation de la force physique rendue strictement nécessaire par leur comportement, qui fut jugée contraire à l'article 3 de la Convention[321].

195. Au-delà des obligations matérielles, l'article 3 impose, sur le plan procédural, l'obligation de conduire une « enquête officielle effective » dès l'instant où un individu soutient, « de manière défendable », avoir subi des violences policières. Cette enquête doit être conduite de manière indépendante[322], diligente[323] et approfondie[324].

4. *La protection contre les violences domestiques*

196. Les violences domestiques constituent un fléau que la Cour entend prévenir en mettant en exergue les obligations positives de protection incombant aux États parties (*supra* n°s 142-145). Ces obligations dépassent le cadre classique des seules obligations négatives d'abstention. Ainsi, il appartient aux États, sur le fondement des articles 2 et 3 de la Convention, de prendre toutes les mesures propres à protéger la personne dont la vie ou l'intégrité est menacée par son partenaire. La circonstance que ces actes sont infligés au sein du foyer conjugal n'a donc pas pour effet de faire échapper l'État à sa responsabilité conventionnelle. Celle-ci se voit engagée lorsque les autorités internes n'ont pas pris les mesures que l'on pouvait raisonnablement attendre d'elles pour prévenir ou faire cesser la matérialisation d'un risque de violences dont elles avaient ou auraient dû avoir connaissance[325].

197. S'appuyant sur la Convention d'Istanbul sur la prévention et la lutte contre la violence à l'égard des femmes et la violence domestique, la Cour met en avant la nécessité « de tenir compte de la situation de précarité et de vulnérabilité particulière, morale, physique et/ou matérielle de la victime, et d'apprécier la situation en conséquence, dans les plus brefs délais »[326]. La Cour souligne que « les États ont une obligation positive d'établir et d'appliquer effectivement un système de répression de toute forme de violence conjugale et d'offrir des garanties procédurales suffisantes aux victimes »[327].

321 Cour eur. dr. h., Gde Ch., arrêt *Bouyid c. Belgique*, 28 septembre 2015, § 103. Voy. aussi §§ 100-102.

322 *Ibidem*, § 118.

323 *Ibidem*, § 121.

324 *Ibidem*, § 123.

325 Voy. notamment Cour eur. dr. h., arrêt *Opuz c. Turquie*, 9 juin 2009; arrêt *M.G. c. Turquie*, 22 mars 2016; arrêt *Talpis c. Italie*, 2 mars 2017; arrêt *Balsan c. Roumanie*, 23 mai 2017; arrêt *Volodina c. Russie*, 9 juillet 2019; arrêt *Buturuga c. Roumanie*, 11 février 2020.

326 Cour eur. dr. h., arrêt *Talpis c. Italie*, 2 mars 2017, § 130.

327 Cour eur. dr. h., arrêt *Buturuga c. Roumanie*, 11 février 2020, § 61.

C. L'interdiction de l'esclavage, de la servitude et du travail forcé ou obligatoire (article 4 de la Convention)

1. *L'interdiction de l'esclavage et de la servitude*

198. L'article 4 dispose en son premier paragraphe que « [n]ul ne peut être tenu en esclavage ni en servitude ».

1.1. L'esclavage domestique

199. L'affaire *Siliadin c. France* concernait le cas poignant d'une ressortissante togolaise mineure qui, en situation irrégulière, fut contrainte de travailler au profit d'une famille française, quinze heures par jour, sept jours sur sept, sans être rémunérée et avec la crainte permanente d'être dénoncée par ses « employeurs ». Cette affaire aboutit au premier constat, par la Cour, de violation de l'article 4 de la Convention. Jugeant que la requérante avait « été tenue en état de servitude au sens de l'article 4 de la Convention »[328], la Cour estima que le droit français et singulièrement « les dispositions pénales en vigueur à l'époque n'[avaient] pas assuré à la requérante, qui était mineure, une protection concrète et effective contre les actes dont elle a été victime »[329].

1.2. La traite d'êtres humains

200. La Cour énonça dans son arrêt *Rantsev c. Chypre et Russie* qu'« il ne peut y avoir aucun doute quant au fait que la traite [des êtres humains] porte atteinte à la dignité humaine et aux libertés fondamentales de ses victimes et qu'elle ne peut être considérée comme compatible avec une société démocratique ni avec les valeurs consacrées dans la Convention »[330]. La Cour était confrontée, en l'espèce, au décès intervenu dans des circonstances suspectes d'une ressortissante russe ayant exercé à Chypre comme « artiste de cabaret ». La Cour retint la responsabilité des autorités chypriotes au regard de l'article 4 dès lors que, d'une part, celles-ci avaient manqué à leur obligation de mettre un cadre législatif approprié contre la traite et l'exploitation en général et que, d'autre part, elles n'avaient pas pris de mesures concrètes pour protéger l'intéressée[331]. Une violation de l'article 4 à l'égard de la Russie fut parallèlement constatée en raison de l'absence d'une enquête effective sur un cas potentiel de traite[332].

201. Dans l'affaire *S.M. c. Croatie*, la Cour fut saisie par une ressortissante croate qui prétendait avoir été victime de prostitution forcée. La Cour a conclu

---

[328] Cour eur. dr. h., arrêt *Siliadin c. France*, 26 juillet 2005, § 129.
[329] *Ibidem*, § 148.
[330] Cour eur. dr. h., arrêt *Rantsev c. Chypre et Russie*, 7 janvier 2010, § 282.
[331] *Ibidem*, §§ 290-298.
[332] *Ibidem*, §§ 307-309.

à la violation de l'article 4 de la Convention au motif que « des vices importants ont entaché la réponse procédurale apportée par les autorités internes au grief défendable de traitement contraire à l'article 4 de la Convention formulé par la requérante et au commencement de preuve tendant à indiquer que celle-ci aurait été soumise à pareil traitement »[333].

2. *L'interdiction du travail forcé ou obligatoire*

202. En son deuxième paragraphe, l'article 4 énonce que « [n]ul ne peut être astreint à accomplir un travail forcé ou obligatoire ». Quatre exceptions sont toutefois prévues au troisième paragraphe (travail en détention, service militaire ou de remplacement, service requis dans le cadre de crises ou de calamités, travail fourni dans le cadre des obligations civiques normales). Ces quatre hypothèses, « par-delà leur diversité, reposent sur les idées maîtresses d'intérêt général, de solidarité sociale et de normalité »[334].

2.1. Le travail en détention

203. Dans l'affaire *Stummer c. Autriche*, le requérant soutenait que le travail accompli en prison, sans affiliation au régime des pensions de retraite, ne pouvait plus être considéré comme un « travail requis normalement d'une personne soumise à la détention », autorisé par l'article 4, § 3, a), de la Convention. La Cour refusa de suivre cette thèse au motif que le droit autrichien en cause reflétait, à l'époque, l'évolution du droit européen, dans la mesure où il faisait bénéficier l'ensemble des détenus d'une couverture santé et accidents ainsi que du régime de l'assurance chômage, à l'exclusion de celui des pensions de retraite[335].

2.2. Le travail relevant des obligations civiques normales

204. N'ont pas été considérées comme participant d'un « travail forcé ou obligatoire » l'obligation pour un avocat de défendre des justiciables nécessiteux, sans être rémunéré ni même remboursé de ses frais[336], ni celle d'assurer la fonction d'administrateur (« *legal guardian* ») de personnes handicapées mentales[337]. Dans ces circonstances, la Cour ne jugea pas nécessaire de vérifier si le travail dont question relevait des « obligations civiques normales » au sens de l'article 4, § 3, d)[338].

---

333 Cour eur. dr. h., Gde Ch., arrêt *S.M. c. Croatie*, 25 juin 2020, § 346.

334 Cour eur. dr. h., arrêt *Van der Mussele c. Belgique*, 23 novembre 1983, § 38.

335 Cour eur. dr. h., Gde Ch., arrêt *Stummer c. Autriche*, 7 juillet 2011, §§ 116-134.

336 Cour eur. dr. h., arrêt *Van der Mussele c. Belgique*, 23 décembre 1983.

337 Cour eur. dr. h., arrêt *Graziani-Weiss c. Autriche*, 18 octobre 2011.

338 Cour eur. dr. h., arrêt *Van der Mussele c. Belgique*, 23 décembre 1983, § 41 ; arrêt *Graziani-Weiss c. Autriche*, 18 octobre 2011, § 43.

D. Le droit à la liberté (article 5 de la Convention)

1. *La notion de «privation de liberté»*

205. En ce qu'il dispose que «nul ne peut être privé de sa liberté» que sous les strictes conditions qu'il énonce, l'article 5 de la Convention voit préalablement son applicabilité subordonnée à l'existence d'une «privation de liberté».

206. La «privation de liberté» doit être distinguée de la «restriction à la liberté de circuler», laquelle relève de l'article 2 du Protocole n° 4. Ainsi, «pour déterminer si un individu se trouve 'privé de sa liberté' au sens de l'article 5, il faut partir de sa situation concrète et prendre en compte un ensemble de critères comme le genre, la durée, les effets et les modalités d'exécution de la mesure considérée»[339]. En réalité, «entre privation de liberté et restrictions à la liberté de circuler qui obéissent à l'article 2 du Protocole n° 4, il n'y a qu'une différence de degré ou d'intensité, non de nature ou d'essence»[340].

207. C'est ainsi qu'une assignation à domicile impliquant une interdiction de sortie entre vingt-deux heures et six heures n'a pas été considérée comme constituant une privation de liberté au sens de l'article 5 dès lors que le requérant n'avait pas subi de restrictions à sa liberté de sortir pendant la journée et qu'il avait eu la possibilité de mener une vie sociale et d'entretenir des relations avec l'extérieur[341]. La Cour parvint à une conclusion identique d'inapplicabilité de l'article 5 s'agissant du confinement d'un groupe de personnes à l'intérieur d'un cordon de police pendant près de sept heures lors d'une manifestation[342].

208. Un confinement décidé en temps de pandémie constitue-t-il, en revanche, une privation de liberté au sens de l'article 5 de la Convention? Une décision *Terheş c. Roumanie* du 13 avril 2021 a répondu négativement à cette question, à propos du confinement imposé dans le cadre de l'état d'urgence en Roumanie, du 24 mars au 14 mai 2020, à la suite de la pandémie de Covid-19. Soulignant d'entrée le «contexte exceptionnel imprévisible» présidant à cette mesure qui revêtait un caractère général et non individuel, la Cour observa que l'interdiction de sortie du domicile n'était pas absolue et que le requérant était resté en défaut d'expliquer quels effets concrets cette mesure avait engendrés sur sa propre situation[343].

209. En revanche, la Cour a jugé dans ses arrêts *Amuur c. France*[344] et *Riad et Idiab c. Belgique*[345] que le maintien de ressortissants étrangers dans des zones

---

339 Cour eur. dr. h., Gde Ch., arrêt *de Tommaso c. Italie*, 23 février 2017, § 80; Gde Ch., arrêt *Ilias et Ahmed c. Hongrie*, 21 novembre 2019, § 212.

340 *Ibidem.*

341 Cour eur. dr. h., Gde Ch., arrêt *de Tommaso c. Italie*, 23 février 2017, §§ 85-89. Comp. avec Cour eur. dr. h., Gde Ch., arrêt *Buzadji c. République de Moldova*, 5 juillet 2016, §§ 104-105.

342 Cour eur. dr. h., Gde Ch., arrêt *Austin et autres c. Royaume-Uni*, 15 mars 2012, §§ 52-69.

343 Cour eur. dr. h., décision (rec.) *Terheş c. Roumanie*, 13 avril 2021, §§ 39-45.

344 Cour eur. dr. h., arrêt *Amuur c. France*, 25 juin 1996, §§ 41-49.

345 Cour eur. dr. h., arrêt *Riad et Idiab c. Belgique*, 24 janvier 2008, § 68.

aéroportuaires de transit emportait bel et bien « privation de liberté » au sens de l'article 5 de la Convention. L'arrêt *Khlaifia et autres c. Italie* du 15 décembre 2016 aboutit à une conclusion identique s'agissant de la rétention de migrants tunisiens dans un centre d'accueil de Lampedusa, puis dans des navires amarrés dans le port de Palerme[346].

210. La Cour s'est également prononcée en formation de Grande Chambre sur l'applicabilité de l'article 5 de la Convention « dans le contexte du maintien d'étrangers dans des zones de transit aéroportuaires ou dans des centres d'accueil installés aux fins de l'identification et de l'enregistrement des migrants »[347]. Elle a conclu, dans l'affaire *Z.A. et autres c. Russie*, à l'existence d'une « privation de liberté » à propos du confinement prolongé de quatre demandeurs d'asile dans la zone de transit de l'aéroport de Moscou-Sheremetyevo. En revanche, elle a considéré, dans l'affaire *Ilias et Ahmed c. Hongrie*, que le maintien de deux ressortissants bangladais dans la zone de transit de Röszke, située à la frontière entre la Hongrie et la Serbie, sur le territoire hongrois, n'a pas consisté en pareille privation. La Cour a relevé à cet égard que les requérants « sont entrés de leur propre chef» dans cette zone[348], alors que « leur vie ou leur santé [n'étaient pas] directement menacées par un danger immédiat en Serbie »[349], qu'ils « ont vécu dans des conditions qui, malgré une forte limitation de leur liberté de circuler, n'ont pas restreint leur liberté au-delà de ce qui était nécessaire ou dans une mesure ou d'une manière sans rapport avec l'examen de leurs demandes d'asile »[350], que la période pendant laquelle les requérants ont été maintenus (vingt-trois jours) « n'a pas excédé ce qui était strictement nécessaire » aux fins de l'examen de leur demande d'asile[351] et, enfin, que les requérants avaient disposé, en pratique, de la possibilité de retourner en Serbie où ni leur vie ni leur santé n'étaient menacées[352].

2. Les privations de liberté autorisées

211. Les alinéas a) à f) de l'article 5, § 1er, contiennent une liste exhaustive des motifs pour lesquels une personne peut être privée de sa liberté. Dès lors qu'ils constituent autant d'exceptions à un droit fondamental, ils doivent être entendus strictement[353].

346 Cour eur. dr. h., Gde Ch., arrêt *Khlaifia et autres c. Italie*, 15 décembre 2016, §§ 64-72.

347 Cour eur. dr. h., Gde Ch., arrêt *Ilias et Ahmed c. Hongrie*, 21 novembre 2019, § 217 et Gde Ch., arrêt *Z.A. et autres c. Russie*, 21 novembre 2019, § 138.

348 Cour eur. dr. h., Gde Ch., arrêt *Ilias et Ahmed c. Hongrie*, 21 novembre 2019, § 222.

349 *Ibidem*, § 223.

350 *Ibidem*, § 233.

351 *Ibidem*.

352 *Ibidem*, §§ 234-248.

353 Voy., parmi beaucoup d'autres, Cour eur. dr. h., Gde Ch., arrêt *Assanidzé c. Géorgie*, 8 avril 2004, §§ 169-170.

2.1. La détention provisoire

212. L'article 5, § 1er, c), de la Convention permet l'arrestation et la détention d'un individu « en vue d'être conduit devant l'autorité judiciaire compétente, lorsqu'il y a des raisons plausibles de soupçonner qu'il a commis une infraction ou qu'il y a des motifs raisonnables de croire à la nécessité de l'empêcher de commettre une infraction ou de s'enfuir après l'accomplissement de celle-ci ».

2.1.1. La détention avant jugement

213. Une détention avant jugement « ne se justifie dans une espèce donnée que si des indices concrets révèlent une véritable exigence d'intérêt public prévalant, nonobstant la présomption d'innocence, sur la règle du respect de la liberté individuelle fixée à l'article 5 de la Convention »[354]. L'arrêt *Lelièvre c. Belgique* du 8 novembre 2007 souligne en ce sens que la détention provisoire constitue « une mesure de caractère exceptionnel pouvant être utilisée seulement dans les cas où elle s'avérerait strictement nécessaire »[355].

2.1.2. La détention en dehors d'une procédure pénale

214. Dans l'affaire *S, V et A c. Danemark*, la Cour, réunie en Grande Chambre, a admis qu'une privation de liberté « purement préventive », opérée en dehors d'une procédure pénale dans un souci de maintien de l'ordre, pouvait se révéler compatible avec les exigences de l'article 5, § 1er, c), de la Convention[356]. Ainsi, « pour que les policiers ne se trouvent pas dans l'impossibilité pratique d'accomplir leur devoir de maintien de l'ordre et de protection du public, il faut en principe qu'ils puissent en vertu du paragraphe 1er, c) de cet article procéder à des privations de liberté hors du cadre d'une procédure pénale, sous réserve qu'ils respectent le principe de protection de l'individu contre l'arbitraire qui sous-tend l'article 5 »[357]. Pour la Cour, l'exigence selon laquelle les autorités doivent avoir pour but, lorsqu'elles privent un individu de sa liberté, de le conduire devant l'autorité judiciaire compétente ne doit pas faire obstacle à une brève privation de liberté. En effet, une interprétation trop stricte de cette exigence « aurait pour conséquence malheureuse d'exclure toute sorte de privation de liberté préventive de courte durée [...] lorsque le but ne serait pas de traduire les personnes arrêtées devant un juge mais plutôt de les relâcher rapidement, dès que le risque aurait été écarté »[358].

---

[354] Cour eur. dr. h., arrêt *Grisez c. Belgique*, 26 septembre 2002, § 48; arrêt *Rokhlina c. Russie*, 7 avril 2005, § 67; arrêt *Shabani c. Suisse*, 5 novembre 2009, § 55.

[355] Cour eur. dr. h., arrêt *Lelièvre c. Belgique*, 8 novembre 2007, § 89.

[356] Cour eur. dr. h., Gde Ch., arrêt *S., V. et A. c. Danemark*, 22 octobre 2018.

[357] *Ibidem*, § 116.

[358] *Ibidem*, § 121.

2.2. La détention des mineurs

215. L'article 5, § 1er, d), de la Convention autorise « la détention régulière d'un mineur, décidée pour son éducation surveillée ou [...] sa détention régulière, afin de le traduire devant l'autorité compétente ».

216. Selon la Cour, l'internement d'un mineur en maison d'arrêt n'enfreint pas automatiquement cette disposition. Ainsi qu'il ressort de l'usage de la préposition « pour », la « détention » visée par l'article 5, § 1er, d), constitue un moyen d'assurer le placement de l'intéressé sous « éducation surveillée », mais il ne doit pas, pour autant, s'agir d'un placement immédiat. L'article 5, § 1er, d), n'empêche dès lors pas une mesure provisoire de garde qui servirait de préliminaire à un régime d'éducation surveillée sans en revêtir elle-même le caractère. Encore faut-il, dans cette hypothèse, que l'emprisonnement débouche à bref délai sur l'application effective d'un tel régime dans un milieu spécialisé – ouvert ou fermé – jouissant de ressources suffisantes correspondant à sa finalité[359].

2.3. La détention des personnes souffrant de troubles mentaux

217. L'article 5, § 1er, e), de la Convention vise, au titre d'exception à la liberté, la « détention régulière » d'« un aliéné ».

218. À plusieurs reprises, la Belgique fut condamnée en raison du maintien prolongé en détention de délinquants souffrant de troubles mentaux dans un environnement carcéral inadapté à leur état[360]. La Cour y vit même un « problème structurel » appelant l'adoption de mesures générales en vue d'y mettre un terme[361].

219. Il convient de noter qu'originairement, la Cour estimait que l'internement d'une personne était régulier s'il se déroulait dans un « établissement approprié ». La question relative à l'adéquation du traitement était jugée étrangère à cette disposition, la Cour considérant que « le droit d'un patient à un traitement adapté à son état ne saurait se déduire en tant que tel de l'article 5, § 1er, e) »[362]. Au fil du temps, la jurisprudence de la Cour a évolué au point que cette lecture restrictive de l'article 5, § 1er, e), est aujourd'hui abandonnée. L'arrêt *Rooman c. Belgique* rendu par la Grande Chambre le 31 janvier 2019 solennise cette évolution. La Cour y énonce que « la privation de liberté visée à l'article 5, § 1er, e), a une double fonction : d'une part une fonction sociale de protection, d'autre part une fonction thérapeutique liée à l'intérêt individuel

---

[359] Cour eur. dr. h., arrêt *Bouamar c. Belgique*, 29 février 1988, § 50.

[360] Cour eur. dr. h., arrêt *Aerts c. Belgique*, 30 juillet 1998 ; arrêt *L.B. c. Belgique*, 2 octobre 2012 ; arrêt *Claes c. Belgique*, 10 janvier 2013 ; arrêt *Dufoort c. Belgique*, 10 janvier 2013 ; arrêt *Swennen c. Belgique*, 10 janvier 2013 ; arrêt *W.D. c. Belgique*, 6 septembre 2016.

[361] Cour eur. dr. h., arrêt *W.D. c. Belgique*, 6 septembre 2016, §§ 112, 161 et 169.

[362] Cour eur. dr. h., arrêt *Winterwerp c. Pays-Bas*, 24 octobre 1979, § 51.

pour la personne aliénée de bénéficier d'une thérapie ou d'un parcours de soins appropriés et individualisés»[363]. Dans cette mesure, il s'agit de mettre en place une «prise en charge thérapeutique appropriée et individualisée»[364] de la personne internée, l'objectif étant celui d'une «amélioration de [son] état de santé» et partant d'une «diminution de sa dangerosité», avec à terme «la perspective d'une libération»[365].

2.4. La détention des étrangers

220. L'article 5, § 1er, f), de la Convention autorise une privation de liberté «s'il s'agit de l'arrestation ou de la détention régulières d'une personne pour l'empêcher de pénétrer irrégulièrement dans le territoire, ou contre laquelle une procédure d'expulsion ou d'extradition est en cours».

221. Le premier motif autorisé par l'article 5, § 1er, f), concerne la détention d'une personne afin de l'empêcher de pénétrer irrégulièrement sur le territoire. La Cour estime que, tant qu'un État n'a pas autorisé l'entrée sur son territoire, celle-ci demeure «irrégulière»[366].

222. Le second motif visé par l'article 5, § 1er, f), concerne la détention d'une personne contre laquelle une procédure d'éloignement est en cours. Il n'est pas exigé, pour justifier une privation de liberté sur cette base, que la détention d'une personne soit considérée comme raisonnablement nécessaire, par exemple pour l'empêcher de commettre une infraction ou de s'enfuir[367]. Il suffit qu'une procédure d'expulsion ou d'extradition soit en cours. Toutefois, si cette procédure n'est pas menée avec diligence, la détention cesse d'être justifiée au regard de l'article 5, § 1er, f)[368]. La Cour a par ailleurs considéré dans le cas de personnes présentant une «vulnérabilité particulière»[369] qu'une décision de placement en détention, sans appréciation individuelle de leurs besoins spécifiques et sans recherche d'une alternative à la détention, pouvait poser problème au regard de l'article 5, § 1er, f), de la Convention[370]. Elle a également jugé qu'une détention ne pourrait être justifiée, au regard du second volet de l'article 5, § 1er, f), de la Convention, par l'examen d'une demande d'asile,

363 Cour eur. dr. h., Gde Ch., arrêt *Rooman c. Belgique*, 31 janvier 2019, § 210.
364 *Ibidem*, § 226.
365 *Ibidem*, § 222.
366 Cour eur. dr. h., Gde Ch., arrêt *Saadi c. Royaume-Uni*, 29 janvier 2008, § 65.
367 Cour eur. dr. h., Gde Ch., arrêt *Chahal c. Royaume-Uni*, 15 novembre 1996, § 112.
368 *Ibidem*, § 113.
369 Voy. à cet égard Cour eur. dr. h., arrêt *Thimothawes c. Belgique*, 4 avril 2017, § 73.
370 Voy., concernant des mineurs étrangers non accompagnés, Cour eur. dr. h., arrêt *Mubilanzila Mayeka et Kaniki Mitunga c. Belgique*, 12 octobre 2006, §§ 99-104; arrêt *Rahimi c. Grèce*, 5 avril 2011, §§ 108-110. Voy., s'agissant de la rétention d'un enfant accompagnant ses parents, Cour eur. dr. h., arrêt *A.B. et autres c. France*, 12 juillet 2016, § 123. Voy. également à propos d'étrangers malades, Cour eur. dr. h., arrêt *Yoh-Ekale Mwanje c. Belgique*, 20 décembre 2011, § 124. *A contrario* Cour eur. dr. h., arrêt *K.G. c. Belgique*, 6 novembre 2018, § 73.

lorsque l'issue de cette procédure est sans incidence sur la possibilité d'expulser le requérant[371]. En revanche, elle a estimé que la détention administrative, pendant 31 mois, d'un demandeur d'asile présentant une dangerosité avérée était compatible avec l'article 5, § 1er, f), dès lors que la détention était justifiée par l'examen complexe de cette demande, que les autorités belges ont constamment poursuivi la volonté de l'éloigner du territoire et que sa situation ne pouvait être comparée à celle d'étrangers présentant une vulnérabilité particulière justifiant la recherche d'alternatives à la détention[372].

3. *Le droit à être jugé dans un délai raisonnable ou libéré pendant la procédure*

223. L'article 5, § 3, de la Convention énonce que toute personne détenue préventivement conformément à l'article 5, § 1er, c), «a le droit d'être jugée dans un délai raisonnable, ou libérée pendant la procédure». Il convient cependant de ne pas se méprendre. Cette disposition «n'offre pas aux autorités judiciaires une option entre la mise en jugement dans un délai raisonnable et une mise en liberté provisoire. Jusqu'à sa condamnation, la personne accusée doit être réputée innocente et la disposition analysée a essentiellement pour objet d'imposer la mise en liberté provisoire dès que le maintien en détention cesse d'être raisonnable»[373]. Autrement dit, l'essence de l'article 5, § 3, de la Convention est «le droit de rester libre dans l'attente d'un procès pénal»[374]. «La présomption est toujours en faveur de la libération», renchérit la Cour[375].

224. Ainsi, depuis son arrêt *Stögmüller*[376], la Cour ne cesse de répéter que «la persistance de raisons plausibles de soupçonner la personne arrêtée d'avoir commis une infraction est une condition *sine qua non* de la régularité du maintien en détention, mais [qu']au bout d'un certain temps elle ne suffit plus». La liberté demeurant la règle, d'autres motifs «pertinents et suffisants» sont alors nécessaires pour justifier la privation de liberté[377]. Parmi ces motifs susceptibles de justifier une privation de liberté (en plus de l'existence d'une raison plausible de soupçonner une personne d'avoir commis une infraction) figurent «le risque de fuite, le risque de pression sur les témoins ou d'altération de preuves, le risque de collusion, le risque de récidive, le risque de trouble à l'ordre public, ou encore la nécessité de protéger la personne faisant l'objet de la mesure privative de liberté»[378].

---

371 Cour eur. dr. h., arrêt *M.S. c. Belgique*, 31 janvier 2012, § 155.

372 Cour eur. dr. h., arrêt *N.M. c. Belgique*, 18 avril 2023, §§ 92-96 et 110-120 (non définitif au 15 août 2023).

373 Cour eur. dr. h., arrêt *Calmanovici c. Roumanie*, 1er juillet 2008, § 90.

374 Cour eur. dr. h., arrêt *Vafiadis c. Grèce*, 2 juillet 2009, § 50; arrêt *Shabani c. Suisse*, 5 novembre 2009, § 54.

375 Cour eur. dr. h., Gde Ch., arrêt *Buzadji c. République de Moldova*, 5 juillet 2016, § 89.

376 Cour eur. dr. h., arrêt *Stögmüller c. Autriche*, 10 novembre 1969, § 4 (en droit).

377 Cour eur. dr. h., Gde Ch., arrêt *Buzadji c. République de Moldova*, 5 juillet 2016, §§ 87 et 92.

378 *Ibidem*, § 88.

225. L'on doit à l'arrêt *Buzadji c. République de Moldova* d'avoir précisé en formation de Grande Chambre que «l'obligation pour le magistrat d'avancer des motifs pertinents et suffisants à l'appui de la privation de liberté – outre la persistance de raisons plausibles de soupçonner la personne arrêtée d'avoir commis une infraction – s'applique dès la première décision ordonnant le placement en détention provisoire, c'est-à-dire 'aussitôt' après l'arrestation»[379]. Il importe de souligner par ailleurs que les juridictions internes ont l'obligation d'examiner, le cas échéant d'office, la possibilité de mesures alternatives à la détention provisoire[380].

226. L'article 5, § 3, de la Convention précise que «[l]a mise en liberté peut être subordonnée à une garantie assurant la comparution de l'intéressé à l'audience». Dans l'affaire *Mangouras c. Espagne*, la Cour statuant en formation de Grande Chambre mit en exergue «la préoccupation croissante et légitime qui existe tant au niveau européen qu'international à l'égard des délits contre l'environnement»[381] pour considérer que la caution de trois millions d'euros fixée pour la libération du capitaine du navire *Prestige* dont les cuves s'étaient, à l'automne 2002, déversées aux bords des côtes de la Galice n'était pas excessive au regard de l'article 5, § 3, de la Convention. Soulignant «le contexte particulier de l'affaire» ainsi que les «conséquences environnementales et économiques catastrophiques du déversement de la cargaison du navire», la Cour estima que les juridictions espagnoles avaient pu tenir compte de la situation professionnelle du requérant, de la gravité des infractions en cause et de l'ampleur du préjudice qui lui était imputé[382].

4. *Le droit à ce qu'un tribunal statue à bref délai sur la légalité de la détention*

227. L'article 5, § 4, de la Convention reconnaît aux personnes détenues le droit d'introduire un recours pour faire contrôler la «légalité» de leur privation de liberté et mettre fin à celle-ci lorsqu'elle s'avère illégale[383]. Dans l'arrêt *Muhammad Saqawat c. Belgique*, la Cour a considéré que l'article 5, § 4, a été violé dans un cas où un étranger avait successivement fait l'objet de plusieurs titres de privation de liberté, sans que le contrôle juridictionnel ait pu être clôturé par une décision définitive en raison de la survenance, pendant la procédure de contrôle, d'un nouveau titre se substituant au précédent[384].

---

379 *Ibidem*, § 102.

380 Cour eur. dr. h., arrêt *Lelièvre c. Belgique*, 8 novembre 2007, § 97.

381 Cour eur. dr. h., Gde Ch., arrêt *Mangouras c. Espagne*, 28 septembre 2010, § 86.

382 *Ibidem*, § 92.

383 Cour eur. dr. h., Gde Ch., arrêt *Khlaifia et autres c. Italie*, 15 décembre 2016, §§ 128-131; Gde Ch., arrêt *Ilnseher c. Allemagne*, 4 décembre 2018, § 251.

384 Cour eur. dr. h., arrêt *Muhammad Saqawat c. Belgique*, 30 juin 2020, §§ 63-77.

E. Le droit à un procès équitable (article 6 de la Convention)

228. L'article 6 de la Convention garantit le droit à un procès équitable[385]. Cette garantie est une condition *sine qua non* de la réalisation d'un État de droit en ce qu'elle postule, en premier lieu, le droit au juge[386], lequel permet d'assurer la prééminence du droit (*supra* n° 78).

229. Aussi, si la garantie d'un procès équitable est d'une nature *a priori* procédurale, elle participe, plus largement, de la garantie substantielle des droits et libertés consacrés par la Convention et ses protocoles additionnels. En effet, l'absence d'un procès équitable compromet la possibilité pour l'individu de bénéficier du respect de ces droits et libertés lorsqu'il cherche à contester en justice les atteintes qui leur sont portées. Que l'on songe aux cas où une personne se plaint d'une privation de liberté arbitraire, de violences portant atteinte à sa dignité ou d'entraves à sa liberté d'expression, de réunion ou d'association. Dans cette mesure, le procès équitable, tel qu'il est consacré par l'article 6, conditionne la protection concrète et effective de l'ensemble des droits de la Convention[387]. L'article 6 se trouve de la sorte à l'épicentre du système de protection conventionnelle.

230. En outre, la subsidiarité, qui érige le juge national en premier gardien de la Convention (*infra* n°s 557 et s.), ne peut déployer toutes ses vertus qu'en présence d'une justice nationale qui répond structurellement aux exigences de l'article 6 de la Convention, au premier rang desquelles figurent l'indépendance du juge[388] mais aussi le délai raisonnable des procédures.

1. *L'applicabilité des garanties*

231. Il importe de préciser d'emblée que l'article 6 de la Convention n'a pas vocation à régir tout contentieux. Son applicabilité est circonscrite par les notions de « contestations sur des droits et obligations de caractère civil » et d'« accusation en matière pénale ». Comme la Cour l'a énoncé dans son premier arrêt *Le Compte*, « l'article 6, § 1er, ne vaut que pour l'examen des 'contestations sur [des] droits et obligations de caractère civil' et du 'bien-fondé de toute accusation en matière pénale' », en sorte que « certaines 'causes' échappent à son empire faute de se ranger dans l'une de ces catégories »[389]. On notera que l'article 47 de la Charte des droits fondamentaux de l'Union européenne ne connaît pas pareilles limitations s'agissant du droit de toute personne « à ce que sa cause soit entendue équitablement, publiquement et dans

---

385 Voy. M.-A. Beernaert et Fr. Krenc, *Le droit à un procès équitable dans la jurisprudence de la Cour européenne des droits de l'homme*, 2e éd., Anthemis, Limal, 2023.

386 Cour eur. dr. h., arrêt *Golder c. Royaume-Uni*, 21 février 1975, §§ 28-36.

387 Cour eur. dr. h., arrêt *Airey c. Irlande*, 9 octobre 1979, § 24.

388 Cour eur. dr. h., Gde Ch., arrêt *Grzeda c. Pologne*, 15 mars 2022, § 324.

389 Cour eur. dr. h., arrêt *Le Compte, Van Leuven et De Meyere c. Belgique*, 23 juin 1981, § 41.

un délai raisonnable par un tribunal indépendant et impartial, établi préalablement par la loi »[390].

232. Toutefois, la Cour a rapidement récusé toute interprétation restrictive de l'article 6, gardant à l'esprit que, « dans une société démocratique au sens de la Convention, le droit à une bonne administration de la justice occupe une place si éminente qu'une interprétation restrictive de l'article 6, § 1er, ne correspondrait pas au but et à l'objet de cette disposition »[391]. Par conséquent, la Cour veille à livrer une interprétation de l'article 6 qui est autonome et dominée par le principe d'effectivité, à telle enseigne qu'un grand nombre de contentieux tombent aujourd'hui sous son empire et qu'en définitive, peu s'en voient soustraits.

1.1. La matière civile

233. Pour que l'article 6, § 1er, sous son volet « civil », trouve à s'appliquer[392], il faut qu'il y ait une « contestation » sur un « droit » que l'on peut prétendre, au moins de manière défendable, reconnu en droit interne, qu'il soit protégé par la Convention ou non[393]. Il doit s'agir d'une contestation réelle et sérieuse. Elle peut concerner aussi bien l'existence même d'un droit que son étendue ou ses modalités d'exercice. L'issue de la procédure doit être directement déterminante pour le droit en question, un lien ténu ou des répercussions lointaines ne suffisant pas à faire entrer en jeu l'article 6, § 1er[394]. Ce droit doit, enfin, revêtir un caractère « civil ».

234. Livrant une interprétation autonome de l'article 6, § 1er, la Cour a progressivement inclus dans le versant « civil » les contentieux disciplinaires[395], sociaux[396] ou encore publics[397], en ce compris le contentieux de la fonction publique[398], sans en exclure les mesures et sanctions prises à l'encontre de magistrats[399].

---

390 Voy. Fr. Krenc et E. Penninckx, « Article 47 », *in* F. Picod, C. Rizcallah et S. Van Drooghenbroeck (dir.), *La Charte des droits fondamentaux de l'Union européenne. Commentaire article par article*, 3e éd., Bruylant, Bruxelles, 2023, spéc. pp. 1228-1229.

391 Cour eur. dr. h., arrêt *Delcourt c. Belgique*, 17 janvier 1970, § 25.

392 Voy., pour l'énoncé des principes, Cour eur. dr. h., Gde Ch., arrêt *Grzeda c. Pologne*, 15 mars 2022, § 257.

393 Il n'y a pas de droit lorsqu'il n'est question que d'une « faveur » en droit interne. Voy. en ce sens Cour eur. dr. h., Gde Ch., arrêt *Boulois c. Luxembourg*, 3 avril 2012, §§ 96 et 98.

394 Voy., quant à l'absence d'un tel impact, Cour eur. dr. h., arrêt *Angerjärv et Greinoman c. Estonie*, 4 octobre 2022, §§ 95-102.

395 Cour eur. dr. h., arrêt *Le Compte, Van Leuven et De Meyere c. Belgique*, 23 juin 1981 ; arrêt *Albert et Le Compte c. Belgique*, 10 février 1983.

396 Cour eur. dr. h., arrêt *Feldbrugge c. Pays-Bas*, 25 mai 1986.

397 Cour eur. dr. h., arrêt *König c. Allemagne*, 28 juin 1978.

398 La Cour a posé une présomption d'applicabilité de l'article 6, § 1er, de la Convention dans Cour eur. dr. h., Gde Ch., arrêt *Vilho Eskelinen et autres c. Finlande*, 19 avril 2007.

399 Cour eur. dr. h., Gde Ch., arrêt *Baka c. Hongrie*, 23 juin 2016, §§ 100-119 et Gde Ch., arrêt *Grzeda c. Pologne*, 15 mars 2022, §§ 257-329.

1.2. La matière pénale

235. L'applicabilité de l'article 6 sous son volet pénal repose sur trois critères, communément dénommés « critères *Engel* »[400]. Le premier de ces critères est la qualification de l'infraction en droit interne, le deuxième, la nature même de l'infraction et le troisième, le degré de sévérité de la sanction que risque de subir l'intéressé[401].

236. En pratique, la Cour prend pour point de départ la qualification opérée par le droit interne. Si une sanction relève du droit pénal dans l'ordre interne, il n'y a pas lieu, en règle, pour la Cour, de renverser cette qualification interne au regard de la Convention. L'autonomie de l'article 6 n'est censée opérer qu'« à sens unique »[402]. Si la sanction n'est point qualifiée de pénale au sens du droit interne, la Cour examinera la nature de la règle transgressée – s'adresse-t-elle à la généralité des citoyens ou à une catégorie particulière de personnes ?[403] – et surtout la nature ainsi que la gravité de cette sanction. Le caractère « punitif » de la sanction s'avère généralement déterminant pour se prononcer sur le caractère « pénal » au sens de la Convention.

1.3. Les matières exclues

237. Pour l'heure, demeurent exclus du champ d'application de l'article 6 le contentieux de l'entrée, du séjour et de l'éloignement des étrangers[404], ainsi que le contentieux électoral[405]. Le contentieux taxatoire échappe également au prescrit de l'article 6[406], à l'exception des sanctions fiscales (une importante

[400] Cour eur. dr. h., arrêt *Engel et autres c. Pays-Bas*, 8 juin 1976, §§ 82-83.

[401] Cour eur. dr. h., Gde Ch., arrêt *Gestur Jónsson et Ragnar Halldór Hall c. Islande*, 22 décembre 2020, § 75 ; Gde Ch., arrêt *Vegotex International S.A. c. Belgique*, 3 novembre 2022, § 67.

[402] Cour eur. dr. h., arrêt *Engel et autres c. Pays-Bas*, 8 juin 1976, § 81. Comp. avec Cour eur. dr. h., arrêt *Escoubet c. Belgique*, 28 octobre 1999, à propos d'une mesure de retrait immédiat de permis de conduire ordonnée par le procureur du Roi. Pour la Cour, « le fait que le retrait immédiat soit régi par [...] une loi pénale particulière, ne saurait être déterminant. La circonstance qu'une mesure soit prévue par une loi pénale de l'État en cause n'implique pas, à elle seule, qu'elle rentre dans le champ d'application de l'article 6 de la Convention ». Au final, la Cour fit sienne la thèse selon laquelle la mesure de retrait constitue une « mesure préventive de sécurité routière » et ne ressortit pas à la matière « pénale » au sens de l'article 6, § 1er, de la Convention.

[403] Ce critère conduit la Cour à écarter de la sphère « pénale » le contentieux disciplinaire (concernant les magistrats, avocats, médecins, miliaires, notaires, etc.). Voy. Cour eur. dr. h., Gde Ch., arrêt *Ramos Nunes de Carvalho e Sá c. Portugal*, 6 novembre 2018, §§ 123 et 125, ainsi que les références y citées.

[404] Cour eur. dr. h., Gde Ch., arrêt *Maaouia c. France*, 5 octobre 2000, § 40 ; Gde Ch., décision (rec.) *M.N. et autres c. Belgique*, 5 mai 2020, § 137. Toutefois, indépendamment du statut de la personne concernée, la Cour a admis l'applicabilité de l'article 6, § 1er, de la Convention à un contentieux relatif à l'hébergement d'urgence des demandeurs d'asile. Selon la Cour, le refus d'un tel hébergement « ne saurait être regardé comme une décision relative à l'immigration, à l'entrée, au séjour ou à l'éloignement des étrangers au sens de la jurisprudence [*Maaouia*] » (Cour eur. dr. h., arrêt *M.K. et autres c. France*, 8 décembre 2022, §§ 109-118).

[405] Cour eur. dr. h., arrêt *Pierre-Bloch c. France*, 21 octobre 1997, §§ 49-52.

[406] Cour eur. dr. h., Gde Ch., arrêt *Ferrazzini c. Italie*, 12 juillet 2001, § 29 ; Gde Ch., arrêt *Vegotex international s.a. c. Belgique*, 3 novembre 2022, §§ 65-66.

majoration d'impôt par exemple) qui peuvent, en application des critères «*Engel*», être rattachées à la branche «pénale»[407].

1.4. Une inapplicabilité à relativiser

238. Si d'aventure l'article 6 ne trouve pas à s'appliquer à un contentieux, cette inapplicabilité doit, me semble-t-il, être relativisée. En effet, l'immense majorité des autres articles de la Convention est vectrice de garanties procédurales qui recoupent, en de très larges parts, celles consacrées par l'article 6[408]. Ainsi, pour contrôler la licéité d'une mesure au regard de la Convention, la Cour tend de plus en plus, en ligne avec la nature subsidiaire de son office, à vérifier si cette mesure a été adoptée au terme d'un processus respectueux de l'équité promue par l'article 6 de la Convention (indépendance de l'organe compétent, motivation suffisante de la décision litigieuse, audition des personnes concernées, respect du contradictoire, etc.). On songe notamment aux obligations procédurales qui ont été dégagées par la Cour sur le fondement de l'article 3 du Premier Protocole additionnel relatif aux droits de vote et d'éligibilité[409]. Si le contentieux lié à ces droits est traditionnellement soustrait au champ d'application de l'article 6[410], les garanties que cette disposition consacre se voient cependant intégrées dans le champ de protection de l'article 3 du Premier Protocole à la faveur de cette «procéduralisation». En réalité, l'on retrouve, en grande partie, les garanties de l'article 6 dans pratiquement chacune des dispositions de la Convention énonçant des droits substantiels. C'est dire que les règles du procès équitable constituent une norme transversale qui, dépassant l'article 6, irrigue l'ensemble de la Convention.

2. Le contenu des garanties

2.1. L'accès au tribunal

239. Le droit d'accès à un tribunal a été consacré dans le célèbre arrêt *Golder c. Royaume-Uni* du 21 février 1975 à la faveur d'une lecture finaliste du texte

---

407 Cour eur. dr. h., Gde Ch., arrêt *Vegotex international s.a. c. Belgique*, 3 novembre 2022, §§ 67-76.

408 Voy. M.-A. Beernaert et Fr. Krenc, *Le droit à un procès équitable dans la jurisprudence de la Cour européenne des droits de l'homme, op. cit.*, pp. 27-30. Voy. plus largement la thèse de N. Le Bonniec, *La procéduralisation des droits substantiels par la Cour européenne des droits de l'homme*, Bruylant, Bruxelles, 2017.

409 Voy. Cour eur. dr. h., Gde Ch., arrêt *Mugemangango c. Belgique*, 10 juillet 2020, § 70, qui précise les exigences d'effectivité des recours concernant le déroulement et le résultat d'un scrutin. Premièrement, les recours doivent être examinés «par un organe présentant des garanties suffisantes d'impartialité». Deuxièmement, «le pouvoir d'appréciation de cet organe […] doit être, à un niveau suffisant de précision, circonscrit par les dispositions du droit interne». Troisièmement, «la procédure doit être de nature à garantir une décision équitable, objective et suffisamment motivée». Voy. antérieurement Cour eur. dr. h., arrêt *G.K. c. Belgique*, 21 mai 2019, §§ 56-65 (s'agissant de la perte par la requérante de son mandat de sénatrice).

410 Cour eur. dr. h., arrêt *Pierre-Bloch c. France*, 21 octobre 1997, §§ 49-52.

de l'article 6, § 1er, de la Convention (*supra* n° 102). Pour la Cour, « on ne comprendrait pas que l'article 6, § 1er, décrive en détail les garanties de procédure accordées aux parties à une action civile en cours et qu'il ne protège pas d'abord ce qui seul permet d'en bénéficier en réalité : l'accès au juge. Équité, publicité et célérité du procès n'offrent point d'intérêt en l'absence de procès »[411].

240. Ce droit d'accès à un tribunal est cependant loin d'être absolu. L'accès aux juridictions peut naturellement être soumis à des conditions, notamment de délai ou de forme. Néanmoins, ces limitations ne sauraient restreindre l'accès au tribunal d'une manière telle que le droit s'en trouve atteint dans sa substance même. En outre, elles ne se concilient avec l'article 6, § 1er, que si elles poursuivent un but légitime et s'il existe un rapport raisonnable de proportionnalité entre les moyens employés et le but visé[412].

241. La Cour a ainsi pu juger que l'application d'une prescription[413] ou d'une immunité juridictionnelle[414] ou parlementaire[415] pouvait entraver l'accès à un tribunal de manière disproportionnée. La Cour ne manque pas de sanctionner le « formalisme excessif » des juridictions nationales. Il y a « formalisme excessif » lorsque la formalité est imposée de manière déraisonnable et cesse de servir la bonne administration de la justice[416].

2.2. Les garanties relatives au tribunal

242. Les garanties que le tribunal doit offrir sont précisées en ces termes par l'article 6 : « toute personne a droit à ce que sa cause soit entendue [...] par un tribunal indépendant et impartial, établi par la loi ».

2.2.1. Un tribunal indépendant

243. Le tribunal doit, tout d'abord, être indépendant. L'indépendance est le contraire de la dépendance. Est indépendant le tribunal qui n'est dépendant d'aucune autorité, d'aucun pouvoir, d'aucune partie. Le tribunal indépendant n'est dépendant que du droit[417].

---

411 Cour eur. dr. h., arrêt *Golder c. Royaume-Uni*, 21 février 1975, § 35.

412 Cour eur. dr. h., Gde Ch., arrêt *Zubac c. Croatie*, 5 avril 2018, § 78.

413 Cour eur. dr. h., arrêt *Howald Moor et autres c. Suisse*, 11 mars 2014.

414 Cour eur. dr. h., Gde Ch., arrêt *Cudak c. Lituanie*, 23 mars 2010.

415 Cour eur. dr. h., arrêt *Cordova c. Italie* n° 1, 30 janvier 2003 ; arrêt *Cordova c. Italie* n° 2, 30 janvier 2003.

416 Voy., en ce qui concerne la Cour de cassation belge, arrêt *RTBF c. Belgique*, 29 mars 2011 ; arrêt *Vermeersch c. Belgique*, 16 février 2021 ; arrêt *Willems et Gorjon c. Belgique*, 21 septembre 2021. Voy., en ce qui concerne le Conseil d'État de Belgique, Cour eur. dr. h., arrêt *L'Erablière c. Belgique*, 24 février 2009 ; arrêt *Miessen c. Belgique*, 18 octobre 2016 ; arrêt *Dakir c. Belgique*, 11 juillet 2017 ; arrêt *Ronald Vermeulen c. Belgique*. Voy., en ce qui concerne la Cour de cassation de France, Cour eur. dr. h., arrêt *Xavier Lucas c. France*, 9 juin 2022. Voy., en ce qui concerne la Cour de cassation de Luxembourg, Cour eur. dr. h., arrêt *Foyer Assurances S.A. c. Luxembourg*, 12 octobre 2021 ; arrêt *Ghrenassia c. Luxembourg*, 7 décembre 2021.

417 Voy. Fr. Krenc et Fr. Tulkens, « L'indépendance du juge. Retour aux fondements d'une garantie essentielle d'une société démocratique », *in Regards croisés sur la protection nationale et internationale des droits de l'homme. Mélanges en l'honneur de Guido Raimondi*, Wolf Legal Publishers, Tilburg, 2019, pp. 377-399.

244. Dans sa jurisprudence, la Cour a énoncé plusieurs critères afin de vérifier si un tribunal offre les garanties requises d'indépendance. Ainsi, « il faut, pour établir si un tribunal peut passer pour indépendant, prendre en compte, notamment, le mode de désignation et la durée du mandat de ses membres, l'existence d'une protection contre les pressions extérieures et le point de savoir s'il y a ou non apparence d'indépendance »[418].

245. S'agissant des rapports avec le pouvoir législatif, la Cour a posé dans son arrêt *Raffineries grecques* que « le principe de la prééminence du droit et la notion de procès équitable consacrés par l'article 6 s'opposent à toute ingérence du pouvoir législatif dans l'administration de la justice dans le but d'influer sur le dénouement judiciaire d'un litige »[419]. C'est ainsi que la Cour a sanctionné l'adoption de lois rétroactives influençant de manière décisive l'issue d'instances auxquelles l'État était partie[420]. Par la suite, la Cour a quelque peu tempéré la rigueur de son enseignement en admettant que des « impérieux motifs d'intérêt général » pouvaient, dans certains cas, justifier une ingérence législative[421].

246. Soulignant « le rôle croissant de la notion de séparation du pouvoir exécutif et de l'autorité judiciaire dans sa jurisprudence »[422], la Cour condamne parallèlement les ingérences de l'exécutif dans l'administration de la justice[423], ainsi que la présence de membres de l'exécutif dans les instances disciplinaires appelées à sanctionner des juges[424].

247. Si l'indépendance judiciaire doit être respectée en externe, elle doit également être observée « en interne ». L'indépendance suppose en effet que les juges ne reçoivent pas d'instructions ni de pressions de leur hiérarchie. Le juge doit être pleinement indépendant au sein de sa propre juridiction[425].

248. Parallèlement, l'indépendance du juge se manifeste à l'égard des parties : « dès lors qu'un tribunal compte parmi ses membres une personne se trouvant [...] dans un état de subordination de fonctions et de services par rapport à l'une des parties, les justiciables peuvent légitimement douter de l'indépendance de cette personne »[426].

---

418 Cour eur. dr. h., Gde Ch., arrêt *Kleyn et autres c. Pays-Bas*, 6 mai 2003, § 190 ; Gde Ch., arrêt *Denisov c. Ukraine*, 25 septembre 2018, § 60.

419 Cour eur. dr. h., arrêt *Raffineries grecques Stran et Stratis Andreadis c. Grèce*, 9 décembre 1994, § 49.

420 *Ibidem*. Voy. aussi Cour eur. dr. h., arrêt *Papageorgiou c. Grèce*, 22 octobre 1997.

421 Cour eur. dr. h., Gde Ch., arrêt *Zielinski et Pradal et autres c. France*, 28 octobre 1999, § 57 ; Gde Ch., arrêt *Vegotex International S.A. c. Belgique*, 3 novembre 2022, § 123.

422 Cour eur. dr. h., arrêt *Sacilor Lormines c. France*, 9 novembre 2006, § 59 ; arrêt *Saghatelyan c. Arménie*, 20 octobre 2015, § 43.

423 Cour eur. dr. h., arrêt *Sovtransavto Holding c. Ukraine*, 25 juillet 2002 ; arrêt *Agrokompleks c. Ukraine*, 6 octobre 2011.

424 Cour eur. dr. h., arrêt *Catană c. République de Moldova*, 21 février 2023, § 75.

425 Cour eur. dr. h., arrêt *Agrokompleks c. Ukraine*, 6 octobre 2011, § 137 ; arrêt *Parlov-Tkalčić c. Croatie*, 22 décembre 2009, § 86.

426 Cour eur. dr. h., arrêt *Sramek c. Autriche*, 22 octobre 1984, § 42.

249. Ces dernières années, la Cour s'est montrée préoccupée par le respect de l'indépendance de la justice au sein des États parties[427]. En effet, « compte tenu de la place éminente qu'occupe la magistrature parmi les organes de l'État dans une société démocratique et de l'importance qui s'attache à la séparation des pouvoirs et à la nécessité de préserver l'indépendance de la justice [...], la Cour doit être particulièrement attentive à la protection des membres du corps judiciaire contre les mesures susceptibles de menacer leur indépendance et leur autonomie [...] »[428].

250. L'affaire *Baka c. Hongrie* concernait la fin prématurée du mandat du requérant à la tête de la Cour suprême. Pour conclure à la violation de l'article 6, § 1er, de la Convention, la Cour a constaté l'absence de toute possibilité de contrôle juridictionnel sur cette cessation prématurée[429]. Elle aboutit à un constat semblable dans l'affaire *Grzęda c. Pologne* s'agissant de la fin prématurée du mandat du requérant en tant que membre du Conseil national de la magistrature[430]. Dans l'affaire *Baka*, la Cour a également conclu à la violation de l'article 10 de la Convention garantissant la liberté d'expression, considérant que la mesure litigieuse « ne pouvait contribuer au renforcement de l'indépendance de la justice, car elle était en même temps [...] la conséquence de l'exercice antérieur par le requérant – plus haut magistrat du pays – de son droit à la liberté d'expression », de sorte que « la cessation prématurée du mandat du requérant à la présidence de la Cour suprême, loin de contribuer à garantir l'indépendance de la justice, apparaît au contraire incompatible avec ce but »[431].

251. Si l'indépendance du juge est classiquement envisagée sous l'angle d'un droit du justiciable, l'article 6, § 1er, de la Convention peut-il être interprété comme garantissant le droit personnel du juge à ce que son indépendance soit garantie et respectée par l'État ? À cette question, le président Sicilianos a répondu par l'affirmative dans une opinion séparée jointe à l'arrêt *Baka*. À son estime, « un tel droit subjectif du juge est inhérent aux garanties du paragraphe 1er de l'article 6 et à la notion de procès équitable »[432].

2.2.2. Un tribunal impartial

252. Le tribunal doit, ensuite, être impartial. Il convient de distinguer classiquement l'impartialité subjective (ou personnelle) de l'impartialité objective (ou fonctionnelle).

---

427 Il en va de même de la Cour de justice de l'Union européenne dont la jurisprudence en la matière a sensiblement gagné en consistance. Voy. K. Lenaerts, « New Horizons for the Rule of Law within the EU », *German Law Journal*, 2020, n° 21, pp. 29-34.

428 Cour eur. dr. h., Gde Ch., arrêt *Grzęda c. Pologne*, 15 mars 2022, § 302.

429 Cour eur. dr. h., Gde Ch., arrêt *Baka c. Hongrie*, 23 juin 2016.

430 Cour eur. dr. h., Gde Ch., arrêt *Grzęda c. Pologne*, 15 mars 2022.

431 Cour eur. dr. h., Gde Ch., arrêt *Baka c. Hongrie*, 23 juin 2016, § 156.

432 Point 15 de l'opinion concordante du juge Sicilianos.

253. Dans son acception subjective, l'impartialité exige que le juge ne manifeste aucun parti pris, aucun préjugé. Celle-ci est notamment méconnue lorsque le magistrat émet des commentaires relativement à l'affaire dont il se trouve saisi[433]. L'impartialité subjective se situe sur le terrain du comportement du juge.

254. L'impartialité objective, quant à elle, relève de celui des apparences[434]. Il s'agit ici de vérifier si, indépendamment de son comportement, le juge offre toutes les garanties de l'impartialité du point de vue d'un observateur extérieur[435]. «*Justice must not only be done, it must also be seen to be done*» (il faut non seulement que justice soit faite, mais aussi qu'elle le soit au vu et au su de tous)[436]. Il convient d'examiner si des éléments objectifs conduisent à douter légitimement de l'impartialité du juge.

255. Ont ainsi été jugées objectivement justifiées les craintes d'un justiciable portant sur l'impartialité d'un juge appelé à connaître d'un litige opposant ce justiciable à une université dès lors que ce juge était professeur associé au sein de cette université et percevait des émoluments en raison de cette charge[437]. Sont également de nature à remettre en cause l'impartialité objective du tribunal: le fait que le tribunal jugeant un avocat pour «*contempt of court*» est celui-là même qui se prétendait offensé par cet avocat et avait engagé des poursuites qui aboutirent à sa condamnation[438], la circonstance qu'un des juges ayant pris part à l'examen d'une affaire a été nommé, peu de temps après le prononcé de la décision, dans une haute fonction auprès de l'administration partie au litige[439], ou encore le fait que le président de la cour d'assises a pris l'initiative de rendre une visite à la partie civile avant l'ouverture du procès, en dehors de la présence de tiers, bien qu'il n'ait pas pris part au délibéré sur la culpabilité de l'accusé[440].

256. Le cumul de fonctions différentes par un même juge a suscité l'attention de la Cour. Au début des années 1980, celle-ci sanctionna, dans ses arrêts *Piersack*[441] et *De Cubber*[442], le cumul des fonctions de poursuite (*Piersack*) ou d'instruction (*De Cubber*) avec celle de jugement par un même magistrat dans une même cause. Par la suite, la Cour a assoupli sa jurisprudence, décidant que le simple fait, pour un juge, d'avoir pris des décisions lors d'une phase antérieure au procès ne suffit point à remettre en cause son impartialité dans le cadre de la phase de jugement. Pour la Cour, il s'agit de vérifier si les

---

433 Voy., pour des cas de déclarations faites par voie de presse, Cour eur. dr. h., arrêt *Buscemi c. Italie*, 16 septembre 1999, §§ 64-69; arrêt *Lavents c. Lettonie*, 28 novembre 2002, §§ 118-119.

434 Sur cette distinction entre l'impartialité subjective et l'impartialité objective, voy. notamment Cour eur. dr. h., Gde Ch., arrêt *Kyprianou c. Chypre*, 15 décembre 2005, §§ 118-133.

435 Cour eur. dr. h., arrêt *Pescador Valero c. Espagne*, 17 juin 2003, § 23.

436 Cour eur. dr. h., arrêt *De Cubber c. Belgique*, 26 octobre 1984, § 26.

437 Cour eur. dr. h., arrêt *Pescador Valero c. Espagne*, 17 juin 2003, §§ 23-28.

438 Cour eur. dr. h., Gde Ch., arrêt *Kyprianou c. Chypre*, 15 décembre 2005, §§ 123-128.

439 Cour eur. dr. h., arrêt *Sacilor Lormines c. France*, 9 novembre 2006, § 69.

440 Cour eur. dr. h., arrêt *Karrar c. Belgique*, 31 août 2021, §§ 34-39.

441 Cour eur. dr. h., arrêt *Piersack c. Belgique*, 1er octobre 1982.

442 Cour eur. dr. h., arrêt *De Cubber c. Belgique*, 26 octobre 1984.

doutes du justiciable quant au manque d'impartialité du tribunal appelé à le juger sont « objectivement justifiés »[443]. Il convient dès lors de procéder, dans chaque cas, à une analyse concrète des données du litige et de la portée réelle du cumul critiqué afin d'apprécier le caractère raisonnable du doute nourri par le justiciable[444].

2.2.3. Un tribunal établi par la loi

257. Le tribunal doit, enfin, être « établi par la loi ». Cette exigence reflète le principe de la prééminence du droit. Selon la Cour, un tribunal qui ne serait pas établi conformément à la volonté du législateur « serait nécessairement dépourvu de la légitimité requise dans une société démocratique pour entendre la cause des particuliers »[445]. La « loi » visée à l'article 6, § 1er, de la Convention doit régir la compétence du tribunal mais aussi la composition du siège[446].

258. Sur la base de ces principes, la Cour a considéré, dans ses arrêts *Coëme*, tout d'abord, et *Claes*, ensuite, que la Cour de cassation de Belgique n'était pas un « tribunal établi par la loi » pour connaître des poursuites exercées contre des prévenus n'ayant pas exercé de fonctions ministérielles. La Cour a observé que « si l'article 103 de la Constitution prévoyait à titre exceptionnel le jugement des ministres par la Cour de cassation, aucune disposition ne prévoyait d'étendre la juridiction de celle-ci, pour des faits connexes, à des personnes qui n'ont jamais exercé les fonctions de ministres »[447].

259. Dans l'affaire *Guðmundur Andri Ástráðsson c. Islande*, la Cour a tranché la question de savoir si une irrégularité survenue dans la procédure de nomination d'un juge emporte automatiquement la violation du droit à un « tribunal établi par la loi ». À cette question, la Cour réunie en Grande Chambre répondit par la négative. À son estime, il y a lieu de fixer un « seuil de gravité »[448] et d'avoir égard aux questions suivantes. L'irrégularité en cause constitue-t-elle « une violation manifeste du droit interne »[449] ? Si tel est le cas, cette violation concerne-t-elle « une règle fondamentale de la procédure de nomination des

---

443 Cour eur. dr. h., arrêt *Hauschildt c. Danemark*, 24 mai 1989, §§ 48-49.

444 Voy., pour la matière « pénale », Cour eur. dr. h., arrêt *Nortier c. Pays-Bas*, 24 août 1993, § 33 (« [l]a Cour rappelle que les inquiétudes subjectives du suspect, pour compréhensibles qu'elles puissent être, ne constituent pas l'élément déterminant : il échet avant tout d'établir si elles peuvent passer pour objectivement justifiées en l'occurrence [...]. Que le juge Meulenbroek ait aussi pris des décisions avant le procès, notamment sur la détention provisoire, ne saurait en soi justifier des craintes quant à son impartialité ; ce qui compte est la portée et la nature des mesures en question ») et, pour la matière « civile », Cour eur. dr. h., arrêt *Sacilor Lormines c. France* du 9 novembre 2006, § 61 (« en 'matière civile', le simple fait, pour un juge, d'avoir déjà pris des décisions avant le procès ne peut passer pour justifier en soi des appréhensions relativement à son impartialité. Ce qui compte est l'étendue des mesures adoptées par le juge avant le procès »).

445 Cour eur. dr. h., arrêt *Lavents c. Lettonie*, 28 novembre 2002, § 114.

446 Cour eur. dr. h., Gde Ch., arrêt *Guðmundur Andri Ástráðsson c. Islande*, 1er décembre 2020, §§ 211-213.

447 Cour eur. dr. h., arrêt *Coëme c. Belgique*, 22 juin 2000, § 107 et arrêt *Claes c. Belgique*, 2 juin 2005, § 41.

448 Cour eur. dr. h., Gde Ch., arrêt *Guðmundur Andri Ástráðsson c. Islande*, 1er décembre 2020, §§ 236-242.

449 *Ibidem*, §§ 244-245 et 254.

juges »[450] ? Enfin, la violation ainsi comprise a-t-elle fait l'objet d'« un contrôle effectif » par les juridictions internes, au regard de l'ensemble des enjeux pertinents[451] ? C'est qu'un « juste équilibre » doit être recherché entre des principes concurrents : le principe de l'inamovibilité des juges ainsi que le principe de la sécurité juridique (impliquant le respect dû à l'autorité de la chose jugée), d'un côté, la prééminence du droit ainsi que la nécessité de préserver la confiance du public dans la justice, de l'autre[452].

2.3. Les garanties relatives au déroulement du procès

260. « Équité, publicité et célérité du procès »[453] : telles sont les garanties relatives au déroulement du procès que consacre l'article 6, § 1er, de la Convention.

2.3.1. Équité

261. L'équité constitue une notion générique sinon élastique à laquelle différentes exigences, non expressément consacrées par la lettre de l'article 6, § 1er, ont été rattachées, notamment celles du contradictoire, de l'égalité des armes et de la motivation des décisions de justice.

a. Le principe du contradictoire

262. Le principe du contradictoire tient à la possibilité donnée aux parties « de prendre connaissance de toute pièce ou observation présentée au juge en vue d'influencer sa décision et de la discuter »[454]. Deux éléments sont ainsi essentiels : pouvoir « prendre connaissance », d'une part, et pouvoir « discuter », d'autre part.

263. Sur le fondement de ce principe, les arrêts *Borgers*[455] et *Vermeulen*[456] ont sanctionné l'impossibilité pour les parties devant la Cour de cassation belge de répondre aux conclusions de son avocat général[457]. Pour la Cour européenne, la méconnaissance du contradictoire se trouvait « renforcée » par la participation de l'avocat général à la délibération de la Cour de cassation, avec voix consultative[458]. S'appuyant sur cette jurisprudence *Borgers* et *Vermeulen*, la Cour

---

450 *Ibidem*, §§ 246-247 et 255-272.

451 *Ibidem*, §§ 248-252 et 273-286.

452 Voy. tout particulièrement le § 240 de l'arrêt.

453 Cour eur. dr. h., arrêt *Golder c. Royaume-Uni*, 21 février 1975, § 35.

454 Parmi beaucoup d'autres, Cour eur. dr. h., arrêt *Van Orshoven c. Belgique*, 25 juin 1997, § 41 ; arrêt *Vermeulen c. Belgique*, 20 février 1996, § 33.

455 Cour eur. dr. h., arrêt *Borgers c. Belgique*, 30 octobre 1991 (matière pénale).

456 Cour eur. dr. h., arrêt *Vermeulen c. Belgique*, 20 février 1996 (matière civile).

457 Cour eur. dr. h., arrêt *Borgers c. Belgique*, 30 octobre 1991, § 27 ; arrêt *Vermeulen c. Belgique*, 20 février 1996, § 33.

458 Cour eur. dr. h., arrêt *Borgers c. Belgique*, 30 octobre 1991, § 28 ; arrêt *Vermeulen c. Belgique*, 20 février 1996, § 34.

sanctionna, par son arrêt *Kress c. France*, la présence du commissaire du gouvernement du Conseil d'État de France au délibéré de la formation de jugement. En revanche, elle estima que la possibilité pour les parties de déposer une note en délibéré afin de répondre aux conclusions du commissaire du gouvernement était satisfaisante au regard des exigences du contradictoire[459].

b. Le principe de l'égalité des armes

264. Le principe de l'égalité des armes a une portée davantage horizontale. Il requiert que chaque partie à une procédure se voie offrir une possibilité raisonnable de présenter sa cause dans des conditions qui ne la placent pas dans une situation de net désavantage par rapport à son adversaire[460].

265. La position qu'occupe le ministère public au sein du prétoire dans certains États a alimenté et continue d'alimenter beaucoup de discussions au regard de l'égalité requise entre les parties. D'aucuns dénoncent depuis des lustres une « erreur de menuiserie »[461]. Aux yeux de la Cour cependant, la position « physique » privilégiée que le ministère public occupe dans la salle d'audience ne contrevient pas au principe de l'égalité des armes si « elle ne [place] pas l'accusé dans une situation de désavantage concret pour la défense de ses intérêts »[462].

c. Le principe de la motivation des décisions de justice

266. L'article 6, § 1er, de la Convention exige que les décisions judiciaires indiquent de manière suffisante les motifs sur lesquels elles se fondent. L'étendue de ce devoir varie cependant selon la nature de la décision, le type de juridiction et l'objet des intérêts en jeu. Elle doit donc s'analyser à la lumière des circonstances de chaque espèce[463]. Il convient cependant de garder à l'esprit que la Cour « n'a pas à tenir lieu de juge de quatrième instance »[464] et qu'« il ne lui appartient pas d'examiner le bien-fondé d'un certain moyen soulevé devant une juridiction interne, une telle tâche incombant aux juridictions nationales »[465].

---

459 Cour eur. dr. h., Gde Ch., arrêt *Kress c. France*, 7 juin 2001, §§ 72-76.

460 Cour eur. dr. h., arrêt *Nideröst-Huber c. Suisse*, 18 février 1997, § 23 ; Gde Ch., arrêt *Regner c. République tchèque*, 19 septembre 2017, § 146.

461 Voy. notamment Chr. Panier, « De la menuiserie judiciaire », *Journ. procès*, 1983, n° 11, p. 23 ; P. Toussaint, « L'accident de menuiserie », *Journ. procès*, 1996, n° 303, p. 5 : « Je ne crois pas que beaucoup de prévenus en correctionnelle ou d'accusés aux assises tiennent pour négligeable que les procureurs requièrent de plus haut que les avocats ne plaident. On aura beau s'époumoner à expliquer que les droits de la défense font fi de ces considérations accidentelles, il continuera de paraître aux justiciables que la partie n'est pas égale ». Voy. aussi Ch. Matray, « Ministère public : ambiguïtés statutaires, erreurs de menuiserie, promiscuités politiques », *J.L.M.B.*, 2012, pp. 1319-1330.

462 Cour eur. dr. h., arrêt *Dirioz c. Turquie*, 31 mai 2012, § 25. Voy. aussi Cour eur. dr. h., décision (rec.) *Chalmont c. France*, 9 décembre 2003 ; décision (rec.) *Nastase c. Roumanie*, 18 novembre 2014, § 77.

463 Cour eur. dr. h., Gde Ch., arrêt *Garcia Ruiz c. Espagne*, 21 janvier 1999, § 26.

464 Cour eur. dr. h., Gde Ch., arrêt *Bochan c. Ukraine* (n° 2), 5 février 2015, § 61.

465 Cour eur. dr. h., arrêt *Uche c. Suisse*, 17 avril 2018, § 39.

267. Ceci précisé, la motivation des décisions de justice revêt une importance particulière en matière pénale en raison de la présomption d'innocence. Dans l'affaire *Taxquet c. Belgique*, la Cour, réunie en Grande Chambre, a jugé que, si « la non-motivation du verdict d'un jury populaire n'emporte pas, en soi, violation du droit de l'accusé à un procès équitable »[466], il faut, pour que ce droit soit respecté, que l'accusé soit « à même de comprendre le verdict qui a été rendu »[467].

268. De manière plus générale, la Cour enseigne que les juridictions nationales doivent apporter « une réponse spécifique et explicite aux moyens décisifs pour l'issue de la procédure en cause »[468]. Plus spécialement, « les tribunaux doivent examiner avec rigueur les moyens ayant trait aux 'droits et libertés' garantis par la Convention dont ils sont saisis » ; « il s'agit là d'un corollaire du principe de la subsidiarité »[469].

2.3.2. Publicité

269. La publicité de la justice assure la transparence et, partant, la confiance du public dans celle-ci.

a. La publicité des débats

270. Si l'article 6, § 1er, consacre la publicité des débats, il autorise toutefois certaines exceptions en ce qu'il dispose que « l'accès à la salle d'audience peut être interdit à la presse et au public pendant la totalité ou une partie du procès dans l'intérêt de la moralité, de l'ordre public ou de la sécurité nationale dans une société démocratique, lorsque les intérêts des mineurs ou la protection de la vie privée des parties au procès l'exigent, ou dans la mesure jugée strictement nécessaire par le tribunal, lorsque dans des circonstances spéciales la publicité serait de nature à porter atteinte aux intérêts de la justice ».

271. Cette exigence de publicité est notamment méconnue lorsque les juridictions internes ordonnent l'exclusion du public des débats en motivant cette mesure par la présence de documents classés secrets dans le dossier ou par le souci d'assurer la sécurité des parties à la procédure, sans évaluer la nécessité de cette exclusion[470].

b. La publicité du prononcé

272. Malgré l'absence de restrictions prévues par l'article 6, § 1er, de la Convention, l'exigence selon laquelle le jugement doit être rendu publiquement a été interprétée avec une certaine souplesse. Différents moyens permettent d'assurer

---

466 Cour eur. dr. h., Gde Ch., arrêt *Taxquet c. Belgique*, 16 novembre 2010, § 93.
467 *Ibidem*, § 90.
468 Cour eur. dr. h., Gde Ch., arrêt *Ramos Nunes de Carvalho e Sá c. Portugal*, 6 novembre 2018, § 185.
469 Cour eur. dr. h., Gde Ch., arrêt *Fabris c. France*, 7 février 2013, § 72.
470 Cour eur. dr. h., arrêt *Kartoyev et autres c. Russie*, 19 octobre 2021, §§ 56-63.

cette publicité. On songe notamment à un dépôt au greffe permettant à chacun d'avoir accès au texte intégral de l'arrêt[471] ou – ce qui devient de plus en plus répandu – à une publication sur internet[472].

2.3.3. Célérité

273. La justice doit être rendue dans un «délai raisonnable». Une justice rendue avec retard est une justice qui perd de son efficacité et de sa crédibilité.

274. Ici encore, on ne saurait trop insister sur l'importance particulière de cette exigence en matière pénale, compte tenu de la présomption d'innocence garantie par l'article 6, § 2, de la Convention. Il importe en effet que «l'"accusé' ne demeure pas trop longtemps dans l'incertitude de la solution qui sera réservée à l'accusation pénale portée contre lui»[473].

275. En ce qui concerne la matière civile, la Cour a indiqué à plusieurs reprises que, même lorsqu'une procédure est régie par le principe dispositif, il incombe aux États contractants d'organiser leur système judiciaire de telle sorte que leurs juridictions puissent administrer la justice dans un délai raisonnable[474].

276. Selon une jurisprudence constante de la Cour, le caractère raisonnable de la durée d'une procédure doit s'apprécier suivant les circonstances de la cause et eu égard aux critères suivants: la complexité de l'affaire, le comportement du requérant et des autorités compétentes, ainsi que l'enjeu du litige pour l'intéressé[475].

277. L'arrêt *Kudła c. Pologne* du 26 octobre 2000 a posé l'exigence selon laquelle l'article 13 de la Convention requiert la mise à disposition, au profit du justiciable, d'un «recours effectif» dans l'ordre juridique interne afin de se plaindre de la durée déraisonnable des procédures juridictionnelles[476]. Lorsqu'un tel recours existe, il doit être épuisé avant de saisir la Cour d'un grief du dépassement du délai raisonnable conformément à l'article 35, § 1er, de la Convention. L'effectivité du recours doit toutefois être démontrée en pratique. Dans le cas contraire, ledit recours ne doit pas être épuisé préalablement à la saisine de la Cour[477].

471 Cour eur. dr. h., arrêt *Pretto et autres c. Italie*, 8 décembre 1983, § 27; arrêt *Băcanu et SC «R» S.A. c. Roumanie*, 3 mars 2009, §§ 100-102.

472 Cour eur. dr. h., décision (rec.) *Bacchini c. Suisse*, 21 juin 2005.

473 Cour eur. dr. h., Gde Ch., arrêt *Kart c. Turquie*, 3 décembre 2009, § 68.

474 Cour eur. dr. h., arrêt *Entreprises Robert Delbrassine S.A. et autres c. Belgique*, 1er juillet 2004, § 27; arrêt *Nicolai de Gorhez c. Belgique*, 16 octobre 2007, § 31.

475 Cour eur. dr. h., Gde Ch., arrêt *Frydlender c. France*, 27 juin 2000, § 43.

476 Cour eur. dr. h., Gde Ch., arrêt *Kudła c. Pologne*, 26 octobre 2000, § 156.

477 Cour eur. dr. h., arrêt *Panju c. Belgique*, 28 octobre 2014, §§ 62-64.

2.4. L'exécution des décisions de justice

278. L'arrêt *Hornsby c. Grèce* du 19 mars 1997 a parachevé la construction du droit à un procès équitable, en consacrant, en aval du procès, le droit à l'exécution des décisions de justice. En effet, le droit d'accès à un tribunal – dégagé de l'article 6, § 1er, par l'arrêt *Golder* (*supra* n° 239) – serait bien «illusoire si l'ordre juridique interne d'un État contractant permettait qu'une décision judiciaire définitive et obligatoire reste inopérante au détriment d'une partie. En effet, on ne comprendrait pas que l'article 6, § 1er, décrive en détail les garanties de procédure – équité, publicité et célérité – accordées aux parties et qu'il ne protège pas la mise en œuvre des décisions judiciaires; si cet article devait passer pour concerner exclusivement l'accès au juge et le déroulement de l'instance, cela risquerait de créer des situations incompatibles avec le principe de la prééminence du droit que les États contractants se sont engagés à respecter en ratifiant la Convention»[478].

F. Le principe de légalité des délits et des peines (article 7 de la Convention)

279. L'article 7 de la Convention consacre le principe de la légalité des délits et des peines. Il interdit d'étendre le champ d'application des infractions existantes à des faits qui, antérieurement, ne constituaient pas des infractions. Il commande en outre de ne pas appliquer la loi pénale de manière extensive au détriment de l'accusé. Il s'ensuit que la loi doit définir clairement les infractions et les peines qui les répriment. Cette condition se trouve remplie lorsque le justiciable peut savoir, à partir du libellé de la disposition pertinente, au besoin à l'aide de l'interprétation qui en est donnée par les tribunaux et, le cas échéant, après avoir recouru à des conseils éclairés, quels actes et omissions engagent sa responsabilité pénale et quelle peine il encourt de ce chef[479].

280. L'article 7 de la Convention s'oppose au rétablissement d'une responsabilité pénale après l'expiration du délai de prescription applicable à l'infraction en cause[480]. En revanche, il n'empêche pas, par l'application immédiate d'une loi de procédure, un allongement du délai de prescription lorsque les faits reprochés n'ont pas été prescrits[481].

281. L'article 7 ne garantit pas seulement le principe de non-rétroactivité des lois pénales plus sévères. Il garantit aussi le principe de rétroactivité de la loi pénale plus douce. Ainsi, et concrètement, si la loi pénale en vigueur au moment

---

478 Cour eur. dr. h., arrêt *Hornsby c. Grèce*, 19 mars 1997, § 40.

479 Cour eur. dr. h., Gde Ch., arrêt *Del Río Prada c. Espagne*, 21 octobre 2013, §§ 77-80.

480 Cour eur. dr. h., Gde Ch., avis consultatif concernant l'applicabilité de la prescription aux poursuites, condamnations et sanctions pour les infractions constitutives, en substance, d'actes de torture, 26 avril 2022, P16-2021-001, § 77.

481 Cour eur. dr. h., arrêt *Coëme et autres c. Belgique*, 22 juin 2000, § 149.

de la commission de l'infraction et la loi pénale postérieure adoptée avant le prononcé d'un jugement définitif sont différentes, le juge doit appliquer celle dont les dispositions sont les plus favorables au prévenu[482].

G. Le droit au respect de la vie privée et familiale, du domicile et de la correspondance (article 8 de la Convention)

1. *La protection de la vie privée*

282. La «vie privée» au sens de l'article 8 de la Convention a pour noyau dur l'identité et l'intégrité de la personne.

283. En ce sens, le respect dû à la vie privée commande que chacun puisse établir les détails de son identité d'être humain, ce qui inclut sa filiation[483]. Alors que «le recours à la gestation pour autrui suscite de délicates interrogations d'ordre éthique»[484], la Cour a eu à connaître du refus de reconnaissance, par des autorités nationales, du lien de filiation légalement établi à l'étranger entre des enfants nés d'une gestation pour autrui et leurs parents d'intention[485]. Sur cette question, la Cour prend soin de distinguer la situation des enfants de celle des parents. Refusant de voir une violation de l'article 8 dans le chef des parents d'intention, elle concentre son attention sur l'intérêt de l'enfant à voir sa filiation établie. Elle considère en effet que «chaque fois que la situation d'un enfant est en cause, l'intérêt supérieur de celui-ci doit primer»[486]. Or, l'absence de reconnaissance d'un lien de filiation entre un enfant et ses parents d'intention peut être source d'insécurité juridique pour l'enfant et emporter des effets hautement préjudiciables sur son identité dans la société[487]. C'est ainsi que la Cour a jugé que l'absence de reconnaissance violait le droit au respect de la vie privée des enfants concernés. La circonstance que les parents d'intention sont de même sexe n'est pas de nature à énerver ces constats[488].

284. La possibilité d'établir les détails de son identité d'être humain inclut également celle de connaître ses origines. Le droit au respect de la vie privée ne s'oppose cependant pas à une législation qui fait prévaloir le droit à l'anonymat de la mère ayant accouché «sous X» sur celui de l'enfant de connaître ses origines biologiques[489].

---

482 Cour eur. dr. h., Gde Ch., arrêt *Scoppola c. Italie* (n° 2), 17 septembre 2009, §§ 103-109.

483 Cour eur. dr. h., arrêt *Mennesson c. France*, 26 juin 2014, § 96.

484 Cour eur. dr. h., Gde Ch., arrêt *Paradiso et Campanelli c. Italie*, 24 janvier 2017, § 203.

485 Cour eur. dr. h., arrêt *Mennesson c. France*, 26 juin 2014; arrêt *Labassee c. France*, 26 juin 2014.

486 Cour eur. dr. h., arrêt *Mennesson c. France*, 26 juin 2014, § 81; Gde Ch., avis consultatif relatif à la reconnaissance en droit interne d'un lien de filiation entre un enfant né d'une gestation pour autrui pratiquée à l'étranger et la mère d'intention, 10 avril 2019, P16-2018-001, § 38.

487 Cour eur. dr. h., arrêt *Mennesson c. France*, 26 juin 2014, §§ 96, 98 et 99; Gde Ch., avis consultatif relatif à la reconnaissance en droit interne d'un lien de filiation entre un enfant né d'une gestation pour autrui pratiquée à l'étranger et la mère d'intention, 10 avril 2019, P16-2018-001, § 40.

488 Cour eur. dr. h., arrêt *D.B. et autres c. Suisse*, 22 novembre 2022.

489 Cour eur. dr. h., Gde Ch., arrêt *Odièvre c. France*, 13 février 2003, §§ 40-49.

285. La « vie privée » au sens de l'article 8 de la Convention recouvre l'identité sexuelle ainsi que celle relative au genre. Rompant avec sa précédente jurisprudence, la Cour jugea en 2002 dans ses arrêts *Christine Goodwin* et *I. c. Royaume-Uni* que l'article 8 de la Convention imposait aux États parties d'accorder aux personnes transsexuelles la pleine reconnaissance juridique de leur changement de sexe, notamment en leur permettant de faire modifier leur état civil[490]. En revanche, elle a récemment considéré que le refus des autorités françaises d'inscrire la mention « neutre » ou « intersexe » sur l'acte de naissance d'une personne dont le genre est non binaire n'était pas contraire à cette même disposition[491].

286. L'orientation sexuelle se voit également protégée au titre de la vie privée[492]. C'est ainsi que l'article 8 de la Convention s'oppose à une législation incriminant les relations homosexuelles entre adultes consentants[493]. Ici encore, loin de se limiter à la seule interdiction d'ingérences, cette disposition est également génératrice d'obligations positives. L'arrêt *Fedotova et autres c. Russie* du 17 janvier 2023 a ainsi dit pour droit que les États parties « sont tenus, en vertu des obligations positives leur incombant sur le fondement de l'article 8 de la Convention, d'offrir un cadre juridique permettant aux personnes de même sexe de bénéficier d'une reconnaissance et d'une protection adéquates de leurs relations de couple »[494]. La Cour passe ainsi de la protection de la personne à celle du couple, considérant que « l'absence d'un régime juridique de reconnaissance et de protection ouvert aux couples de même sexe affecte l'identité tant personnelle que sociale des [...] personnes homosexuelles désireuses de voir leurs relations de couple légitimées et protégées par le droit »[495].

287. Le droit au respect de la vie privée comprend encore le « droit de disposer de son corps »[496] et recouvre, dans cette mesure, « la possibilité de s'adonner à des activités perçues comme étant d'une nature physiquement ou moralement dommageable ou dangereuse pour sa personne »[497]. Toutefois, « [s]i une personne peut revendiquer le droit d'exercer des pratiques sexuelles le plus librement possible, une limite qui doit trouver application est celle du respect de la volonté de la 'victime' de ces pratiques, dont le propre droit au libre choix quant aux modalités d'exercice de sa sexualité doit aussi être garanti »[498].

288. La protection des données à caractère personnel relève incontestablement du droit au respect de la vie privée[499]. Selon la Cour, « la législation

490 Cour eur. dr. h., Gde Ch., arrêt *Christine Goodwin c. Royaume-Uni*, 11 juillet 2002; Gde Ch., arrêt *I. c. Royaume-Uni*, 11 juillet 2002.

491 Cour eur. dr. h., arrêt *Y c. France*, 31 janvier 2023.

492 Cour eur. dr. h., Gde Ch., arrêt *Fedotova et autres c. Russie*, 17 janvier 2023, § 142.

493 Cour eur. dr. h., arrêt *Dudgeon c. Royaume-Uni*, 22 octobre 1981.

494 Cour eur. dr. h., Gde Ch., arrêt *Fedotova et autres c. Russie*, 17 janvier 2023, § 178.

495 *Ibidem*, § 144.

496 Cour eur. dr. h., arrêt *K.A. et A.D. c. Belgique*, 17 février 2005, § 83.

497 Cour eur. dr. h., arrêt *Pretty c. Royaume-Uni*, 29 avril 2002, § 66.

498 Cour eur. dr. h., arrêt *K.A. et A.D. c. Belgique*, 17 février 2005, § 85.

499 Cour eur. dr. h., Gde Ch., arrêt *S. et Marper c. Royaume-Uni*, 4 décembre 2008, § 103.

interne doit [...] ménager des garanties appropriées pour empêcher toute utilisation de données à caractère personnel qui ne serait pas conforme aux garanties prévues dans cet article »[500]. Soulignant que « la nécessité de disposer de telles garanties se fait d'autant plus sentir lorsqu'il s'agit de protéger les données à caractère personnel soumises à un traitement automatique, en particulier lorsque ces données sont utilisées à des fins policières »[501], la Cour a précisé que « le droit interne doit notamment assurer que ces données sont pertinentes et non excessives par rapport aux finalités pour lesquelles elles sont enregistrées, et qu'elles sont conservées sous une forme permettant l'identification des personnes concernées pendant une durée n'excédant pas celle nécessaire aux finalités pour lesquelles elles sont enregistrées »[502]. En outre, une attention particulière doit être accordée aux données médicales[503] dont il y a lieu d'assurer la confidentialité[504].

289. L'arrêt *Satakunnan Markkinapörssi Oy et Satamedia Oy c. Finlande* du 27 juin 2017 a par ailleurs consacré, sous le visa de l'article 8 de la Convention, un « droit à une forme d'auto-détermination informationnelle, qui autorise les personnes à invoquer leur droit à la vie privée en ce qui concerne des données qui, bien que neutres, sont collectées, traitées et diffusées à la collectivité, selon des formes ou modalités telles que leurs droits au titre de l'article 8 peuvent être mis en jeu »[505]. Dans cette affaire, la Cour a jugé que l'interdiction signifiée à deux sociétés de médias de publier, à l'état brut, les revenus et autres éléments du patrimoine imposable d'environ 1,2 million de contribuables n'a pas emporté violation de l'article 10 de la Convention. À l'appui de ce constat, la Cour releva que la publication des données fiscales d'une telle ampleur n'avait pas contribué à un débat d'intérêt général[506]. Elle fut également sensible au fait que les personnes touchées par cette publication de masse ne relevaient pas de catégories de personnes « appartenant à la sphère publique » et qui « s'exposent inévitablement et consciemment à un contrôle attentif de leurs faits et gestes »[507].

290. Dans l'affaire *L.B. c. Hongrie*, c'est la publication systématique sur le site internet de l'autorité fiscale de données à caractère personnel (nom et adresse) de contribuables débiteurs qui fut jugée contraire à l'article 8 de la Convention en l'absence d'évaluation par le législateur de l'impact d'une telle publication sur le droit au respect de la vie privée[508].

---

500 *Ibidem.*
501 *Ibidem.*
502 *Ibidem.*
503 Voy. notamment Cour eur. dr. h., arrêt *L.H. c. Lettonie*, 29 avril 2014.
504 Voy. notamment Cour eur. dr. h., arrêt *Y.G. c. Russie*, 30 août 2022.
505 Cour eur. dr. h., Gde Ch., arrêt *Satakunnan Markkinapörssi Oy et Satamedia Oy c. Finlande*, 27 juin 2017, § 137.
506 *Ibidem*, §§ 167-178.
507 *Ibidem*, §§ 179-181.
508 Cour eur. dr. h., Gde Ch., arrêt *L.B. c. Hongrie*, 9 mars 2023.

291. Le droit à la réputation découle du droit au respect de la vie privée[509]. Encore faut-il que l'atteinte à la réputation atteigne un certain seuil de gravité pour pouvoir relever de l'article 8 de la Convention[510]. Une fois ce seuil franchi, le respect dû à la vie privée peut justifier l'anonymisation d'une archive numérique d'un article de presse relatant un accident mortel de la route dès lors que, notamment, la mention de cette identité ne présente pas de pertinence et que le libre accès donné à cette archive est particulièrement préjudiciable à la personne nommée dans cet article en ce qu'il empêche, de nombreuses années après les faits, sa réinsertion sociale et professionnelle et génère un « casier judiciaire virtuel »[511].

292. La notion de « vie privée » ne se limite toutefois pas à un « cercle intime », où chacun peut mener sa vie personnelle sans intervention extérieure. Elle englobe également le droit de mener une « vie privée sociale », à savoir la possibilité pour l'individu de nouer et de développer des relations avec ses semblables et le monde extérieur. À ce titre, la « vie privée » peut dès lors inclure les activités professionnelles[512]. Dans l'affaire *Denisov*, la Cour a expressément confirmé qu'un litige lié à une activité professionnelle pouvait relever de la « vie privée », tantôt en raison des motifs présidant à la mesure litigieuse (approche fondée sur les « motifs »), tantôt en raison des effets dérivant de celle-ci (approche fondée sur les « conséquences »)[513].

2. La protection de la vie familiale

293. La « vie familiale » protégée par l'article 8 de la Convention englobe les relations fondées sur le mariage mais aussi d'autres liens « familiaux » *de facto*, notamment lorsque les parties cohabitent en dehors de tout lien marital[514]. La relation qu'entretiennent des personnes de même sexe formant un couple stable relève de la « vie familiale », à l'instar de celle d'un couple hétérosexuel[515]. Par ailleurs, l'arrêt *Marckx c. Belgique* a indiqué qu'il n'y avait pas lieu de pratiquer une distinction entre la « famille légitime » et la « famille naturelle »[516].

---

509 Cour eur. dr. h., arrêt *Pfeifer c. Autriche*, 15 novembre 2007, § 35.

510 Cour eur. dr. h., Gde Ch., arrêt *Denisov c. Ukraine*, 25 septembre 2018, § 112 ; arrêt *Egill Einarsson c. Islande (n° 2)*, 17 juillet 2018, § 32.

511 Cour eur. dr. h., Gde Ch., arrêt *Hurbain c. Belgique*, 4 juillet 2023.

512 Cour eur. dr. h., Gde Ch., arrêt *Bărbulescu c. Roumanie*, 5 septembre 2017, § 70.

513 Cour eur. dr. h., Gde Ch., arrêt *Denisov c. Ukraine*, 25 septembre 2018, §§ 115-116. Voy., pour une application de cette approche fondée sur les conséquences, Cour eur. dr. h., décision (rec.) *Platini c. Suisse*, 11 février 2020, §§ 56-58. La Cour a considéré que l'article 8 de la Convention trouvait à s'appliquer dans le cas de l'interdiction prononcée à l'égard de Michel Platini d'exercer toute activité liée au football pendant une période de quatre années, eu égard aux « conséquences négatives » de cette sanction sur les plans personnel et social de l'intéressé, « qui a passé et travaillé toute sa vie dans le milieu du football ».

514 Cour eur. dr. h., arrêt *Johnston et autres c. Irlande*, 18 décembre 1986, § 55 ; arrêt *Keegan c. Irlande*, 26 mai 1994, § 44 ; Gde Ch., arrêt *Paradiso et Campanelli c. Italie*, 24 janvier 2017, § 140.

515 Cour eur. dr. h., arrêt *Schalk et Kopf c. Autriche*, 24 juin 2010, § 94.

516 Cour eur. dr. h., arrêt *Marckx c. Belgique*, 13 juin 1979, § 31.

294. Cette « vie familiale » peut être sensiblement affectée par l'expulsion d'un membre de la famille. La jurisprudence de la Cour est fixée en ce sens que les États ont, sans préjudice des engagements découlant pour eux de traités, le droit de contrôler l'entrée, le séjour et l'éloignement des non-nationaux[517]. La Cour attache de l'importance au fait de savoir si la « vie familiale » a débuté à un moment où la situation de l'étranger était déjà précaire[518]. Par exception, la Cour a jugé dans l'affaire *Jeunesse c. Pays-Bas* que le refus d'octroyer un permis de séjour à une ressortissante surinamaise a emporté violation de l'article 8 de la Convention, compte tenu de ce que la requérante était de nationalité néerlandaise à la naissance, que tous les membres de sa famille étaient des ressortissants néerlandais, que les autorités ont toléré sa présence pendant seize ans sur le territoire néerlandais et que la requérante n'avait aucun antécédent pénal[519].

295. Si l'expulsion d'un étranger ayant commis des infractions pénales peut poursuivre le but légitime de « la défense de l'ordre et la prévention des infractions pénales » au sens de l'article 8, § 2, de la Convention, il convient toutefois de prendre en considération plusieurs critères afin de s'assurer de la proportionnalité de pareille mesure au regard du droit au respect de la vie familiale de la personne concernée. Ces critères sont notamment la nature et la gravité des infractions commises, la durée du séjour dans l'État dont l'intéressé est appelé à être expulsé, sa situation familiale, l'intérêt des enfants, la solidité de ses liens avec le pays d'accueil ainsi qu'avec le pays de destination[520].

296. La « vie familiale » peut être entravée par des obstacles mis au regroupement familial. Dans l'affaire *M.A. c. Danemark*, le délai d'attente obligatoire de trois ans, imposé pour l'exercice du droit au regroupement familial par un ressortissant syrien bénéficiant d'une protection temporaire, a été jugé contraire à l'article 8 de la Convention en raison de l'impossibilité de pratiquer une appréciation individualisée[521].

297. La « vie familiale » peut encore être irrémédiablement compromise par la rupture complète et définitive du lien entre un enfant et son parent, singulièrement sa mère biologique. Réunie en Grande Chambre, la Cour a jugé dans deux affaires concernant la Norvège que des mesures de déchéance de l'autorité parentale accompagnées d'une autorisation d'adoption par les parents d'accueil avaient méconnu l'article 8. En l'occurrence, le processus décisionnel ayant présidé aux mesures litigieuses n'avait pas été entouré de garanties suffisantes permettant la prise en compte de l'ensemble des intérêts en jeu[522].

---

517 Parmi beaucoup d'autres, Cour eur. dr. h., arrêt *M.M. c. Suisse*, 8 décembre 2020, § 42.

518 Cour eur. dr. h., Gde Ch., arrêt *Jeunesse c. Pays-Bas*, 3 octobre 2014, § 108.

519 *Ibidem*, §§ 113-123.

520 Cour eur. dr. h., Gde Ch., arrêt *Üner c. Pays-Bas*, 18 octobre 2006, §§ 54-60 ; Gde Ch., arrêt *Maslov c. Autriche*, 23 juin 2008, §§ 68-76.

521 Cour eur. dr. h., Gde Ch., arrêt *M.A. c. Danemark*, 9 juillet 2021.

522 Cour eur. dr. h., Gde Ch., arrêt *Strand Lobben et autres c. Norvège*, 10 septembre 2019 ; Gde Ch., arrêt *Abdi Ibrahim c. Norvège*, 10 décembre 2021.

298. Enfin, la Cour a été saisie de plusieurs cas d'enlèvement d'enfant par un de ses parents. Elle a sanctionné au titre de l'article 8 de la Convention les manquements des autorités à exécuter les décisions de justice ordonnant le retour de l'enfant sur le fondement de la Convention de La Haye sur les aspects civils de l'enlèvement international d'enfants[523]. Dans certaines circonstances toutefois, la Cour a pu juger un ordre de retour contraire aux exigences de l'article 8, car contraire à l'intérêt de l'enfant[524].

3. *La protection du domicile*

299. La protection du domicile bénéficie à « toute personne », en ce compris aux étrangers qui se trouveraient en situation irrégulière sur le territoire d'un État partie[525]. Sur le fondement de cette prémisse, l'arrêt *Sabani c. Belgique* du 8 mars 2022 est venu rappeler que toute ingérence domiciliaire « doit reposer sur un cadre légal strict offrant des garanties suffisantes et adéquates contre l'arbitraire »[526].

300. La Cour enseigne parallèlement que « [l]a perte d'un logement est une atteinte des plus graves au droit au respect du domicile. Toute personne qui risque d'en être victime doit en principe pouvoir faire examiner la proportionnalité de cette mesure par un tribunal indépendant à la lumière des principes pertinents qui découlent de l'article 8 de la Convention, quand bien même son droit d'occuper les lieux aurait été éteint par l'application du droit interne »[527].

301. Le « domicile » protégé par l'article 8 de la Convention peut inclure le lieu d'exercice de la profession et notamment le cabinet de l'avocat[528]. Ont été jugées contraires à l'article 8 de la Convention des perquisitions et saisies pratiquées au sein de cabinets d'avocats[529]. Le contrôle très strict pratiqué par la Cour s'explique par le souci de garantir le secret professionnel dont l'avocat est le dépositaire. Ainsi la Cour ne manque pas de souligner que « des perquisitions et des saisies chez un avocat portent incontestablement atteinte au secret professionnel, qui est la base de la relation de confiance qui existe entre l'avocat et son client »[530]. Par conséquent, « si le droit interne peut prévoir la possibilité de perquisitions ou de visites domiciliaires dans le cabinet d'un avocat, celles-ci doivent impérativement être assorties de 'garanties spéciales de procédure' »[531].

---

523 Cour eur. dr. h., arrêt *Rinau c. Lituanie*, 14 janvier 2020.

524 Cour eur. dr. h., Gde Ch., arrêt *Neulinger et Shuruk c. Suisse*, 6 juillet 2010 ; arrêt *B. c. Belgique*, 10 juillet 2012.

525 Cour eur. dr. h., arrêt *Sabani c. Belgique*, 8 mars 2022, § 31.

526 *Ibidem*, § 49.

527 Cour eur. dr. h., arrêt *McCann c. Royaume-Uni*, 13 mai 2008, § 50.

528 Cour eur. dr. h., arrêt *Niemietz c. Allemagne*, 16 décembre 1992, § 30.

529 Voy. Fr. Krenc, « Les perquisitions et saisies chez l'avocat au crible de la Convention européenne des droits de l'homme », *in Pourquoi Antigone ? – Liber amicorum Edouard Jakhian*, Bruylant, Bruxelles, 2010, pp. 283-306.

530 Cour eur. dr. h., arrêt *Xavier Da Silveira c. France*, 21 janvier 2010, § 36 ; arrêt *André et autre c. France*, 24 juillet 2008, § 41.

531 Cour eur. dr. h., arrêt *Xavier Da Silveira c. France*, 21 janvier 2010, § 37 ; arrêt *André et autre c. France*, 24 juillet 2008, § 42.

Au premier rang de ces « garanties spéciales » figurent, d'une part, la présence, lors de la perquisition, d'un tiers observateur – la personne la plus indiquée est généralement le bâtonnier (ou son représentant) de l'Ordre duquel relève l'avocat concerné[532] – et, d'autre part, l'existence d'un mandat balisant très précisément l'objet et l'étendue de la perquisition[533].

4. La protection de la correspondance

302. Notion autonome, la « correspondance » au sens de l'article 8 ne s'entend pas dans un sens trop étroit. Elle comprend les communications téléphoniques, mais aussi les courriers électroniques[534]. Sur ce point, l'arrêt *Bărbulescu c. Roumanie* rendu en 2017 par la Grande Chambre est d'importance. Il concerne la protection de la correspondance électronique du travailleur sur le lieu de travail. Était en cause le licenciement d'un travailleur roumain en raison de l'usage de sa messagerie électronique professionnelle à des fins privées. Pour la Cour, il est incontestable que « l'employeur a un intérêt légitime à assurer le bon fonctionnement de l'entreprise, ce qu'il peut faire en mettant en place des mécanismes lui permettant de vérifier que ses employés accomplissent leurs tâches professionnelles de manière adéquate et avec la célérité requise »[535]. Toutefois, il importe que le travailleur soit avisé de la surveillance opérée. Cet avertissement « doit en principe être clair quant à la nature de la surveillance et préalable à la mise en place de celle-ci »[536]. En l'espèce, si le requérant fut informé de l'interdiction formulée par son employeur d'utiliser les ressources de l'entreprise à des fins privées, il ne fut pas préalablement avisé de la surveillance pratiquée sur sa messagerie professionnelle, ce qui emporta la violation de l'article 8 de la Convention.

303. Pour la Cour, « la correspondance avec un avocat, quelle qu'en soit la finalité, jouit d'un statut privilégié en vertu de l'article 8 de la Convention »[537]. Il en est d'autant plus ainsi « lorsque cette correspondance constitue un préalable à l'exercice d'un droit de recours pour dénoncer des traitements subis en cours de détention »[538]. En l'absence de garanties procédurales suffisantes pour protéger les données couvertes par le secret professionnel, la saisie et l'examen de l'ordinateur et du téléphone portables d'un avocat portent atteinte au droit de celui-ci au respect de sa correspondance[539].

---

532 Cour eur. dr. h., arrêt *Niemietz c. Allemagne*, 16 décembre 1992, § 37 (absence d'une telle garantie); arrêt *Roemen et Schmit c. Luxembourg*, 25 février 2003, § 69 (présence d'une telle garantie).

533 Cour eur. dr. h., arrêt *Niemietz c. Allemagne*, 16 décembre 1992, § 37 (absence d'une telle garantie); arrêt *Roemen et Schmit c. Luxembourg*, 25 février 2003, § 70 (absence d'une telle garantie).

534 Cour eur. dr. h., arrêt *Copland c. Royaume-Uni*, 3 avril 2007, § 41.

535 Cour eur. dr. h., Gde Ch., arrêt *Bărbulescu c. Roumanie*, 5 septembre 2017, § 127.

536 *Ibidem*, § 121.

537 Cour eur. dr. h., arrêt *Ekinci et Akalin c. Turquie*, 30 janvier 2007, § 47.

538 *Ibidem*.

539 Cour eur. dr. h., arrêt *Särgava c. Estonie*, 16 novembre 2021, §§ 84-110.

H. La liberté de pensée, de conscience et de religion (article 9 de la Convention)

304. L'arrêt *Kokinakkis c. Grèce* du 25 mai 1993 contient cet attendu resté fameux: «telle que la protège l'article 9, la liberté de pensée, de conscience et de religion représente l'une des assises d'une société démocratique au sens de la Convention. Elle figure, dans sa dimension religieuse, parmi les éléments les plus essentiels de l'identité des croyants et de leur conception de la vie, mais elle est aussi un bien précieux pour les athées, les agnostiques, les sceptiques ou les indifférents. Il y va du pluralisme – chèrement conquis au cours des siècles – consubstantiel à pareille société»[540].

1. La distinction for interne – for externe

305. La liberté de religion se décline en un double aspect: l'aspect interne, d'une part, impliquant la liberté de croire ou de ne pas croire, celle d'adhérer à une religion ou d'en changer, et l'aspect externe, d'autre part, comportant la liberté de manifester sa religion ou ses convictions.

306. Les libertés qui relèvent du for intérieur sont absolues et ne peuvent être limitées. Seule «la liberté de manifester sa religion ou ses convictions» – qui relève donc de l'expression – peut être restreinte dans le respect des conditions fixées par l'article 9, § 2, de la Convention.

2. La dimension négative

307. L'article 9 de la Convention protège la liberté de ne pas adhérer à une religion et le droit de ne pas se voir imposer des convictions contre son gré. Dans l'affaire *Buscarini et autres c. Saint-Marin*, la Cour jugea que l'obligation imposée aux députés de la République de prêter serment sur les Évangiles sous peine de la déchéance de leur mandat est incompatible avec l'article 9 de la Convention en ce qu'elle revient à «faire allégeance à une religion donnée»[541]. Pour la Cour, «il serait contradictoire de soumettre l'exercice d'un mandat qui vise à représenter au sein du Parlement différentes visions de la société à la condition d'adhérer au préalable à une vision déterminée du monde»[542].

308. Source de contentieux dans plusieurs États membres du Conseil de l'Europe, la question de l'exemption de jeunes enfants du cours de natation en raison de convictions religieuses était au cœur de l'affaire *Osmanoglu et Kocabas c. Suisse*. En l'espèce, les requérants se plaignaient du refus de dispenser leurs filles des cours de natation mixtes à l'école primaire. Les requérants contestaient l'amende qui leur avait été infligée en raison de l'absence répétée de leurs filles à ces cours. La Cour a rejeté ce grief, considérant que «l'intérêt des

540 Cour eur. dr. h., arrêt *Kokkinakis c. Grèce*, 25 mai 1993, § 31.
541 Cour eur. dr. h., Gde Ch., arrêt *Buscarini et autres c. Saint-Marin*, 18 février 1999, § 39.
542 *Ibidem*.

enfants à une scolarisation complète permettant une intégration sociale réussie selon les mœurs et les coutumes locales prime sur le souhait des parents de voir leurs filles exemptées des cours de natation mixtes»[543]. Elle a mis en exergue l'intérêt du cours de natation, qui «ne se limite pas pour les enfants à apprendre à nager et à exercer une activité physique, mais [...] réside surtout dans le fait de pratiquer cette activité en commun avec tous les autres élèves, en dehors de toute exception tirée de l'origine des enfants ou des convictions religieuses ou philosophiques de leurs parents»[544]. La Cour a encore observé dans le cas d'espèce que des «aménagements» avaient été proposés aux requérants qui les ont refusés: leurs filles «avaient notamment la possibilité de couvrir leurs corps pendant les cours de natation en revêtant un burkini»[545].

3. Les formes de manifestation

309. L'article 9, § 1er, de la Convention énumère les diverses formes que peut prendre la manifestation d'une religion ou d'une conviction, à savoir le culte, l'enseignement, les pratiques et l'accomplissement des rites. La Cour a été saisie à de nombreuses reprises d'affaires portant sur des restrictions apportées à la manifestation de convictions religieuses.

3.1. Dans les établissements d'enseignement

3.1.1. Le port de signes religieux par des enseignants

310. Dans l'affaire *Dahlab c. Suisse*, la Cour eut à connaître du cas d'une enseignante d'une école primaire publique qui se plaignait de l'interdiction de porter le foulard islamique dans le cadre de son activité professionnelle. La Cour rejeta le grief pris de la violation de l'article 9 de la Convention, en mettant spécialement en exergue le bas âge (quatre à huit ans) des enfants soumis à l'enseignement de la requérante ainsi que la difficulté «de concilier le port du foulard islamique avec le message de tolérance, de respect d'autrui et surtout d'égalité et de non-discrimination que dans une démocratie, tout enseignant doit transmettre à ses élèves»[546].

311. Quelques années plus tard, une interdiction semblable opposée à une professeure associée d'une université publique en Turquie fut, de la même manière, jugée compatible avec l'article 9 de la Convention[547].

---

543 Cour eur. dr. h., arrêt *Osmanoglu et Kocabas c. Suisse*, 10 janvier 2017, § 97.

544 *Ibidem*, § 98.

545 *Ibidem*, § 101.

546 Cour eur. dr. h., décision (rec.) *Dahlab c. Suisse*, 15 février 2001. Il faut souligner qu'il ne s'agit pas en l'occurrence d'un arrêt sur le fond mais d'une décision rendue sur la recevabilité, la Cour ayant déclaré la requête irrecevable au motif que les griefs de la requérante étaient «manifestement mal fondés» (art. 35, § 3, a), de la Convention).

547 Cour eur. dr. h., décision (rec.) *Kurtulmus c. Turquie*, 24 janvier 2006.

3.1.2. Le port de signes religieux par des élèves ou étudiants

312. Des interdictions de port de signes religieux par des élèves ou étudiants furent également admises par la Cour sous le visa de l'article 9 de la Convention, en ce qu'elles pouvaient trouver leur justification dans la conception de la laïcité prévalant dans les États défendeurs concernés. Il en fut ainsi de l'interdiction faite à une étudiante en médecine de porter le foulard islamique à l'Université d'Istanbul[548], mais aussi de l'interdiction générale imposée aux élèves des écoles, collèges et lycées publics de France de porter des signes ou tenues par lesquels ceux-ci manifestent ostensiblement une appartenance religieuse[549]. Dans chacune de ces affaires, la Cour valorisa la marge d'appréciation des États. À son estime, et de manière constante, « lorsque se trouvent en jeu des questions sur les rapports entre l'État et les religions, sur lesquelles de profondes divergences peuvent raisonnablement exister dans une société démocratique, il y a lieu d'accorder une importance particulière au rôle du décideur national. Tel est notamment le cas lorsqu'il s'agit de la réglementation du port de symboles religieux dans les établissements d'enseignement, où, en Europe, les approches sur cette question sont diverses »[550].

3.1.3. La présence de signes religieux dans l'espace scolaire

313. Abondamment médiatisé, l'arrêt *Lautsi* rendu par la Grande Chambre le 18 mars 2011 témoigne de cette valorisation de la marge d'appréciation étatique. La Cour y jugea que la présence de crucifix dans les salles de classe des écoles publiques en Italie n'était pas incompatible avec l'obligation de l'État de respecter, dans l'exercice des fonctions qu'il assume dans le domaine de l'éducation et de l'enseignement, le droit des parents (garanti par l'article 2 du Protocole n° 1) d'assurer à leurs enfants une éducation et un enseignement conformes à leurs convictions religieuses et philosophiques. Si l'exposition du crucifix conférait à la religion majoritaire en Italie une « visibilité prépondérante dans l'environnement scolaire », la Cour souligna que cette visibilité ne s'accompagnait pas d'une démarche d'endoctrinement, que le crucifix apposé sur un mur demeurait « un symbole essentiellement passif » et que l'Italie ouvrait son espace scolaire à d'autres religions[551].

3.2. Dans les prétoires

314. L'arrêt *Hamidovic c. Bosnie-Herzégovine* du 5 décembre 2017 jugea contraire à l'article 9 de la Convention l'imposition d'une amende, convertie

---

548 Cour eur. dr. h., Gde Ch., arrêt *Leyla Sahin c. Turquie*, 10 novembre 2005.

549 Cour eur. dr. h., décision (rec.) *Gamaleddyn c. France*, 30 juin 2009; décision (rec.) *Aktas c. France*, 30 juin 2009; décision (rec.) *Ranjit Singh c. France*, 30 juin 2009; décision (rec.) *Jasvir Singh c. France*, 30 juin 2009.

550 Cour eur. dr. h., arrêt *Dogru c. France*, 4 décembre 2008, § 63; Gde Ch., arrêt *Leyla Sahin c. Turquie*, 10 novembre 2005, § 109.

551 Cour eur. dr. h., Gde Ch., arrêt *Lautsi et autres c. Italie*, 18 mars 2011, §§ 68-77.

ensuite en une peine d'emprisonnement, infligée à un justiciable de confession musulmane pour avoir refusé de retirer sa calotte dans la salle d'audience au sein de laquelle il comparaissait en qualité de témoin[552].

315. Dans l'affaire *Lachiri c. Belgique*, la Cour fut amenée à se prononcer sur le cas d'une partie civile dans le cadre d'une affaire pénale, qui fut exclue de la salle d'audience de la chambre des mises en accusation de Bruxelles au motif qu'elle portait le foulard islamique. La Cour observa que l'exclusion de la requérante de la salle d'audience n'était pas motivée par la « sauvegarde des valeurs laïques et démocratiques »[553] ni par « la préservation de la neutralité de l'espace public »[554], mais qu'elle visait exclusivement la « protection de l'ordre »[555]. Or, de ce point de vue, « il ne ressort pas des faits de l'affaire que la façon dont la requérante s'est comportée lors de son entrée en salle d'audience ait été irrespectueuse ou ait constitué ou risqué de constituer une menace pour le bon déroulement de l'audience »[556]. Dans ces conditions, la Cour conclut à la violation de l'article 9 de la Convention. À l'appui de sa conclusion, la Cour souligna que la requérante était « une simple citoyenne » et non une représentante de l'État assujettie à une obligation de discrétion dans l'expression publique de ses convictions religieuses[557]. Il est vrai que le cas du justiciable se distingue de celui du juge. Seul ce dernier est astreint, sur le fondement même de la Convention (article 6), à un devoir d'impartialité, sous une dimension subjective mais aussi objective, ce qui recouvre les « apparences ». Cette même impartialité commande au juge de rendre la justice sans avoir égard aux convictions religieuses, philosophiques ou politiques du justiciable qui comparaît devant lui.

3.3. Dans l'espace public

316. L'arrêt *S.A.S. c. France* du 1er juillet 2014 jugea que la loi française du 11 octobre 2010 « interdisant la dissimulation du visage dans l'espace public » n'était pas incompatible avec les exigences de l'article 9 de la Convention. Pour la Cour, une telle interdiction peut passer pour proportionnée à la préservation du « vivre ensemble », notion que la Cour a rattachée à la « protection des droits et libertés d'autrui » au sens de l'article 9, § 2, de la Convention.

317. Trois années plus tard, la Cour aboutit à une conclusion substantiellement identique à l'égard de la loi belge du 1er juin 2011 interdisant le port de tout vêtement cachant totalement ou de manière principale le visage[558].

---

552 Cour eur. dr. h., arrêt *Hamidovic c. Bosnie-Herzégovine*, 5 décembre 2017.
553 Cour eur. dr. h., arrêt *Lachiri c. Belgique*, 18 septembre 2018, § 37.
554 *Ibidem*, § 46.
555 *Ibidem*, § 38.
556 *Ibidem*, § 46.
557 *Ibidem*, § 44.
558 Cour eur. dr. h., arrêt *Belcacemi et Oussar c. Belgique*, 11 juillet 2017 ; arrêt *Dakir c. Belgique*, 11 juillet 2017.

318. La Cour releva dans ces affaires que « la question de l'acceptation ou non du port du voile intégral dans l'espace public constitue un choix de société »[559] et que « dans un tel cas de figure, (elle) se [devait] de faire preuve de réserve dans l'exercice de son contrôle de conventionalité dès lors qu'il la conduit à évaluer un arbitrage effectué selon des modalités démocratiques au sein de la société en cause »[560].

I. La liberté d'expression (article 10 de la Convention)

1. L'accès à l'information

319. L'article 10 de la Convention consacre, au titre de la liberté d'expression, « la liberté de recevoir ou de communiquer des informations ou des idées sans qu'il puisse y avoir ingérence des autorités publiques et sans considération de frontières ».

320. Pour la Cour, si « l'article 10 n'accorde pas à l'individu un droit d'accès aux informations détenues par une autorité publique, ni n'oblige l'État à les lui communiquer »[561], « dire que le droit d'accès à l'information ne peut en aucune circonstance relever de l'article 10 de la Convention aboutirait à des situations où la liberté 'de recevoir et de communiquer' des informations se trouverait entravée d'une manière et à un degré tels que la substance même de la liberté d'expression en serait atteinte »[562].

321. Concrètement, il est permis de se prévaloir d'un droit d'accès à des informations détenues par l'État sur le fondement de l'article 10 de la Convention tantôt « lorsque la divulgation des informations a été imposée par une décision judiciaire devenue exécutoire »[563], tantôt « lorsque l'accès à l'information est déterminant pour l'exercice par l'individu de son droit à la liberté d'expression, en particulier 'la liberté de recevoir et de communiquer des informations', et que refuser cet accès constitue une ingérence dans l'exercice de ce droit »[564]. Aux fins de conclure à l'existence d'un tel droit d'accès, quatre critères doivent être pris en considération : le but de la demande d'information, la nature des informations recherchées, le rôle de la personne ou de l'entité qui revendique ces informations et enfin le caractère disponible de celles-ci[565].

---

559 Cour eur. dr. h., Gde Ch., arrêt *S.A.S. c. France*, 1er juillet 2014, § 153 ; arrêt *Belcacemi et Oussar c. Belgique*, 11 juillet 2017, § 53 ; arrêt *Dakir c. Belgique*, 11 juillet 2017, § 56.

560 Cour eur. dr. h., Gde Ch., arrêt *S.A.S. c. France*, 1er juillet 2014, § 154 ; arrêt *Belcacemi et Oussar c. Belgique*, 11 juillet 2017, § 54 ; arrêt *Dakir c. Belgique*, 11 juillet 2017, § 57.

561 Cour eur. dr. h., Gde Ch., arrêt *Magyar Helsinki Bizottsag c. Hongrie*, 8 novembre 2016, § 156.

562 *Ibidem*, § 155.

563 Telle était l'hypothèse visée par l'arrêt *Gillberg c. Suède* du 3 avril 2012.

564 Cour eur. dr. h., Gde Ch., arrêt *Magyar Helsinki Bizottsag c. Hongrie*, 8 novembre 2016, § 156.

565 *Ibidem*, §§ 157-170. Voy. pour une application de ces critères s'agissant de l'accès à l'information en matière environnementale, Cour eur. dr. h., arrêt *Association BURESTOP 55 et autres c. France*, 1er juillet 2021, §§ 84-90.

2. *La communication d'idées et d'informations*

322. Depuis l'arrêt *Handyside c. Royaume-Uni* du 7 décembre 1976, la Cour ne cesse de répéter que « [l]a liberté d'expression constitue l'un des fondements essentiels de pareille société, l'une des conditions primordiales de son progrès et de l'épanouissement de chacun »[566].

2.1. L'auteur des propos

323. Si, aux termes de l'article 10 de la Convention, « toute personne a droit à la liberté d'expression », la Cour a conféré, au fil de sa jurisprudence, une protection privilégiée à certaines catégories de personnes.

324. Au premier rang de celles-ci figurent naturellement les journalistes. Aux yeux de la Cour, « la presse joue un rôle éminent dans une société démocratique »[567] au point de se voir assigner une fonction de « chien de garde »[568]. Renvoyant aux « devoirs et responsabilités » visés par l'article 10 de la Convention, la Cour a cependant dégagé le concept de « journalisme responsable »[569].

325. De toute évidence, l'élu politique jouit d'une liberté d'expression des plus étendues. « Précieuse pour chacun, la liberté d'expression l'est tout particulièrement pour un élu du peuple », répète en effet la Cour depuis son arrêt *Castells*[570].

326. Tout aussi indéniable est la grande liberté de parole reconnue à l'avocat. En sa qualité de défenseur du justiciable, l'avocat doit pouvoir s'exprimer aussi librement que possible afin d'assurer au mieux la défense des intérêts de son client, que ce soit au sein du prétoire – lieu naturel d'exercice de la défense[571] –, mais aussi, et dans la mesure où les impératifs de la défense le commandent, en dehors de celui-ci, notamment dans les médias[572].

---

566 Cour eur. dr. h., arrêt *Handyside c. Royaume-Uni*, 7 décembre 1976, § 49.

567 Cour eur. dr. h., Gde Ch., arrêt *Fressoz et Roire c. France*, 21 janvier 1999, § 45; arrêt *De Haes et Gijsels c. Belgique*, 24 février 1997, § 37.

568 Cour eur. dr. h., arrêt *Observer et Guardian c. Royaume-Uni*, 26 novembre 1991, § 59.

569 Cour eur. dr. h., Gde Ch., arrêt *Pentikäinen c. Finlande*, 20 octobre 2015, § 90 (à propos de l'arrestation et de la condamnation d'un journaliste pour refus d'obtempérer à des sommations faites par la police lors d'une manifestation). Voy. également Cour eur. dr. h., Gde Ch., arrêt *Bédat c. Suisse*, 29 mars 2016, § 50 (à propos de la condamnation d'un journaliste ayant publié des documents qui, relatifs à une procédure pénale en cours, étaient couverts par le secret de l'instruction).

570 Cour eur. dr. h., arrêt *Castells c. Espagne*, 23 avril 1992, § 42. Comp. toutefois avec Cour eur. dr. h., arrêt *Willem c. France*, 16 juillet 2009, § 37, où la Cour mit en exergue un « devoir de réserve » dans le chef du requérant en tant que maire, ainsi qu'avec Cour eur. dr. h., arrêt *Féret c. Belgique*, 16 juillet 2009, § 75, où s'agissant de la condamnation du requérant (président d'un parti d'extrême droite) pour incitation à la discrimination raciale, la Cour a expressément indiqué que « la qualité de parlementaire du requérant ne saurait être considérée comme une circonstance atténuant sa responsabilité ».

571 Cour eur. dr. h., Gde Ch., arrêt *Kyprianou c. Chypre*, 15 décembre 2005; arrêt *Steur c. Pays-Bas*, 28 octobre 2003; arrêt *Čeferin c. Slovénie*, 16 janvier 2018.

572 Cour eur. dr. h., Gde Ch., arrêt *Morice c. France*, 23 avril 2015; arrêt *Ottan c. France*, 19 avril 2018.

327. Enfin, le «lanceur d'alerte» bénéficie d'une protection privilégiée au regard de la Convention[573].

328. D'autres catégories de personnes sont, en revanche, tenues par un devoir de réserve dont l'intensité varie en fonction des circonstances. Il en va ainsi des fonctionnaires[574] – notamment les enseignants[575] – et des magistrats[576]. Il reste que le magistrat jouit d'un niveau élevé de protection lorsqu'il s'exprime sur les questions concernant l'organisation et le fonctionnement de la justice[577].

2.2. Le type de propos

329. La Cour pratique une distinction entre les déclarations de fait et les jugements de valeur[578]. En effet, «si la matérialité des faits peut se prouver, les seconds ne se prêtent pas à une démonstration de leur exactitude»[579]. Par conséquent, «l'exigence voulant que soit établie la vérité de jugements de valeur est irréalisable et porte atteinte à la liberté d'opinion elle-même, élément fondamental du droit garanti par l'article 10 [de la Convention]»[580]. La Cour exige néanmoins que le jugement de valeur repose sur une «base factuelle suffisante», faute de quoi il pourrait se révéler «excessif»[581].

---

573 Voy. Cour eur. dr. h., Gde Ch., arrêt *Halet c. Luxembourg*, 14 février 2023, qui consolide et affine les critères définis dans l'arrêt *Guja c. Moldova* (Gde Ch., 12 février 2008).

574 Cour eur. dr. h., arrêt *de Diego Nafria c. Espagne*, 14 mars 2002.

575 Voy. Cour eur. dr. h., décision (rec.) *Mahi c. Belgique*, 7 juillet 2020, §§ 27-38. Dans cette décision, la Cour confirme que le devoir de réserve s'étend aux enseignants, dans la mesure où «ceux-ci [sont] symbole d'autorité pour leurs élèves». Requérant une «modération dans l'exercice de la liberté d'expression», la réserve attendue des enseignants «[vaut] aussi dans une certaine mesure pour leurs activités en dehors de l'école». C'est ainsi que la Cour a estimé à la suite du Conseil d'État qu'une lettre ouverte adressée à la presse par un professeur de religion islamique à la suite des attentats terroristes perpétrés à Paris en janvier 2015 a pu justifier l'imposition d'une sanction disciplinaire de déplacement. La décision de la Cour s'appuie sur le contexte «particulier» dans lequel cette lettre a été publiée (une «tension» régnait, à l'époque, au sein de l'établissement dans lequel ce professeur enseignait), sur le mode d'expression et de diffusion des propos litigieux («il s'agissait [...] d'assertions écrites, lesquelles avaient été rendues largement publiques et étaient donc accessibles aux élèves du requérant, ce qui était de nature à exacerber les tensions»), ainsi que sur le caractère non disproportionné de la sanction infligée (déplacement dans un autre établissement scolaire situé approximativement à 50 kilomètres du domicile du requérant).

576 Voy. Cour eur. dr. h., arrêt *Panioglu c. Roumanie*, 8 décembre 2020, §§ 110-126.

577 Voy. en ce sens Cour eur. dr. h., Gde Ch., arrêt *Baka c. Hongrie*, 23 juin 2016, § 171 et, plus récemment, arrêt *Zurek c. Pologne*, 16 juin 2022, § 222.

578 Voy. Cour eur. dr. h., arrêt *Lingens c. Autriche*, 8 juillet 1986, § 46; arrêt *Oberschlick c. Autriche*, 23 mai 1991, § 63.

579 Parmi beaucoup d'autres: Cour eur. dr. h., Gde Ch., arrêt *Pedersen et Baadsgaard c. Danemark*, 17 décembre 2004, § 76; Gde Ch., arrêt *Morice c. France*, 23 avril 2015, § 126.

580 Cour eur. dr. h., Gde Ch., arrêt *Pedersen et Baadsgaard c. Danemark*, 17 décembre 2004, § 76; arrêt *Oberschlick c. Autriche*, 23 mai 1991, § 63.

581 Cour eur. dr. h., Gde Ch., arrêt *Pedersen et Baadsgaard c. Danemark*, 17 décembre 2004, § 76. Voy. également Cour eur. dr. h., arrêt *De Haes et Gijsels c. Belgique*, 24 février 1997, § 47; arrêt *Oberschlick c. Autriche* (n° 2), 1er juillet 1997, § 33.

330. Toute la difficulté consiste à déterminer, en pratique, ce qui relève d'une déclaration de fait ou participe d'un jugement de valeur[582]. Dans l'affaire *Scharsach et News Verlagsgesellschaft mbH c. Autriche*, la Cour vit par exemple dans l'expression « crypto-nazi » un jugement de valeur plutôt qu'une allégation de fait[583]. Dans une affaire *Brosa*, la Cour se départit des constats des juridictions allemandes qui avaient considéré que qualifier un candidat à une élection municipale d'homme de paille d'« une organisation néo-nazie particulièrement dangereuse » relevait d'une déclaration de fait. Estimant qu'il s'agissait là d'un jugement de valeur, la Cour a précisé que pareille affirmation ne pouvait se voir appliquer une exigence probatoire comparable à celle requise pour établir le bien-fondé d'une accusation en matière pénale[584]. En revanche, user du mot « violeur » relève d'une allégation factuelle qui doit être prouvée[585].

2.3. La source des propos

331. Fidèle à sa conception résolument protectrice de la liberté de la presse, la Cour répète depuis son arrêt *Goodwin* du 27 mars 1996 que « la protection des sources journalistiques est l'une des pierres angulaires de la liberté de la presse ». Partant, une injonction faite à un journaliste de révéler sa source « ne saurait se concilier avec l'article 10 de la Convention que si elle se justifie par un impératif prépondérant d'intérêt public »[586].

332. La prudence est toutefois requise lorsque les propos et informations publiés ont trait à une affaire judiciaire en cours. Mobilisant le concept de « journalisme responsable »[587], la Cour a, en effet, balisé la liberté dont la presse peut se prévaloir lorsque les documents publiés sont couverts par le secret de l'instruction[588].

2.4. La cible des propos

333. Certaines personnes doivent, plus que d'autres, faire montre de tolérance à l'égard des critiques, parfois rudes, qui leur sont adressées.

582 La Cour reconnaît elle-même que « lorsqu'il s'agit d'allégations sur la conduite d'un tiers, il peut parfois s'avérer difficile [...] de distinguer entre imputations de fait et jugements de valeur » (Cour eur. dr. h., décision (rec.) *Bartnik c. Pologne*, 11 mars 2014, § 30).

583 Cour eur. dr. h., arrêt *Scharsach et News Verlagsgesellschaft mbH c. Autriche*, 13 novembre 2003, §§ 38-46.

584 Cour eur. dr. h., arrêt *Brosa c. Allemagne*, 17 avril 2014, §§ 45-48.

585 Cour eur. dr. h., arrêt *Einarsson c. Islande*, 7 novembre 2017, § 52.

586 Cour eur. dr. h., arrêt *Goodwin c. Royaume-Uni*, 27 mars 1996, § 39. Dans cette affaire *Goodwin*, la Cour jugea que l'ordonnance de divulgation sommant un journaliste de révéler l'identité de sa source ainsi que l'amende qui lui avait été infligée en raison de son refus d'obtempérer emportèrent violation de l'article 10 de la Convention.

587 Cour eur. dr. h., arrêt *Brambilla et autres c. Italie*, 23 juin 2016; arrêt *Giesbert et autres c. France*, 1er juin 2017.

588 Cour eur. dr. h., Gde Ch., arrêt *Bédat c. Suisse*, 29 mars 2016; arrêt *Sellami c. France*, 17 décembre 2020.

334. Il en va ainsi, au premier chef, des hommes politiques. L'arrêt *Lingens* rendu en 1986 fut le premier à poser que «les limites de la critique admissible sont plus larges à l'égard d'un homme politique, visé en cette qualité, que d'un simple particulier: à la différence du second, le premier s'expose inévitablement et consciemment à un contrôle attentif de ses faits et gestes tant par les journalistes que par la masse des citoyens; il doit, par conséquent, montrer une plus grande tolérance»[589].

335. La critique visant les agents de l'État doit être appréhendée différemment: «on ne saurait dire que les fonctionnaires s'exposent sciemment à un contrôle attentif de leurs faits et gestes exactement comme les hommes politiques et qu'ils devraient dès lors être traités sur un pied d'égalité avec ces derniers lorsqu'il s'agit de critiques de leur comportement»[590].

336. En ce qui concerne plus spécialement les magistrats, la Cour considère que la justice «a besoin de la confiance des citoyens pour prospérer» en sorte qu'il peut «s'avérer nécessaire de protéger celle-ci contre des attaques gravement préjudiciables dénuées de fondement sérieux, alors surtout que le devoir de réserve interdit aux magistrats visés de réagir»; «il reste qu'en dehors de l'hypothèse d'attaques gravement préjudiciables dénuées de fondement sérieux, [...] les magistrats peuvent faire, en tant que tels, l'objet de critiques personnelles dans des limites admissibles, et non pas uniquement de façon théorique et générale»[591].

337. *A contrario*, la protection de l'honneur et de la réputation du citoyen «ordinaire» se doit d'être plus intense[592]. Naturellement, une distinction s'impose entre la protection de la réputation des personnes physiques et celle revenant aux personnes morales qui est d'un degré moindre[593].

338. En ce qui concerne les personnes physiques, la Cour enseigne qu'il y a lieu de tenir compte du degré de notoriété de la personne ou de son rôle dans la société. La Cour a déjà reconnu à plusieurs reprises le droit du public d'être informé de certains aspects de la vie privée de personnalités publiques[594].

2.5. Le contenu des propos

339. Depuis son arrêt *Handyside*, la Cour répète inlassablement que la liberté d'expression «vaut non seulement pour les informations ou idées accueillies avec faveur ou considérées comme inoffensives ou indifférentes, mais aussi pour celles qui heurtent, choquent ou inquiètent l'État ou une fraction quelconque de la population»[595]. Si la formule a fait florès, l'on a souvent tendance

589 Cour eur. dr. h., arrêt *Lingens c. Autriche*, 8 juillet 1986, § 42. Voy. Cour eur. dr. h., arrêt *Eon c. France*, 14 mars 2013, à propos d'une condamnation pour offense au Président de la République française.

590 Cour eur. dr. h., arrêt *Thoma c. Luxembourg*, 29 mars 2001, § 47; arrêt *Janowski c. Pologne*, 21 janvier 1999, § 33.

591 Cour eur. dr. h., Gde Ch., arrêt *Morice c. France*, 23 avril 2015, §§ 128 et 131.

592 Voy. Cour eur. dr. h., arrêt *Pfeifer c. Autriche*, 15 novembre 2007, §§ 35 et 38.

593 Voy. Cour eur. dr. h., arrêt *Uj c. Hongrie*, 19 juillet 2011, § 22; arrêt *Kharlamov c. Russie*, 8 octobre 2015, § 29.

594 Cour eur. dr. h., Gde Ch., arrêt *Couderc et Hachette Filipacchi Associés c. France*, 10 novembre 2015, § 117.

595 Cour eur. dr. h., arrêt *Handyside c. Royaume-Uni*, 7 décembre 1976, § 49.

à oublier que, dans cette affaire, ce sont les exigences de la morale qui triomphèrent au détriment de la liberté d'expression[596].

2.5.1. Les propos exclus de la protection de l'article 10 de la Convention

340. Des propos peuvent être purement et simplement exclus de la protection de l'article 10 de la Convention par le jeu de la «clause guillotine» de l'article 17 de la Convention. Intitulé «interdiction de l'abus de droit», cet article 17 dispose qu'«aucune des dispositions de la [...] Convention ne peut être interprétée comme impliquant pour un État, un groupement ou un individu, un droit quelconque de se livrer à une activité ou d'accomplir un acte visant à la destruction des droits ou libertés reconnus dans la [...] Convention ou à des limitations plus amples de ces droits et libertés que celles prévues à ladite Convention» (*supra* n° 62). Pour le dire simplement, «personne ne doit pouvoir se prévaloir des dispositions de la Convention pour se livrer à des actes visant à la destruction des droits et libertés [consacrés par la Convention]»[597]. Sur cette base, la Cour a pu exclure de la sphère de protection de l'article 10 de la Convention des propos foncièrement racistes[598], outrageusement négationnistes[599], antisémites[600] ou encore islamophobes[601].

596 Étaient en cause la saisie, la confiscation ainsi que la destruction de la matrice et de centaines d'exemplaires du «petit livre rouge à l'usage des écoliers».

597 Cour eur. dr. h., arrêt *Lawless c. Irlande*, 1er juillet 1961, § 7.

598 Dans l'affaire *Jersild*, la Cour a estimé que des affirmations telles que «Un nègre, ce n'est pas un être humain, c'est une bête» ou encore «Prends simplement un gorille en photo, mon pote, et regarde ensuite un nègre, c'est la même structure physique et tout, mon pote, un front plat et tout est comme ça» «ne bénéficiaient pas de la protection de l'article 10 de la Convention» (Cour eur. dr. h., arrêt *Jersild c. Danemark*, 23 septembre 1994, § 35). Voy. également Cour eur. dr. h., décision (rec.) *Seurot c. France*, 18 mai 2004.

599 Cour eur. dr. h., décision (rec.) *Garaudy c. France*, 24 juin 2003. Condamné pour contestation de crime contre l'humanité en raison de la publication de son ouvrage *Les mythes fondateurs de la politique israélienne*, Roger Garaudy invoquait son droit à la liberté d'expression. Ce droit lui fut dénié aux termes d'une décision d'irrecevabilité fondée sur l'article 17 de la Convention. Relevant que, par son ouvrage, le requérant «[remettait] en cause la réalité, l'ampleur, et la gravité» de l'Holocauste, la Cour a considéré qu'«il ne fait aucun doute que contester la réalité de faits historiques clairement établis, tels que l'Holocauste, comme le fait le requérant dans son ouvrage, ne relève en aucune manière d'un travail de recherche historique s'apparentant à une quête de la vérité. L'objectif et l'aboutissement d'une telle démarche sont totalement différents, car il s'agit en fait de réhabiliter le régime national-socialiste, et, par voie de conséquence, d'accuser de falsification de l'histoire les victimes elles-mêmes. Ainsi, la contestation de crimes contre l'humanité apparaît comme l'une des formes les plus aiguës de diffamation raciale envers les Juifs et d'incitation à la haine à leur égard. La négation ou la révision de faits historiques de ce type remettent en cause les valeurs qui fondent la lutte contre le racisme et l'antisémitisme et sont de nature à troubler gravement l'ordre public. Portant atteinte aux droits d'autrui, de tels actes sont incompatibles avec la démocratie et les droits de l'homme et leurs auteurs visent incontestablement des objectifs du type de ceux prohibés par l'article 17 de la Convention».

600 Cour eur. dr. h., décision (rec.) *Ivanov c. Russie*, 20 février 2007. Le requérant préconisait d'exclure les Juifs de la vie sociale. Voy. également Cour eur. dr. h., décision (rec.) *M'Bala M'Bala c. France*, 20 octobre 2015, dont il sera question ci-après (*infra* n° 349).

601 Cour eur. dr. h., décision (rec.) *Norwood c. Royaume-Uni*, 16 novembre 2004. En l'espèce, le requérant avait apposé sur la fenêtre de son domicile une affiche du British National Party, représentant les *Twin Towers*

341. Pour autant, « l'article 17 ne trouve à s'appliquer qu'à titre exceptionnel et dans des circonstances extrêmes »[602]. Il convient en effet de se garder d'un usage trop intensif de cette clause « guillotine ».

2.5.2. Les propos relevant de la protection de l'article 10 de la Convention

a. Les propos jugés non admissibles au regard de l'article 10 de la Convention

342. Dans plusieurs affaires, la Cour a considéré qu'il n'était pas nécessaire de se prononcer sur l'application de l'article 17 dès lors qu'en tout état de cause, le grief pris de la violation de la liberté d'expression se révélait manifestement mal fondé sur le terrain de l'article 10. Tel fut le cas notamment dans l'affaire *Seurot c. France* où, s'agissant de la résiliation du contrat d'enseignement du requérant en raison de propos tenus dans un article publié au sein d'un bulletin d'information interne, la Cour estima, à la suite des juridictions nationales, que l'article litigieux « [revêtait] incontestablement un caractère raciste »[603]. Il en fut jugé de même dans l'affaire *Bonnet c. France* concernant la condamnation pénale du requérant pour injure publique à caractère racial et contestation de crime contre l'humanité. La Cour a estimé, « à supposer même que l'article 10 de la Convention trouve à s'appliquer, que l'ingérence dans l'exercice, par le requérant, de son droit à la liberté d'expression, était nécessaire dans une société démocratique »[604].

b. Les propos jugés admissibles au regard de l'article 10 de la Convention

343. De manière générale, « *a democratic society requires tolerance and broadmindedness in the face of controversial expressions* »[605]. En dehors des propos dirigés

du World Trade Center en flammes et accompagnée de la légende « Islam dehors – protégeons le peuple britannique ». Pour la Cour, « une attaque aussi véhémente, à caractère général, contre un groupe religieux, qui établit un lien entre l'ensemble du groupe et un acte terroriste grave, est contraire aux valeurs proclamées et garanties par la Convention, à savoir la tolérance, la paix sociale et la non-discrimination ».

602 Cour eur. dr. h., Gde Ch., arrêt *Paksas c. Lituanie*, 6 janvier 2011, § 87.

603 Cour eur. dr. h., décision (rec.) *Seurot c. France*, 18 mai 2004. En l'espèce, un enseignant d'histoire et de géographie dans un collège privé avait rédigé un texte intitulé « Trop, c'est trop » et contenant notamment les passages suivants : « Les illusionnistes n'avaient pas prévu qu'en échange de la fuite éperdue de ces maudits Français d'Afrique du Nord, des hordes musulmanes inassimilables débarqueraient et investiraient les plus reculés de nos cantons » ; « Ils sont aujourd'hui cinq millions, construisent partout des mosquées et quand ils parlent de mettre les voiles ... ne vous réjouissez pas trop, ce n'est qu'à leurs sales gamines arrogantes ! ».

604 Cour eur. dr. h., décision (rec.) *Bonnet c. France*, 25 janvier 2022, § 59. La condamnation du requérant faisait suite à la publication, sur le site Internet « Égalité et Réconciliation », d'une page intitulée « Chutzpah Hebdo », parodiant une une de l'hebdomadaire *Charlie Hebdo*, contenant un encart indiquant « historiens déboussolés » et un dessin représentant le visage de Charlie Chaplin devant une étoile de David, qui posait la question « Shoah où t'es ? » à laquelle répondaient des bulles indiquant « ici », « là » et « et là aussi », placées devant des dessins figurant du savon, un abat-jour, une chaussure sans lacet et une perruque.

605 Cour eur. dr. h., arrêt *Cox c. Turquie*, 20 mai 2010, § 42.

contre les valeurs qui sous-tendent la Convention et/ou de ceux qui appellent à la violence, la haine ou la discrimination, l'expression d'une opinion doit être protégée au titre de l'article 10 de la Convention[606].

344. L'arrêt *Giniewski c. France* est ainsi venu rappeler que les religions ne sont pas à l'abri de la critique et que celle-ci mérite, à l'évidence, la protection de l'article 10[607]. Il n'en reste pas moins que, lorsqu'elle est utilisée pour viser les religions et/ou ses adeptes, la liberté d'expression suscite des appréciations délicates, comme l'illustrent l'arrêt *Otto-Preminger-Institut c. Autriche* et la jurisprudence subséquente[608].

345. Pour la Cour, « la recherche de la vérité historique fait partie intégrante de la liberté d'expression »[609]. Dans l'affaire *Lehideux et Isorni c. France*, la Cour a jugé que l'article 10 de la Convention a été violé en raison de la condamnation des requérants du chef d'apologie de crimes ou délits de collaboration pour avoir fait publier dans le journal *Le Monde* un encart intitulé « Français, vous

---

606 Cour eur. dr. h., arrêt *Baldassi et autres c. France*, 11 juin 2020, § 64 (appel au boycott de produits venant d'Israël) ; arrêt *Gündüz c. Turquie*, 4 décembre 2003, § 51 (propos relatifs à la charia sans appel à la violence).

607 Cour eur. dr. h., arrêt *Giniewski c. France*, 31 janvier 2006. Dans cet arrêt, la Cour a estimé que la condamnation d'un journaliste du chef de diffamation publique envers la communauté des chrétiens a méconnu l'article 10 de la Convention. Cette condamnation par les juridictions internes reposait sur la publication d'un article intitulé « L'obscurité de l'erreur » traitant de l'encyclique papale *Veritatis Splendor* et dans lequel le requérant a notamment écrit que « de nombreux chrétiens ont reconnu que l'anti-judaïsme scripturaire et la 'doctrine de l'accomplissement' de l'ancienne par la nouvelle Alliance conduisent à l'antisémitisme et ont formé le terrain où ont germé l'idée et l'accomplissement d'Auschwitz ». Pour la Cour, le requérant a, par cet article, « voulu élaborer une thèse sur la portée d'un dogme et sur ses liens possibles avec les origines de l'Holocauste » (§ 50). Il a de la sorte apporté une contribution à un débat d'intérêt général : « en envisageant les conséquences dommageables d'une doctrine, le texte litigieux participait donc à la réflexion sur les diverses causes possibles de l'extermination des Juifs en Europe, question relevant incontestablement de l'intérêt général dans une société démocratique » (§ 51). Aux yeux de la Cour, il est « primordial dans une société démocratique que le débat engagé, relatif à l'origine de faits d'une particulière gravité constituant des crimes contre l'humanité, puisse se dérouler librement » (*ibidem*).

608 Cour eur. dr. h., arrêt *Otto-Preminger-Institut c. Autriche*, 20 novembre 1994. La Cour avait estimé en cette affaire que l'article 10 de la Convention n'avait pas été violé par la saisie suivie de la confiscation du film *Das Liebeskonzil* (*Le concile d'amour*), tiré de la pièce satirique d'Oskar Panizza. La Cour avait, en substance, entériné la position des juridictions autrichiennes qui avaient vu dans ce film « une attaque injurieuse contre la religion catholique romaine ». Voy. également Cour eur. dr. h., arrêt *I.A. c. Turquie*, 13 septembre 2005. Dans cet arrêt, la condamnation pénale d'un éditeur d'un ouvrage contenant certains passages jugés blasphématoires par les juridictions turques fut jugée compatible avec la liberté d'expression. À l'appui de sa conclusion, la Cour fit valoir que certains passages de cet ouvrage constituaient « une attaque injurieuse contre la personne du prophète de l'islam », des personnes de confession musulmane ayant pu « légitimement se sentir attaqué[e]s de manière injustifiée et offensante ». Voy. encore Cour eur. dr. h., arrêt *E.S. c. Autriche*, 25 octobre 2018. La Cour y a jugé compatible avec la liberté d'expression la condamnation pénale d'une ressortissante autrichienne à une amende de 480 euros pour avoir accusé Mahomet de « pédophilie ». Comp. avec Cour eur. dr. h., arrêt *Rabczewska c. Pologne*, 15 septembre 2022 (constat de violation de l'article 10 de la Convention en raison de la condamnation d'une chanteuse connue à une amende pour atteinte aux convictions religieuses d'autrui par des propos publics insultants concernant la Bible).

609 Cour eur. dr. h., arrêt *Chauvy et autres c. France*, 29 juin 2004, § 69.

avez la mémoire courte» et constituant un véritable panégyrique de l'action de Philippe Pétain durant la Seconde Guerre mondiale. La Cour a certes estimé qu'«en présentant Philippe Pétain sous un jour entièrement favorable et en ne mentionnant aucun des faits qui lui ont été reprochés et lui ont valu d'être condamné à mort par la Haute Cour de justice, le texte pouvait sans nul doute passer pour polémique»[610]. Néanmoins, après avoir rappelé que «la justification d'une politique pronazie ne saurait bénéficier de la protection de l'article 10», la Cour a souligné que «les requérants se sont explicitement démarqués des 'atrocités' et des 'persécutions nazies' ainsi que de la 'toute-puissance allemande et [de] sa barbarie'. Ils ont ainsi moins fait l'éloge d'une politique que celle d'un homme, et cela dans un but dont la cour d'appel a reconnu, sinon le moyen, du moins la pertinence et la légitimité : la révision de la condamnation de Philippe Pétain»[611].

346. Dans l'affaire *Perincek c. Suisse,* la Cour a jugé que l'article 10 de la Convention avait été violé en raison de la condamnation pénale d'un ressortissant turc ayant contesté publiquement et de manière répétée que les massacres des Arméniens perpétrés en 1915 par l'Empire ottoman étaient constitutifs d'un génocide[612]. La Cour a essentiellement mis en exergue le fait que les propos du requérant «ne peuvent pas être assimilés à des appels à la haine, à la violence ou à l'intolérance envers les Arméniens»[613]. Elle a tenu à distinguer la présente affaire de celles où était en cause la négation de l'Holocauste. Aux yeux de la Cour, alors que la négation de l'Holocauste «traduit invariablement une idéologie antidémocratique et antisémite» en sorte que sa répression se justifie[614], une telle forme de présomption irréfragable ne vaut pas s'agissant des autres génocides. Pour ceux-ci, il convient d'avoir égard au contexte. Or, la Cour a estimé qu'il n'existait pas en Suisse, au moment où les propos ont été tenus, de «besoin social impérieux» susceptible de justifier la répression des propos du requérant[615]. En outre, il y a lieu, selon la Cour, d'avoir égard au facteur temporel : «autant un événement relativement récent peut être traumatisant au point de justifier, pendant un certain temps, que l'on contrôle davantage l'expression de propos à son sujet, autant la nécessité d'une telle mesure diminue forcément au fil du temps»[616].

347. Pour le reste, un haut degré de protection est traditionnellement conféré aux propos qui contribuent à un débat d'intérêt général[617]. Pour la Cour, «l'intérêt général ne saurait être réduit aux attentes d'un public friand de détails quant à la vie privée d'autrui, ni au goût des lecteurs pour le sensationnel, voire,

---

610 Cour eur. dr. h., Gde Ch., arrêt *Lehideux et Isorni c. France,* 23 septembre 1998, § 52.

611 *Ibidem,* § 53.

612 Cour eur. dr. h., Gde Ch., arrêt *Perincek c. Suisse,* 15 octobre 2015.

613 *Ibidem,* § 239. Voy. aussi §§ 240, 259 et 264.

614 *Ibidem,* § 243. Voy. aussi § 253.

615 *Ibidem,* §§ 242 à 268.

616 *Ibidem,* § 250.

617 Voy. notamment Cour eur. dr. h., arrêt *Wingrove c. Royaume-Uni,* 25 novembre 1996, § 58.

parfois, pour le voyeurisme»[618]. La Cour de préciser «qu'ont trait à un intérêt général les questions qui touchent le public dans une mesure telle qu'il peut légitimement s'y intéresser, qui éveillent son attention ou le préoccupent sensiblement [...], notamment parce qu'elles concernent le bien-être des citoyens ou la vie de la collectivité [...]. Tel est le cas également des questions qui sont susceptibles de créer une forte controverse, qui portent sur un thème social important [...], ou encore qui ont trait à un problème dont le public aurait intérêt à être informé [...]»[619]. La Cour a par exemple estimé que la place de l'islam en France pouvait être considérée comme participant d'un débat d'intérêt général[620].

2.6. La forme des propos

348. À la sempiternelle question «peut-on rire de tout?», la Cour apporte une réponse résolument négative. «[L]e droit à l'humour ne permet pas tout», énonce l'arrêt *Z.B. c. France*[621], qui jugea compatible avec la liberté d'expression la condamnation pénale du requérant pour apologie de crimes d'atteintes volontaires à la vie en raison des inscriptions – «je suis une bombe» et «Jihad, né le 11 septembre» – apposées sur un tee-shirt qu'il avait spécialement commandé et offert à son neveu de trois ans et que celui-ci avait porté à l'école maternelle.

349. Un autre exemple peut être tiré de la décision d'irrecevabilité intervenue dans l'affaire *M'Bala M'Bala c. France*. En l'espèce, le requérant avait, à l'occasion d'un spectacle organisé en décembre 2008 au Zénith, convié Robert Faurisson à le rejoindre sur scène pour se faire remettre le «prix de l'infréquentabilité et de l'insolence». Ce prix, symbolisé par un chandelier à trois branches coiffées de trois pommes, lui avait été remis par un figurant vêtu d'un pyjama rayé sur lequel avait été cousue une étoile jaune portant la mention «juif». À la suite de cette représentation, le requérant fut condamné pour injure publique envers des personnes d'origine ou de confession juive. Saisie d'une requête dénonçant une violation de l'article 10 de la Convention, la Cour a jugé que «le requérant ne saurait prétendre, dans les circonstances particulières de l'espèce et au regard de l'ensemble du contexte de l'affaire, avoir agi en qualité d'artiste ayant le droit de s'exprimer par le biais de la satire, de l'humour et de la provocation». La Cour vit au contraire «dans cette valorisation du négationnisme à travers la place centrale donnée à l'intervention de Robert Faurisson et dans la mise en position avilissante des victimes juives des déportations face à celui qui nie leur extermination, [...] une démonstration de haine et d'antisémitisme, ainsi que la remise en cause de l'Holocauste»[622]. Dans ces conditions, en application de

618 Cour eur. dr. h., Gde Ch., arrêt *Couderc et Hachette Filipacchi Associés c. France*, 10 novembre 2015, § 101.
619 *Ibidem*, § 103.
620 Cour eur. dr. h., arrêt *Zemmour c. France*, 20 décembre 2022, § 58.
621 Cour eur. dr. h., arrêt *Z.B. c. France*, 2 septembre 2021, § 57.
622 Cour eur. dr. h., décision (rec.) *M'Bala M'Bala c. France*, 20 octobre 2015, § 39.

l'article 17 de la Convention, le requérant ne pouvait se prévaloir de la liberté d'expression telle que celle-ci est garantie par l'article 10.

350. Cette décision *M'Bala M'Bala* a ceci d'intéressant et même d'innovant qu'elle applique l'article 17 de la Convention non à des propos – en réalité, aucun propos ouvertement négationniste ne fut constaté au cours du spectacle litigieux – mais à une « mise en scène ». Qualifiant celle-ci d'« outrageusement grotesque », la Cour dit « n'[avoir] aucun doute sur [sa] teneur fortement antisémite ».

351. Cela étant, il ressort de la jurisprudence de la Cour que l'expression protégée par l'article 10 recouvre des comportements[623] et notamment des « performances » consistant en une forme d'expression artistique et politique[624].

2.7. Le contexte des propos

352. La Cour se montre particulièrement attentive au contexte dans lequel les propos litigieux sont tenus. Peuvent dès lors entrer en ligne de compte des facteurs d'ordre temporel et/ou géographique.

2.7.1. Le contexte temporel

353. La Cour est tout d'abord attentive au contexte temporel. Dans l'affaire *Plon c. France*, la Cour fut confrontée à l'interdiction de diffusion de l'ouvrage *Le Grand Secret* relatif à la dissimulation de la maladie de François Mitterrand. Cette interdiction fut d'abord ordonnée en référé puis maintenue par le juge du fond. La Cour valida la mesure prise par le juge des référés au nom de la nécessaire protection des droits du président Mitterrand et de ses ayants cause, mais elle jugea en revanche que le maintien de cette interdiction par le juge du fond cessa de satisfaire aux exigences de l'article 10 de la Convention. Aux yeux de la Cour en effet, « plus le temps passait, plus l'intérêt public du débat lié à l'histoire des deux septennats accomplis par le président Mitterrand l'emportait sur les impératifs de la protection des droits de celui-ci au regard du secret médical »[625]. Ainsi, « le passage du temps doit nécessairement être pris en compte pour apprécier la compatibilité avec la liberté d'expression d'une mesure aussi grave que l'interdiction »[626].

354. Cet élément tenant au « passage du temps » fut également déterminant dans l'affaire *Lehideux et Isorni* précitée concernant la condamnation pénale des

---

623 Cour eur. dr. h., arrêt *Handzhiyski c. Bulgarie*, 6 avril 2021, § 45.

624 Voy. Cour eur. dr. h., arrêt *Mariya Alekhina et autres c. Russie*, 17 juillet 2018, §§ 202-206, concernant une performance musicale du groupe Pussy Riot dans une cathédrale. Voy. également Cour eur. dr. h., arrêt *Bouton c. France*, 13 octobre 2022, à propos de la condamnation d'une Femen pour exhibition sexuelle à l'église de la Madeleine à Paris.

625 Cour eur. dr. h., arrêt *Plon c. France*, 18 mai 2004, § 53.

626 *Ibidem*.

requérants pour avoir fait l'apologie de l'action menée par le maréchal Pétain durant la Seconde Guerre mondiale. Ces propos apologétiques avaient été exprimés en 1984 dans un encart publié dans le journal *Le Monde*. Pour juger cette condamnation contraire à l'article 10 de la Convention, la Cour a mis en exergue le fait que « les événements évoqués dans la publication litigieuse se sont produits plus de quarante ans avant celle-ci ». Selon la Cour, « même si des propos tels que ceux des requérants sont toujours de nature à ranimer la controverse et à raviver des souffrances dans la population, le recul du temps entraîne qu'il ne conviendrait pas, quarante ans après, de leur appliquer la même sévérité que dix ou vingt ans auparavant »[627].

355. Dans l'affaire *Leroy c. France*, la Cour fut amenée à prendre connaissance d'un dessin publié deux jours après les attentats du 11 septembre 2001, représentant les tours du *World Trade Center* en flammes et accompagné de la légende « Nous en avions tous rêvé… Le Hamas l'a fait ». Pour la Cour, la condamnation de son auteur pour complicité d'apologie du terrorisme n'était pas contraire à la liberté d'expression du requérant. La Cour s'est notamment fondée sur la circonstance que le dessin litigieux a été publié le 13 septembre 2001, soit deux jours après les attentats, « alors que le monde entier était sous le choc »[628].

2.7.2. Le contexte géographique

356. La Cour est tout autant attentive au contexte géographique de la publication. À l'appui de son constat de non-violation de l'article 10 dans l'affaire *Leroy* précitée, la Cour a fait valoir un élément d'ordre géographique tenant au fait que la publication litigieuse eut lieu dans un hebdomadaire basque. Or, selon la Cour, « l'impact d'un tel message dans une région politiquement sensible n'est pas à négliger ; nonobstant son caractère limité du fait de sa publication dans l'hebdomadaire en question, la Cour constate […] que celle-ci entraîna des réactions […] pouvant attiser la violence et démontrant son impact plausible sur l'ordre public dans la région »[629].

357. Dans l'affaire *Perincek c. Suisse*, la Cour releva à l'appui de son constat de violation de l'article 10 de la Convention que « nul ne soutient qu'il existe un lien direct entre la Suisse et les événements survenus en 1915 et les années suivantes dans l'Empire ottoman » et que « rien ne prouve qu'à l'époque où le requérant a tenu ses propos le climat en Suisse était tendu et risquait de générer de graves frictions entre les Turcs et les Arméniens qui y vivaient »[630].

---

627 Cour eur. dr. h., Gde Ch., arrêt *Lehideux et Isorni c. France*, 23 septembre 1998, § 55.

628 Cour eur. dr. h., arrêt *Leroy c. France*, 2 octobre 2008, § 45.

629 *Ibidem*.

630 Cour eur. dr. h., Gde Ch., arrêt *Perincek c. Suisse*, 15 octobre 2015, § 244.

2.8. Le moyen de communication des propos

358. Aux yeux de la Cour, «l'impact potentiel du moyen concerné revêt de l'importance». Ainsi, la Cour considère que «les médias audiovisuels ont des effets souvent beaucoup plus immédiats et puissants que la presse écrite»[631]. Par ailleurs, depuis plusieurs années, la Cour se montre particulièrement sensible à la puissance croissante du numérique, notant que «les sites Internet sont des outils d'information et de communication qui se distinguent particulièrement de la presse écrite, notamment quant à leur capacité à emmagasiner et à diffuser l'information, et que les communications en ligne et leur contenu risquent bien plus que la presse écrite de porter atteinte à l'exercice et à la jouissance des droits et libertés fondamentaux, en particulier du droit au respect de la vie privée»[632].

359. Dans l'affaire *Delfi AS*, la Cour a jugé qu'un exploitant d'un portail d'actualités sur internet pouvait être tenu de retirer des commentaires odieux postés sur ce portail par des tiers, sans qu'il y ait là violation pour ledit exploitant de sa liberté de communiquer des informations, protégée par l'article 10 de la Convention[633].

360. Plus récemment, dans l'affaire *Sanchez c. France*, la Cour a estimé compatible avec l'article 10 la condamnation pénale du requérant, élu local et candidat aux élections législatives, pour provocation à la haine ou à la violence à l'égard d'un groupe de personnes ou d'une personne à raison d'une religion déterminée, faute pour lui d'avoir promptement supprimé la publication par des tiers de commentaires haineux sur le mur de son compte Facebook[634].

J. La liberté de réunion pacifique (article 11 de la Convention)

1. La «réunion pacifique»

361. L'article 11 de la Convention ne vise que le droit à la liberté de «réunion pacifique». Il exclut de son champ de protection les manifestations dont les organisateurs et participants sont animés d'intentions violentes[635].

362. Toutefois, une personne ne cesse pas de jouir du droit à la liberté de réunion pacifique en raison d'actes de violence sporadiques commis par d'autres personnes au cours de la manifestation, dès lors que les intentions ou le comportement de cette personne demeurent, quant à eux, pacifiques[636]. Aussi, un individu ne peut faire l'objet d'une quelconque sanction pour avoir participé à

[631] Cour eur. dr. h., arrêt *Jersild c. Danemark*, 23 septembre 1994, § 31.
[632] Cour eur. dr. h., arrêt *Société éditrice de Mediapart et autres c. France*, 14 janvier 2021, § 88.
[633] Cour eur. dr. h., Gde Ch., arrêt *Delfi AS c. Estonie*, 16 juin 2015.
[634] Cour eur. dr. h., Gde Ch., arrêt *Sanchez c. France*, 15 mai 2023.
[635] Cour eur. dr. h., arrêt *Stankov et Organisation macédonienne unie Ilinden c. Bulgarie*, 2 octobre 2001, § 77.
[636] Cour eur. dr. h., arrêt *Primov et autres c. Russie*, 12 juin 2014, § 155.

une manifestation non prohibée, dans la mesure où il ne commet lui-même, à cette occasion, aucun acte répréhensible[637].

2. *L'autorisation de la réunion*

363. Pour la Cour, il est légitime de soumettre la tenue de réunions à une autorisation préalable. Cependant, la réglementation applicable ne peut constituer une entrave excessive à la liberté de réunion[638]. En outre, la tenue d'une réunion illégale, sans autorisation préalable, ne justifie pas toute ingérence dans la liberté de réunion pacifique[639]. En l'absence d'actes de violence de la part des manifestants, les autorités sont invitées à faire « preuve d'une certaine tolérance à l'égard des rassemblements pacifiques pour que la liberté de réunion garantie par l'article 11 de la Convention ne soit pas vidée de sa substance »[640]. En particulier, la Cour admet que, dans des circonstances spéciales, une manifestation spontanée puisse se tenir en réaction à un événement d'actualité. Disperser une telle manifestation au seul motif que l'obligation de notification préalable n'a pas été respectée et sans que les participants se fussent comportés d'une manière contraire à la loi peut constituer une restriction disproportionnée à la liberté de réunion pacifique[641].

3. *La tenue de la réunion*

3.1. Les contremanifestations

364. Une liberté de réunion « concrète et effective » ne s'accommode pas du seul devoir de non-ingérence des autorités publiques. Elle requiert également de celles-ci des mesures positives de protection à l'égard des participants à une manifestation pacifique[642]. Ainsi, les participants à une telle manifestation « doivent […] pouvoir la tenir sans avoir à redouter des brutalités que leur infligeraient leurs adversaires : pareille crainte risquerait de dissuader les associations ou autres groupes défendant des opinions ou intérêts communs de s'exprimer ouvertement sur des thèmes brûlants de la vie de la collectivité »[643]. Et la Cour d'affirmer que « [d]ans une démocratie, le droit de contre-manifester ne saurait aller jusqu'à paralyser l'exercice du droit de manifester »[644].

---

637 Cour eur. dr. h., arrêt *Ezelin c. France*, 26 avril 1991, § 53, à propos de la participation non violente d'un avocat à une manifestation.

638 Cour eur. dr. h., Gde Ch., arrêt *Kudrevičius et autres c. Lituanie*, 15 octobre 2015, §§ 147-154.

639 Cour eur. dr. h., arrêt *Cisse c. France*, 9 avril 2002, § 50, s'agissant de l'occupation d'une église.

640 Cour eur. dr. h., Gde Ch., arrêt *Navalnyy c. Russie*, 15 novembre 2018, § 143. Voy. également Cour eur. dr. h., arrêt *Oya Ataman c. Turquie*, 5 décembre 2006, §§ 35-44.

641 Cour eur. dr. h., arrêt *Laguna Guzman c. Espagne*, 6 octobre 2020, §§ 48-56.

642 Cour eur. dr. h., arrêt *Plattform « Ärzte für das Leben » c. Autriche*, 21 juin 1988, § 32 ; arrêt *Organisation macédonienne unie Ilinden et Ivanov c. Bulgarie*, 20 octobre 2005, § 115.

643 Cour eur. dr. h., arrêt *Plattform « Ärzte für das Leben » c. Autriche*, 21 juin 1988, § 32.

644 *Ibidem*.

365. Pour autant, les contremanifestants ont le droit d'exprimer leur désaccord avec les manifestants. L'État est dès lors tenu de protéger le droit de réunion des deux groupes et de choisir les moyens les moins restrictifs permettant aux deux rassemblements d'avoir lieu[645]. Pour la Cour, « l'interdiction inconditionnelle d'une contre-manifestation est une mesure extrême qui appelle une justification particulière »[646].

3.2. La protection des minorités

366. Une obligation de protection particulière s'impose à l'égard des manifestants lorsque ceux-ci appartiennent à une minorité exposée au mépris, sinon à la violence du grand public. Selon la Cour, « il serait incompatible avec les valeurs sous-jacentes à la Convention qu'un groupe minoritaire ne puisse exercer les droits qu'elle garantit qu'à condition que cela soit accepté par la majorité. En pareil cas, le droit des groupes minoritaires à la liberté de religion, d'expression et de réunion deviendrait purement théorique et non pratique et effectif comme le veut la Convention »[647]. La Cour a ainsi sanctionné la passivité des autorités nationales face à des agressions homophobes perpétrées à l'occasion de manifestations visant à promouvoir les droits de la minorité homosexuelle[648].

3.3. L'entrave à la circulation

367. Toute manifestation dans un lieu public entraîne, par nature, des perturbations de la vie quotidienne, notamment de la circulation routière. La Cour examine, au vu des circonstances concrètes de l'espèce, si les troubles ont dépassé le niveau de perturbation qu'entraîne l'exercice normal de la liberté de réunion pacifique. Dans l'affaire *Barraco c. France*, la Cour a jugé que la condamnation d'un chauffeur routier pour délit d'entrave à la circulation publique résultant du blocage complet de la circulation sur une autoroute au cours d'une opération dite « escargot » n'était pas contraire au droit que lui reconnaît l'article 11[649]. La Cour est parvenue à un même constat de non-violation dans l'affaire *Kudrevičius et autres c. Lituanie*, s'agissant de sanctions pénales infligées à des agriculteurs pour avoir bloqué la circulation sur des axes routiers majeurs pendant deux jours[650].

645 Cour eur. dr. h., arrêt *Faber c. Hongrie*, 24 juillet 2012, § 43.
646 Cour eur. dr. h., arrêt *Öllinger c. Autriche*, 29 juin 2006, § 44.
647 Cour eur. dr. h., arrêt *Alexeïev c. Russie*, 21 octobre 2010, § 81.
648 Cour eur. dr. h., arrêt *Identoba et autres c. Géorgie*, 12 mai 2015, §§ 97-100; arrêt *Berkman c. Russie*, 1er décembre 2020, §§ 45-63.
649 Cour eur. dr. h., arrêt *Barraco c. France*, 5 mai 2009.
650 Cour eur. dr. h., Gde Ch., arrêt *Kudrevičius et autres c. Lituanie*, 15 octobre 2015.

K. La liberté d'association (article 11 de la Convention)

1. La dimension négative

368. Dans le silence du texte, l'article 11 de la Convention doit-il être compris comme garantissant également la liberté de ne pas s'associer, de la même manière que le droit à la liberté d'expression implique celui de se taire ou que le droit à la liberté de pensée, de conscience et de religion implique celui de ne pas adhérer à une religion ou de ne pas la pratiquer[651] ?

369. Cette question fut soumise à la Cour à l'occasion de l'affaire *Le Compte, Van Leuven et De Meyere c. Belgique*. En l'occurrence, des médecins belges soutenaient que l'obligation de s'affilier à l'Ordre des médecins méconnaissait l'article 11 de la Convention. La Cour n'a pas jugé nécessaire de répondre à cette question, dans la mesure où, en raison de sa nature juridique et de sa fonction proprement publique, l'Ordre des médecins ne constituait pas une « association » au sens de l'article 11 en sorte que cette disposition ne trouvait point à s'appliquer en l'espèce[652].

370. Il fallut attendre l'arrêt *Sigurdur A. Sigurjonsson c. Islande* du 30 juin 1993 pour que la Cour énonçât solennellement que « l'article 11 consacre un droit d'association négatif ». Sur cette base, l'arrêt *Chassagnou c. France* du 29 avril 1999 déclara incompatibles avec l'article 11 de la Convention les dispositions de la loi « Verdeille » qui contraignaient les requérants à adhérer à une association communale de chasse agréée en y faisant apport de l'usage de leur terrain.

2. La dimension politique

371. Les partis politiques constituent des rouages essentiels d'une démocratie. Par conséquent, toute mesure affectant les partis politiques appelle un contrôle éminemment strict au regard de l'article 11. Un refus d'enregistrement d'un parti ou sa dissolution ne peuvent s'appliquer qu'« aux cas les plus graves »[653].

372. Ainsi, un refus d'enregistrement d'un parti politique n'est compatible avec l'article 11 de la Convention que si le projet porté par ce parti est de nature à compromettre le régime démocratique dans le pays concerné ou appelle à la violence[654]. Il ressort de la jurisprudence de la Cour qu'« un parti

---

651 Cour eur. dr. h., Gde Ch., arrêt *Buscarini et autres c. Saint-Marin*, 18 février 1999, § 34.

652 Cour eur. dr. h., arrêt *Le Compte, Van Leuven et De Meyere*, 23 juin 1981, §§ 62-66.

653 Cour eur. dr. h., Gde Ch., arrêt *Refah Partisi et autres c. Turquie*, 13 février 2003, § 100 ; arrêt *Linkov c. République tchèque*, 7 décembre 2006, § 45.

654 Voy. Cour eur. dr. h., arrêt *Linkov c. République tchèque*, 7 décembre 2006, §§ 34-46 où la Cour a considéré qu'en l'absence de projet politique de nature à compromettre le régime démocratique dans le pays et/ou à l'absence d'une invitation ou d'une justification de recours à la force à des fins politiques, le refus d'enregistrer un parti politique dénommé « parti libéral » était contraire à l'article 11 de la Convention. En revanche, dans l'arrêt *Ignatencu et le parti communiste roumain c. Roumanie* du 5 mai 2020, la Cour a jugé

politique dont les responsables incitent à recourir à la violence ou proposent un projet politique qui ne respecte pas la démocratie ou qui vise la destruction de celle-ci ainsi que la méconnaissance des droits et libertés qu'elle reconnaît ne peut se prévaloir de la protection de la Convention contre les sanctions infligées pour ces motifs »[655].

373. Nonobstant son caractère radical, la dissolution de partis politiques a pu être jugée nécessaire au regard de l'article 11 de la Convention dès lors que les projets défendus par ces partis s'avéraient contraires aux valeurs démocratiques promues par la Convention[656]. La Cour en jugea ainsi dans le cas de la dissolution par la Cour constitutionnelle turque du parti *Refah* dont le programme visait à l'instauration d'un régime fondé sur la charia. Une telle mesure pouvait, selon la Cour, être considérée comme « nécessaire dans une société démocratique ». À ses yeux, « on ne saurait exiger de l'État d'attendre, avant d'intervenir, qu'un parti politique s'approprie le pouvoir et commence à mettre en œuvre un projet politique incompatible avec les normes de la Convention et de la démocratie, en adoptant des mesures concrètes visant à réaliser ce projet, même si le danger de ce dernier pour la démocratie est suffisamment démontré et imminent »[657].

3. La dimension civile

374. Selon la Cour, « [l]a possibilité pour les citoyens de former une personne morale afin d'agir collectivement dans un domaine de leur intérêt constitue un des aspects les plus importants du droit à la liberté d'association, sans quoi ce droit se trouverait dépourvu de tout sens »[658]. L'arrêt *Gorzelik et autres c. Pologne* énonce que « [s]i, dans le contexte de l'article 11, la Cour a souvent mentionné le rôle essentiel joué par les partis politiques pour le maintien du pluralisme et de la démocratie, les associations créées à d'autres fins, notamment la protection du patrimoine culturel ou spirituel, la poursuite de divers buts sociaux ou économiques, la proclamation et l'enseignement d'une religion, la recherche d'une identité ethnique ou l'affirmation d'une conscience minoritaire, sont également importantes pour le bon fonctionnement de la démocratie »[659].

375. La dissolution étant une mesure extrême, il ne peut y être recouru qu'en l'absence d'autres mesures aptes à parvenir au but poursuivi et portant moins gravement atteinte à la liberté d'association[660]. La Cour a néanmoins jugé

que le refus d'inscrire, sur la liste des partis politiques, un parti se voulant continuateur du parti communiste dissous en 1989 pour son régime totalitaire était compatible avec l'article 11 de la Convention.

655 Cour eur. dr. h., Gde Ch., arrêt *Refah Partisi et autres c. Turquie*, 13 février 2003, § 98.

656 Cour eur. dr. h., Gde Ch., arrêt *Refah Partisi et autres c. Turquie*, 13 février 2003; arrêt *Herri Batasuna et Batasuna c. Espagne*, 30 juin 2009.

657 Cour eur. dr. h., Gde Ch., arrêt *Refah Partisi et autres c. Turquie*, 13 février 2003, § 102.

658 Cour eur. dr. h., arrêt *Sidiropoulos et autres c. Grèce*, 10 juillet 1998, § 40.

659 Cour eur. dr. h., Gde Ch., arrêt *Gorzelik et autres c. Pologne*, 17 février 2004, § 92.

660 Cour eur. dr. h., arrêt *Association Rhino et autres c. Suisse*, 11 octobre 2011, §§ 62-68.

« nécessaire dans une société démocratique » la dissolution d'une association organisant des marches paramilitaires hostiles aux Roms[661]. Elle aboutit à une même conclusion à propos de la dissolution de deux associations de supporters du club de football Paris Saint-Germain à la suite de faits de violence. Pour la Cour, de tels groupes « n'ont pas la même importance pour une démocratie qu'un parti politique » en sorte que « la rigueur avec laquelle il convient d'examiner la nécessité d'une restriction au droit d'association n'est pas la même »[662].

4. *La dimension syndicale*

376. L'article 11 de la Convention énonce expressément que la liberté d'association comprend « le droit de fonder avec d'autres des syndicats et de s'affilier à des syndicats pour la défense de ses intérêts ». Pour la Cour, « la liberté syndicale est un élément essentiel du dialogue social entre travailleurs et employeurs et, par là même, un outil important dans la recherche de la justice et de la paix sociales »[663].

377. Bien que l'article 11, § 2, de la Convention autorise expressément des « restrictions légitimes » à l'exercice de la liberté d'association par les membres des forces armées, de la police ou de l'administration de l'État, la Cour a notamment jugé que l'interdiction absolue pour les militaires français de constituer un syndicat ou d'y adhérer portait à l'essence même de la liberté syndicale une atteinte prohibée par l'article 11[664].

378. Au fil de sa jurisprudence, la Cour a dégagé des « éléments essentiels » de la liberté syndicale, parmi lesquels figurent le droit de former un syndicat ou de s'y affilier, l'interdiction des accords de monopole syndical[665], le droit pour un syndicat de chercher à persuader l'employeur d'écouter ce qu'il a à dire au nom de ses membres et le droit de mener des négociations collectives avec l'employeur[666].

379. Quant au droit de grève, s'il n'est pas expressément consacré par l'article 11, il se voit toutefois « clairement protégé » par cette disposition[667]. Ce

---

661 Cour eur. dr. h., arrêt *Vona c. Hongrie*, 9 juillet 2013.

662 Cour eur. dr. h., arrêt *Les Authentiks et Supras Auteuil 91 c. France*, 27 octobre 2016, § 84.

663 Cour eur. dr. h., Gde Ch., arrêt *Sindicatul « Păstorul cel Bun » c. Roumanie*, 9 juillet 2013, § 130.

664 Cour eur. dr. h., arrêt *Matelly c. France*, 2 octobre 2014, § 75.

665 Voy. à cet égard Cour eur. dr. h., arrêt *Young, James et Webster c. Royaume-Uni*, 13 août 1981. En l'espèce, trois travailleurs de la société des chemins de fer britanniques furent licenciés pour avoir refusé de s'affilier à l'un des trois syndicats avec lesquels leur employeur avait conclu un accord de monopole syndical postérieurement à leur engagement. La Cour jugea que la menace de renvoi pesant sur les requérants et la perte subséquente de leurs moyens d'existence constituaient « une forme très grave de contrainte » qui touchait à la « substance même » de leur liberté d'association (§ 55). Voy., en ce qui concerne plus particulièrement les accords de monopole syndical avant embauche, Cour eur. dr. h., Gde Ch., arrêt *Sorensen et Rasmussen c. Danemark*, 11 janvier 2006, où la Cour jugea pareillement que l'obligation d'affiliation à un syndicat imposée aux requérants avant leur engagement avait touché à la « substance même » de leur liberté d'association (§ 64).

666 Cour eur. dr. h., Gde Ch., arrêt *Sindicatul « Păstorul cel Bun » c. Roumanie*, 9 juillet 2013, § 135.

667 Cour eur. dr. h., arrêt *National Union of Rail, Maritime and Transport Workers c. Royaume-Uni*, 8 avril 2014, § 84. Voy. aussi Cour eur. dr. h., décision (rec.) *Association of Academics c. Islande*, 15 mai 2018, §§ 24-27.

droit n'est cependant pas absolu. Des restrictions peuvent notamment être imposées pour certaines catégories de fonctionnaires[668] ainsi que pour les travailleurs qui fournissent à la population des services essentiels[669].

L. L'interdiction de la discrimination (article 14 de la Convention)

380. L'article 14 de la Convention interdit la discrimination dans la «jouissance des droits et libertés reconnus dans la [...] Convention». Il ne s'agit donc pas d'une interdiction générale de toute discrimination. Selon une jurisprudence bien établie de la Cour, «l'article 14 de la Convention complète les autres clauses normatives de la Convention et de ses Protocoles. Il n'a pas d'existence indépendante puisqu'il vaut uniquement pour 'la jouissance des droits et libertés' qu'elles garantissent. Certes, il peut entrer en jeu même sans un manquement à leurs exigences et, dans cette mesure, il possède une portée autonome, mais il ne saurait trouver à s'appliquer si les faits du litige ne tombent pas sous l'empire de l'une au moins desdites dispositions»[670].

381. Le Protocole n° 12 additionnel à la Convention étend le champ de la protection contre la discrimination à «tout droit prévu par la loi» (article 1er, § 1er) et, plus encore, à toute «discrimination de la part d'une autorité publique» (article 1er, § 2). Il établit de la sorte une «interdiction générale de la discrimination»[671]. À ce jour, ce protocole n'a cependant pas été ratifié par tous les États parties à la Convention (vingt sur quarante-six).

1. Les types de discrimination

1.1. La discrimination active

382. Toute différence de traitement n'est pas une discrimination. La forme la plus classique de discrimination consiste en un traitement différent, sans justification objective et raisonnable, de personnes se trouvant dans une situation suffisamment comparable[672].

383. Cette dernière notion de comparabilité n'est guère aisée à appréhender. Quand peut-on affirmer qu'une personne se trouve dans une situation compa-

---

668 Cour eur. dr. h., arrêt *Junta Rectora Del Ertzainen Nazional Elkartasuna (ER.N.E.) c. Espagne*, 21 avril 2015. Fut en l'occurrence jugée compatible avec l'article 11 de la Convention une interdiction légale, pour des policiers, de faire grève.

669 Cour eur. dr. h., arrêt *Ognevenko c. Russie*, 20 novembre 2018. La Cour dut se prononcer en l'espèce sur l'interdiction complète du droit de grève pour certaines catégories du personnel ferroviaire. Elle jugea que le licenciement d'un conducteur de train qui prit part à une grève malgré cette interdiction avait emporté violation de l'article 11 de la Convention.

670 Cour eur. dr. h., Gde Ch., arrêt *Savickis c. Lettonie*, 9 juin 2022, § 120.

671 Cour eur. dr. h., Gde Ch., arrêt *Sejdić et Finci c. Bosnie-Herzégovine*, 22 décembre 2009, § 53.

672 Cour eur. dr. h., arrêt rendu dans l'affaire «relative à certains aspects du régime linguistique de l'enseignement en Belgique», 23 juillet 1968, § 10 (fond).

rable à une autre ? Tout dépend du point de vue considéré. La Cour enseigne qu'il convient de prendre en considération le domaine concerné, la finalité de la mesure qui opère la distinction en cause et le contexte dans lequel cette mesure s'inscrit[673]. La Cour a par exemple jugé qu'aux fins de l'exonération des droits de succession, deux sœurs célibataires vivant ensemble depuis trente et un ans n'étaient pas dans une situation comparable à celle d'un couple marié ou de partenaires civils vivant ensemble en sorte qu'elles ne pouvaient prétendre être victimes d'une discrimination au regard de l'article 14 de la Convention[674]. En revanche, elle a considéré qu'aux fins du congé parental, un militaire de sexe masculin se trouvait dans une situation analogue à celle d'un militaire de sexe féminin[675].

1.2. La discrimination passive

384. Une discrimination peut également résulter du traitement identique de personnes se trouvant dans des situations différentes. Ce second type de discrimination a été expressément envisagé dans l'arrêt *Thlimmenos c. Grèce* du 6 avril 2000 : « La Cour a conclu jusqu'à présent à la violation du droit garanti par l'article 14 de ne pas subir de discrimination dans la jouissance des droits reconnus par la Convention lorsque les États font subir sans justification objective et raisonnable un traitement différent à des personnes se trouvant dans des situations analogues [...]. Toutefois, elle estime que ce n'est pas la seule facette de l'interdiction de toute discrimination énoncée par l'article 14. Le droit de jouir des droits garantis par la Convention sans être soumis à discrimination est également transgressé lorsque, sans justification objective et raisonnable, les États n'appliquent pas un traitement différent à des personnes dont les situations sont sensiblement différentes »[676].

1.3. La discrimination indirecte

385. La notion de discrimination « indirecte » a également fait irruption dans la jurisprudence de la Cour, notamment à la faveur du droit antidiscriminatoire adopté dans le cadre de l'Union européenne. L'on parle de discrimination « indirecte » lorsqu'une norme ou une pratique apparemment neutre – c'est-à-dire qui n'opère pas formellement de distinction fondée sur un critère prohibé – affecte en réalité ou est susceptible d'affecter plus particulièrement une catégorie de personnes réunies en raison de la possession d'une caractéristique commune (race, origine ethnique, sexe, etc.). La discrimination indirecte

673 Cour eur. dr. h., Gde Ch., avis du 13 juillet 2022 consultatif relatif à la différence de traitement entre les associations de propriétaires « ayant une existence reconnue à la date de la création d'une association communale de chasse agréée » et les associations de propriétaires créées ultérieurement, P16-2021-002, §§ 64-71.

674 Cour eur. dr. h., Gde Ch., arrêt *Burden et Burden c. Royaume-Uni*, 29 avril 2008, §§ 62-66.

675 Cour eur. dr. h., Gde Ch., arrêt *Konstantin Markin c. Russie*, 22 mars 2012, § 133.

676 Cour eur. dr. h., Gde Ch., arrêt *Thlimmenos c. Grèce*, 6 avril 2000, § 44.

consiste en une discrimination de fait. L'attention est portée sur les effets de la norme ou de la pratique au-delà de son contenu.

386. La notion de « discrimination indirecte » est au cœur de l'arrêt *D.H. et autres c. République tchèque*[677]. La Cour y a confirmé que pouvait être discriminatoire une politique ou une mesure générale ayant des effets préjudiciables disproportionnés sur un groupe de personnes, même si cette politique ou cette mesure était apparemment neutre[678]. Elle a précisé qu'une discrimination indirecte ne présupposait pas une intention discriminatoire[679]. Cet arrêt *D.H.* retient également l'attention en ce qu'il admet, d'une part, l'outil statistique comme mode de preuve de la discrimination indirecte[680] et instaure, d'autre part, un renversement de la charge de la preuve, en ce sens que des statistiques suffisamment fiables et significatives peuvent constituer une présomption de discrimination qu'il appartient à l'État défendeur de renverser[681].

1.4. La discrimination « positive »

387. Les actions positives – ou affirmatives – visent à remédier à des inégalités de fait par le droit au moyen de mesures temporaires ayant vocation à disparaître lorsque l'objectif poursuivi est atteint.

388. D'aucuns parlent de « discrimination positive » à cet égard. L'expression peut toutefois sembler paradoxale dès lors que, par essence, une discrimination constitue une distinction illicite, qui, partant, ne peut jamais être « positive » – sauf à revoir la définition de la discrimination.

389. Il reste que cette idée de corriger l'inégalité par le droit avait été évoquée dès 1968 par la Cour dans *l'Affaire linguistique belge*, où la Cour mit en exergue l'existence d'« inégalités de droit » visant à « corriger des inégalités de fait »[682]. L'idée a par la suite été précisée : « L'article 14 n'interdit pas à un État membre de traiter des groupes de manière différenciée pour corriger des 'inégalités factuelles' entre eux ; de fait, dans certaines circonstances, l'absence d'un traitement différencié pour corriger une inégalité peut en soi emporter violation de la disposition en cause »[683].

390. Dans plusieurs affaires, la Cour a considéré que le refus de procéder à des « aménagements raisonnables »[684] en vue de remédier à des « inégalités fac-

---

677 L'espèce portait sur le placement massif d'enfants d'origine rom au sein d'établissement spéciaux d'enseignement destinés aux enfants atteints de déficiences mentales.

678 Cour eur. dr. h., Gde Ch., arrêt *D.H. et autres c. République tchèque*, 13 novembre 2007, § 175.

679 *Ibidem*, §§ 184 et 194.

680 *Ibidem*, §§ 180 et 187-188.

681 *Ibidem*, §§ 188-189 et 195.

682 Cour eur. dr. h., arrêt du 23 juillet 1968 relatif à l'affaire « relative à certains aspects du régime linguistique de l'enseignement en Belgique », § 10 (fond).

683 Cour eur. dr. h., Gde Ch., arrêt *Stec et autres c. Royaume-Uni*, 12 avril 2006, § 51.

684 Entendus comme « les modifications et ajustements nécessaires et appropriés n'imposant pas de charge disproportionnée ou indue apportée, en fonction des besoins dans une situation donnée » (Cour eur. dr. h., arrêt *Çam c. Turquie*, 23 février 2016, § 65).

tuelles» résultant d'un handicap constituait une discrimination prohibée par l'article 14 de la Convention[685].

2. *Les critères de distinction*

391. La liste des critères prohibés de distinction énoncée aux articles 14 de la Convention et 1er du Protocole n° 12 n'est pas exhaustive. En témoigne l'usage par chacune de ces dispositions de l'adverbe «notamment». Il reste que certains critères plus que d'autres appellent une vigilance accrue en ce qu'ils apparaissent d'emblée comme fortement suspects.

392. Il en va tout particulièrement ainsi de la race, de la couleur et de l'origine ethnique. La Cour considère qu'«en cas de différence de traitement fondée sur la race, la couleur ou l'origine ethnique, la notion de justification objective et raisonnable doit être interprétée de manière aussi stricte que possible»[686]. Pour la Cour, «l'origine ethnique et la race sont des notions liées, qui se recoupent. Si la notion de race trouve son origine dans l'idée d'une classification biologique des êtres humains en sous-espèces selon leurs particularités morphologiques (couleur de la peau, traits du visage), l'origine ethnique se fonde sur l'idée de groupes sociaux ayant en commun une nationalité, une appartenance tribale, une religion, une langue, des origines et un milieu culturels et traditionnels»[687]. Aussi, «dans la société démocratique actuelle basée sur les principes de pluralisme et de respect pour les différentes cultures, aucune différence de traitement fondée exclusivement ou dans une mesure déterminante sur l'origine ethnique d'une personne ne saurait être objectivement justifiée»[688].

393. De même, la Cour considère que «s'agissant de différences de traitement fondées sur le sexe ou l'orientation sexuelle, la marge d'appréciation des États est étroite»[689]. À ses yeux, «les différences motivées uniquement par des considérations tenant à l'orientation sexuelle sont inacceptables au regard de la Convention»[690].

---

685 Voy. Cour eur. dr. h., arrêt *Çam c. Turquie*, 23 février 2016, § 69: «le refus d'inscription de la requérante au conservatoire reposait sur la seule circonstance qu'elle était non-voyante et que les instances nationales n'avaient, à aucun moment, envisagé l'éventualité que des aménagements raisonnables eussent peut-être pu permettre sa scolarisation au sein de cet établissement. Dès lors, la Cour estime que la requérante s'est vu dénier, sans justification objective et raisonnable, la possibilité de suivre une éducation au sein du conservatoire de musique, à cause de son seul handicap visuel. Elle conclut en conséquence à la violation de l'article 14 de la Convention combiné avec l'article 2 du Protocole n° 1». Voy. également Cour eur. dr. h., arrêt *Enver Sahin c. Turquie*, 30 janvier 2018; arrêt *Helgi Lárusson c. Islande*, 31 mai 2022.

686 Cour eur. dr. h., Gde Ch., arrêt *D.H. et autres c. République tchèque*, 13 novembre 2007, § 196.

687 Cour eur. dr. h., arrêt *Timichev c. Russie*, 13 décembre 2005, § 55.

688 Cour eur. dr. h., Gde Ch., arrêt *D.H. et autres c. République tchèque*, 13 novembre 2007, § 176.

689 Cour eur. dr. h., Gde Ch., arrêt *Vallianatos et autres c. Grèce*, 7 novembre 2013, § 77.

690 *Ibidem*.

394. La Cour enseigne encore que seules « des considérations très fortes » sont à même de justifier des différences de traitement fondées sur la nationalité[691].

M. Le droit de propriété (article 1er du Protocole n° 1)

1. *Une consécration lente et timide*

395. « Le droit de propriété est-il un droit de l'homme ? »[692] La question posée par Guy Haarscher peut sembler iconoclaste. Il n'empêche que le droit de propriété a été âprement discuté et ne figure pas dans le texte originel de la Convention. Il fut proclamé « dans la douleur »[693] deux années plus tard, au moyen d'un protocole additionnel dont l'article 1er se lit comme suit :

« Toute personne physique ou morale a droit au respect de ses biens. Nul ne peut être privé de sa propriété que pour cause d'utilité publique et dans les conditions prévues par la loi et les principes généraux du droit international.

Les dispositions précédentes ne portent pas atteinte au droit que possèdent les États de mettre en vigueur les lois qu'ils jugent nécessaires pour réglementer l'usage des biens conformément à l'intérêt général ou pour assurer le paiement des impôts ou d'autres contributions ou des amendes ».

396. Force est de constater qu'il ne s'agit pas là d'une consécration très franche du droit de propriété. Le droit, tel qu'il est libellé, est loin d'être absolu. Il peut être assorti de deux limitations : la privation de propriété et la réglementation de l'usage des biens, cette dernière étant envisagée en des termes pour le moins larges. Au reste, l'article 1er du Premier Protocole ne consacre pas explicitement le « droit de propriété », mais un « droit au respect de ses biens ». Il fallut attendre 1979 et l'arrêt *Marckx* pour que la Cour confirmât expressément qu'« en reconnaissant à chacun le droit au respect de ses biens, l'article 1er [du Premier Protocole] garantit en substance le droit de propriété »[694].

397. En réalité, et ainsi que la Cour le répète depuis son fameux arrêt *Sporrong et Lönnroth c. Suède*[695], l'article 1er du Premier Protocole renferme « trois normes distinctes » : « la première, qui s'exprime dans la première phrase du premier

---

691 Cour eur. dr. h., arrêt *Gaygusuz c. Autriche*, 16 novembre 1996, § 42 ; Gde Ch., arrêt *Andrejeva c. Lettonie*, 18 février 2009, § 87. Comp. avec Cour eur. dr. h., Gde Ch., arrêt *Savickis c. Lettonie*, 9 juin 2022, où la Cour a examiné la question de ces « considérations très fortes » à l'aune de la marge d'appréciation à allouer à l'État défendeur.

692 G. Haarscher, « Le droit de propriété est-il un droit de l'homme ? Considérations préliminaires à une analyse systématique », *in* S. Marcus Helmons (éd.), *Le droit de propriété en Europe occidentale et orientale – Mutations et limites d'un droit fondamental*, Academia-Bruylant, Louvain-la-Neuve, 1995, p. 9.

693 L. Condorelli, « Premier protocole additionnel. Article 1 », *in* L.-E. Pettiti, E. Decaux et P.-H. Imbert (dir.), *La Convention européenne des droits de l'homme. Commentaire article par article*, Economica, Paris, 1995, p. 971.

694 Cour eur. dr. h., arrêt *Marckx c. Belgique*, 13 juin 1979, § 63.

695 Cour eur. dr. h., arrêt *Sporrong et Lönnroth c. Suède*, 23 septembre 1982, § 61.

alinéa et revêt un caractère général, énonce le principe du respect de la propriété ; la deuxième, figurant dans la seconde phrase du même alinéa, vise la privation de propriété et la soumet à certaines conditions ; quant à la troisième, consignée dans le second alinéa, elle reconnaît aux États le pouvoir, entre autres, de réglementer l'usage des biens conformément à l'intérêt général »[696].

2. Une interprétation large de la notion de « bien »

398. Soucieuse de garantir la pleine effectivité aux dispositions dont elle a la garde, la Cour procède à une interprétation autonome de la notion de « bien ». Ainsi, loin de se limiter à la seule propriété immobilière, cette notion concerne non seulement les biens corporels, mais aussi les biens incorporels, tels des créances[697], des actions ou parts d'une société[698], des droits de propriété intellectuelle[699], une clientèle[700] ou encore des prestations de sécurité sociale[701].

399. Par ailleurs, la Cour retient le concept d'« espérance légitime » : « [b]ien que l'article 1er du Protocole n° 1 ne vaille que pour les biens actuels et ne crée aucun droit d'en acquérir, dans certaines circonstances, l''espérance légitime' d'obtenir une valeur patrimoniale peut également bénéficier de la protection de cette disposition »[702]. Cette « espérance légitime » doit néanmoins reposer sur une base suffisante en droit interne. Tel est le cas lorsqu'elle est confirmée par une jurisprudence bien établie des tribunaux ou fondée sur une disposition législative[703].

3. Les limitations du droit de propriété

3.1. La privation de propriété

400. Au sens de l'article 1er du Premier Protocole, la privation de propriété suppose le transfert du titre de propriété, la suppression totale de celui-ci ou encore la dépossession *de facto* entraînant la paralysie complète des prérogatives de la propriété (*usus*, *fructus* et *abusus*).

401. Une expropriation constitue, à n'en pas douter, une « privation de propriété »[704]. La Cour ne s'arrête cependant pas aux qualifications données en

---

696 Cour eur. dr. h., Gde Ch., arrêt *Scordino c. Italie* (n° 1), 29 mars 2006, § 78 ; Gde Ch., arrêt *Kozacıoğlu c. Turquie*, 19 février 2009, § 48 ; Gde Ch., arrêt *Vistiņš et Perepjolkins c. Lettonie*, 25 octobre 2012, § 93 ; Gde Ch., arrêt *G.I.E.M. S.R.L. et autres c. Italie*, 28 juin 2018, § 289.

697 Cour eur. dr. h., arrêt *Pressos Compania Naviera S.A. et autres c. Belgique*, 20 novembre 1995, §§ 31-32.

698 Cour eur. dr. h., arrêt *Sovtransavto Holding c. Ukraine*, 25 juillet 2002, § 91.

699 Cour eur. dr. h., Gde Ch., arrêt *Anheuser-Busch Inc. c. Portugal*, 11 janvier 2007, §§ 66-72.

700 Cour eur. dr. h., arrêt *Van Marle c. Pays-Bas*, 26 juin 1986, § 41 ; décision (rec.) *Wendenburg et autres c. Allemagne*, 6 février 2003.

701 Cour eur. dr. h., Gde Ch., décision (rec.) *Stec c. Royaume-Uni*, 6 juillet 2005.

702 Cour eur. dr. h., Gde Ch., arrêt *Béláné Nagy c. Hongrie*, 13 décembre 2016, § 74.

703 Cour eur. dr. h., Gde Ch., arrêt *Kopecký c. Slovaquie*, 28 septembre 2004, § 52 ; Gde Ch., arrêt *Depalle c. France*, 29 mars 2010, § 63 ; arrêt *Saghinadze et autres c. Géorgie*, 27 mai 2010, § 103.

704 Cour eur. dr. h., Gde Ch., arrêt *Kozacioglu c. Turquie*, 19 février 2009, § 49 ; arrêt *Lallement c. France*, 11 avril 2002, § 18.

droit interne. Elle entend «regarder au-delà des apparences et analyser la réalité de la situation litigieuse» pour sanctionner les expropriations cachées, soit les expropriations «de fait»[705]. C'est ainsi qu'elle a été amenée à connaître, dans l'affaire *Papamichalopoulos*, de la prise de possession illicite de terrains par la Marine grecque, en dehors de toute procédure d'expropriation. Pour la Cour, «la perte de toute disponibilité des terrains en cause, combinée avec l'échec des tentatives menées jusqu'ici pour remédier à la situation incriminée, a engendré des conséquences assez graves pour que les intéressés aient subi une expropriation de fait incompatible avec leur droit au respect de leurs biens»[706].

402. Une privation de propriété ne peut s'opérer «que pour cause d'utilité publique». Fidèle à la logique subsidiaire présidant à son office, la Cour répète depuis 1986 et son arrêt *James* que, «grâce à une connaissance directe de leur société et de ses besoins, les autorités nationales se trouvent en principe mieux placées que le juge international pour déterminer ce qui est 'd'utilité publique'»[707]. De manière générale, la Cour dit «[respecter] la manière dont [l'autorité nationale] conçoit les impératifs de l''utilité publique'». Elle ne contestera le point de vue des autorités nationales que si le jugement porté par celles-ci «se révèle manifestement dépourvu de base raisonnable»[708].

403. Par ailleurs, la compatibilité d'une privation de propriété avec l'article 1er du Premier Protocole est, en règle, subordonnée au versement d'une indemnité. La Cour enseigne que «sans le versement d'une somme raisonnablement en rapport avec la valeur du bien, une privation de propriété constitue normalement une atteinte excessive»[709].

3.2. La réglementation de l'usage de biens

404. Lorsque l'usage qu'un individu peut faire de son bien est affecté, sans pour autant entraîner un transfert de propriété ou la disparition de tous les attributs du droit de propriété, la mesure concernée sera réputée emporter «réglementation de l'usage du bien». Ont ainsi été considérées comme portant «réglementation de l'usage des biens», au regard de l'article 1er du Premier Protocole, des mesures tendant à contrôler les loyers[710], une injonction de saisie-vente d'un immeuble[711], ou encore des mesures de remise en état tendant à la démolition d'une maison en raison tantôt de l'illégalité de la construction[712], tantôt

[705] Cour eur. dr. h., arrêt *Sporrong et Lönnroth c. Suède*, 23 septembre 1982, § 63.
[706] Cour eur. dr. h., arrêt *Papamichalopoulos et autres c. Grèce*, 24 juin 1993, § 45.
[707] Cour eur. dr. h., arrêt *James et autres c. Royaume-Uni*, 21 février 1986, § 46.
[708] Cour eur. dr. h., Gde Ch., arrêt *Vistiņš et Perepjolkins c. Lettonie*, 25 octobre 2012, § 94; arrêt *James et autres c. Royaume-Uni*, 21 février 1986, § 46.
[709] Cour eur. dr. h., arrêt *Saints Monastères c. Grèce*, 9 décembre 1994, § 71; arrêt *Curmi c. Malte*, 22 novembre 2011, § 41.
[710] Cour eur. dr. h., arrêt *Lindheim et autres c. Norvège*, 12 juin 2012, §§ 75-78; Gde Ch., arrêt *Hutten-Czapska c. Pologne*, 19 juin 2006, §§ 160-161; arrêt *Mellacher et autres c. Autriche*, 19 décembre 1989, § 44.
[711] Cour eur. dr. h., arrêt *Korshunova c. Russie*, 6 septembre 2022, § 29.
[712] Cour eur. dr. h., arrêt *Hamer c. Belgique*, 27 novembre 2007, § 77.

du non-renouvellement d'une autorisation d'occupation privative du domaine public[713]. Des dispositions nationales consacrant la prescription acquisitive et entraînant un changement de propriété ont également été appréhendées sous l'angle de la « réglementation de l'usage des biens »[714]. Jugé par ailleurs que l'exécution d'un ordre d'abattage de bovins n'était pas constitutive d'une privation de propriété – dès lors que les bovins abattus restaient la propriété de l'exploitant, « qui peut les vendre et en percevoir la valeur bouchère » – mais qu'elle emportait « réglementation de l'usage de biens »[715]. Dans l'affaire *Tas c. Belgique*, concernant une confiscation d'immeubles ordonnée par le juge pénal, la Cour a estimé que, « même si la mesure en question a entraîné une privation de propriété, celle-ci relève d'une réglementation de l'usage des biens au sens du second alinéa de l'article 1er du Protocole n° 1 »[716].

405. Il ressort de la jurisprudence de la Cour qu'une mesure portant réglementation de l'usage de biens doit ménager un « juste équilibre » entre les impératifs de l'intérêt général et ceux de la sauvegarde des droits fondamentaux de l'individu. La Cour exige « un rapport raisonnable de proportionnalité entre les moyens employés et le but visé ». Elle jugera que l'« équilibre est rompu si la personne concernée a eu à subir une charge spéciale et exorbitante »[717].

3.3. Les autres ingérences dans le droit au respect des biens

406. Aux deux catégories précitées de limitations s'en ajoute une troisième qui a été élaborée de manière prétorienne. Dite « subsidiaire » ou « résiduelle », elle regroupe, en réalité, l'ensemble des autres ingérences dans le droit au respect des biens, qui ne peuvent être rattachées à aucune des deux premières catégories[718].

407. Ainsi, par exemple, un permis d'exproprier qui n'a pas – encore – reçu exécution ne constitue pas une « privation de propriété » à strictement parler. En l'absence d'exécution, le droit de propriété demeure, même s'il peut être restreint. Cette mesure sera, en règle, appréhendée à l'aune de la norme générale du « droit au respect des biens » (« première norme »)[719]. Il en va de même des mesures d'interdiction de construire en vue d'une expropriation[720].

408. La Cour est ici encore appelée à vérifier si l'ingérence dans le droit au respect des biens ménage un « juste équilibre » entre les exigences de l'intérêt

[713] Cour eur. dr. h., Gde Ch., arrêt *Depalle c. France*, 29 mars 2010, § 80.
[714] Cour eur. dr. h., Gde Ch., arrêt *J.A. Pye (Oxford) Ltd et J.A. Pye (Oxford) Land Ltd c. Royaume-Uni*, 30 août 2007, § 66.
[715] Cour eur. dr. h., arrêt *s.a. Bio d'Ardennes c. Belgique*, 12 novembre 2019, §§ 47-49.
[716] Cour eur. dr. h., décision (rec.) *Tas c. Belgique*, 12 mai 2009.
[717] Cour eur. dr. h., Gde Ch., arrêt *Depalle c. France*, 29 mars 2010, § 83.
[718] Cour eur. dr. h., arrêt *Sporrong et Lönnroth c. Suède*, 23 septembre 1982 ; arrêt *Bruncrona c. Finlande*, 16 novembre 2004, § 79 ; Gde Ch., arrêt *Ališić et autres c. Bosnie-Herzégovine, Croatie, Serbie, Slovénie et l'ex-République yougoslave de Macédoine*, 16 juillet 2014, § 99.
[719] Cour eur. dr. h., arrêt *Sporrong et Lönnroth c. Suède*, 23 septembre 1982, §§ 62 et s.
[720] Cour eur. dr. h., arrêt *Scordino c. Italie* (n° 2), 15 juillet 2004.

général de la communauté et les impératifs de la sauvegarde des droits fondamentaux de l'individu. L'article 1er du Premier Protocole sera violé si «la personne concernée a dû supporter une charge disproportionnée et excessive»[721].

N. Le droit à des élections libres (article 3 du Protocole n° 1)

409. L'article 3 du Protocole n° 1 impose aux Hautes Parties contractantes d'organiser des élections libres au scrutin secret dans des conditions qui assurent la libre expression de l'opinion du peuple sur le choix du corps législatif. Il se distingue des autres dispositions de la Convention et de ses Protocoles en ce qu'il énonce une obligation davantage qu'un droit.

410. Appelée pour la première fois à interpréter la portée de cette disposition à l'occasion de l'affaire *Mathieu-Mohin et Clerfayt c. Belgique*, la Cour a cependant indiqué que cette disposition est génératrice de droits subjectifs et qu'elle garantit le droit de vote et celui de se porter candidat à une élection. Pour autant, ces droits ne sont pas absolus. Il y a place, selon la Cour, pour des «limitations implicites» et les États contractants se voient accorder «une large marge d'appréciation» en ce domaine[722]. Ainsi, l'exercice du droit de vote peut être soumis à certaines conditions, notamment tenant à l'âge ou à la résidence[723]. Le droit d'être élu peut pareillement être subordonné à des conditions, notamment à des seuils parfois élevés[724]. La Cour précise que les États jouissent, en règle, d'une marge d'appréciation plus large lorsque sont en cause des restrictions au droit d'éligibilité[725].

411. Nonobstant la marge d'appréciation dévolue aux États parties, la Cour a pu constater la violation de l'article 3 du Protocole n° 1 à diverses reprises. Elle a estimé dans l'affaire *Hirst c. Royaume-Uni* (n° 2) que les États contractants ne pouvaient priver tous les détenus condamnés du droit de vote sans prise en compte de la durée de leur peine, de la nature ou de la gravité de l'infraction qu'ils avaient commise. Elle a jugé qu'une restriction générale, automatique et indifférenciée du droit de vote des condamnés outrepassait une marge d'appréciation acceptable[726]. De même, la Cour a jugé dans l'affaire *Paksas c. Lituanie*, à

---

721 Cour eur. dr. h., Gde Ch., arrêt *Ališić et autres c. Bosnie-Herzégovine, Croatie, Serbie, Slovénie et l'ex-République yougoslave de Macédoine*, 16 juillet 2014, § 108.

722 Cour eur. dr. h., arrêt *Mathieu-Mohin et Clerfayt c. Belgique*, 2 mars 1987, §§ 46-52.

723 Voy. Cour eur. dr. h., arrêt *Py c. France*, 11 janvier 2005, à propos d'une condition de résidence de dix ans pour participer aux élections du congrès et des assemblées de province en Nouvelle-Calédonie.

724 Voy. Cour eur. dr. h., Gde Ch., arrêt *Yumak et Sadak c. Turquie*, 8 juillet 2008, à propos de l'exigence d'un seuil national de 10 %.

725 Cour eur. dr. h., arrêt *Davydov et autres c. Russie*, 30 mai 2017, § 286.

726 Cour eur. dr. h., Gde Ch., arrêt *Hirst c. Royaume-Uni* (n° 2), 6 octobre 2005, § 82. Voy. ultérieurement Cour eur. dr. h., Gde Ch., arrêt *Scoppola c. Italie* (n° 3), 22 mai 2012. La Cour y a confirmé les principes dégagés dans l'arrêt *Hirst* n°2 en réaffirmant qu'une interdiction générale, automatique et indifférenciée du droit de vote imposée à tous les détenus condamnés indépendamment de la nature ou de la gravité de l'infraction commise était incompatible avec l'article 3 du Protocole n° 1. Elle a toutefois considéré que les États jouissaient d'une ample marge d'appréciation concernant tant la détermination des catégories d'infrac-

propos de la législation lituanienne relative à l'*impeachment*, qu'une inéligibilité permanente constituait une restriction disproportionnée en raison de son caractère définitif et irréversible[727]. Pour la Cour, une restriction automatique et permanente des droits électoraux est difficilement justifiable[728].

412. Afin d'assurer la tenue d'« élections libres », l'article 3 du Premier Protocole impose par ailleurs aux États « certaines obligations positives de nature procédurale »[729]. L'arrêt *Mugemangango c. Belgique* rendu par la Grande Chambre le 10 juillet 2020 a ainsi précisé les exigences quant à l'effectivité des recours concernant le déroulement et le résultat d'un scrutin[730]. Trois exigences sont mises en avant. Premièrement, les recours doivent être examinés « par un organe présentant des garanties suffisantes d'impartialité »[731]. Il s'agit d'éviter que l'examen d'une réclamation relative au déroulement ou au résultat du scrutin ne devienne « le théâtre d'un combat politique entre les partis »[732]. Deuxièmement, « le pouvoir d'appréciation de cet organe [...] doit être, à un niveau suffisant de précision, circonscrit par les dispositions du droit interne »[733]. Troisièmement, « la procédure doit être de nature à garantir une décision équitable, objective et suffisamment motivée »[734]. Dans cette affaire *Mugemangango*, la Cour a estimé sur la base de ces exigences que la procédure de « vérification des pouvoirs » organisée devant le (seul) Parlement wallon n'avait pas offert de garanties adéquates et suffisantes pour assurer un examen effectif des doléances du requérant qui s'était présenté au scrutin régional de 2014 et avait contesté les résultats du décompte des voix.

413. Selon la Cour, « le droit à des élections libres ne se limite pas à la simple possibilité de participer aux élections législatives ; une fois élue, la personne concernée doit également voir reconnaître son droit d'exercer son mandat »[735].

---

tions entraînant l'interdiction du droit de vote que la question de savoir si pareille mesure doit résulter d'une décision judiciaire prise au cas par cas ou de l'application générale d'une loi. Voy. également Cour eur. dr. h., arrêt *Kalda c. Estonie* (n° 2), 6 décembre 2022.

727 Cour eur. dr. h., Gde Ch., arrêt *Paksas c. Lituanie*, 6 janvier 2011, §§ 109-112.

728 Voy. Cour eur. dr. h., Gde Ch., avis consultatif concernant l'appréciation de la proportionnalité, sous l'angle de l'article 3 du Protocole n° 1 à la Convention, d'une interdiction générale pour une personne de se porter candidate à une élection après une destitution dans le cadre d'une procédure d'*impeachment*, 8 avril 2022, P16-2020-002.

729 Cour eur. dr. h., Gde Ch., arrêt *Mugemangango c. Belgique*, 10 juillet 2020, § 69.

730 Voy. antérieurement Cour eur. dr. h., arrêt *Grosaru c. Roumanie*, 2 mars 2010. Dans cet arrêt, la Cour stigmatisa l'absence de garanties suffisantes quant à l'impartialité des organes chargés d'examiner la contestation du requérant portant sur le refus de lui attribuer un siège de député, dès lors qu'ils étaient composés de représentants de partis politiques et de députés pouvant être légitimement perçus par le requérant comme « [ayant] un intérêt contraire au sien ». S'appuyant sur les recommandations de la Commission de Venise (Commission pour la démocratie par le droit), la Cour pointa, en outre, l'absence de tout contrôle juridictionnel en l'espèce.

731 Cour eur. dr. h., Gde Ch., arrêt *Mugemangango c. Belgique*, 10 juillet 2020, § 70.

732 *Ibidem*, § 97.

733 *Ibidem*, § 70.

734 *Ibidem*.

735 Cour eur. dr. h., Gde Ch., arrêt *Demirtas c. Turquie* (n° 2), 22 décembre 2020, § 391 ; arrêt *G.K. c. Belgique*, 21 mai 2019, § 50.

Dans l'affaire *G.K. c. Belgique*, la requérante se plaignait d'avoir été amenée à démissionner contre son gré de son mandat de sénatrice. Elle faisait état d'une contrainte exercée par d'autres mandataires qui, selon la requérante, l'auraient forcée à signer une lettre de démission. En dépit des vives contestations de la requérante, cette démission fut entérinée par le Sénat lors de la vérification des pouvoirs de son successeur. La Cour axa son contrôle sur le « processus décisionnel » conduit en l'espèce (*infra* n° 596). À cet égard, elle observa que « le pouvoir autonome d'appréciation du Sénat n'était pas circonscrit par les dispositions du droit interne à un niveau suffisant de précision »[736] et que « la procédure devant le Sénat n'a pas présenté des garanties procédurales contre l'arbitraire »[737]. Ainsi, la Cour releva l'absence d'audition de la requérante tant par le bureau que par l'assemblée elle-même, ainsi que la participation au processus de décision de mandataires « directement mis en cause par la requérante comme ayant participé à la contrainte » que celle-ci dénonçait[738]. En définitive, « la démission de la requérante de son mandat de sénatrice a été acceptée par le Sénat sans qu'elle eût bénéficié de garanties procédurales contre l'arbitraire, ce qui a porté atteinte à la substance même de ses droits garantis par l'article 3 du Protocole n° 1 »[739].

414. L'arrêt *Demirtas c. Turquie* (n° 2) rendu par la Grande Chambre souligne plus particulièrement que, lorsqu'un député est privé de sa liberté, l'article 3 du Premier Protocole impose aux juridictions nationales d'examiner si cette détention découle de l'activité politique du député concerné, laquelle doit être particulièrement protégée[740]. Aussi, « la privation de liberté d'un député qui ne peut pas être tenue pour conforme aux exigences de l'article 10 de la Convention emportera également violation de l'article 3 du Protocole n° 1 »[741].

Chapitre V
Le décloisonnement des droits et leur interdépendance

415. La déclaration adoptée le 25 juin 1993 à l'issue de la Conférence mondiale sur les droits de l'homme proclame solennellement que « tous les droits de l'homme sont universels, indissociables, interdépendants et intimement liés ».

416. Il reste, ainsi qu'il l'a été déjà relevé (*supra* n° 136), que le texte de la Convention consacre, pour l'essentiel, des droits civils et politiques (droits dits de la première génération). Les droits économiques et sociaux (droits dits de la deuxième génération) relèvent, au sein du Conseil de l'Europe, d'un autre

736 Cour eur. dr. h., 21 mai 2019, arrêt *G.K. c. Belgique*, 21 mai 2019, § 59.
737 *Ibidem*, § 61.
738 *Ibidem*, §§ 61-63.
739 *Ibidem*, § 64.
740 Cour eur. dr. h., Gde Ch., arrêt *Demirtas c. Turquie* (n° 2), 22 décembre 2020, § 395.
741 *Ibidem*, § 392.

mécanisme : celui mis en place par la Charte sociale européenne signée à Turin en 1961 et révisée en 1996, dont le Comité européen des droits sociaux assure le respect à travers un contrôle non juridictionnel fondé sur une procédure de réclamations collectives et un examen de rapports nationaux rédigés par les États. Notons que ce dualisme (droits civils et politiques, d'un côté, et droits économiques et sociaux, de l'autre) se reflète pareillement au niveau onusien par la coexistence du Pacte international relatif aux droits civils et politiques et du Pacte international relatif aux droits économiques, sociaux et culturels, tous deux adoptés en 1966.

417. Quant au droit à un environnement sain, il n'est pas consacré en tant que tel par la Convention[742]. Telle est la raison pour laquelle l'Assemblée parlementaire du Conseil de l'Europe a, le 29 septembre 2021, recommandé au Comité des ministres d'élaborer un protocole additionnel à la Convention ainsi qu'un protocole additionnel à la Charte sociale européenne en vue de consacrer dans ces instruments « le droit à un environnement sûr, propre, sain et durable ».

A. L'absence de cloison étanche avec les droits économiques et sociaux

418. La Cour enseigne depuis l'arrêt *Airey* qu'au regard de la Convention, il n'existe, en réalité, aucune cloison étanche entre les droits civils et politiques, d'un côté, et les droits économiques et sociaux, de l'autre. En effet, « si [la Convention] énonce pour l'essentiel des droits civils et politiques, nombre d'entre eux ont des prolongements d'ordre économique ou social »[743]. Aussi, « la Cour n'estime donc pas devoir écarter telle ou telle interprétation pour le simple motif qu'à l'adopter on risquerait d'empiéter sur la sphère des droits économiques et sociaux ; nulle cloison étanche ne sépare celle-ci du domaine de la Convention »[744].

419. On relèvera d'emblée que plusieurs droits garantis par la Convention présentent une forte coloration sociale. Il en va ainsi de l'article 11 de la Convention qui garantit expressément « le droit de fonder avec d'autres des syndicats et de s'affilier à des syndicats pour la défense de ses intérêts ». La Cour a interprété cette disposition comme protégeant notamment le droit de mener des négociations collectives avec l'employeur[745] mais aussi le droit de grève[746]. On songe aussi à l'interdiction du travail forcé ou obligatoire, consacrée par l'article 4 de la Convention.

420. Il y a ensuite que l'exercice des droits civils et politiques (on pense en particulier aux libertés d'expression, de réunion et d'association) contribue au

---

742 Cour eur. dr. h., arrêt *Kyrtatos c. Grèce*, 22 mai 2003, § 52.

743 Cour eur. dr. h., arrêt *Airey c. Irlande*, 9 octobre 1979, § 26.

744 *Ibidem*.

745 Cour eur. dr. h., Gde Ch., arrêt *Demir et Baykara c. Turquie*, 12 novembre 2008, § 154.

746 Cour eur. dr. h., arrêt *Enerji Yapı-Yol Sen c. Turquie*, 21 avril 2009 ; décision (rec.) *Association of Academics c. Islande*, 15 mai 2018, §§ 24-27.

développement des droits économiques et sociaux. Inversement, un exercice véritablement effectif des droits civils et politiques ne peut se concevoir sans le bénéfice de droits économiques et sociaux. Ces droits s'avèrent bel et bien interdépendants et intimement liés.

421. Par ailleurs, il est assez remarquable de relever qu'une part importante de la jurisprudence «sociale» de la Cour a été édifiée sur le fondement de l'article 1er du Premier Protocole additionnel consacrant le droit au respect des biens. Comme Paul Martens l'a finement noté, c'est là un étrange paradoxe de voir la Cour développer sa jurisprudence «sociale» au départ du droit le plus «bourgeois» de la Convention. Depuis la décision *Stec et autres c. Royaume-Uni* de 2005, la Cour considère en effet que, si l'article 1er du Premier Protocole additionnel ne consacre pas un droit à percevoir une prestation sociale, cette disposition trouve cependant à s'appliquer lorsque la législation interne reconnaît aux individus un droit à une telle prestation, que celle-ci soit contributive ou non contributive[747]. L'arrêt *Béláné Nagy c. Hongrie* rendu le 13 décembre 2016 montre toutes les potentialités de cet ancrage conventionnel. La requérante se plaignait, en l'espèce, de la suppression, par l'effet d'une réforme législative, de la pension d'invalidité qu'elle avait perçue pendant près de dix ans. La Cour conclut à la violation de l'article 1er du Premier Protocole dès lors que la requérante, particulièrement vulnérable, se voyait de la sorte privée de sa seule source de revenus et qu'aucune mesure transitoire adaptée à sa situation n'avait été prévue[748].

422. L'article 14 de la Convention, qui prohibe la discrimination dans la jouissance des droits conventionnellement garantis, constitue un autre terrain propice aux percées sociales dans le droit de la Convention. Cette disposition a, en effet, conduit la Cour à condamner des refus d'octroi de prestations sociales au motif que ceux-ci s'avéraient discriminatoires[749]. Dans l'affaire *Konstantin Markin c. Russie*, l'article 14 fut combiné avec l'article 8 garantissant le droit au respect de la vie privée et familiale aux fins de considérer que le refus d'accorder un congé parental au requérant constituait un traitement discriminatoire fondé sur le genre[750]. En revanche, dans l'affaire *Andrle c. République tchèque*, l'abaissement de l'âge de départ à la retraite dont pouvaient bénéficier les femmes ayant élevé des enfants, à l'exclusion des hommes, ne fut

---

747 Cour eur dr. h., Gde Ch., décision (rec.) *Stec et autres c. Royaume-Uni*, 6 juillet 2005, §§ 47-56.

748 Cour eur. dr. h., Gde Ch., arrêt *Béláné Nagy c. Hongrie*, 13 décembre 2016, §§ 119-127.

749 Voy., en ce qui concerne la nationalité, Cour eur. dr. h., arrêt *Gaygusuz c. Autriche*, 16 septembre 1996 (à propos du refus des autorités d'attribuer au requérant l'allocation d'urgence au motif qu'il n'avait pas la nationalité autrichienne) et arrêt *Koua Poirrez c. France*, 30 septembre 2003 (concernant le refus d'accorder au requérant une allocation pour adulte handicapé au motif qu'il ne possédait pas la nationalité française et que le pays dont il était ressortissant n'avait pas signé d'accord de réciprocité avec la France sur cette prestation). Voy., en ce qui concerne la résidence, Cour eur. dr. h., arrêt *Pichkur c. Ukraine*, 7 novembre 2013 (à propos de la cessation du paiement d'une pension de retraite au motif que le bénéficiaire résidait à titre permanent à l'étranger).

750 Cour eur. dr. h., Gde Ch., arrêt *Konstantin Markin c. Russie*, 22 mars 2012, §§ 131-152.

pas jugé contraire à l'article 14 combiné avec l'article 1er du Premier Protocole[751].

B. L'absence de cloison étanche avec les droits environnementaux

423. Si le droit à un environnement sain n'est pas consacré, en tant que tel, par la Convention, il se voit indubitablement protégé par celle-ci dès lors qu'il peut se rattacher à un droit conventionnellement garanti. L'on parle communément d'une « protection par ricochet »[752].

424. Les atteintes causées à l'environnement peuvent de la sorte être appréhendées sous l'angle de l'article 2 lorsqu'elles conduisent au décès[753] ou au regard de l'article 8 lorsqu'elles emportent une violation du droit au respect de la vie privée ou familiale ou encore du domicile[754]. Concrètement, la responsabilité des États parties est engagée lorsque les autorités nationales n'ont pas pris les mesures adéquates pour prévenir une atteinte à l'environnement constitutive d'une violation d'un droit garanti par la Convention[755].

425. Outre cette dimension matérielle, la Cour a mis en exergue, sur le plan procédural, l'importance du droit du public à l'information en matière environnementale au regard tant de l'article 8[756] que de l'article 10 de la Convention[757]. L'accès à l'information, la participation au processus décisionnel et l'accès à la justice constituent les piliers de la démocratie environnementale que la Cour entend promouvoir à travers la « procéduralisation » des droits garantis par la Convention[758].

---

751 Cour eur. dr. h., arrêt *Andrle c. République tchèque*, 17 février 2011, §§ 52-61.

752 Fr. Sudre *et al.*, *Droit européen et international des droits de l'homme*, *op. cit.*, p. 763.

753 Cour eur. dr. h., Gde Ch., arrêt *Öneryıldız c. Turquie*, 30 novembre 2004, § 94. Cette affaire concernait une explosion de méthane dans une déchetterie, ayant entraîné la mort de nombreuses personnes vivant dans un bidonville situé à proximité.

754 Voy. notamment Cour eur. dr. h., arrêt *Lopez Ostra c. Espagne*, 9 décembre 1994, relativement à des nuisances causées par une station d'épuration installée à quelques mètres du domicile de la requérante; Gde Ch., arrêt *Hatton et autres c. Royaume-Uni*, 8 juillet 2003, concernant les nuisances provoquées par les vols de nuit au départ de l'aéroport de Heathrow; arrêt *Moreno Gomez c. Espagne*, 16 novembre 2004, à propos de nuisances sonores provenant de discothèques; arrêt *Pavlov et autres c. Russie*, 11 octobre 2022, concernant les effets d'une pollution atmosphérique industrielle excessive.

755 Cour eur. dr. h., arrêt *Brincat et autres c. Malte*, 24 juillet 2014. La Cour a condamné Malte conjointement sous l'angle des articles 2 et 8 de la Convention en l'absence de mesures adéquates en vue de protéger des travailleurs d'un chantier exposés, durant de nombreuses années, à l'amiante.

756 Cour eur. dr. h., arrêt *Guerra et autres c. Italie*, 19février 1998, à propos de l'insuffisance des informations données par les autorités italiennes s'agissant des risques encourus et des mesures à prendre en cas d'accident dans une usine chimique classée à haut risque.

757 Cour eur. dr. h., arrêt *Association BURESTOP 55 et autres c. France*, 1er juillet 2021. Après avoir rappelé que le droit d'accès à l'information peut découler, sous certaines conditions, de l'article 10 de la Convention (Cour eur. dr. h., Gde Ch., arrêt *Magyar Helsinki Bizottság c. Hongrie*, 8 novembre 2016), la Cour a jugé que ce droit se trouverait vidé de sa substance si l'information fournie était insincère, inexacte ou insuffisante (Cour eur. dr. h., arrêt *Association BURESTOP 55 et autres c. France*, 1er juillet 2021, § 108).

758 Voy. tout particulièrement Cour eur. dr. h., arrêt *Taskin et autres c. Turquie*, 10 novembre 2014, § 119.

426. L'affaire *Cordella et autres c. Italie* illustre toutes les potentialités de la Convention en ce domaine[759]. L'espèce concernait les émissions nocives émanant du site sidérurgique d'Ilva, situé à Tarente dans les Pouilles. Quelque cent quatre-vingts personnes s'étaient tournées vers la Cour pour dénoncer l'insuffisance des mesures prises par les autorités publiques italiennes pour protéger la santé des riverains et leur environnement. Dans son arrêt du 24 janvier 2019, la Cour a confirmé qu'outre des obligations négatives d'abstention, les États pouvaient se voir imposer des obligations positives d'action, relevant à la fois de la protection et de l'information des riverains. En l'occurrence, la Cour conclut à la violation de l'article 8 de la Convention en «[constatant] la prolongation d'une situation de pollution environnementale mettant en danger la santé des requérants et, plus généralement, celle de l'ensemble de la population résidant dans les zones à risque, laquelle reste, en l'état actuel, privée d'informations quant au déroulement de l'assainissement du territoire concerné, notamment pour ce qui est des délais de mise en œuvre des travaux y afférents»[760]. Ne s'arrêtant pas à ces seuls constats, la Cour souligna le caractère «primordial» et «urgent» de «travaux d'assainissement» et appela, au titre de l'exécution de son arrêt, à l'exécution «dans les plus brefs délais» du «plan environnemental approuvé par les autorités nationales, et contenant l'indication des mesures et actions nécessaires à assurer la protection environnementale et sanitaire de la population»[761].

427. La Cour est actuellement saisie de plusieurs requêtes critiquant l'insuffisance des mesures prises par les États en vue de lutter contre le réchauffement climatique[762]. «La Cour européenne des droits de l'homme: prétoire pour les contentieux environnementaux et climatiques?»[763]: telle est la question qui se pose aujourd'hui[764]. Si la Convention concerne indubitablement l'environnement, la protection du droit à un environnement sain par la médiation de la Convention est susceptible de se heurter à la dimension anthropocentrique qui singularise celle-ci. En effet, la Convention est irriguée par une approche individuelle: «Nul ne peut...»; «Toute personne a droit...». L'individu est au centre de la Convention et concentre toute son attention. D'aucuns redoutent que cette approche anthropocentrée – présentée comme le principal attrait de

---

759 Voy antérieurement l'arrêt *Tatar c. Roumanie* du 27 janvier 2009, où la Cour conclut à la violation de l'article 8 en raison du manquement des autorités roumaines à protéger le droit à un «environnement sain» d'individus vivant à proximité d'une mine d'extraction d'or.

760 Cour eur. dr. h., arrêt *Cordella e.a. c. Italie*, 24 janvier 1989, § 172.

761 *Ibidem*, § 182.

762 Voy. les requêtes *Duarte Agostinho et autres c. Portugal et autres* (requête n° 39371/20), *Verein Klimaseniorinnen Schweiz et autres c. Suisse* (requête n° 53600/20) et *Carême c. France* (requête n° 7189/21).

763 Fr. KRENC, «La Cour européenne des droits de l'homme: prétoire pour les contentieux environnementaux et climatiques?», *in Liber amicorum Robert Spano*, Anthemis, Limal, 2022, pp. 377-392.

764 Voy. également T. EICKE, «Climate change and the Convention: beyond admissibility», *European Convention on Human Rights law review*, 2022, vol. 3, pp. 8-16; du même auteur, «Human rights and climate change: what role for the European Court of Human Rights?», *European human rights law review*, 2021, vol. 3, pp. 262-273.

la Convention (*supra* n° 20) et à laquelle est opposée une approche écocentrée – entraîne des difficultés dans l'appréhension des problèmes environnementaux, en particulier lorsque ceux-ci sont globaux en ce qu'ils ne concernent pas des situations purement individuelles et ont des causes et/ou des effets transfrontières[765]. D'autres objectent que ces difficultés ne sont pas dirimantes[766]. Il reviendra à la Cour de se prononcer sur ces questions.

765 Voy. notamment E. LAMBERT, « Comment rendre crédible et effective la protection des droits humains écologiques par le Conseil de l'Europe ? », *Rev. trim. dr. h.*, 2020, pp. 609-628 ; C. LE BRIS, « Ancrer le droit à un environnement sain au niveau supranational : pour une action renforcée du Conseil de l'Europe sur les changements climatiques », *Rev. trim. dr. h.*, 2021, pp. 217-240.

766 Voy. H. KELLER et A. D. PERSHING, « Climate Change in Court: Overcoming Procedural Hurdles in Transboundary Environmental Cases », *European Convention on Human Rights Law Review*, 2021 (publié en ligne), ainsi que S. VAN DROOGHENBROECK, C. JADOT et C. DE BUEGER, « Environnement, climat et droits fondamentaux », *in* Fr. Krenc, Fr. Bouhon et Ch. Deprez (dir.), *Actualités choisies des droits fondamentaux*, CUP, vol. n° 210, Anthemis, Liège, 2021, pp. 112-154, spéc. pp. 145 et s.

Partie III

La Cour

428. La Convention ne se contente pas de proclamer des droits et libertés au profit des individus. Elle prévoit également un mécanisme en vue d'en assurer le respect par les États qui y sont parties. Elle est ainsi placée sous le contrôle subsidiaire d'une juridiction internationale qu'est la Cour européenne des droits de l'homme. Installée en 1959, celle-ci siège à Strasbourg au sein du Palais des droits de l'homme[767].

Chapitre I

D'une structure tripartite à une juridiction unique et permanente

429. Il n'est pas sans intérêt de rappeler les grandes lignes du mécanisme originel afin de mesurer l'évolution intervenue depuis l'installation de la Cour.

430. Dans le mécanisme originel, toute personne qui se prétendait victime d'une violation de la Convention pouvait introduire une requête contre un État partie devant la Commission européenne des droits de l'homme, à la condition que l'État concerné eût accepté le droit de recours individuel. La Commission procédait alors à un examen préliminaire de la requête. Celles qui étaient déclarées recevables donnaient lieu à une tentative de règlement amiable. En cas d'échec, la Commission établissait un rapport et émettait un avis sur la question de savoir si les circonstances de l'espèce révélaient une violation de la Convention. Le rapport était ensuite transmis au Comité des ministres. Dans un délai de trois mois à compter de la transmission dudit rapport, la Commission et tout État partie pouvaient saisir la Cour, pour autant que l'État mis en cause eût déclaré reconnaître la juridiction de la Cour. Les individus n'étaient pas autorisés à saisir eux-mêmes la Cour. Le Protocole n° 9, entré en vigueur le 1er octobre 1994, permit ultérieurement aux requérants dont la requête avait

767 Ce Palais fut conçu par Richard Rogers et inauguré en 1995.

fait l'objet d'un rapport de la Commission de solliciter la saisine de la Cour. Ce Protocole ne fut toutefois pas ratifié par tous les États. Si la requête n'était pas déférée à la Cour, il appartenait au Comité des ministres de décider si la Convention avait été violée.

431. Entré en vigueur le 1er novembre 1998, le Protocole n° 11 conduisit, selon ses auteurs, à une « restructuration du mécanisme de contrôle établi par la Convention »[768]. Il marqua le passage de l'« ancienne » à la « nouvelle » Cour. Celle-ci devint une juridiction permanente, alors qu'elle siégeait antérieurement au rythme de sessions. Sur ce point, la Cour se distingue notablement de la Cour interaméricaine des droits de l'homme et de la Cour africaine des droits de l'homme et des peuples. Le Protocole n° 11 supprima par ailleurs la Commission – qui accomplit un travail remarquable pour le développement du droit de la Convention – en même temps qu'il retira au Comité des ministres ses attributions juridictionnelles. Enfin, le droit de recours individuel ne se vit plus subordonné à une déclaration préalable d'acceptation par les États. La compétence de la Cour de connaître des requêtes individuelles devint obligatoire, l'individu étant investi d'un droit d'action directe devant la Cour (*supra* nos 37-43)[769].

Chapitre II
La composition de la Cour

432. Conformément à l'article 20 de la Convention, la Cour est composée d'un nombre de juges égal à celui des États parties. Depuis que la Fédération de Russie n'est plus partie à la Convention (soit depuis le 16 septembre 2022), le nombre de juges est passé de 47 à 46. Ces « juges pour la liberté » – comme l'a fort joliment écrit le très regretté Jean-Paul Costa[770] – sont des juges élus, engagés et indépendants.

---

768 Sur ce protocole, voy. notamment P. Wachsmann *et al.*, *Le Protocole n° 11 à la Convention européenne des droits de l'homme*, coll. « Droit & Justice », n° 15, Nemesis/Bruylant, Bruxelles, 1995 ; J.-F. Flauss (dir.), *La mise en œuvre du Protocole n° 11 : le nouveau Règlement de la Cour européenne des droits de l'homme*, coll. « Droit & Justice », n° 28, Nemesis/Bruylant, Bruxelles, 2000. Voy. également O. De Schutter, « La réforme des mécanismes de contrôle de la Convention européenne des droits de l'homme – État des lieux et perspectives d'avenir », *Courrier hebdomadaire du CRISP*, 1996/7, n° 1512-1513, pp. 1-67.

769 Voy. spécialement sur cette évolution, Cour eur. dr. h., Gde Ch., arrêt *Mamatkulov et Askarov c. Turquie*, 4 février 2005, § 122 : « prévu à l'origine par la Convention en tant qu'élément facultatif du système de protection, le droit de recours individuel a acquis au fil des ans une grande importance et figure parmi les clefs de voûte du mécanisme de sauvegarde des droits et libertés énoncés dans la Convention. Dans le système en vigueur jusqu'au 1er novembre 1998, la compétence de la Commission en matière de droit de recours individuel était subordonnée à une déclaration formelle d'acceptation des Parties contractantes, qui pouvait être faite pour une durée déterminée. Le système de protection tel qu'il fonctionne actuellement est, sur ce point, modifié par le Protocole n° 11 : le droit de recours individuel ne dépend plus d'une déclaration éventuelle des États contractants. Ainsi, l'individu s'est vu reconnaître au plan international un véritable droit d'action pour faire valoir des droits et libertés qu'il tient directement de la Convention ».

770 J.-P. Costa, *La Cour européenne des droits de l'homme – Des juges pour la liberté*, 2e éd., Dalloz, Paris, 2017.

A. Des juges élus

433. Les juges de la Cour sont désignés au terme d'une élection. Ils sont élus par l'Assemblée parlementaire du Conseil de l'Europe sur la base d'une liste de trois candidats présentée par chaque État partie (article 22 de la Convention).

434. Autrefois élus pour une durée de six ans et rééligibles, les juges sont, depuis l'entrée en vigueur du Protocole n° 14, élus pour une durée de neuf ans et ne sont plus rééligibles (article 23, § 1er, de la Convention). Une réflexion est actuellement en cours pour étendre ce mandat à douze ans.

435. La procédure d'élection se déroule en deux phases. La première consiste en la phase nationale au cours de laquelle chaque État partie établit une liste de trois candidats. L'établissement de cette liste est précédé d'un processus de sélection impliquant l'évaluation des candidats se présentant à la fonction[771]. La deuxième phase est la phase européenne. Elle suit la présentation, par l'État, de la liste de trois candidats. Les trois candidats sont auditionnés et évalués par une commission instituée au sein de l'Assemblée parlementaire (Commission sur l'élection des juges à la Cour européenne des droits de l'homme). Cette commission procède à une recommandation à l'attention de l'Assemblée, laquelle procède ensuite à l'élection par bulletin secret en session plénière.

436. En vue d'assurer une représentation équilibrée des femmes et des hommes à la Cour, les listes de candidats doivent comporter au moins un candidat de chaque sexe, sauf si une liste composée de candidats d'un seul sexe correspond au sexe sous-représenté à la Cour (c'est-à-dire au sexe de moins de 40 % du nombre total des juges) ou en cas de circonstances exceptionnelles[772].

437. Aux termes de la Convention, les juges doivent «jouir de la plus haute considération morale et réunir les conditions requises pour l'exercice de hautes fonctions judiciaires ou être des jurisconsultes possédant une compétence notoire» (article 21, § 1er, de la Convention). L'origine professionnelle des juges au sein de la Cour est relativement variée (anciens juges – judiciaires, administratifs ou constitutionnels –, académiques, avocats ou hauts fonctionnaires). Cette diversification des profils constitue, de mon point de vue, un enrichissement pour la Cour. Il importe que la composition de la Cour repose sur un mélange harmonieux entre académiques renommés et praticiens chevronnés, entre internationalistes réputés et fins connaisseurs des droits matériels internes.

---

771 Voy. la Résolution 1646 (2009) de l'Assemblée parlementaire du Conseil de l'Europe qui énumère les conditions d'une procédure de sélection nationale équitable et transparente.

772 Voy. la Résolution 1366 (2004) de l'Assemblée parlementaire du Conseil de l'Europe, telle que modifiée par les Résolutions 1426 (2005), 1627 (2008), 1841 (2011), 2002 (2014) et 2278 (2019).

B. Des juges engagés

438. Les juges de la Cour sont des acteurs engagés au service de la Convention dont ils assurent le respect et le rayonnement. Cet engagement n'est toutefois pas arrimé à une idéologie. Il se situe sur le terrain du droit et s'inscrit dans un cadre strictement judiciaire. En outre, dès lors qu'il a la prétention de condamner des États, le juge européen des droits de l'homme doit assurément faire preuve de modestie. Il ne peut substituer sa propre vision à celle des autorités nationales. Il doit résister à la tentation hégémonique de vouloir tout régir. Il n'a pas la légitimité pour ce faire. En même temps, il doit être ambitieux dans l'exercice de sa fonction car, ultime gardien d'un projet fondamental pour les individus et la société, il est investi d'une responsabilité immense à l'égard des générations actuelles et futures.

C. Des juges indépendants

439. L'indépendance est consubstantielle à la fonction de juger (*supra* n° 243). Celle des juges de la Cour est on ne peut plus cruciale eu égard au rôle capital qui est le leur et qui les amène à vérifier le respect, par les États, de droits et libertés qui sont le reflet des standards d'une société démocratique fondée sur la prééminence du droit.

440. Un juge indépendant est un juge qui n'est dépendant d'aucune autorité, d'aucune partie, d'aucun système de pensée. Cette indépendance est à la fois externe et interne. La résolution sur l'éthique judiciaire adoptée par la Cour plénière le 21 juin 2021 confirme que « [d]ans l'exercice de leurs fonctions judiciaires, les juges sont indépendants de toute institution, organisation ou autorité publique nationale ou internationale et de toute entité privée. Ils doivent être libres de toute influence injustifiée, qu'elle soit interne ou externe, directe ou indirecte. Ils s'abstiennent de toute activité, de tout commentaire et de toute association, refusent toute instruction et évitent toute situation pouvant être interprétés comme nuisant à l'exercice de leurs fonctions judiciaires ou comme étant de nature à nuire à la confiance que le public se doit d'avoir en leur indépendance » (article II). Cette résolution précise qu'ils « ne peuvent accepter aucune décoration ou distinction pendant l'exercice de leurs fonctions de juge de la Cour » (article IX).

441. L'article 28, § 2, du Règlement de la Cour énonce plusieurs causes de déport et d'incompatibilité s'agissant de l'exercice, par les juges, de leurs fonctions.

1. *L'indépendance externe*

442. Il convient de préciser que, si les juges de la Cour sont élus au titre d'un État partie, ils siègent « à titre individuel » (article 21, § 3, de la Convention) et ne le représentent donc pas.

443. Ils ne peuvent être soumis, ni directement ni indirectement, à une quelconque forme d'influence ou de pression extérieures dans l'exercice de leurs fonctions.

444. L'inamovibilité des juges en cours de mandat est un corollaire de cette indépendance[773]. L'article 23, § 3, de la Convention prévoit qu'un juge ne peut être révoqué que par ses collègues, à la majorité des deux tiers[774].

2. *L'indépendance interne*

445. L'indépendance interne est tout aussi fondamentale. La collégialité, essentielle, qui préside à l'exercice de la fonction judiciaire au sein de la Cour n'implique pas une renonciation, par le juge, à son indépendance personnelle.

446. Cette indépendance interne trouve notamment une expression dans la possibilité pour les juges d'émettre une opinion séparée en marge des arrêts rendus par la Cour[775]. Aux termes de l'article 45, § 2, de la Convention, il s'agit là d'un « droit », non d'une obligation[776]. L'opinion séparée peut être concordante lorsqu'un juge, tout en étant d'accord sur le(s) constat(s) dressé(s) dans le dispositif de l'arrêt, entend apporter des précisions au raisonnement suivi par la majorité ou s'en dissocier. L'opinion séparée sera dissidente lorsque le juge ne peut marquer son accord sur la conclusion de la majorité et *a fortiori* sur son raisonnement.

447. La possibilité de recourir à l'opinion séparée ne doit pas occulter les vertus du débat collégial qui doit être prioritairement privilégié. À mon sens, l'opinion séparée n'est que l'ultime moyen pour un juge de faire part de sa position lorsqu'il n'est pas parvenu à convaincre ses collègues lors du délibéré. Il peut alors s'en expliquer publiquement dans le respect du secret du délibéré et en veillant à ne pas saper l'autorité de la Cour.

---

773 Cour eur. dr. h., Gde Ch., arrêt *Guðmundur Andri Ástráðsson c. Islande*, 1er décembre 2020, § 239.

774 Voy., pour plus de détails, l'article 7 du Règlement de la Cour.

775 Une telle possibilité n'existe pas à l'égard des décisions rendues sur la recevabilité. L'article 45, § 2, de la Convention ne vise en effet que les seuls « arrêts ».

776 Pour des cas où des juges se sont dissociés de la majorité, sans émettre pour autant une opinion dissidente, voy. notamment Cour eur. dr. h., Gde Ch., arrêt *V.M. et autres c. Belgique*, 17 novembre 2016; arrêt *Lelièvre c. Belgique*, 8 novembre 2007.

3. *L'indépendance financière*

448. L'indépendance des juges ne peut être dissociée de l'indépendance financière de la juridiction à laquelle ils appartiennent. L'article 50 de la Convention dispose à cet égard que « [l]es frais de fonctionnement de la Cour sont à la charge du Conseil de l'Europe ». La Cour n'est pas dotée d'un budget propre. Son budget fait partie de celui du Conseil de l'Europe et est soumis à l'approbation du Comité des ministres.

449. À titre illustratif, le budget de la Cour pour l'année 2023 s'élève à 76 816 700 euros. Par comparaison, le budget de la Cour de justice de l'Union européenne pour la même année est de 487 000 000 euros.

Chapitre III
L'organisation de la Cour

A. Les sections

450. Les juges sont répartis au sein de sections. Cinq sections composent actuellement la Cour. Ces sections ne constituent pas des formations judiciaires. Il s'agit d'entités administratives au sein desquelles les chambres de sept juges et les comités de trois juges sont constitués.

B. Les formations judiciaires

451. Quatre formations judiciaires sont instituées au sein de la Cour pour traiter les affaires qui lui sont déférées. Nous verrons par après qu'une évolution est intervenue s'agissant de la répartition du contentieux entre ces formations (*infra* n°s 680-691). Les juges y délibèrent en anglais ou en français, qui sont les deux langues officielles de la Cour (article 34, § 1er, du Règlement de la Cour).

1. *Le juge unique*

452. Le juge unique a pour mission de « déclarer une requête [individuelle] irrecevable ou la rayer du rôle lorsqu'une telle décision peut être prise sans examen complémentaire » (article 27, § 1er, de la Convention). En d'autres termes, son rôle est d'écarter du prétoire les requêtes qui sont clairement irrecevables. On songe notamment aux cas où la requête a été introduite au-delà du délai de saisine, les voies de recours internes n'ont manifestement pas été épuisées et où la Cour est invitée à rejuger l'affaire au regard du droit interne comme juge national de quatrième instance.

453. La Convention prévoit expressément qu'un juge unique ne peut connaître d'une requête dirigée contre l'État au titre duquel il a été élu (article 26, § 3, de la Convention).

454. Les décisions prises par le juge unique sont définitives (article 27, § 2, de la Convention). Elles ne peuvent être déférées à une autre formation de jugement au sein de la Cour.

2. Le comité de trois juges

455. Le comité de trois juges dispose d'une double compétence. À l'instar du juge unique, il peut déclarer une requête individuelle « irrecevable ou la rayer du rôle lorsqu'une telle décision peut être prise sans examen complémentaire » (article 28, § 1er, a), de la Convention). Mais il peut aussi rendre un arrêt sur le fond « lorsque la question relative à l'interprétation ou à l'application de la Convention ou de ses protocoles qui est à l'origine de l'affaire fait l'objet d'une jurisprudence bien établie de la Cour » (article 28, § 1er, b) de la Convention). Cette compétence sur le fond, prévue par le Protocole n° 14, gagne actuellement en importance. Les arrêts rendus par le comité sont en effet de plus en plus nombreux compte tenu du développement croissant de la jurisprudence dans différents domaines.

456. Le juge élu au titre de l'État défendeur n'est pas membre de droit du comité de trois juges (article 26, § 4 (*a contrario*), et article 28, § 3, de la Convention)[777]. Mais il est fréquent qu'il y siège.

457. Les décisions et arrêts du comité sont rendus à l'unanimité et sont définitifs dès leur prononcé. Il en découle que les arrêts rendus sur le fond par les comités ne peuvent être déférés sur renvoi à la Grande Chambre, à la différence des arrêts rendus par les chambres de sept juges (article 43 de la Convention).

3. La chambre de sept juges

458. S'il n'est pas statué sur la requête par un juge unique ou par un comité de trois juges, une chambre de sept juges se prononce alors sur sa recevabilité et son bien-fondé (article 29 de la Convention), sauf le cas d'un dessaisissement au profit de la Grande Chambre (article 30 de la Convention).

459. Le juge élu au titre d'un État partie au litige est membre de droit de la chambre (article 26, § 4, de la Convention).

460. Un arrêt rendu par une chambre peut faire l'objet d'un renvoi devant la Grande Chambre, à la demande d'une partie, dans les conditions fixées par l'article 43 de la Convention.

---

777 L'article 28, § 3, de la Convention prévoit toutefois que « [s]i le juge élu au titre de la Haute Partie contractante partie au litige n'est pas membre du comité, ce dernier peut, à tout moment de la procédure, l'inviter à siéger en son sein en lieu et place de l'un de ses membres ».

4. La Grande Chambre de dix-sept juges

461. La Grande Chambre peut connaître d'une affaire, soit à la suite d'un dessaisissement de la chambre initialement saisie (article 30 de la Convention), soit à la suite d'une demande de renvoi formée par une partie consécutivement à un arrêt de chambre (article 43 de la Convention). Dans ce second cas de figure, la saisine de la Grande Chambre est subordonnée à l'acceptation préalable de la demande de renvoi par un collège de cinq juges (*ibidem*).

462. L'« affaire » dont peut connaître la Grande Chambre sur renvoi est la requête telle qu'elle a été déclarée recevable, à laquelle s'ajoutent les griefs qui n'ont pas été préalablement déclarés irrecevables[778]. Il s'ensuit que la Grande Chambre ne peut pas examiner les griefs qui ont été préalablement déclarés irrecevables par une chambre[779] ou par un juge unique[780].

463. Disons-le franchement : saisie sur renvoi, la Grande Chambre officie comme un juge d'appel, dans la mesure où elle peut réformer l'arrêt rendu par la chambre, tant sur la recevabilité[781] que sur le fond[782].

464. S'agissant du dessaisissement, on peut citer comme exemple récent celui intervenu dans les trois affaires dites « climatiques » (*Duarte Agostinho et autres c. Portugal et autres*, *Verein KlimaSeniorinnen Schweiz et autres c. Suisse* et *Carême c. France*).

465. La Grande Chambre joue un rôle régulateur de la jurisprudence. Il lui revient d'en arrêter les lignes directrices, tantôt en clarifiant, affinant ou faisant évoluer la jurisprudence, tantôt en statuant sur une question nouvelle de grande importance relative à l'interprétation ou à l'application de la Convention.

466. Le juge élu au titre d'un État partie au litige est membre de droit de la Grande Chambre (article 26, § 4, de la Convention).

467. Les arrêts rendus par la Grande Chambre sont définitifs (article 44, § 1er, de la Convention).

---

778 Cour eur. dr. h., Gde Ch., *arrêt Savran c. Danemark*, 7 décembre 2021, § 169 ; Gde Ch., arrêt *Denis et Irvine c. Belgique*, 1er juin 2021, § 98 ; Gde Ch., arrêt *Big Brother Watch et autres c. Royaume-Uni*, 25 mai 2021, § 268.

779 Cour eur. dr. h., Gde Ch., arrêt *Kurić et autres c. Slovénie*, 26 juin 2012, §§ 234-237 ; Gde Ch., arrêt *Herrmann c. Allemagne*, 26 juin 2012, §§ 37-39.

780 Cour eur. dr. h., Gde Ch., arrêt *X. et autres c. Bulgarie*, 2 février 2021, § 141 ; Gde Ch., arrêt *Albert et autres c. Hongrie*, 7 juillet 2020, §§ 104 et 105.

781 Voy. par exemple Cour eur. dr. h., Gde Ch., arrêt *Fu Quan, s.r.o. c. République tchèque*, 1er juin 2023 ; Gde Ch., arrêt *Grosam c. République tchèque*, 1er juin 2023.

782 Pour un exemple d'un constat de violation de la Grande Chambre qui se substitue à un constat de non-violation par la chambre, voy. Cour eur. dr. h., Gde Ch., arrêt *Halet c. Luxembourg*, 14 février 2023. Pour l'hypothèse inverse, voy. par exemple Cour eur. dr. h., Gde Ch., arrêt *Bédat c. Suisse*, 29 mars 2016.

C. Le greffe

468. Le greffe a pour rôle de fournir à la Cour un soutien juridique et administratif dans l'exercice de ses fonctions judiciaires. Il se compose de juristes qui préparent les dossiers, d'un personnel administratif et technique, ainsi que de traducteurs. Le greffe est le poumon de la Cour dont il assure le fonctionnement au quotidien.

D. Le jurisconsulte

469. L'article 18B du Règlement de la Cour prévoit qu'« [a]ux fins de la qualité et de la cohérence de sa jurisprudence, la Cour est assistée d'un jurisconsulte. Celui-ci fait partie du greffe. Il fournit des avis et des informations, notamment aux formations de jugement et aux membres de la Cour ». Au regard de l'opulence sans cesse croissante de la jurisprudence, de l'importante masse de requêtes à traiter et de la répartition du travail judiciaire entre sections, l'apport du jurisconsulte s'avère on ne peut plus précieux.

Chapitre IV
La nature du contrôle pratiqué par la Cour

470. Le contrôle contentieux pratiqué par la Cour[783] présente un triple caractère : il est externe, juridictionnel et subsidiaire.

A. Un contrôle externe

471. Le contrôle pratiqué par la Cour est, tout d'abord, *externe* aux États. Le fait que ce contrôle est extérieur à l'État dont émane la violation alléguée par le requérant offre des garanties évidentes d'objectivité. Il en assure par ailleurs la crédibilité. En outre, il est permis de penser que l'existence de ce contrôle externe renforce, en retour, la légitimité de l'action étatique.

B. Un contrôle juridictionnel

472. Ce contrôle externe est de nature *juridictionnelle*. En cela, il se distingue de celui pratiqué par un certain nombre d'organes internationaux dont les positions sont coulées dans des avis ou recommandations qui sont formellement dépourvus de caractère contraignant.

473. En l'occurrence, le contrôle contentieux de la Cour s'inscrit dans le cadre d'une procédure judiciaire qui débouche, en cas d'une violation par un

---

783 La compétence consultative de la Cour sera envisagée plus loin (*infra* n°s 721-737).

État de la Convention, sur un arrêt qui est juridiquement obligatoire pour l'État concerné, lequel est tenu de s'y conformer (article 46 de la Convention).

C. Un contrôle subsidiaire

474. Enfin, ce contrôle revêt un caractère *subsidiaire*. Celui-ci ne peut opérer qu'après celui pratiqué par les juridictions nationales. Telle est l'essence de la règle de l'épuisement des voies de recours internes (article 35, § 1er, de la Convention; *infra* n°s 484 et s.) : le contrôle européen ne peut devancer le contrôle national. La mise en œuvre de la Convention incombe prioritairement aux autorités nationales; la Cour n'intervient qu'en cas de carence de celles-ci.

Chapitre V
La saisine de la Cour

475. La Cour peut être saisie de requêtes introduites par un État partie contre un autre État partie (article 33 de la Convention) ou de requêtes introduites par un individu contre un État partie (article 34 de la Convention). Elle peut également être saisie de demandes de mesures provisoires sur le fondement de l'article 39 de son Règlement.

476. Il importe de souligner que, devant la Cour, le procès est fait exclusivement à un État partie. Un particulier ne peut y être attrait, pas davantage qu'une organisation internationale en l'absence d'adhésion de sa part à la Convention. Seul un État répond donc, devant la Cour, de ses actes ou de ses omissions.

A. Les requêtes

1. Les types de requêtes

1.1. Les requêtes interétatiques

477. Aux termes de l'article 33 de la Convention, chaque État partie a la possibilité de saisir la Cour de « tout manquement » aux dispositions de la Convention par un autre État partie[784]. En usant de ce droit d'action, l'État requérant ne doit pas justifier d'un intérêt autre que le seul respect des engagements souscrits par les États. À la différence notable de l'article 34 qui régit les requêtes individuelles et subordonne la recevabilité de celles-ci à l'établissement de la qualité de « victime » (*infra* n°s 505 et s.), l'article 33 ne requiert pas la démons-

[784] Un État non partie à la Convention ne peut agir contre un État partie, que ce soit sur le fondement de l'article 33 ou sur celui de l'article 34 (Cour eur. dr. h., décision (rec.) *République démocratique du Congo c. Belgique*, 6 octobre 2020).

tration d'un quelconque préjudice dans le chef de l'État requérant. Un État qui agit contre un autre État partie « ne doit [...] pas être considéré comme agissant pour faire respecter ses droits propres mais plutôt comme soumettant [...] une question qui touche à l'ordre public de l'Europe »[785]. Ceci reflète l'idée de la « garantie collective » qui préside au système de contrôle de la Convention.

478. Toutefois, la Cour n'est pas compétente pour connaître d'une requête interétatique lorsque celle-ci vise à défendre les droits et intérêts d'une personne morale qui ne peut être qualifiée d'« organisation non gouvernementale » au sens de l'article 34 de la Convention et ne peut, partant, introduire une requête individuelle[786]. En somme, la Cour entend promouvoir une lecture cohérente du texte de la Convention : lorsqu'une entité ne dispose pas du droit d'agir au titre de l'article 34, un État ne peut lui prêter secours en agissant sur le fondement de l'article 33.

479. Les requêtes interétatiques introduites devant la Cour ne sont pas légion. Force est de constater cependant que le nombre de saisines interétatiques a sensiblement augmenté ces dernières années[787]. Des voix autorisées considèrent que la Cour n'est pas l'enceinte adéquate pour trancher de tels différends interétatiques et singulièrement des conflits armés internationaux, lesquels appelleraient un autre mode de règlement[788]. D'autres objectent – et je suis de ceux-là – que la Cour a été créée afin de s'assurer du respect de la Convention et que tout ce qui touche celle-ci ne peut lui rester étranger. Il peut être ajouté que ces contentieux entre États donnent souvent lieu à l'introduction de nombreuses requêtes individuelles devant la Cour, ce qui peut donner du sens à une approche plus globale.

1.2. Les requêtes individuelles

480. L'article 34 de la Convention dispose que « la Cour peut être saisie d'une requête par toute personne physique, toute organisation non gouvernementale ou tout groupe de particuliers qui se prétend victime d'une violation par l'une des Hautes Parties contractantes des droits reconnus dans la Convention ou ses Protocoles ».

481. Sous la notion d'« organisation non gouvernementale » peuvent être rangés notamment les sociétés commerciales[789] (une banque peut, par exemple,

---

785 Comm. eur. dr. h., décision *Autriche c. Italie*, requête n° 788/60, 11 janvier 1961, *Annuaire*, vol. 4, p. 139.

786 Cour eur. dr. h., Gde Ch., décision (rec.) *Slovénie c. Croatie*, 18 novembre 2020, § 70.

787 Au 1er mai 2023, on recense quinze affaires interétatiques pendantes (ces quinze affaires concernent dix-neuf requêtes).

788 Voy. en ce sens le président Jean-Paul Costa : « mieux vaudrait que la Cour internationale de Justice règle seule ce type de litiges » (discours prononcé le 25 janvier 2016 devant l'Académie des sciences morales et politiques de l'Institut de France). Voy. également Fr. Sudre, « Conclusions », *in La protection des droits de l'homme par les cours supranationales*, *op. cit.*, p. 263, qui parle d'une « anomalie ».

789 Voy. par exemple Cour eur. dr. h., arrêt S.A. *Bio d'Ardennes c. Belgique*, 12 novembre 2019.

saisir la Cour[790]), les associations sans but lucratif[791], les syndicats[792] ou encore les partis politiques[793]. Tous ceux-là sont recevables à agir devant la Cour. La Cour enseigne que, pour déterminer si une personne morale constitue une « organisation non gouvernementale », au sens de l'article 34 de la Convention, il convient de vérifier si cette personne jouit d'une « indépendance institutionnelle et opérationnelle suffisante vis-à-vis de l'État »[794]. Sur cette base, la Cour a pu reconnaître, tour à tour, la qualité à agir à la société nationale Radio France[795], à la chaîne de radiodiffusion autrichienne[796] ou encore à la Radio-télévision belge francophone (R.T.B.F.)[797].

482. *A contrario*, la Cour entend par « organisations gouvernementales » les « personnes morales qui participent à l'exercice de la puissance publique ou qui gèrent un service public sous le contrôle des autorités »[798]. Sont ici visées non seulement les autorités centrales de l'État, mais aussi les collectivités fédérées ou locales[799], lesquelles sont tout autant privées du droit d'agir sur le fondement de l'article 34 de la Convention.

2. *Les conditions de recevabilité*

2.1. Les conditions de recevabilité communes aux requêtes interétatiques et individuelles

483. L'article 35, § 1er, de la Convention énonce les conditions de recevabilité qui sont communes aux requêtes interétatiques[800] et individuelles, à savoir l'exigence d'épuiser les voies de recours internes avant de saisir la Cour et l'obligation d'agir devant elle dans un délai de quatre mois.

---

790 Voy. par exemple Cour eur. dr. h., arrêt *Capital Bank AD c. Bulgarie*, 24 novembre 2005.

791 Voy. par exemple Cour eur. dr. h., arrêt *L'Erablière a.s.b.l. c. Belgique*, 24 février 2009.

792 Voy. par exemple Cour eur. dr. h., arrêt *National Union of Rail, Maritime and Transport Workers c. Royaume-Uni*, 8 avril 2014.

793 Voy. par exemple Cour eur. dr. h., Gde Ch., arrêt *Refah Partisi c. Turquie*, 13 février 2003.

794 Cour eur. dr. h., Gde Ch., décision (rec.) *Slovénie c. Croatie*, 18 novembre 2020, §§ 63 et 78.

795 Cour eur. dr. h., décision (rec.) *Radio France et autres c. France*, 23 septembre 2003, § 26.

796 Cour eur. dr. h., décision (rec.) *Österreichischer Rundfunk c. Autriche*, 7 décembre 2006, §§ 46-54.

797 Cour eur. dr. h., arrêt *R.T.B.F. c. Belgique*, 29 mars 2011 ; arrêt *R.T.B.F. c. Belgique* (n° 2), 13 décembre 2022.

798 Cour eur. dr. h., décision (rec.) *République démocratique du Congo c. Belgique*, 6 octobre 2020, § 17.

799 Cour eur. dr. h., décision (rec.) *Section de commune d'Antilly c. France*, 23 novembre 1999; Gde Ch., arrêt *Assanidzé c. Géorgie*, 8 avril 2004, § 148. Voy. aussi, par extension, Cour eur. dr. h., décision (rec.) *Demirbas c. Turquie*, 9 novembre 2010, à propos de mandataires municipaux.

800 Voy., quant à l'application de ces conditions aux requêtes interétatiques, Cour eur. dr. h., Gde Ch., décision (rec.) *Ukraine et Pays-Bas c. Russie*, 30 novembre 2022.

2.1.1. L'épuisement des voies de recours internes

484. Cet article 35, § 1er, de la Convention dispose tout d'abord que « la Cour ne peut être saisie qu'après l'épuisement des voies de recours internes, tel qu'il est entendu selon les principes de droit international généralement reconnus ».

a. La finalité de la condition

485. La règle de l'épuisement des voies de recours internes est l'expression de la subsidiarité qui irrigue l'ensemble de la Convention (*infra* nos 557 et s.). Cette règle signifie simplement qu'un État ne peut répondre de ses actes ou de ses abstentions devant la Cour que s'il a été préalablement invité à appliquer la Convention dans l'ordre interne[801]. Elle présuppose nécessairement que cet ordre interne offre, conformément à l'article 13 de la Convention, un recours « effectif » quant à la violation alléguée[802]. En ce sens, les articles 35, §§ 1er et 13, de la Convention sont étroitement liés. Ils constituent les deux faces d'une même pièce, étant la subsidiarité procédurale.

b. Une double exigence

486. Concrètement, la règle de l'épuisement des voies de recours internes se décline en une double exigence : une exigence « formelle »[803] et une exigence « matérielle »[804].

i. Une exigence formelle ou l'épuisement des recours

487. Dans sa dimension formelle, l'épuisement des voies de recours internes requiert l'épuisement, dans l'ordre interne, des recours « accessibles » et « adéquats »[805]. Le recours à épuiser doit donc, tout d'abord, être « accessible » au requérant. Tel n'est pas le cas lorsque le justiciable ne dispose pas d'un accès direct auprès de la juridiction concernée[806]. Le recours à épuiser doit, ensuite,

---

801 Cour eur. dr. h., Gde Ch., décision (rec.) *Gherghina c. Roumanie*, 9 juillet 2015, § 84 ; Gde Ch., arrêt *Vuckovic et autres c. Serbie*, 25 mars 2014, § 70.

802 Cour eur. dr. h., Gde Ch., arrêt *Kudla c. Pologne*, 26 octobre 2000, § 152 ; Gde Ch., décision (rec.) *Gherghina c. Roumanie*, 9 juillet 2015, § 83.

803 Sur cette exigence formelle, voy. tout particulièrement Cour eur. dr. h., Gde Ch., décision (rec.) *Gherghina c. Roumanie*, 9 juillet 2015.

804 Sur cette exigence matérielle, voy. tout particulièrement Cour eur. dr. h., Gde Ch., arrêt *Vuckovic et autres c. Serbie*, 25 mars 2014.

805 Cour eur. dr. h., arrêt *De Wilde, Ooms et Versyp c. Belgique*, 18 juin 1971, § 60 ; arrêt *Englert c. Allemagne*, 25 août 1987, § 32.

806 Voy., à propos du renvoi préjudiciel devant le juge constitutionnel, Cour eur. dr. h., arrêt *Cordella et autres c. Italie*, 24 janvier 2019, § 125, qui fait suite à Cour eur. dr. h., arrêt *Brozicek c. Italie*, 19 décembre 1989, § 34 ; arrêt *Padovani c. Italie*, 26 février 1993, § 20 ; arrêt *Immobiliare Saffi c. Italie*, 28 juillet 1999, § 42 ; arrêt *Pezone c. Italie*, 18 décembre 2003, § 48 ; Gde Ch., arrêt *Scoppola c. Italie* n° 2, 17 septembre 2009, § 75. Voy. aussi Cour eur. dr. h., décision (rec.) *Zdanoka c. Lettonie*, 6 mars 2003 ; arrêt *Agrag et autres c. Turquie*, 27 juillet 2004, § 28 ; arrêt *N.A. c. République de Moldova*, 24 septembre 2013, § 55.

s'avérer «adéquat», en ce sens qu'il doit être «de nature à porter directement remède aux griefs soulevés»[807].

488. La circonstance que la juridiction de cassation ne connaît pas du fond des affaires ne suffit pas à justifier l'absence de sa saisine[808]. Ce n'est que s'il est clairement établi qu'un tel recours est, dans les circonstances de l'espèce, manifestement voué à l'échec que le pourvoi en cassation ne doit pas être «épuisé». Aux fins d'établir cette ineffectivité, le requérant peut-il prendre appui sur un avis négatif sur chances de pourvoi établi par un avocat à la Cour de cassation? Dans une décision *Chapman c. Belgique* du 5 mars 2013, la Cour a répondu par l'affirmative. C'est à la double condition, toutefois, que cet avis ait réellement envisagé les questions litigieuses au regard de la Convention et qu'il ait été rendu dans le délai utile pour saisir la Cour européenne[809].

ii. Une exigence matérielle ou l'épuisement des griefs

489. L'exigence matérielle (ou substantielle) est davantage méconnue. Elle est néanmoins cardinale. Elle postule l'invocation de la Convention devant le juge national, soit expressément, soit «en substance»[810]. Ainsi, si un individu a négligé d'invoquer la Convention ou une disposition dont la teneur est équivalente devant le juge national[811] alors qu'il en avait la possibilité, son grief porté devant la Cour sera déclaré irrecevable, quand bien même tous les recours internes auraient été formellement exercés.

490. La circonstance que les dispositions de la Convention jouissent d'un statut d'«ordre public» en droit interne ne pourrait dispenser le requérant du respect de cette exigence[812].

491. On ne répétera jamais assez que le premier juge de la Convention est le juge national. En vertu de l'article 1er de la Convention, «ce sont en effet les autorités internes qui sont responsables au premier chef de la mise en œuvre et de la sanction des droits et libertés garantis»[813]. La Convention n'est pas l'apanage des juges de Strasbourg. Elle est appelée à être invoquée en priorité dans

807 Cour eur. dr. h., décision (rec.) *Kornakovs c. Lettonie*, 21 octobre 2004. Voy. également Cour eur. dr. h., Gde Ch., arrêt *Mocanu et autres c. Roumanie*, 17 septembre 2014, § 235; Gde Ch., décision (rec.) *Gherghina c. Roumanie*, 9 juillet 2015, §§ 85 et 91-92.

808 Voy., à propos de la Cour de cassation de Belgique, Cour eur. dr. h., arrêt *Van Oosterwijck c. Belgique*, 6 novembre 1980, § 32; décision (rec.) *Trieu et Lam c. Belgique*, 24 novembre 2015, §§ 33-37. Voy., à propos de la Cour de cassation de France, Cour eur. dr. h., décision (rec.) *Garbo c. France*, 13 mai 2014, § 29; décision (rec.) *Graner c. France*, 5 mai 2020, § 44.

809 Cour eur. dr. h., décision (rec.) *Chapman c. Belgique*, 5 mars 2013, §§ 32-33.

810 Cour eur. dr. h., Gde Ch., arrêt *Azinas c. Chypre*, 28 avril 2004, § 38.

811 On songe par exemple à une disposition constitutionnelle.

812 Cour eur. dr. h., arrêt *Van Oosterwijck c. Belgique*, 6 novembre 1980, § 39; arrêt *Ahmet Sadik c. Grèce*, 15 novembre 1996, § 33.

813 Cour eur. dr. h., Gde Ch., arrêt *Kudła c. Pologne*, 26 octobre 2000, § 152; Gde Ch., arrêt *Paposhvili c. Belgique*, 13 décembre 2016, § 184.

l'ordre interne, là où elle a vocation à être appliquée. Un recours devant la Cour n'est pas une fin en soi. Il ne s'agit que du moyen ultime visant à obtenir le respect des droits inscrits dans la Convention. Depuis quelques années, la Cour prête une attention accrue à cette dimension substantielle de l'épuisement des voies de recours internes afin de revaloriser la subsidiarité de son office[814].

c. La portée de la règle

492. L'épuisement des voies de recours internes suppose le respect des règles et formalités requises en droit interne. Il est en effet de «jurisprudence constante» qu'«il n'y a pas d'épuisement lorsqu'un recours a été déclaré irrecevable à la suite du non-respect d'une formalité»[815].

493. Cela étant, il appartient au requérant de faire un «usage normal» des recours internes. Ainsi, lorsqu'une voie de recours a été utilisée, l'usage d'une autre voie dont le but est pratiquement le même n'est pas exigé[816].

494. Le respect de la règle de l'épuisement des voies de recours internes s'apprécie, en principe, à la date de l'introduction de la requête[817]. Il peut en aller autrement à titre exceptionnel lorsqu'une voie de recours a été spécialement créée dans l'ordre interne en vue de remédier au problème structurel qui est au cœur de la requête portée devant la Cour[818].

d. La charge de la preuve

495. Il incombe au gouvernement excipant du non-épuisement des voies de recours internes de démontrer devant la Cour que le recours qui, à son estime, devait être épuisé était disponible et adéquat non seulement en théorie, mais aussi en pratique, à l'époque pertinente des faits[819]. Lorsque cette démonstration est apportée, c'est au requérant qu'il revient alors d'établir que le recours

---

814 Voy. Cour eur. dr. h., Gde Ch., arrêt *Vuckovic et autres c. Serbie*, 25 mars 2014.

815 Cour eur. dr. h., décision (rec.) *De Smedt c. Belgique*, 12 novembre 2013, § 15. Dans cette affaire, la Cour de cassation avait jugé irrecevable le moyen tiré de la violation de Convention au motif qu'il n'avait pas été invoqué devant les juridictions de fond. La Cour européenne a estimé que, dans ces circonstances, il ne pouvait être prétendu que le requérant a satisfait à la règle de l'épuisement des voies de recours internes. En effet, «en invoquant son grief pour la première fois devant la Cour de cassation, le requérant n'a pas respecté les formes prescrites par le droit interne».

816 Cour eur. dr. h., arrêt *Riad et Idiab c. Belgique*, 24 janvier 2008, § 84; Gde Ch., arrêt *O'Keeffe c. Irlande*, 28 janvier 2014, §§ 109-111; arrêt *J.R. c. Belgique*, 24 janvier 2017, § 52.

817 Voy. Cour eur. dr. h., arrêt *Baumann c. France*, 22 mai 2001, § 47; Gde Ch., arrêt *Selahattin Demirtaş c. Turquie* (n° 2), 22 décembre 2020, § 193.

818 Voy. notamment Cour eur. dr. h., décision (rec.) *Turgut et autres c. Turquie*, 26 mars 2013, §§ 54-56; décision (rec.) *Köksal c. Turquie*, 6 juin 2017, §§ 21-30.

819 Voy., par exemple, Cour eur. dr. h., arrêt *Panju c. Belgique*, 28 octobre 2014, §§ 58-64 (à propos de l'effectivité du recours en responsabilité contre l'État en cas de dépassement du délai raisonnable en matière pénale). Voy. aussi Cour eur. dr. h., Gde Ch., arrêt *Vallianatos et autres c. Grèce*, 7 novembre 2013, § 57, où la Cour constate que «le gouvernement n'a pas produit d'exemples jurisprudentiels propres à démontrer de façon convaincante que l'exercice [du recours invoqué] aurait pu porter remède aux griefs que les requérants tirent [...] de la Convention».

visé par le gouvernement n'était pas effectif en sorte qu'il ne devait pas être épuisé[820]. Selon la Cour, « le simple fait de nourrir des doutes quant aux perspectives de succès d'un recours donné qui n'est pas de toute évidence voué à l'échec ne constitue pas une raison propre à justifier la non-utilisation du recours en question ». Toutefois, « si le requérant peut montrer, sur la base de la jurisprudence nationale ou d'autres éléments pertinents, qu'un recours disponible qu'il n'a pas épuisé était voué à l'échec, le requérant ne peut pas être considéré comme ayant omis d'épuiser les voies de recours internes »[821].

2.1.2. Le délai de quatre mois

496. Aux termes de l'article 35, § 1er, de la Convention, la Cour ne peut être saisie que « dans un délai de quatre mois à partir de la date de la décision interne définitive ». Autrefois fixé à six mois, le délai de saisine de la Cour a été ramené à quatre mois par le Protocole n° 15. En vertu de son article 8, § 3, le nouveau délai est entré en vigueur à compter du 1er février 2022, à l'expiration d'une période transitoire de six mois[822].

a. La finalité de la condition

497. Cette condition tenant au délai de saisine poursuit plusieurs objectifs[823]. Elle vise essentiellement à :

- assurer la sécurité juridique en garantissant que les affaires qui soulèvent des questions au regard de la Convention soient examinées dans un délai raisonnable et que les décisions internes coulées en force de chose jugée ne soient pas indéfiniment susceptibles d'être remises en cause ;
- fournir au requérant potentiel un délai de réflexion suffisant pour lui permettre d'apprécier l'opportunité d'introduire une requête et, le cas échéant, de préparer celle-ci ;
- faciliter l'établissement des faits car, au fur et à mesure que le temps passe, il est de plus en plus difficile d'examiner les questions soulevées.

b. La « décision interne définitive »

498. La « décision interne définitive » visée par l'article 35, § 1er, de la Convention est celle qui statue sur le dernier recours que le requérant était tenu d'« épuiser » conformément à la règle de l'épuisement des voies de recours internes[824]. Un lien étroit unit donc le délai de quatre mois et la règle de l'épui-

---

820 Voy., sur ces principes, Cour eur. dr. h., Gde Ch., arrêt *Mocanu et autres c. Roumanie*, 17 septembre 2014, § 225 ; Gde Ch., arrêt *Molla Sali c. Grèce*, 19 décembre 2018, § 89 ; arrêt *Romeo Castano c. Belgique*, 9 juillet 2019, § 54.

821 Cour eur. dr. h., arrêt *Magy c. Belgique*, 24 février 2015, § 27.

822 Voy., en ce qui concerne le droit transitoire applicable, Cour eur. dr. h., décision (rec.) *Orhan c. Türkiye*, 6 décembre 2022.

823 Cour eur. dr. h., Gde Ch., arrêt *Sabri Güneş c. Turquie*, 29 juin 2012, §§ 39-42.

824 Cour eur. dr. h., Gde Ch., arrêt *Lopes de Sousa Fernandes c. Portugal*, 19 décembre 2017, § 131.

sement des voies de recours internes[825]. En effet, comme cela a été précisé ci-avant, seuls les recours véritablement «effectifs» au sens de l'article 13 de la Convention doivent être «épuisés» au regard de l'article 35, § 1er, de la Convention. Il s'ensuit que l'exercice par le justiciable d'un recours ineffectif – parce que celui-ci s'avère, en réalité, impuissant à redresser, dans l'ordre interne, la violation alléguée de la Convention – peut emporter des conséquences irrémédiables et même dramatiques, en ce qu'il peut conduire à la forclusion du droit de recours individuel devant la Cour en raison de la méconnaissance du délai de quatre mois[826].

c. La computation du délai

i. Le dies a quo

499. Le *dies a quo* est «la date à laquelle le requérant a effectivement pris connaissance de la décision [interne définitive]»[827]. Lorsque le requérant est en droit de se voir notifier une copie de cette décision, le délai de quatre mois «commence à courir à compter de la date de la notification de la copie de la décision»[828]. Il court «le lendemain de la décision interne définitive et expire [quatre] mois calendaires plus tard»[829], «quelle que soit la véritable durée de ceux-ci»[830].

500. La Cour a toutefois indiqué que le requérant potentiel devant la Cour ne peut rester passif en se désintéressant totalement de l'issue du recours qu'il a formé devant les juridictions internes. Ainsi, lorsqu'un recours a été formé devant une juridiction interne et que la décision rendue par celle-ci n'a pas été notifiée au justiciable, ce dernier ne peut arguer devant la Cour que le délai de saisine n'a pas encore commencé à courir s'agissant d'une requête introduite plus de deux ans après cette décision, au motif que le droit interne prévoyait sa notification. Pour la Cour, une obligation de diligence s'impose au requérant, celui-ci devant s'informer spontanément sur l'issue du recours qu'il a formé devant la juridiction interne[831].

501. Si le requérant ne dispose d'aucun recours effectif dans l'ordre interne, le délai «prend naissance à la date des actes ou mesures dénoncés ou à la date à laquelle l'intéressé en prend connaissance ou en ressent les effets ou le préjudice»[832].

825 Cour eur. dr. h., Gde Ch., arrêt *Lekić c. Slovénie*, 11 décembre 2018, § 65.

826 Voy. par exemple Cour eur. dr. h., décision (rec.) *Kembouche c. Belgique*, 22 mai 2003; décision (rec.) *Chaâban et autres c. Belgique*, 12 février 2019, §§ 35-38.

827 Cour eur. dr. h., décision (rec.) *La Posta c. Italie*, 8 octobre 2019, § 15.

828 Cour eur. dr. h., arrêt *Semigdalas et autres c. Grèce*, 7 janvier 2016, § 20.

829 *Ibidem*, § 19.

830 Cour eur. dr. h., décision (rec.) *Bonal c. Suisse*, 7 février 2017, § 38.

831 Cour eur. dr. h., arrêt *Akif Hasanov c. Azerbaïdjan*, 19 septembre 2019, §§ 25-34. Voy. également Cour eur. dr. h., décision (rec.) *Ölmez c. Turquie*, 1er février 2005.

832 Cour eur. dr. h., arrêt *Babiuc c. Roumanie*, 3 décembre 2019, § 27.

502. Lorsque la violation alléguée constitue une situation continue, le délai ne commence à courir que lorsque la situation litigieuse a cessé[833].

ii. *Le* dies ad quem

503. Le *dies ad quem* est la date de l'envoi de la requête, « le cachet de la poste faisant foi », et non celle de sa réception par le greffe[834]. Il importe de rappeler à l'attention des praticiens l'enseignement de la jurisprudence *Sabri Günes* selon laquelle, lorsque le *dies ad quem* est un samedi, un dimanche ou tout autre jour férié ou considéré comme tel, le délai ne se voit pas prorogé au premier jour ouvrable qui suit[835].

2.2. Les conditions propres aux requêtes individuelles

504. L'article 34 – qui pose l'exigence tenant à la qualité de victime – et l'article 35, §§ 2 et 3, de la Convention concernent les seules requêtes individuelles, à l'exclusion des requêtes interétatiques.

2.2.1. La qualité de victime

a. La finalité de la condition

505. Inscrite à l'article 34 de la Convention, la condition tenant à la qualité de victime tend à éviter l'*actio popularis.* C'est qu'un individu ne peut se plaindre devant la Cour d'une disposition de droit interne, d'une pratique nationale ou d'un acte ou d'une omission quelconque au seul motif que ceux-ci lui paraissent violer la Convention[836].

506. Relève, par exemple, de l'*actio popularis* la requête « ayant pour seul but de contester de manière générale les textes et mesures prises en France pour lutter contre la pandémie [liée au Covid-19] »[837]. Le même sort fut réservé antérieurement à la requête introduite par l'ancien porte-parole de la mosquée de Genève qui dénonçait l'interdiction de construction des minarets, édictée par la Constitution fédérale suisse[838].

---

833 Cour eur. dr. h., arrêt *C.M. c. Belgique*, 13 mars 2018, § 49 (à propos de l'inexécution d'une décision de justice condamnant, en raison d'une infraction urbanistique, à la réalisation de travaux d'aménagement sur le terrain voisin de celui du requérant). Voy. également Cour eur. dr. h., arrêt *Chaldayev c. Russie*, 28 mai 2019, § 55.

834 Cour eur. dr. h., arrêt *Magosso et Brindani c. Italie*, 16 janvier 2020, § 32 ; décision (rec.) *La Posta c. Italie*, 8 octobre 2019, § 15 ; arrêt *Pirozzi c. Belgique*, 17 avril 2018, § 37.

835 Cour eur. dr. h., Gde Ch., arrêt *Sabri* Güneş c. Turquie, 29 juin 2012, §§ 60-61.

836 Cour eur. dr. h., Gde Ch., arrêt *Centre de ressources juridiques au nom de Valentin Campeanu c. Roumanie*, 17 juillet 2014, § 101 ; arrêt *Michaud c. France*, 6 décembre 2012, § 51. Voy. également Cour eur. dr. h., décision (rec.) *Chambre syndicale des médecins des provinces du Hainaut, de Namur et du Brabant wallon c. Belgique*, 23 janvier 2018, § 11.

837 Cour eur. dr. h., décision (rec.) *Le Mailloux c. France*, 5 novembre 2020, § 13.

838 Cour eur. dr. h., décision (rec.) *Ouardiri c. Suisse*, 28 juin 2011.

507. Ne participent cependant pas de l'*actio popularis* les requêtes qui contestent des dispositions légales touchant « directement »[839] ou « personnellement »[840] les requérants.

b. La notion de « victime »

508. Par « victime », il y a lieu d'entendre « la personne directement concernée par l'acte ou l'omission litigieux »[841]. Par conséquent, le requérant doit être en mesure de démontrer devant la Cour qu'il subit ou a subi « directement les effets » de la mesure contestée[842].

509. En cas d'atteinte à l'environnement, la démonstration de la qualité de « victime » peut s'avérer ardue dans certaines circonstances. La Cour tend, en pareil cas, à subordonner la reconnaissance de cette qualité à la production d'éléments permettant d'établir l'exposition aux nuisances dénoncées[843].

c. Des tempéraments

i. La victime « indirecte »

510. La Cour peut reconnaître la qualité de « victimes » à des personnes qui ne sont pas « directement concernées par l'acte ou l'omission litigieux ». Un lien fort de proximité est cependant exigé par la Cour.

511. Ainsi, en cas de décès, les « membres de la famille proche » du défunt peuvent se prétendre « victimes indirectes » de la violation alléguée de l'article 2 de la Convention garantissant le droit à la vie[844]. De même, sous l'angle de l'article 3 de la Convention, la qualité de victime peut être reconnue à un parent en raison des mauvais traitements subis par son enfant. Selon la Cour, « le point de savoir si un parent est victime des mauvais traitements infligés à son enfant dépend de l'existence de facteurs particuliers conférant à la souf-

839 Cour eur. dr. h., Gde Ch., arrêt *X. et autres c. Autriche*, 19 février 2013, § 126 (à propos de l'interdiction de l'adoption coparentale aux couples de personnes de même sexe).

840 Cour eur. dr. h., arrêt *Marckx c. Belgique*, 13 juin 1979, § 27 (à propos de dispositions discriminant les enfants naturels et les mères célibataires, en ce qui concerne tant l'établissement de la filiation maternelle à l'égard desdits enfants que leur vocation successorale).

841 Cour eur. dr. h., arrêt *Marckx c. Belgique*, 13 juin 1979, § 27; arrêt *Adefdromil c. France*, 2 octobre 2014, § 24; arrêt *Beizaras et Levickas c. Lituanie*, 14 janvier 2020, § 75; arrêt *Lautaru et Seed c. Grèce*, 23 juillet 2020, § 41.

842 Cour eur. dr. h., Gde Ch., arrêt *Burden c. Royaume-Uni*, 29 avril 2008, §§ 33-35; Gde Ch., arrêt *Lambert et autres c. France*, 5 juin 2015, § 89; arrêt *Çöçelli et autres c. Turquie*, 11 octobre 2022, § 39.

843 Cour eur. dr. h., arrêt *Cordella et autres c. Italie*, 24 janvier 2019, §§ 100-109.

844 Voy. notamment Cour eur. dr. h., arrêt *Romeo Castano c. Belgique*, 9 juillet 2019, §§ 48-50. Sont, en revanche, irrecevables des requêtes introduites par des individus et des associations se plaignant d'une décision autorisant l'alimentation et l'hydratation artificielles d'une personne plongée un état végétatif irréversible, dans la mesure où ces requérants n'ont « aucun lien direct » avec cette personne et qu'ils n'ont pas davantage été parties à la procédure interne (Cour eur. dr. h., décision (rec.) *Ada Rossi et autres c. Italie*, 16 décembre 2008).

france du requérant une dimension et un caractère distincts du désarroi affectif que l'on peut considérer comme inévitable pour les proches parents d'une personne victime de violations graves des droits de l'homme »[845].

ii. La victime « potentielle »

512. En principe, la requête portée devant la Cour ne peut avoir pour objet de prévenir une violation de la Convention. La Cour ne peut en effet « constater une violation qu'*a posteriori*, lorsque celle-ci a déjà eu lieu »[846]. Aussi, « ce n'est que dans des circonstances tout à fait exceptionnelles que le risque d'une violation future peut néanmoins conférer à un requérant la qualité de victime d'une violation de la Convention »[847].

513. Tel est classiquement le cas s'agissant de mesures d'éloignement décidées mais non encore exécutées, lorsque l'exécution exposerait l'intéressé au risque réel de subir, dans l'État de destination, des traitements contraires à la Convention. C'est ainsi que le risque qu'un ressortissant allemand soit exposé au « syndrome du couloir de la mort » a conduit la Cour, dans le célèbre arrêt *Soering c. Royaume-Uni*, à juger que la décision d'extrader le requérant vers les États-Unis violerait, si elle recevait exécution, l'article 3 de la Convention prohibant la torture et les traitements inhumains et dégradants[848]. Depuis lors, la qualité de « victime » n'est plus guère discutée lorsque le requérant est visé par une mesure d'éloignement exécutoire qui emporte un risque réel de violation de l'article 3 de la Convention[849].

514. Par ailleurs, la Cour reconnaît, dans certaines circonstances, la notion de victime « potentielle » lorsqu'un individu est confronté à un texte de portée générale qui l'affecte directement, alors même qu'il ne peut apporter la preuve d'une quelconque mesure d'application à son égard. Tel est le cas lorsque le requérant « est obligé de changer de comportement sous peine de poursuites ou s'il fait partie d'une catégorie de personnes risquant de subir directement les effets de la législation »[850].

515. C'est ainsi que, dans l'affaire *S.A.S. c. France*, la Cour a reconnu la qualité de victime à une femme qui contestait l'interdiction légale du port du voile

[845] Cour eur. dr. h., arrêt *Moustahi c. France*, 25 juin 2020, § 76 ; arrêt *Tarak et Depe c. Turquie*, 9 avril 2019, § 78. Pour une reconnaissance de la qualité de « victime » à une mère pour les traitements subis par sa fille, voy. Cour eur. dr. h., arrêt *Mubilanzila Mayeka et Kaniki Mitunga c. Belgique*, 12 octobre 2006, §§ 60-63 et 70, s'agissant du cas d'une jeune fillette congolaise de cinq ans, placée en détention et sans accompagnement adéquat dans un centre fermé et refoulée ensuite du territoire belge. Comp. avec la solution retenue dans l'arrêt *Moustahi c. France*, précité, § 77.

[846] Cour eur. dr. h., décision (rec.) *Segi et autres et Gestoras Pro-Amnistia et autres c. Allemagne, Autriche, Belgique, Danemark, Espagne, Finlande, France, Grèce, Irlande, Italie, Luxembourg, Pays-Bas, Portugal, Royaume-Uni et Suède*, 23 mai 2002.

[847] *Ibidem.*

[848] Cour eur. dr. h., arrêt *Soering c. Royaume-Uni*, 7 juillet 1989.

[849] Voy. par exemple Cour eur. dr. h., Gde Ch., arrêt *Tarakhel c. Suisse*, 4 novembre 2014.

[850] Cour eur. dr. h., Gde Ch., arrêt *S.A.S. c. France*, 1er juillet 2014, § 57.

intégral dans l'espace public, bien qu'elle n'ait pas été sujette à une condamnation ni même à un quelconque contrôle. Aux yeux de la Cour, les femmes qui, à l'instar de la requérante, souhaitent porter le voile intégral pour des raisons religieuses sont confrontées à un « dilemme », lequel justifie la reconnaissance, dans leur chef, de la qualité de « victimes » : « soit elles se plient à l'interdiction et renoncent ainsi à se vêtir conformément au choix que leur dicte leur approche de leur religion ; soit elles ne s'y plient pas et s'exposent à des sanctions pénales »[851]. La Cour transpose ici ses précédents *Dudgeon*[852] et *Michaud*[853].

516. La Cour fait pareillement montre de souplesse lorsque des mesures de surveillance secrète sont en cause. Depuis 1978 et son arrêt *Klass*, la Cour admet qu'« un individu puisse, sous certaines conditions, se prétendre victime d'une violation entraînée par la simple existence de mesures secrètes ou d'une législation en permettant, sans avoir besoin d'avancer qu'on les lui a réellement appliquées »[854]. La Cour a précisé par la suite sa jurisprudence dans son arrêt *Roman Zakharov c. Russie* du 4 décembre 2015[855].

d. Le cas des associations

i. Le principe

517. Faute d'être directement et personnellement affectée par la violation de la Convention qu'elle dénonce, une association ne pourra, en règle, se prétendre « victime » devant la Cour au nom d'autrui[856].

851 *Ibidem*, § 57 (à propos de la loi française du 11 octobre 2010 interdisant la dissimulation du visage dans l'espace public).

852 Cour eur. dr. h., arrêt *Dudgeon c. Royaume-Uni*, 22 octobre 1981. Dans cet arrêt, la Cour jugea que la législation pénale en vigueur en Irlande du Nord réprimant les relations homosexuelles masculines portait « par sa seule existence » une atteinte injustifiée au droit au respect de la vie privée du requérant, alors même qu'aucune sanction pénale n'avait été prononcée à son encontre. La seule circonstance que la loi incriminée était susceptible de s'appliquer à l'intéressé fut suffisante aux yeux de la Cour. Celle-ci estima que la législation querellée « se répercute de manière constante et directe, par sa seule existence, sur la vie privée [du requérant] : ou il la respecte et s'abstient de se livrer – même en privé et avec des hommes consentants – à des actes sexuels prohibés auxquels l'inclinent ses tendances homosexuelles, ou il en accomplit et s'expose à des poursuites pénales » (§ 41).

853 Cour eur. dr. h., arrêt *Michaud c. France*, 6 décembre 2012, à propos de l'obligation de déclaration de « soupçon » incombant aux avocats au nom de la lutte contre le blanchiment. La Cour a considéré qu'en sa qualité d'avocat, « le requérant fait partie d'une catégorie de personnes risquant de subir directement [les] effets [des dispositions qu'il conteste]. Ainsi notamment, s'il ne procède pas aux déclarations de soupçon requises, il s'expose en vertu de ce texte à des sanctions disciplinaires pouvant aller jusqu'à la radiation. La Cour juge par ailleurs crédible sa thèse selon laquelle, en tant qu'avocat spécialisé dans le droit financier et fiscal, il est, plus encore que nombre de ses confrères, concerné par ces obligations et exposé aux conséquences de manquements. Il se trouve en fait devant un dilemme comparable *mutatis mutandis* à celui que la Cour avait identifié dans les arrêts *Dudgeon c. Royaume-Uni* [...] et *Norris* [...] : soit il se plie au règlement et renonce ainsi à sa conception du principe de confidentialité des échanges entre l'avocat et son client ; soit il ne s'y plie pas et s'expose à des sanctions disciplinaires pouvant aller jusqu'à la radiation » (§ 52).

854 Cour eur. dr. h., arrêt *Klass et autres c. Allemagne*, 6 septembre 1978, § 34.

855 Cour eur. dr. h., Gde Ch., arrêt *Roman Zakharov c. Russie*, 4 décembre 2015, § 171.

856 Voy. notamment Cour eur. dr. h., arrêt *Fédération nationale des associations et syndicats de sportifs et autres c. France*, 18 janvier 2018, § 95.

518. Ainsi, par exemple, dans l'affaire *Conka et autres c. Belgique*, la Ligue des droits de l'homme ne se vit pas reconnaître la qualité de victime, faute d'avoir établi qu'elle était elle-même victime des violations alléguées dans la requête[857]. Il a également été jugé qu'un ordre d'avocats ne pouvait se prétendre victime d'une législation imposant à ses membres des obligations au nom de la lutte contre le blanchiment de capitaux[858].

ii. Des tempéraments et des évolutions

519. Ce n'est pas à dire cependant que les associations sont privées de tout accès à la Cour.

520. Une association est tout d'abord recevable à agir pour contester les atteintes portées à ses droits propres, notamment à son patrimoine[859], à son siège social[860], voire à son honneur ou à sa réputation[861], ou encore à ses droits procéduraux[862].

521. Au-delà de la défense de ses droits propres, une association peut, dans des « circonstances exceptionnelles », agir comme représentante d'une personne incapable de porter sa cause devant la Cour. Dans l'affaire *Centre de ressources juridiques au nom de Valentin Campeanu c. Roumanie*, la Cour a ainsi admis qu'une organisation non gouvernementale, qui ne pouvait revendiquer la qualité de « victime », pouvait néanmoins se voir reconnaître la qualité à agir à Strasbourg en raison de « circonstances exceptionnelles »[863]. Celles-ci ont tenu, en l'espèce, à l'extrême vulnérabilité de la victime, à son incapacité totale d'agir (la personne représentée était décédée), à la gravité des violations alléguées ainsi qu'à la reconnaissance, au niveau interne, de la qualité à agir de l'association requérante[864].

522. Amplifiant cette ouverture prétorienne[865], la Cour a, par la suite, systématisé les « circonstances exceptionnelles » susvisées susceptibles d'emporter la

---

[857] Cour eur. dr. h., décision (rec.) *Conka et autres, ainsi que la Ligue des droits de l'homme c. Belgique*, 13 mars 2001. Voy. aussi Cour eur. dr. h., décision (rec.) *Ernst et autres c. la Belgique*, 25 juin 2002, en ce que la Cour a rejeté la requête introduite par la Société des journalistes professionnels du quotidien *Le Soir* et l'Association générale des journalistes professionnels de Belgique.

[858] Cour eur. dr. h., décision (rec.) *Ordre des avocats défenseurs et avocats près la cour d'appel de Monaco c. Monaco*, 21 mai 2013.

[859] Cour eur. dr. h., arrêt *Pressos Compania Naviera S.A. et autres c. Belgique*, 20 novembre 1995.

[860] Cour eur. dr. h., arrêt *Société Colas Est et autres c. France*, 16 avril 2002.

[861] Cour eur. dr. h., décision (rec.) *Firma EDV für Sie, EfS Elektronische Datenverarbeitung Dienstleistungs GmbH c. Allemagne*, 2 septembre 2014, § 23.

[862] Cour eur. dr. h., arrêt *L'Erablière a.s.b.l. c. Belgique*, 24 février 2009.

[863] Cette affaire concernait un jeune homme d'origine rom gravement handicapé et séropositif décédé à l'hôpital avant l'introduction de la requête, sans proches connus et sans que l'État lui ait désigné de représentant.

[864] Cour eur. dr. h., Gde Ch., arrêt *Centre de ressources juridiques au nom de Valentin Campeanu c. Roumanie*, 17 juillet 2014, §§ 104-114.

[865] Voy. également Cour eur. dr. h., arrêt *Association de défense des droits de l'homme en Roumanie – Comité Helsinki au nom de Ionel Garcea c. Roumanie*, 24 mars 2015, §§ 39-46; arrêt *Kondrulin c. Russie*, 20 septembre 2016, §§ 28-34; arrêt *L.R. c. Macédoine du Nord*, 23 janvier 2020, §§ 46-54.

reconnaissance de la qualité à agir d'une association. Elles consistent en «la vulnérabilité de la victime directe mettant celle-ci dans l'impossibilité de se plaindre de son vivant, l'importance des allégations portées devant la Cour, l'absence d'héritiers ou de représentants légaux susceptibles de saisir la Cour, le contact de l'association requérante avec la victime et l'intervention de celle-ci dans le cadre de la procédure interne menée à la suite du décès, ainsi que la reconnaissance de sa capacité pour agir par les autorités internes»[866].

e. La perte de la qualité de «victime»

523. Un individu peut «perdre» sa qualité de victime lorsque les autorités nationales ont reconnu – explicitement ou en substance – puis réparé la violation de la Convention dont il se plaint devant elle[867]. Ces deux conditions tenant à la reconnaissance et à la réparation sont cumulatives et sont strictement entendues.

524. Ainsi, une indemnisation octroyée par les juridictions internes consécutivement à la reconnaissance d'une violation de la Convention peut entraîner la perte de la qualité de victime pour autant que ce «redressement» soit «approprié et suffisant»[868]. Un acquittement emporte, en règle, dans le chef de l'intéressé, la perte de la qualité de victime d'une violation des droits garantis par l'article 6 de la Convention[869]. Il en va de même, en cas de dépassement du délai raisonnable, d'une atténuation de la peine pour autant que cette atténuation s'avère «mesurable» et «substantielle»[870]. En revanche, la prescription de l'action publique n'est pas de nature à emporter la perte de la qualité de victime d'un dépassement du délai raisonnable[871].

2.2.2. Un préjudice important

525. La condition tenant à l'existence d'un «préjudice important» a été insérée dans la Convention, à l'article 35, § 3, b), par le Protocole n° 14, entré en vigueur le 1er juin 2010. À l'époque, cette nouvelle cause d'irrecevabilité des requêtes individuelles fut vivement discutée au motif que ses contours étaient peu précis et qu'elle constituait une entaille au droit de recours individuel.

---

866 Cour eur. dr. h., arrêt *Association Innocence en danger et Association Enfance et partage c. France*, 4 juin 2020, § 122.

867 Cour eur. dr. h., Gde Ch., arrêt *Scordino c. Italie* (n° 1), 29 mars 2006, §§ 180-181; Gde Ch., arrêt *Konstantin Markin c. Russie*, 22 mars 2012, § 82.

868 Cour eur. dr. h., Gde Ch., arrêt *Scordino c. Italie* (n° 1), 29 mars 2006, §§ 178-216 (sous l'angle de l'article 6 de la Convention et du droit à être jugé dans un délai raisonnable); décision (rec.) *Akgüç c. Turquie*, 25 avril 2017, §§ 40-46 (sous l'angle de l'article 8 de la Convention).

869 Cour eur. dr. h., décision (rec.) *Bouglame c. Belgique*, 2 mars 2010.

870 Cour eur. dr. h., décision (rec.) *Losfled c. Belgique*, 5 septembre 2017, §§ 17-25; décision (rec.) *G.S. c. Belgique*, 5 septembre 2017, §§ 21-30; décision (rec.) *Steyaert c. Belgique*, 26 septembre 2017, §§ 44-53.

871 Cour eur. dr. h., arrêt *Abboud c. Belgique*, 2 juillet 2019, § 32.

a. La finalité de la condition

526. En réalité, cette condition traduit le principe *de minimis non curat praetor.* Elle «renvoie à l'idée que la violation d'un droit, quelle que soit sa réalité d'un point de vue strictement juridique, doit atteindre un seuil minimum de gravité pour justifier un examen par une juridiction internationale»[872]. Il s'agit de «permettre [à la Cour] de traiter rapidement les requêtes à caractère futile et se concentrer sur sa mission essentielle, qui est d'assurer au niveau européen la protection juridique des droits garantis par la Convention et ses Protocoles»[873].

b. Les critères d'appréciation

527. Afin de vérifier si la violation alléguée a atteint ce «seuil minimum de gravité», la Cour prend en considération les éléments suivants: «la nature du droit prétendument violé, la gravité de l'incidence de la violation alléguée dans l'exercice d'un droit et/ou les conséquences éventuelles de la violation sur la situation personnelle du requérant»[874].

528. L'enjeu financier de l'affaire constituera généralement un élément déterminant dans l'appréciation de l'importance du préjudice subi par le requérant. Dans l'affaire *Boelens et autres c. Belgique,* la Cour a ainsi estimé qu'une amende d'un montant de 50 euros ne participait pas d'un «préjudice important»[875]. Il en fut jugé de même à propos d'amendes ne dépassant pas 35 euros infligées à des travailleuses du sexe pour troubles à l'ordre public[876]. Dans l'affaire *Rinck c. France*, il fut jugé que la condamnation au paiement d'une amende de 150 euros, outre 22 euros de frais de procédure, couplée au retrait d'un point sur un permis de conduire ne pouvait pas davantage être assimilée à un «préjudice important».

529. L'enjeu financier de l'affaire n'est cependant pas toujours l'élément décisif. En effet, «l'appréciation de la gravité d'une violation, outre l'aspect pécuniaire, doit aussi être faite compte tenu à la fois de la perception subjective du requérant et de l'enjeu objectif d'une affaire donnée»[877]. La Cour a ainsi pu rejeter, pour absence de «préjudice important», des griefs fondés sur la violation de l'article 6 de la Convention, et tenant tantôt à un manque de contradiction[878], tantôt à un défaut de publicité[879], au motif que ceux-ci n'ont pas

---

[872] Cour eur. dr. h., arrêt *Miessen c. Belgique*, 18 octobre 2016, § 36.

[873] Cour eur. dr. h., décision (rec.) *La Posta c. Italie*, 8 octobre 2019, § 19.

[874] Cour eur. dr. h., arrêt *Trabajo Rueda c. Espagne*, 30 mai 2017, § 27; arrêt *Gagliano Giorgi c. Italie*, 6 mars 2012, § 56.

[875] Cour eur. dr. h., décision (rec.) *Boelens et autres c. Belgique*, 11 septembre 2012.

[876] Cour eur. dr. h., décision (rec.) *Simsek et autres c. Turquie*, 17 mars 2020, §§ 26-29.

[877] Cour eur. dr. h., décision (rec.) *Hallier et autres c. France*, 12 décembre 2017, § 26.

[878] Cour eur. dr. h., décision (rec.) *Liga Portuguesa de Futebol Profissional c. Portugal*, 3 avril 2012, §§ 34-49 (à propos de l'absence de communication d'un avis du ministère public dans le cadre d'une procédure juridictionnelle). Voy. également Cour eur. dr. h., décision (rec.) *Holub c. République tchèque*, 14 décembre 2010. *A contrario*: Cour eur. dr. h., arrêt *Benet Praha c. République tchèque*, 24 février 2011, § 135.

[879] Cour eur. dr. h., décision (rec.) *Jancev c. ex-République yougoslave de Macédoine*, 4 octobre 2011 (à propos de l'absence de prononcé d'une décision de justice en audience publique).

compromis l'équité de la procédure, indépendamment des enjeux financiers du litige. À l'inverse, la Cour a estimé dans l'affaire *Eon c. France* qu'une condamnation à une amende de trente euros avec sursis pour délit d'offense au président de la République constituait un préjudice suffisamment important justifiant l'examen de la requête par la Cour. Celle-ci releva à l'appui de sa décision que l'espèce avait été «largement médiatisée» et que la requête «[portait] sur la question du maintien du délit d'offense au chef de l'État, question régulièrement évoquée au sein du Parlement»[880].

c. Une clause de sauvegarde

530. À l'origine, l'article 35, § 3, b), prévoyait deux «clauses de sauvegarde»[881] faisant office de «garde-fous». L'absence de «préjudice important» ne pouvait conduire à l'irrecevabilité de la requête, lorsque «le respect des droits de l'homme garantis par la Convention et ses Protocoles exige un examen de la requête au fond» ou lorsque l'affaire «n'a pas été dûment examinée par un tribunal interne». Le Protocole n° 15 additionnel à la Convention a supprimé cette seconde clause[882]. Cette suppression a pris effet à la date de l'entrée en vigueur du Protocole n° 15, soit le 1er août 2021[883].

531. Il reste donc aujourd'hui que l'absence de «préjudice important» ne peut conduire à l'irrecevabilité de la requête, lorsque «le respect des droits de l'homme garantis par la Convention et ses Protocoles exige un examen de la requête au fond».

532. Par cette clause de sauvegarde, il s'agit de «[garantir] un examen au fond des affaires qui, malgré leur banalité, soulèvent des questions sérieuses d'application ou d'interprétation de la Convention et de ses Protocoles, ou des questions importantes relatives au droit national»[884]. Il est bon d'ailleurs de rappeler que plusieurs «grands arrêts» de la Cour ont été rendus à l'occasion de «petites affaires»[885].

533. L'affaire *Laurent c. France*, portant sur le secret professionnel de l'avocat, mérite d'être mentionnée. En l'occurrence, le gouvernement français excipait de l'irrecevabilité de la requête introduite par un avocat qui dénonçait, sous le visa de l'article 8 de la Convention, l'interception par un policier de la feuille de papier qu'il avait remise à son client dans la salle des pas perdus d'un

880 Cour eur. dr. h., arrêt *Eon c. France*, 14 mars 2013, §§ 34-36.

881 Pour reprendre les termes du Rapport explicatif du Protocole n° 14 (§ 36 et §§ 81-82).

882 Article 5 du Protocole n° 15. L'idée est de «donner un plus grand effet à la maxime *de minimis non curat praetor*» (Rapport explicatif du Protocole n° 15, § 23).

883 Article 8, § 4, du Protocole n° 15. Voy. Rapport explicatif du Protocole n° 15, § 24. Voy. également Cour eur. dr. h., décision (rec.) *Bartolo c. Malte*, 7 septembre 2021.

884 Cour eur. dr. h., décision (rec.) *Simsek et autres c. Turquie*, 17 mars 2020, § 42.

885 Il n'est que de songer aux arrêts *Oztürk c. Allemagne* du 21 février 1984 ou *Belilos c. Suisse* du 29 avril 1988. L'on peut également relever l'arrêt *Micallef c. Malte* du 15 octobre 2009 relatif à l'applicabilité de l'article 6 de la Convention aux mesures provisoires et rendu à l'occasion d'une banale affaire de voisinage.

tribunal. À l'estime du gouvernement, le requérant ne pouvait prétendre avoir subi un « préjudice important ». Pour rejeter cette exception d'irrecevabilité, la Cour fit jouer la clause de sauvegarde, en faisant valoir que « les circonstances de la cause justifient un examen au fond de la requête, dans la mesure où celle-ci soulève des questions de principe importantes relatives à la correspondance entre un avocat et son client » et que « la requête présente une modalité d'échange d'informations sur laquelle elle n'a pas encore eu à se prononcer »[886].

d. Une application mesurée

534. Si les discussions ainsi que les critiques furent vives lorsque cette nouvelle condition fut envisagée, force est de constater à l'expérience que les cas dans lesquels elle est appliquée demeurent relativement rares. Il est vrai que la Cour disposait déjà, avant l'entrée en vigueur du Protocole n° 14, de plusieurs « outils » lui permettant d'exclure efficacement de son prétoire les requêtes reposant sur un préjudice insignifiant. On songe notamment à l'article 35, § 3, a), de la Convention habilitant la Cour à déclarer irrecevable une requête lorsque celle-ci s'avère « abusive »[887].

535. Au reste, la Cour s'abstient bien souvent de se prononcer sur l'exception d'irrecevabilité tirée de l'absence de « préjudice important » lorsque la requête s'avère déjà irrecevable pour un autre motif[888].

B. Les mesures provisoires

536. Afin de ne pas priver de toute utilité le droit d'action devant la Cour – ce droit devant lui aussi s'avérer « concret et effectif » –, celle-ci peut indiquer des mesures provisoires dans l'attente que la requête soit jugée sur la recevabilité et sur le fond[889]. Sa première mesure provisoire fut énoncée en 1989, dans la célèbre affaire *Soering c. Royaume-Uni*. En l'espèce, la Cour indiqua au gouvernement britannique qu'il était « souhaitable de ne pas extrader l'intéressé vers les États-Unis d'Amérique avant l'issue de la procédure pendante devant elle »[890], le requérant risquant d'être exposé au « syndrome du couloir de la mort ».

---

886 Cour eur. dr. h., arrêt *Laurent c. France*, 24 mai 2018, § 25.

887 Voy., antérieurement à l'entrée en vigueur du Protocole n° 14, Cour eur. dr. h., décision (rec.) *Bock c. Allemagne*, 19 janvier 2010, où la Cour jugea « abusive » la requête introduite par un fonctionnaire allemand ayant réclamé, devant les juridictions nationales, le remboursement d'un montant de 7,99 euros correspondant à des frais engagés pour l'achat de tablettes de magnésium prescrites par son médecin.

888 Voy. par exemple Cour eur. dr. h., décision (rec.) *Georgiev c. Bulgarie*, 29 septembre 2020, § 21 ; décision (rec.) *Maslotsov c. Russie*, 15 septembre 2020, § 17 ; décision (rec.) *Tkaczuk c. Pologne*, 24 mars 2020, § 20.

889 Voy. S. Watthée, *Les mesures provisoires devant la Cour européenne des droits de l'homme. La protection préventive des droits conventionnels en puissance ?*, coll. « Droit & Justice », n° 107, Nemesis/Anthemis, Bruxelles/Limal, 2014. Voy. également Fr. Krenc (dir.), *Les mesures provisoires devant la Cour européenne des droits de l'homme. Un référé à Strasbourg ?*, Larcier, Bruxelles, 2011.

890 Cour eur. dr. h., arrêt *Soering c. Royaume-Uni*, 7 juillet 1989, § 4.

537. Les mesures provisoires peuvent être indiquées par la Cour tant dans le cadre de requêtes individuelles que dans celui de requêtes interétatiques[891].

1. Le régime des mesures provisoires

538. Les mesures provisoires ne sont pas prévues par le texte de la Convention. Elles sont régies par le Règlement de la Cour qui, en son article 39, dispose que «la chambre ou, le cas échéant, le président de la section ou un juge de permanence [...] peuvent, soit à la demande d'une partie ou de toute autre personne intéressée, soit d'office, indiquer aux parties toute mesure provisoire qu'ils estiment devoir être adoptée dans l'intérêt des parties ou du bon déroulement de la procédure». Trois observations peuvent être formulées au départ de ce texte.

539. Premièrement, l'article 39 du Règlement de la Cour dispose que les mesures provisoires peuvent être indiquées «soit à la demande», «soit d'office». Dans l'immense majorité des cas, les mesures provisoires sont accordées sur demande. La Cour peut exceptionnellement agir d'office, comme elle le fit dans l'affaire *M.S.S. c. Belgique et Grèce*, où elle indiqua d'initiative une mesure provisoire au gouvernement grec afin d'éviter l'expulsion du requérant en Afghanistan jusqu'à l'issue de la procédure devant elle[892].

540. Deuxièmement, l'article 39 vise les «parties», sans distinction, en tant que destinataires des mesures provisoires. Si la Cour s'adresse généralement à un État, elle a toutefois pu indiquer des mesures provisoires à un requérant, notamment lorsque celui-ci menait une grève de la faim susceptible de mettre ses jours en danger[893].

541. Troisièmement, les mesures provisoires sont indiquées «dans l'intérêt des parties ou du bon déroulement de la procédure». Elles poursuivent en ce sens une double finalité qu'il importe de souligner: une finalité substantielle (assurer l'effectivité de la protection prévue par la Convention à l'égard du requérant) et une finalité procédurale (permettre à la Cour d'examiner efficacement la requête)[894].

---

891 Voy. notamment *Géorgie c. Russie* (II) (n° 38263/08), mesure provisoire du 12 août 2008; *Ukraine c. Russie* (n° 20958/14), mesure provisoire du 13 mars 2014; *Arménie c. Azerbaïdjan* (n° 42521/20), mesure provisoire du 29 septembre 2020; *Arménie c. Turquie* (n° 43517/20), mesure provisoire du 6 octobre 2020; *Ukraine c. Russie*, (n° 11055/22), mesure provisoire du 1er mars 2022. Ainsi, saisi par le gouvernement ukrainien le 28 février 2022, la Cour a décidé, le 1er mars 2022, d'appeler le gouvernement russe à s'abstenir de lancer des attaques militaires contre les personnes civiles et les biens de caractère civil, y compris les habitations, les véhicules de secours et les autres biens de caractère civil spécialement protégés tels que les écoles et les hôpitaux, et à assurer immédiatement la sécurité des établissements de santé, du personnel médical et des véhicules de secours sur le territoire attaqué ou assiégé par les soldats russes.

892 Cour eur. dr. h., Gde Ch., arrêt *M.S.S. c. Belgique et Grèce*, 21 janvier 2011, § 40.

893 Cour eur. dr. h., Gde Ch., arrêt *Ilascu et autres c. Moldova et Russie*, 8 juillet 2004, § 11. Voy. aussi Cour eur. dr. h., arrêt *Rodic et autres c. Bosnie-Herzégovine*, 27 mai 2008, § 4.

894 Voy. notamment Cour eur. dr. h., arrêt *Chamaïev et autres c. Géorgie et Russie*, 12 avril 2005, § 473; arrêt *Trabelsi c. Italie*, 13 avril 2010, § 65.

2. L'objet des mesures provisoires

542. Les mesures provisoires visent à prévenir un risque imminent de dommage grave et irréparable[895]. Le champ d'application *ratione materiae* des mesures provisoires indiquées par la Cour est, en pratique, circonscrit aux allégations de violation des articles 2 (droit à la vie) et 3 de la Convention (prohibition de la torture et des peines et traitements inhumains ou dégradants). Ce n'est qu'à titre exceptionnel que les mesures provisoires peuvent s'appliquer à d'autres droits consacrés par la Convention, comme l'article 6[896] ou l'article 10[897] de la Convention.

543. En ce qu'elles visent à préserver l'exercice effectif du droit de recours individuel et à permettre l'examen par la Cour des griefs au cœur de la requête, les mesures provisoires emportent généralement une interdiction (ne pas expulser[898], ne pas extrader[899] par exemple). Toutefois, la Cour a pu indiquer des mesures qui n'ont pas pour objet de «geler» une situation dans l'attente de l'examen de la recevabilité et du bien-fondé de la requête, mais d'accorder une prestation positive au requérant. Ainsi, dans le contentieux belge lié à la crise de l'accueil, la Cour a décidé d'enjoindre à l'État belge d'exécuter des décisions de justice définitives rendues en faveur de demandeurs d'asile et de leur fournir un hébergement et une assistance matérielle pour faire face à leurs besoins élémentaires[900].

3. L'autorité des mesures provisoires

544. Dans l'arrêt *Cruz Varas et autres c. Suède* du 20 mars 1991, la Cour avait, à la plus courte des majorités, dénié toute force contraignante aux mesures provisoires indiquées par l'«ancienne» Commission européenne des droits de l'homme. Revenant sur cette jurisprudence, la Cour a solennellement consacré,

---

[895] Cour eur. dr. h., Gde Ch., arrêt *Mamatkoulov et Askarov c. Turquie*, § 104, 4 février 2005 et Gde Ch., arrêt *Paladi c. Moldova*, 10 mars 2009, §§ 86-90.

[896] Dans l'affaire *Öcalan c. Turquie* (n° 46221/99), la Cour a demandé au gouvernement d'assurer la conformité aux exigences de l'article 6 de la procédure engagée contre le requérant devant la Cour de sûreté de l'État ainsi que l'utilisation efficace par l'intéressé de son droit d'introduire un recours individuel devant la Cour par l'intermédiaire des avocats de son choix. Voy. également les mesures provisoires indiquées récemment à la Pologne dans le cadre de procédures disciplinaires conduites contre des juges (voy. notamment *Wróbel c. Pologne*, n° 6904/22). Dans les affaires *Leszczyńska-Furtak* (n° 39471/22), *Gregajtys* (n° 39477/22) et *Piekarska-Drążek* (n° 44068/22), la Cour a indiqué le 6 décembre 2022 au gouvernement polonais que l'État défendeur devait suspendre les décisions de mutation des requérantes tant qu'elle n'aurait pas statué de manière définitive sur leurs requêtes.

[897] Dans l'affaire *ANO RID Novaya Gazeta et autres c. Russie* (n° 11884/22), la Cour a invité, le 8 mars 2022, les autorités russes à s'abstenir, jusqu'à nouvel avis, de toute action et décision visant à faire totalement obstacle et à mettre fin aux activités de la *Novaya Gazeta*, et de toute autre action susceptible de priver la *Novaya Gazeta* de la jouissance des droits garantis par l'article 10 de la Convention.

[898] *Jabari c. Turquie* (n° 40035/98, suspension de l'expulsion de la requérante craignant d'être condamnée à mort en Iran pour cause d'adultère).

[899] *Trabelsi c. Belgique* (n° 140/10, indication au gouvernement belge de ne pas extrader le requérant vers les États-Unis).

[900] Voy. notamment *Camara c. Belgique*, requête n° 49255/22, décision du 31 octobre 2022.

dans son arrêt *Mamatkoulov* rendu en Grande Chambre le 4 février 2005, le caractère obligatoire de ses mesures provisoires. Leur méconnaissance emporte depuis lors la violation de l'article 34 de la Convention qui garantit le droit de recours individuel devant la Cour et prévoit expressément que les États « s'engagent à n'entraver par aucune mesure l'exercice efficace de ce droit »[901].

545. L'arrêt *Paladi c. Moldova*, rendu également par la Grande Chambre le 10 mars 2009, est venu ultérieurement préciser que ce constat de violation de l'article 34 n'est pas énervé par la circonstance que le dommage que la mesure provisoire entendait prévenir ne s'est finalement pas produit[902]. Pour la Cour, « il incombe au gouvernement défendeur de lui démontrer que la mesure provisoire a été respectée ou, dans des cas exceptionnels, qu'il y a eu un obstacle objectif qui l'a empêché de s'y conformer, et qu'il a entrepris toutes les démarches raisonnablement envisageables pour supprimer l'obstacle et pour tenir la Cour informée de la situation »[903]. L'arrêt *Al-Saadoon et Mufdhi c. Royaume-Uni* du 2 mars 2010 montre que la Cour entend conférer une portée restrictive à la notion d'« obstacle objectif »[904].

4. La portée des mesures provisoires

546. Les mesures provisoires indiquées par la Cour ne préjugent ni de la recevabilité ni du bien-fondé des requêtes.

Chapitre VI
L'office de la Cour

A. Un office international et spécialisé

547. Juridiction internationale, la Cour n'est pas un juge national de quatrième instance. Elle n'est point un juge d'appel ou de cassation des décisions juridictionnelles internes. Son rôle est clairement circonscrit par l'article 19 de la Convention : s'assurer du respect de la Convention et de ses Protocoles par les États qui y sont parties. Ni plus, ni moins. Elle a pour seule tâche de dire, dans les affaires qui lui sont déférées, s'il y a eu ou non violation de la Convention. Ainsi, « il ne lui appartient pas de connaître des erreurs de fait ou de droit éventuellement commises par une juridiction interne, sauf si et dans la mesure où elles peuvent avoir porté atteinte aux droits et libertés sauvegardés par la Convention »[905].

---

901 Cour eur. dr. h., Gde Ch., arrêt *Mamatkoulov et Askarov c. Turquie*, 4 février 2005, § 128.

902 Cour eur. dr. h., Gde Ch., arrêt *Paladi c. Moldova*, 10 mars 2009, § 89.

903 *Ibidem*, § 92.

904 Cour eur. dr. h., arrêt *Al-Saadoon et Mufdhi c. Royaume-Uni*, 2 mars 2010, §§ 162-166.

905 Cour eur. dr. h., Gde Ch., arrêt *Bochan c. Ukraine* (n° 2), 5 février 2015, § 61 ; Gde Ch., arrêt *Lopez Ribalda et autres c. Espagne*, 17 octobre 2019, § 149 ; Gde Ch., arrêt *Anheuser-Busch Inc. c. Portugal*, 11 janvier 2007, § 83.

B. Un office essentiellement individuel et concret

1. *La ligne générale*

548. La Cour enseigne classiquement que «dans une affaire issue d'une requête individuelle introduite en vertu de l'article 34 de la Convention, elle a pour tâche non pas d'examiner le droit interne dans l'abstrait mais de rechercher si la manière dont celui-ci a été appliqué au requérant a emporté violation de la Convention»[906]. Ainsi, par exemple, il ne s'agit pas pour la Cour de contrôler la compatibilité avec la Convention d'une législation relative au changement de nom, mais de vérifier si le refus d'un tel changement a emporté, dans le cas d'espèce, la violation d'un droit garanti par la Convention[907].

2. *Une «désubjectivation» de l'office de la Cour?*

549. Une excellente doctrine a toutefois pu relever une mutation dans l'office de la Cour en observant son «objectivisation croissante»[908]. Selon cette doctrine, «la Cour européenne n'hésite plus à contrôler directement les législations et pratiques nationales», si bien que «traditionnellement juge des droits, la Cour manifeste une propension accrue à se comporter comme juge du droit»[909]. Pour ma part, je préférerais parler d'une «désubjectivation» du contentieux pour insister sur la mise en retrait du cas individuel au profit d'un contrôle plus abstrait et, en même temps, plus large du droit interne. Deux manifestations de ce phénomène peuvent être relevées.

550. La Cour peut tout d'abord être amenée à contrôler une législation interne lorsque celle-ci trouve à s'appliquer directement au requérant, sans la médiation d'un acte individuel d'exécution. L'on songe à l'arrêt *Marckx c. Belgique* où étaient en cause les dispositions du Code civil belge discriminant les enfants «naturels»[910] ou à l'arrêt *Michaud c. France*, à propos de l'obligation de déclaration de «soupçon» incombant aux avocats au nom de la lutte contre le

---

906 Cour eur. dr. h., Gde Ch., arrêt *Perincek c. Suisse*, 15 octobre 2015, § 136; Gde Ch., arrêt *S.H. et autres c. Autriche*, 3 novembre 2011, § 92; arrêt *Lings c. Danemark*, 12 avril 2022, § 47.

907 Voy. Cour eur. dr. h., arrêt *Jacquinet et Embarek Ben Mohamed c. Belgique*, 7 février 2023.

908 M. Afroukh, «L'identification d'une tendance récente à l'objectivisation du contentieux dans le contrôle de la Cour européenne des droits de l'homme», *Rev. dr. publ.*, 2015, pp. 1357 et s., ici p. 1380. Voy. du même auteur, «L'objectivisation du contrôle juridictionnel», *in La protection des droits de l'homme par les cours supranationales*, *op. cit*, pp. 107-132.

909 M. Afroukh, «L'identification d'une tendance récente à l'objectivisation du contentieux dans le contrôle de la Cour européenne des droits de l'homme», *op. cit.*, pp. 1360-1361. Voy. également sur cette question, J. Arlettaz et J. Bonnet (dir.), *L'objectivation du contentieux des droits et libertés fondamentaux – Du juge des droits au juge du droit?*, Pedone, Paris, 2015.

910 Devant la Cour, le gouvernement belge objectait que les requérantes invitaient la Cour à statuer *in abstracto*. La Cour ne fit pas droit à l'exception en faisant valoir que les requérantes «s'en prennent à plusieurs articles du Code civil qui s'appliquaient ou s'appliquent à elles automatiquement. En les dénonçant comme contraires à la Convention et au Premier Protocole additionnel à la Convention, elles n'invitent pas la Cour à exercer un contrôle abstrait de normes, incompatible avec l'article [34]: elles

blanchiment[911]. La Cour contrôle ici la législation interne dès lors que le requérant est affecté par sa simple et seule existence. Un autre exemple peut être tiré du contentieux relatif aux mesures de surveillance secrète. Pour ce type de contentieux, il est en effet difficile sinon impossible pour le requérant de prouver une application concrète. L'arrêt *Roman Zakharov c. Russie* du 4 décembre 2015 procède, en ce sens, d'un contrôle de la législation russe relative à la surveillance des communications de téléphonie mobile[912]. On soulignera que « [l]a Cour n'a jamais exclu de constater qu'un texte législatif emportait directement violation de la Convention »[913].

551. Par ailleurs, l'on peut également pointer une tendance dans le chef de la Cour à focaliser, dans certains cas, son attention sur la norme générale fondant l'ingérence plutôt que sur l'application qui en est faite à l'égard du requérant, aux fins d'opérer le contrôle de proportionnalité. Les arrêts *Evans*[914] et *Animal Defenders International*[915] en sont notamment l'illustration. La pesée des intérêts en jeu tend alors à s'opérer au niveau de la législation davantage qu'au regard des spécificités du cas d'espèce. Selon la Cour, «plus les justifications d'ordre général invoquées à l'appui de la mesure générale sont convaincantes, moins [elle] attache de l'importance à l'impact de cette mesure dans le cas particulier soumis à son examen»[916].

552. La Cour a ainsi relevé dans certaines affaires qu'«une mesure générale était un moyen plus pratique pour parvenir à l'objectif légitime visé qu'une

s'attaquent à une situation légale, celle des mères célibataires et des enfants nés hors mariage, qui les touche personnellement » (Cour eur. dr. h., arrêt *Marckx c. Belgique*, 13 juin 1979, § 27).

911 En l'espèce, le gouvernement français excipait de l'absence de la qualité de « victime » du requérant au motif que celui-ci « [entendait] en fait voir la Cour examiner *in abstracto* la conformité d'un texte de droit interne à la Convention » (Cour eur. dr. h., arrêt *Michaud c. France*, 6 décembre 2012, § 49). La Cour a rejeté cette exception, estimant que le requérant faisait partie d'une catégorie de personnes risquant de subir directement les effets des dispositions litigieuses (*ibidem*, §§ 52-53).

912 Cour eur. dr. h., Gde Ch., arrêt *Roman Zakharov c. Russie*, 4 décembre 2015. Voy. antérieurement Cour eur. dr. h., arrêt *Klass et autres c. Allemagne*, 6 septembre 1978. La Cour y avait contrôlé la législation ayant institué un régime de surveillance secrète en République fédérale d'Allemagne.

913 Cour eur. dr. h., Gde Ch., arrêt *Thlimmenos c. Grèce*, 6 avril 2000, § 48.

914 Cour eur. dr. h., Gde Ch., arrêt *Evans c. Royaume-Uni*, 10 avril 2007. Dans cette affaire, la Cour jugea qu'il n'était pas incompatible avec l'article 8 de la Convention que la législation britannique fasse prévaloir inconditionnellement le droit, pour le donneur de gamètes, de retirer son consentement à la réimplantation d'embryons fécondés. Elle s'exprima comme suit : « La décision du législateur d'adopter des dispositions ne permettant aucune exception, afin que toute personne donnant des gamètes aux fins d'un traitement par FIV puisse avoir la certitude qu'ils ne pourront pas être utilisés sans son consentement, procède du souci de faire prévaloir le respect de la dignité humaine et de la libre volonté ainsi que du souhait de ménager un juste équilibre entre les parties au traitement par FIV. Au-delà du principe en jeu, le caractère absolu de la règle en cause vise à promouvoir la sécurité juridique et à éviter les problèmes d'arbitraire et d'incohérence inhérents à la mise en balance, au cas par cas, de ce que la Cour d'appel a décrit comme étant des intérêts 'parfaitement incommensurables' [...]. Pour la Cour, les intérêts généraux poursuivis par la loi sont légitimes et compatibles avec l'article 8 » (§ 89).

915 Cour eur. dr. h., Gde Ch., arrêt *Animal Defenders International c. Royaume-Uni*, 22 avril 2013, à propos de l'interdiction de la publicité politique à la radio et à la télévision.

916 *Ibidem*, § 109.

disposition permettant un examen au cas par cas lorsque pareille disposition emportait un risque de grande insécurité juridique, de litiges, de frais et de retards ou de discrimination et d'arbitraire»[917]. En même temps, «[l]a manière dont une mesure générale a été appliquée aux faits d'une cause donnée permet toutefois de se rendre compte de ses répercussions pratiques et est donc pertinente pour l'appréciation de sa proportionnalité»[918].

C. La Cour et les faits

553. «[S]ensible à la nature subsidiaire de sa mission», la Cour considère qu'«elle ne peut sans de bonnes raisons assumer le rôle de juge du fait de première instance, à moins que cela ne soit rendu inévitable par les circonstances de l'affaire dont elle se trouve saisie»[919]. Ainsi, «[l]orsque des procédures internes ont été menées, elle n'a pas à substituer sa propre version des faits à celle des juridictions nationales, auxquelles il appartient d'établir les faits sur la base des preuves recueillies par elles»[920]. Par conséquent, «[s]i les constatations de celles-ci ne lient pas la Cour, laquelle demeure libre de se livrer à sa propre évaluation à la lumière de l'ensemble des éléments dont elle dispose, elle ne s'écartera normalement des constatations de fait des juges nationaux que si elle est en possession de données convaincantes à cet effet»[921].

D. La Cour et le droit interne

554. La Cour répète inlassablement qu'«elle n'a pas pour tâche de se substituer aux juridictions internes. C'est au premier chef aux autorités nationales, notamment aux cours et tribunaux, qu'il incombe d'interpréter la législation interne»[922]. Par conséquent, la Cour n'est pas compétente pour remettre en cause l'interprétation de la législation interne par ces juridictions, sauf si cette interprétation se révèle «arbitraire ou manifestement déraisonnable»[923].

555. Toutefois, lorsque l'inobservation du droit interne est susceptible d'emporter une violation de la Convention, la Cour est amenée à exercer un contrôle plus poussé. Tel est le cas lorsque la Cour est amenée à examiner, au regard de l'article 5, § 1er, de la Convention, si le requérant a été privé de sa liberté «selon les voies légales»[924]. Il en va naturellement de même lorsqu'est en

---

917 Cour eur. dr. h., Gde Ch., arrêt *M.A. c. Danemark*, 9 juillet 2021, § 148.

918 *Ibidem.*

919 Cour eur. dr. h., Gde Ch., arrêt *Radomilja et autres c. Croatie*, 20 mars 2018, § 150; Gde Ch., arrêt *Bărbulescu c. Roumanie*, 5 septembre 2017, § 129.

920 Cour eur. dr. h., Gde Ch., arrêt *Bărbulescu c. Roumanie*, 5 septembre 2017, § 129.

921 *Ibidem.*

922 Cour eur. dr. h., Gde Ch., arrêt *Nejdet Şahin et Perihan Şahin c. Turquie*, 20 octobre 2011, § 49.

923 Cour eur. dr. h., arrêt *Dakir c. Belgique*, 11 juillet 2017, § 75.

924 Cour eur. dr. h., Gde Ch., arrêt *Creangă c. Roumanie*, 23 février 2012, § 101.

cause l'article 7 de la Convention qui exige une base légale pour toute condamnation pénale[925].

Chapitre VII
Deux principes directeurs

556. L'office de la Cour repose sur deux principes directeurs que sont la subsidiarité et la marge nationale d'appréciation. Tant de choses ont été dites et écrites à leur sujet[926]. Je voudrais revenir ici à l'essence de ces principes pour mieux en cerner ensuite les implications.

A. La subsidiarité

1. Le principe matriciel de la Convention

557. La subsidiarité est, depuis l'origine, au fondement du système mis en place par la Convention dont elle constitue le principe matriciel. Dès 1968, et l'« *affaire linguistique belge* », la Cour a indiqué qu'elle « ne saurait se substituer aux autorités nationales compétentes, faute de quoi elle perdrait de vue le caractère subsidiaire du mécanisme international de garantie collective instauré par la Convention »[927]. Depuis lors, la Cour n'a de cesse de répéter que « ce sont les autorités nationales qui sont responsables au premier chef de la mise en

---

925 Cour eur. dr. h., Gde Ch., avis consultatif concernant l'applicabilité de la prescription aux poursuites, condamnations et sanctions pour des infractions constitutives, en substance, d'actes de torture, 26 avril 2022, P16-2021-001, § 71.

926 Voy. notamment sur la subsidiarité, R. Spano, « Universality or diversity of Human Rights? Strasbourg in the age of subsidiarity », *Human Rights Law Review*, 2014, pp. 487-502 ; du même auteur, « The Future of the European Court of Human Rights - Subsidiarity, Process-Based Review and the Rule of Law », *Human Rights Law Review*, 2018, pp. 473-494 ; Fr. Sudre (dir.), *Le principe de subsidiarité au sens du droit de la Convention européenne des droits de l'homme*, coll. « Droit & Justice », n° 108, Anthemis/Nemesis, Limal/Bruxelles, 2014 ; G. Gonzalez (dir.), *La subsidiarité conventionnelle en question*, coll. « Droit & Justice », n° 114, Anthemis/Nemesis, Limal/Bruxelles, 2016. Sur la marge d'appréciation, voy. notamment D. Spielmann, « Allowing the Right Margin. The European Court of Human Rights and the National Margin of Appreciation Doctrine: Waiver or Subsidiarity of European Review? », *Cambridge Yearbook of European Legal Studies*, 2011-2012, pp. 381-418 ; du même auteur, « En jouant sur les marges – La Cour européenne des droits de l'homme et la théorie de la marge d'appréciation nationale : abandon ou subsidiarité du contrôle européen ? », *Journal des tribunaux Luxembourg*, 2010, pp. 117-127. Voy. également X. Delgrange, « Marge ou crève », *Canadian Journal of Law and Society/Revue canadienne Droit et Société*, 2021, vol. 36, n° 2, pp. 225-243 ; J. Gerards, « Margin of Appreciation and Incrementalism in the Case Law of the European Court of Human Rights », *Human Rights Law Review*, 2018, vol. 18, n° 3, pp. 495-515 ; S. Smet, « When Human Rights Clash in 'The Age of Subsidiarity': What Role for the Margin of Appreciation? », *in* P. Agha (éd.), *Human Rights Between Law and Politics: The Margin of Appreciation in Post-National Contexts*, Hart Publishing, Oxford, 2017, pp. 55-70.

927 Cour eur. dr. h., arrêt dans l'affaire « relative à certains aspects du régime linguistique de l'enseignement en Belgique », 23 juillet 1968, § 10 du point I.B.

œuvre et de la sanction des droits et libertés garantis»[928]. En énonçant que «les Hautes Parties contractantes reconnaissent à toute personne relevant de leur juridiction les droits et libertés définis au titre I de la présente Convention», l'article 1er de la Convention érige, en effet, les États et leurs organes en principaux acteurs de la Convention.

558. Pour le dire simplement, la subsidiarité signifie que la protection des droits de la Convention relève avant tout des autorités nationales, la Cour n'intervenant qu'à titre supplétif, en cas de carence de celles-ci. Le rôle des États est premier, tandis que le contrôle de la Cour est ultime et auxiliaire.

559. La subsidiarité constitue dès lors un principe fonctionnel qui appelle une application décentralisée de la Convention au sein des différents États parties, tenant compte de l'autonomie et de la marge d'appréciation des autorités nationales – sur laquelle je m'appesantirai ci-après (*infra* nos 584 et s.).

2. Une double dimension

560. La subsidiarité a une double dimension. Elle est à la fois procédurale et substantielle. Dans les deux cas, elle exprime une seule et même idée: le système européen de protection des droits fondamentaux n'opère que pour pallier les déficiences du système national. Il n'a pas été institué pour devancer le système national, ni moins encore pour l'éclipser. Tout au contraire, il entend le valoriser.

2.1. La dimension procédurale

561. D'un point de vue procédural, la subsidiarité se traduit concrètement par l'obligation pour le justiciable d'épuiser les voies de recours internes avant de saisir la Cour (article 35, § 1er, de la Convention). C'est que «les États n'ont pas à répondre de leurs actes devant un organisme international avant d'avoir eu la possibilité de redresser la situation dans leur ordre juridique interne. Les personnes désireuses de se prévaloir de la compétence de contrôle de la Cour relativement à des griefs dirigés contre un État ont donc l'obligation d'utiliser auparavant les recours qu'offre le système juridique de celui-ci»[929]. Aussi, «[l]a Cour ne saurait trop souligner qu'elle n'est pas une juridiction de première instance»[930].

562. À vrai dire, cette exigence de l'épuisement des voies de recours internes repose sur une certaine logique à l'égard des États: avant de mettre en cause leur responsabilité au regard de la Convention devant la Cour, tout individu doit leur avoir donné la possibilité d'appliquer la Convention à son égard dans

[928] Cour eur. dr. h., Gde Ch., arrêt *Kudla c. Pologne*, 26 octobre 2000, § 152; Gde Ch., arrêt *Paposhvili c. Belgique*, 13 décembre 2016, § 184.
[929] Cour eur. dr. h., Gde Ch., arrêt *Vuckovic et autres c. Serbie*, 25 mars 2014, § 70.
[930] *Ibidem*.

l'ordre interne. Ceci passe par l'exercice des recours qui y sont disponibles et adéquats, mais aussi par l'invocation expresse ou en substance de la Convention à l'occasion de ces recours (*supra* n°s 486-491).

563. Il faut y insister : un recours devant la Cour n'est pas une fin en soi. Il n'est qu'un moyen – en l'occurrence, l'ultime – pour un individu de faire respecter la Convention à son égard, la voie nationale devant être prioritairement envisagée.

564. Cette exigence de l'épuisement des voies de recours internes répond par ailleurs à une nécessité dans le chef de la Cour en tant que juridiction internationale : celle-ci « doit pouvoir tirer profit »[931] de l'examen préalable de conventionnalité opérée par les juridictions internes qui sont plus proches des faits et des réalités. La Cour est ensuite appelée, en dernière analyse, à pratiquer le « contrôle du contrôle ».

2.2. La dimension substantielle

565. Dans sa dimension substantielle, la subsidiarité signifie que la Convention constitue un seuil minimal de protection que les États sont libres de dépasser, de compléter, d'affiner, sans jamais pouvoir le transgresser. L'article 53 de la Convention dispose en ce sens qu'« aucune des dispositions de la [...] Convention ne sera interprétée comme limitant ou portant atteinte aux droits de l'homme et aux libertés fondamentales qui pourraient être reconnus conformément aux lois de toute Partie contractante ou à toute autre Convention à laquelle cette Partie contractante est partie ».

566. Il importe de souligner que la Convention ne constitue pas un instrument d'uniformisation des différents droits internes. Elle fixe un seuil. Le but de la Convention et de la Cour qui en est l'ultime gardienne n'est donc pas d'éradiquer la diversité qui caractérise et, en même temps, enrichit la « grande » Europe. Il consiste à garantir un socle commun de droits fondamentaux qui sont le reflet des valeurs partagées au sein du Conseil de l'Europe, tout en préservant l'autonomie des autorités nationales pour le surplus.

3. Les vertus de la subsidiarité

567. Premièrement, la subsidiarité a une vertu éminemment démocratique : réaffirmer le rôle premier des États et de leurs organes dans la protection des droits garantis par la Convention. Les autorités nationales ont une légitimité que la Cour ne pourrait nier. Il serait, en outre, illusoire de penser que les droits inscrits dans la Convention pourraient s'épanouir sans le concours des États. Il ne peut, en effet, y avoir de protection effective de ces droits en dehors des États[932].

---

931 Cour eur. dr. h., Gde Ch., arrêt *Burden c. Royaume-Uni*, 29 avril 2008, § 42.

932 Je souscris ici aux considérations émises par H. Dumont et I. Hachez : « Repenser la souveraineté à la lumière du droit international des droits de l'homme », *in Liber amicorum Rusen Ergec*, Pasicrisie luxembourgeoise, Luxembourg, 2017, pp. 105-143.

568. Deuxièmement, la subsidiarité permet concomitamment de marquer l'office international de la Cour. Celle-ci est appelée à se prononcer au terme de la séquence nationale, soit après les autorités internes à qui il incombe prioritairement d'appliquer la Convention.

569. Troisièmement, en encourageant les individus à invoquer la Convention devant le juge national et en incitant celui-ci à l'appliquer, la subsidiarité promeut l'incorporation de la Convention dans l'ordre juridique interne. La Convention est certes un texte de droit international, mais elle a surtout « vocation [...] à être du droit interne »[933].

4. Le corollaire de la subsidiarité : la valorisation de l'office du juge national

570. De plus en plus, la Cour met en exergue l'office du juge national en tant que « juge de droit commun » de la Convention. C'est à lui, en effet, que revient la mission de veiller au respect de la Convention et de donner pleine application à ses dispositions dans l'ordre interne. Cet office subsidiaire est source, tout à la fois, de contrainte et de liberté pour le juge national.

4.1. La contrainte

571. La subsidiarité est tout d'abord génératrice d'une obligation à la charge des juridictions nationales. Celles-ci « doivent examiner avec rigueur les moyens ayant trait aux droits et libertés garantis par la Convention dont ils sont saisis » ; « il s'agit là d'un corollaire du principe de subsidiarité »[934], insiste la Cour.

572. Le contentieux relatif à l'éloignement des étrangers au regard de l'article 8 de la Convention témoigne de ce devoir incombant aux juridictions nationales, lesquelles « doivent motiver leurs décisions de manière suffisamment circonstanciée, afin notamment de permettre à la Cour d'assurer le contrôle européen qui lui est confié »[935]. Il s'ensuit qu'« un raisonnement insuffisant des juridictions internes, sans véritable mise en balance des intérêts en présence, est contraire aux exigences de l'article 8 de la Convention »[936].

573. Un exemple peut être tiré de l'arrêt *Makdoudi c. Belgique* du 18 février 2020 dans lequel la Cour a conclu à une violation de l'article 8 de la Convention s'agissant d'une mesure de renvoi du territoire belge d'un ressortissant tunisien ayant fait l'objet d'une condamnation pénale. La Cour a tenu à préciser que « si [...] l'Office des étrangers, le Conseil du contentieux des étrangers ou le Conseil d'État avait procédé à une mise en balance circonstanciée des

---

[933] J.-F. Akandji-Kombé, « Droit constitutionnel, droit international et droit européen des droits de l'homme : concurrence, confusion, complémentarité ? », *Droit social*, 2014, p. 301.

[934] Cour eur. dr. h., Gde Ch., arrêt *Fabris c. France*, 7 février 2013, § 72.

[935] Cour eur. dr. h., arrêt *I.M. c. Suisse*, 9 avril 2019, § 72.

[936] *Ibidem*.

intérêts en cause, prenant en compte les différents critères établis par la jurisprudence de la Cour [...], et si ces autorités avaient indiqué des motifs pertinents et suffisants pour justifier leurs décisions, [la Cour] aurait, en ligne avec le principe de subsidiarité, pu le cas échéant être amenée à considérer que les autorités internes n'avaient ni manqué de ménager un juste équilibre entre les intérêts du requérant et de l'État demandeur ni excédé la marge d'appréciation dont elles jouissent dans le domaine de l'immigration»[937].

574. Le contentieux relatif à la liberté d'expression atteste pareillement de l'importance de l'office du juge national. Dans plusieurs arrêts, la Cour a en effet sanctionné les insuffisances du contrôle pratiqué par les juridictions internes au regard des exigences de l'article 10 de la Convention[938].

4.2. La liberté

575. Si le juge national est contraint de jouer le jeu de la subsidiarité sous peine d'engager devant la Cour la responsabilité internationale de l'État dont il est l'organe, il peut également saisir cette opportunité pour s'approprier la Convention et en ajuster, affiner, voire élargir la portée dans l'ordre interne. La subsidiarité est ici synonyme de liberté pour le juge national.

576. La jurisprudence belge relative à l'article 6 de la Convention illustre pareille prise de liberté. On peut ainsi relever que la Cour de cassation belge décréta l'applicabilité de principe de l'article 6, § 1er, de la Convention aux procédures en référé[939], avant que l'arrêt *Micallef c. Malte* ne vînt entériner cette approche quelques années plus tard[940]. Il est intéressant de noter que l'arrêt *Micallef* s'est appuyé sur cette jurisprudence de la Cour de cassation aux fins de consolider son raisonnement[941].

577. Plus récemment, alors que l'arrêt *Avotiņš c. Lettonie* rendu par la Grande Chambre a indiqué qu'il ne pouvait être déduit de l'article 6, § 1er, de la Convention un droit du justiciable d'être informé des voies de recours possibles contre une décision de justice[942], la Cour constitutionnelle belge a considéré, pour sa part, que «l'indication de l'existence de voies de recours dans la signification d'une décision juridictionnelle constitue un élément essentiel du principe général de la bonne administration de la justice et du droit d'accès au juge. Le droit à un procès équitable exige en effet non seulement que les possibilités et délais pour exercer des voies de recours soient posés avec clarté, mais

937 Cour eur. dr. h., arrêt *Makdoudi c. Belgique*, 18 février 2020, § 97.
938 Voy. notamment Cour eur. dr. h., arrêt *Tête c. France*, 26 mars 2020, §§ 57-60.
939 Cass. (b.), 14 janvier 2005, *Pas.*, I, 2005, p. 76.
940 Cour eur. dr. h., Gde Ch., arrêt *Micallef c. Malte*, 15 octobre 2009.
941 *Ibidem*, §§ 31 et 78.
942 Cour eur. dr. h., Gde Ch., arrêt *Avotiņš c. Lettonie*, 23 mai 2016, § 123. Comp. toutefois avec Cour eur. dr. h., arrêt *Faniel c. Belgique*, 1er mars 2011, § 30; arrêt *Da Luz Domingues Ferreira c. Belgique*, 24 mai 2007, § 58; arrêt *Hakimi c. Belgique*, 29 juin 2010, §§ 35-36.

aussi qu'ils soient portés à la connaissance du justiciable de la manière la plus explicite possible »[943].

578. En matière environnementale et climatique, on peut également mesurer le rôle pionnier joué par les juridictions nationales. Saisies de tels contentieux, celles-ci n'hésitent pas, en effet, à mobiliser la Convention à l'appui de leurs décisions. On songe immanquablement à l'arrêt *Urgenda* du 20 décembre 2019 du *Hoge Raad* des Pays-Bas qui, prenant directement appui sur les articles 2 et 8 de la Convention, confirma l'obligation imposée à l'État néerlandais de prendre toutes les mesures propres à réduire les émissions de gaz à effet de serre d'au moins 25 % pour la fin de l'année 2020[944]. Un grand nombre de juridictions nationales lui ont ensuite emboîté le pas[945].

579. On le voit très clairement : les juridictions nationales s'approprient la Convention pour préciser les droits des individus et les obligations des États dans un grand nombre de domaines, tantôt en devançant l'enseignement de la Cour, tantôt en le dépassant. Ceci confirme le rôle majeur et central du juge interne dans le système européen de protection des droits fondamentaux qui promeut tout à la fois l'unité et la diversité.

4.3. Des limites à la liberté ?

580. Si la subsidiarité valorise le juge national dans sa mission de protection des droits garantis par la Convention, la Cour a toutefois, dans certaines affaires, pu contredire celui-ci après qu'il eut décidé d'accorder le bénéfice de la Convention à un requérant.

581. Un premier exemple peut être tiré de l'affaire *M.N. c. Belgique* concernant le refus de délivrance de visas de court séjour à des ressortissants syriens, nonobstant des décisions nationales de justice ordonnant pareille délivrance. En l'occurrence, les requérants avaient sollicité ces visas depuis l'ambassade de Belgique sise à Beyrouth. Alors que le juge national, par la voix du Conseil du contentieux des étrangers, admit la « juridiction » de la Belgique (au sens de l'article 1er de la Convention) et, plus encore, décida d'accorder le bénéfice de la Convention aux requérants au titre de l'article 3 de la Convention en enjoignant à l'autorité administrative de délivrer les visas sollicités, la Cour, réunie en Grande Chambre, a jugé que les requérants ne pouvaient être considérés comme relevant de la « juridiction » de la Belgique en sorte que la Convention n'entrait pas en jeu[946].

---

943 Cour const. (b.), arrêt n° 23/2022, 10 février 2022, cons. B.9.2. Voy. également Cour const. (b.), arrêt n° 92/2022, 30 juin 2022.

944 Voy. O. De Schutter, « Changements climatiques et droits humains : l'affaire *Urgenda* », *Rev. trim. dr. h.*, 2020, pp. 567-608.

945 On pense notamment à l'arrêt de la Cour constitutionnelle allemande du 24 mars 2021 qui a jugé que les dispositions de la loi du 12 décembre 2019 relatives à l'objectif d'une réduction des émissions de gaz à effet de serre n'étaient pas conformes aux droits fondamentaux, en l'absence d'exigences suffisantes pour une réduction à partir de l'année 2031.

946 Cour eur. dr. h., Gde Ch., décision (rec.) *M.N. et autres c. Belgique*, 5 mai 2020.

582. L'affaire *Gestur Jónsson et Ragnar Halldór Hall c. Islande* offre un second exemple. En l'occurrence, la Cour suprême islandaise admit l'applicabilité de l'article 6 de la Convention sous son volet «pénal» à une procédure ayant conduit à l'imposition d'une amende d'environ 6 200 euros à deux avocats accusés d'avoir porté «atteinte à l'autorité de la justice». La Grande Chambre de la Cour est cependant parvenue à une conclusion contraire, jugeant l'article 6 de la Convention inapplicable[947].

583. Des solutions adoptées dans ces deux affaires, faut-il inférer que le juge national a abusé de sa liberté et serait allé «trop loin» dans la protection conventionnelle? La subsidiarité n'opère-t-elle pourtant pas à sens unique? À y regarder de plus près, le frein actionné par la Cour dans ces deux affaires paraît se justifier par le fait que la définition du champ d'application de la Convention – *ratione loci* dans l'affaire *M.N.* et *ratione materiae* dans l'affaire *Gestur Jónsson et Ragnar Halldór Hall* – ne peut être laissée à la discrétion des États parties et reste l'apanage de la Cour en ce qu'elle touche à sa compétence[948]. Autrement dit, le juge national peut certes aller plus loin que ce que la Convention requiert. Mais celle-ci ne s'en trouve pas pour autant violée si d'aventure la décision du juge national n'est pas respectée.

B. La marge nationale d'appréciation

1. *Une construction prétorienne ancienne et discutée*

584. La marge nationale d'appréciation participe d'une doctrine prétorienne fort ancienne[949]. Elle a toutefois, dès l'origine, été âprement discutée[950], en ce compris au sein même de la Cour. On ne peut s'empêcher de rappeler ici la célèbre diatribe lancée par le juge De Meyer dans son opinion séparée, émise sous l'arrêt *Z c. Finlande* du 25 février 1997[951].

---

947 Cette conclusion et le raisonnement qui le précède ont suscité la dissidence des juges Sicilianos, Ravarani et Serghides, lesquels ont fait valoir, dans une opinion commune, qu'«il n'est pas opportun – voire contraire à l'article 53 de la Convention – d'accorder en fin de compte à l'équité de la procédure une protection inférieure à celle que les autorités nationales étaient prêtes à apporter» (opinion dissidente commune aux juges Sicilianos, Ravarani et Serghides, § 13).

948 Voy. en ce sens Cour eur. dr. h., Gde Ch., arrêt *Vegotex International* S.A. *c. Belgique*, 3 novembre 2022, § 59: «Le Gouvernement ne conteste pas l'applicabilité du volet pénal de l'article 6 de la Convention en l'espèce. Toutefois, l'applicabilité *ratione materiae* de la Convention définit l'étendue de la compétence de la Cour. Cette question doit donc être examinée d'office à chaque stade de la procédure».

949 Cour eur. dr. h., arrêt *Handyside c. Royaume-Uni*, 7 décembre 1976, §§ 49-50.

950 Voy., parmi ses plus farouches opposants, P. Lambert, «Marge nationale d'appréciation et principe de proportionnalité», *in* Fr. Sudre (dir.), *L'interprétation de la Convention européenne des droits de l'homme*, Bruylant, Bruxelles, 1998, pp. 63-89.

951 «Dans le présent arrêt, la Cour invoque, une fois de plus, la 'marge d'appréciation' des autorités nationales. Je crois qu'il est grand temps de la bannir de nos raisonnements: nous avons déjà trop tardé à nous débarrasser de cette rengaine et à abjurer le relativisme qu'elle implique. L'existence d'une marge d'appréciation peut se concevoir en certaines matières. C'est ainsi qu'il est tout à fait naturel que, dans une affaire

585. En réalité, la marge nationale d'appréciation vise à réguler l'intensité du contrôle pratiqué par la Cour. Elle tend à conférer aux autorités nationales une latitude dans le «choix des moyens»[952] pour parvenir aux fins assignées par la Convention. Cette marge n'est toutefois pas illimitée et elle ne s'applique pas dans tous les domaines.

2. Le double fondement de la marge nationale d'appréciation

586. La reconnaissance d'une marge d'appréciation par la Cour procède d'un double fondement : la *légitimité démocratique* des autorités nationales que la Cour ne pourrait nier et leur *proximité géographique* qu'elle ne saurait pas davantage ignorer. En effet, «les autorités nationales jouissent d'une légitimité démocratique directe en ce qui concerne la protection des droits de l'homme et, grâce à leurs contacts directs et constants avec les forces vives de leur pays, elles se trouvent en principe mieux placées que le juge international pour évaluer les besoins et le contexte locaux»[953]. Les autorités sont ainsi mieux placées que la Cour pour décider, par exemple, du placement d'un enfant conformément à son meilleur intérêt ou de l'octroi de prestations sociales.

3. L'étendue de la marge nationale d'appréciation

587. Lorsqu'elle entre en jeu, la marge d'appréciation, loin d'être uniforme, présente une étendue variable[954]. Elle peut être tantôt large ou ample, tantôt restreinte ou limitée. Elle ne peut, en revanche, être illimitée.

588. Selon la Cour, «l'étendue de la marge d'appréciation dont disposent les États varie selon les circonstances, les domaines et le contexte»[955]. En outre, «la présence ou l'absence d'un dénominateur commun aux systèmes juridiques des États contractants peut constituer un facteur pertinent»[956].

---

pénale, le juge puisse, selon l'idée qu'il se fait de la gravité du cas, fixer la peine entre le minimum et le maximum prévus par le législateur. Mais, lorsqu'il s'agit des droits de l'homme, il n'y a pas de place pour une marge d'appréciation qui permettrait aux États de déterminer ce qui est acceptable et ce qui ne l'est pas. En cette matière, la limite à ne pas franchir doit être aussi nette et claire que possible. Ce n'est pas aux États qu'il peut appartenir d'en décider, chacun en ce qui le concerne, mais à nous et ce que nous en pensons doit valoir pour toutes les personnes relevant de la juridiction de chacun d'entre eux. Les formules creuses que nous répétons dans nos arrêts depuis déjà trop longtemps au sujet de la marge d'appréciation des États ne sont que des circonlocutions inutiles, qui ne nous servent qu'à indiquer, d'une manière abstruse, que les États peuvent faire tout ce que nous ne considérons pas comme incompatible avec les droits de l'homme. Il est urgent d'abandonner cette phraséologie, aussi fausse sur le plan des principes que vaine dans la pratique».

952 Cour eur. dr. h., arrêt *Marckx c. Belgique*, 13 juin 1979, §§ 31, 53 et 61 ; arrêt *Airey c. Irlande*, 9 octobre 1979, § 26.

953 Cour eur. dr. h., Gde Ch., arrêt *Vavřička et autres c. République tchèque*, 8 avril 2021, § 273.

954 Cour eur. dr. h., arrêt *Buckley c. Royaume-Uni*, 25 septembre 1996, § 74 ; arrêt *Laskey, Jaggard et Brown c. Royaume-Uni*, 19 février 1997, § 42.

955 Cour eur. dr. h., arrêt *Mennesson c. France*, 26 juin 2014, § 77.

956 *Ibidem.*

589. En pratique, la Cour se concentre essentiellement sur le droit conventionnel en cause, la question en jeu et le degré de consensus observable au sein des États parties et/ou au niveau international.

590. La marge d'appréciation est généralement ample lorsque la Cour est amenée à apprécier des « questions morales ou éthiques délicates »[957] ou lorsqu'elle est confrontée à des mesures générales adoptées en matière économique, fiscale ou sociale[958]. La Cour dit même devoir « faire preuve de réserve » lorsqu'elle se voit confrontée à un « choix de société » sciemment opéré par un État[959]. La marge s'avère, en revanche, plus restreinte[960], voire nulle[961], lorsque sont en cause des aspects essentiels de l'existence ou de l'identité des individus.

591. Le degré de consensus peut influer sur l'amplitude de la marge dévolue aux autorités nationales. Pour la Cour, en effet, « [l]a présence ou l'absence d'un dénominateur commun aux systèmes juridiques des États contractants peut [...] constituer un élément pertinent pour déterminer l'étendue de la marge d'appréciation des autorités »[962]. Ainsi, « lorsqu'il n'y a pas de consensus au sein des États membres du Conseil de l'Europe, que ce soit sur l'importance relative de l'intérêt en jeu ou sur les meilleurs moyens de le protéger, en particulier lorsque l'affaire soulève des questions morales ou éthiques délicates, la marge d'appréciation est plus large »[963]. *A contrario*, elle sera fortement réduite en présence d'une tendance nette et continue au sein des États parties sur une question touchant à des aspects particulièrement importants de l'identité ou de l'existence des individus[964]. Il reste que, si l'existence ou l'absence d'un consensus est un élément pertinent pour circonscrire la marge étatique, cela n'est pas toujours déterminant. La Cour a ainsi pu octroyer une large marge d'appréciation aux États, nonobstant un franc consensus[965]. Inversement, de l'absence

---

957 Voy. notamment Cour eur. dr. h., Gde Ch., arrêt *A, B et C c. Irlande*, 16 décembre 2010, §§ 231-241, concernant l'avortement ; Gde Ch., arrêt *S.H. et autres c. Autriche*, 3 novembre 2011, §§ 94-97, s'agissant de l'interdiction en droit interne d'utiliser des ovules et du sperme provenant de donneurs en vue d'une fécondation *in vitro* ; Gde Ch., arrêt *Hämäläinen c. Finlande*, 16 juillet 2014, §§ 67 et 75, à propos de l'exigence de modification du statut marital d'une personne transsexuelle afin que celle-ci puisse obtenir la reconnaissance de son nouveau genre ; Gde Ch., arrêt *Lambert et autres c. France*, §§ 144-148 et § 181, s'agissant de l'arrêt de l'alimentation et de l'hydratation d'une personne en état végétatif depuis plusieurs années.

958 Voy. notamment Cour eur. dr. h., arrêt *James et autres c. Royaume-Uni*, 21 février 1986, § 46 ; Gde Ch., arrêt *Savickis et autres c. Lettonie*, 9 juin 2022, §§ 184, 205, 206, 213 et 218.

959 Cour eur. dr. h., arrêt *S.A.S. c. France*, 1er juillet 2014, § 153, à propos de l'interdiction du port du voile intégral dans l'espace public. Voy. dans le même sens Cour eur. dr. h., arrêt *Belcacemi et Oussar c. Belgique*, 11 juillet 2017, § 53 ; arrêt *Dakir c. Belgique*, 11 juillet 2017, § 56.

960 Cour eur. dr. h., Gde Ch., arrêt *Fedotova et autres c. Russie*, 17 janvier 2023, §§ 183-185, concernant la reconnaissance et la protection due aux couples de même sexe.

961 Cour eur. dr. h., Gde Ch., arrêt *Christine Goodwin c. Royaume-Uni*, 11 juillet 2002, § 93, s'agissant de la question de la reconnaissance juridique des personnes transsexuelles.

962 Cour eur. dr. h., Gde Ch., arrêt *Sitaropoulos et Giakoumopoulos c. Grèce*, 15 mars 2012, § 66.

963 Cour eur. dr. h., Gde Ch., arrêt *S.H. et autres c. Autriche*, 3 novembre 2011, § 94.

964 Cour eur. dr. h., Gde Ch., arrêt *Fedotova et autres c. Russie*, 17 janvier 2023, § 187.

965 L'un des exemples les plus notables est l'arrêt *A, B et C c. Irlande* du 16 décembre 2010 dans lequel la Cour, à propos de l'interdiction de l'avortement, a considéré que « le consensus observé [en faveur d'un accès

d'un consensus, il ne peut être automatiquement déduit une ample marge d'appréciation[966].

4. Le corollaire de la marge d'appréciation : l'expansion du « contrôle procédural »

592. L'attention accrue portée ces dernières années à la marge nationale d'appréciation a emporté une expansion notable du contrôle « procédural » par la Cour. Dans un certain nombre de domaines où les autorités nationales se trouvent mieux placées pour apprécier les intérêts en jeu, la Cour s'attache moins à contrôler le bien-fondé de la mesure critiquée devant elle que le processus ayant conduit à son adoption. Elle focalise dès lors son attention sur la qualité du « processus décisionnel ». À ce titre, elle examine tant le respect de l'équité procédurale (4.1.) que la consistance de l'examen parlementaire et judiciaire de la mesure contestée (4.2.).

4.1. Le contrôle de l'équité procédurale

593. La Cour s'attache à vérifier si la mesure contestée devant elle a été adoptée au terme d'un processus décisionnel respectueux des exigences procédurales élémentaires (audition des personnes intéressées, examen contradictoire des intérêts en présence, motivation de la mesure, indépendance et impartialité des autorités compétentes, etc.). Le contrôle opéré ici par la Cour rejoint, en de larges parts, celui habituellement pratiqué au titre de l'article 6 de la Convention consacrant le droit à un procès équitable.

594. L'arrêt *Karacsony et autres c. Hongrie* du 17 mai 2016 est particulièrement révélateur de cette approche. En l'espèce, la Cour était appelée à statuer sur la compatibilité avec l'article 10 de la Convention de sanctions disciplinaires infligées à des députés en raison de leur comportement au sein de l'hémicycle. Dans son arrêt, la Cour s'est abstenue de pratiquer un contrôle substantiel de la proportionnalité des sanctions litigieuses dans la mesure où, à son estime, les

plus large à l'avortement] ne réduit pas de manière décisive l'ample marge d'appréciation des États » (§ 236).

966 Ainsi, bien qu'« il n'y [ait] pas consensus en Europe » sur la question de la reconnaissance juridique d'un lien de filiation entre les enfants nés d'une gestation pour autrui pratiquée à l'étranger et les parents d'intention, la marge d'appréciation étatique doit se voir réduite dès lors qu'« un aspect particulièrement important de l'identité d'un individu se trouve en jeu » (Cour eur. dr. h., Gde Ch., avis consultatif relatif à la reconnaissance en droit interne d'un lien de filiation entre un enfant né d'une gestation pour autrui pratiquée à l'étranger et la mère d'intention, 10 avril 2019, P16-2018-001, §§ 43-45). Comp. avec Cour eur. dr. h., Gde Ch., arrêt *S.A.S. c. France*, 1er juillet 2014. Si seuls deux États (la France et la Belgique) sur les quarante-sept États parties décidèrent, à l'époque, d'interdire le port du voile intégral dans l'espace public, la Cour constata qu'« il n'y a pas de consensus européen contre l'interdiction » (§ 156) et décida d'allouer une « ample marge d'appréciation » à l'État défendeur (§ 155). Voy. l'opinion en partie dissidente commune aux juges Nussberger et Jäderblom : « Le fait que quarante-cinq États membres sur quarante-sept – donc une écrasante majorité – n'aient pas estimé nécessaire de légiférer dans ce domaine est un indicateur très fort de l'existence d'un consensus européen ».

parlements se trouvent « mieux placés » pour effectuer un tel contrôle[967]. Aussi la Cour a-t-elle jugé « plus utile d'axer son analyse sur la question de savoir si la restriction à la liberté d'expression des requérants s'accompagnait de garanties effectives et adéquates contre les abus »[968]. Or, sous cet angle, la Cour a relevé l'absence d'audition préalable des requérants ainsi que l'insuffisance de la motivation des sanctions prises à leur égard, et elle a conclu sur cette base à la violation de l'article 10 de la Convention[969].

595. Les arrêts *Strand Lobben et autres c. Norvège* et *Abdi Ibrahim c. Norvège*, rendus au regard de l'article 8 de la Convention, participent d'une approche semblable. La Cour y a relevé des insuffisances dans le processus décisionnel ayant conduit à une déchéance de l'autorité parentale et une autorisation d'adoption par la famille d'accueil[970].

596. Un autre exemple peut encore être tiré de l'affaire *G.K. c. Belgique*, déjà examinée (*supra* n° 413). La requérante se plaignait d'avoir été amenée à démissionner contre son gré de son mandat de sénatrice. Elle faisait état d'une contrainte exercée par d'autres mandataires qui l'auraient forcée à signer une lettre de démission contre son gré. Dans son arrêt, la Cour refusa de se prononcer sur la régularité de la démission de la requérante au regard du droit belge comme sur la réalité de la contrainte prétendument exercée. Mettant ces questions de côté, elle exerça un contrôle de nature procédurale, axé sur le « processus décisionnel » conduit en l'espèce, pour juger que « la démission de la requérante de son mandat de sénatrice a été acceptée par le Sénat sans qu'elle eût bénéficié de garanties procédurales contre l'arbitraire, ce qui a porté atteinte à la substance même de ses droits garantis par l'article 3 du Protocole n° 1 »[971].

597. Les arrêts qui précèdent illustrent l'expansion du contrôle procédural pratiqué par la Cour. S'abstenant d'apprécier la substance de la mesure, la Cour préfère évaluer l'équité du « processus » ayant conduit à son adoption. Il ne s'agit donc pas de contrôler le contenu de la décision prise par les autorités nationales, mais de s'assurer que tous les moyens ont été équitablement mis en œuvre par celles-ci pour prendre une « bonne » décision au regard de la Convention[972]. Les exemples précités montrent que le contrôle de la Cour sur ce terrain est loin d'être sommaire.

598. Par ailleurs, force est de constater que ce contrôle procédural pratiqué par la Cour conduit à importer massivement les garanties de l'article 6 de la

---

967 Cour eur. dr. h., Gde Ch., arrêt *Karacsony et autres c. Hongrie*, 17 mai 2016, § 143.

968 *Ibidem*, § 151.

969 *Ibidem*, §§ 156-162.

970 Cour eur. dr. h., Gde Ch., arrêt *Strand Lobben et autres c. Norvège*, 10 septembre 2019, § 225; Gde Ch., arrêt *Abdi Ibrahim c. Norvège*, 10 décembre 2021, § 162.

971 Cour eur. dr. h., arrêt *G.K. c. Belgique*, 21 mai 2019, § 64.

972 Voy. l'opinion concordante commune des juges Tulkens et Keller sous Cour eur. dr. h., arrêt *B. c. Belgique*, 10 juillet 2012.

Convention sur le terrain des autres dispositions consacrant des droits substantiels. Ces garanties consacrées par l'article 6 ont pénétré l'ensemble de la Convention à telle enseigne que leur respect conditionne la licéité des atteintes portées aux droits substantiels. Autrement dit, par le jeu de la procéduralisation, l'article 6 est devenu une norme transversale qui irrigue toute la Convention.

599. Cette importation ou incorporation s'avère plus remarquable encore dans le cas où l'article 6 est, en principe, inapplicable au contentieux en cause. Ainsi en va-t-il du droit en jeu dans l'affaire *G.K. c. Belgique* précitée qui concernait un droit de caractère politique (le droit de se porter candidat à une élection et de conserver son mandat) exclu *a priori* du champ d'application de l'article 6[973]. Un constat similaire vaut pour le contentieux de l'entrée, du séjour et de l'éloignement des étrangers[974]. La «procéduralisation» des droits substantiels vient dès lors relativiser l'inapplicabilité de l'article 6 aux contentieux qui ne peuvent être rangés ni sous le volet «civil» ni sous le volet «pénal» de cette disposition.

600. Pour autant, s'il possède d'indéniables vertus, ce contrôle procédural a ses limites. On ne pourrait en effet perdre de vue qu'une décision inique et foncièrement liberticide peut découler d'un processus parfaitement respectueux de l'équité procédurale.

4.2. Le contrôle de l'examen interne de conventionnalité

601. Parallèlement, la Cour s'attache de plus en plus souvent à vérifier si l'adoption de la mesure critiquée devant elle a été précédée, au niveau interne, d'un examen suffisamment approfondi et circonstancié de l'ensemble des intérêts en jeu au regard de la Convention. La Cour évalue à ce titre la consistance de l'examen parlementaire opéré en amont de la mesure litigieuse comme la consistance du contrôle judiciaire pratiqué en aval.

4.2.1. La consistance de l'examen parlementaire

602. Lorsqu'elle est confrontée à une mesure d'ordre général, la Cour se montre attentive à «la qualité de l'examen parlementaire» conduit lors de

---

[973] Cour eur. dr. h., arrêt *Pierre-Bloch c. France*, 21 octobre 1997, §§ 49-52.

[974] Si l'article 6 de la Convention ne trouve pas à s'appliquer au contentieux de l'entrée, du séjour et de l'éloignement des étrangers (Cour eur. dr. h., Gde Ch., arrêt *Maaouia c. France*, 5 octobre 2000, §§ 38-39), la Cour enseigne sur le fondement de l'article 8 de la Convention que «toute personne qui fait l'objet d'une mesure [d'expulsion] basée sur des motifs de sécurité nationale doit avoir des garanties contre l'arbitraire. Elle doit notamment avoir la possibilité de faire contrôler la mesure litigieuse par un organe indépendant et impartial, habilité à se pencher sur toutes les questions de fait et de droit pertinentes, pour trancher sur la légalité de la mesure et sanctionner un éventuel abus des autorités. Devant cet organe de contrôle, la personne concernée doit bénéficier d'une procédure contradictoire afin de pouvoir présenter son point de vue et réfuter les arguments des autorités» (Cour eur. dr. h., arrêt *Kaya c. Roumanie*, 12 octobre 2006, § 41).

l'adoption de la norme litigieuse[975]. Elle entend «étudier les choix législatifs à l'origine de la mesure»[976] et «examiner attentivement les arguments dont le législateur a tenu compte pour parvenir aux solutions retenues par lui et rechercher si un juste équilibre a été ménagé entre les intérêts de l'État ou du public en général et ceux des individus directement touchés par les solutions en question»[977].

603. Plusieurs arrêts de la Cour attestent d'un tel contrôle portant sur les «choix» et «arguments» retenus par le législateur. L'arrêt *Animal Defenders International* du 22 avril 2013 mérite d'être cité car, rendu par la Grande Chambre, il a engagé la Cour dans un tel examen. En l'espèce, la Cour mit en exergue l'«examen exceptionnel, effectué par les organes parlementaires, de tous les aspects culturels, politiques et juridiques» de l'interdiction de la publicité politique payante à la télévision[978] pour asseoir son constat de non-violation de l'article 10 de la Convention.

604. L'arrêt *Parrillo* du 27 août 2015, à propos de l'interdiction de don d'embryons issus d'une fécondation *in vitro* à des fins de recherche scientifique, procède d'une approche semblable. Pour décider que l'Italie n'avait pas excédé sa marge d'appréciation, la Cour a notamment relevé que, «lors du processus d'élaboration de la loi litigieuse, le législateur avait déjà tenu compte des différents intérêts ici en cause»[979].

605. *A contrario*, l'arrêt *Hirst* (n° 2) du 6 octobre 2005 a pointé l'absence d'un tel débat législatif à l'appui de sa conclusion tenant à la violation de l'article 3 du Protocole n° 1 : «rien ne montre que le Parlement ait jamais cherché à peser les divers intérêts en présence ou à apprécier la proportionnalité d'une interdiction totale de voter visant les détenus condamnés»[980].

606. De même, et plus récemment, l'absence d'une évaluation par le législateur de l'impact d'une publication systématique de données à caractère personnel (nom et adresse) de contribuables débiteurs a conduit la Cour à constater une violation de l'article 8 de la Convention dans l'affaire *L.B. c. Hongrie*[981].

4.2.2. La consistance du contrôle judiciaire

607. La Cour attache une importance toute particulière à la consistance du contrôle judiciaire interne. Cette importance reflète celle que la Cour attache à l'office du juge national, en tant que juge naturel de la Convention[982].

975 Cour eur. dr. h., Gde Ch., arrêt *Animal Defenders International c. Royaume-Uni*, 22 avril 2013, § 108.
976 *Ibidem*; Cour eur. dr. h., Gde Ch., arrêt *L.B. c. Hongrie*, 9 mars 2023, § 130.
977 Cour eur. dr. h., Gde Ch., arrêt *M.A. c. Danemark*, 9 juillet 2021, § 148.
978 Cour eur. dr. h., Gde Ch., arrêt *Animal Defenders International c. Royaume-Uni*, 22 avril 2013, § 114.
979 Cour eur. dr. h., Gde Ch., arrêt *Parrillo c. Italie*, 27 août 2015, § 188.
980 Cour eur. dr. h., Gde Ch., arrêt *Hirst c. Royaume-Uni* (n° 2), 6 octobre 2005, § 79.
981 Cour eur. dr. h., Gde Ch., arrêt *L.B. c. Hongrie*, 9 mars 2023, §§ 124-126 et §§ 129-138.
982 Voy. S. C. Prebensen, «Importance of the national courts' having duly considered the Convention matter», *H.R.L.J.*, 2016, vol. 36, n° 7-12, pp. 367-372.

608. Ainsi, lorsque le juge national a tranché le litige en prenant en considération l'ensemble des droits et intérêts en jeu au regard de la Convention, telle qu'interprétée par la Cour, celle-ci estimera qu'il lui faut des raisons « sérieuses » pour substituer son appréciation à celle du juge national. Originellement développée dans le domaine des conflits de droits, singulièrement ceux opposant le droit au respect de la vie privée et la liberté d'expression[983], cette approche dépasse aujourd'hui la seule problématique des conflits de droits pour irriguer des pans importants de la jurisprudence de la Cour[984].

609. Le contentieux de l'éloignement des étrangers sous l'angle de l'article 8 de la Convention constitue un terrain d'élection privilégié de cette approche. Depuis l'arrêt *Ndidi c. Royaume-Uni*[985], la Cour enseigne en effet que « lorsque des juridictions internes indépendantes et impartiales ont examiné les faits avec soin, en appliquant les normes de protection des droits de l'homme pertinentes de manière conforme à la Convention et à la jurisprudence de la Cour, et qu'elles ont dûment mis en balance les intérêts personnels du requérant et l'intérêt général, la Cour n'a pas à substituer sa propre appréciation du fond de l'affaire (en particulier, sa propre appréciation des éléments factuels relatifs à la question de la proportionnalité) à celle des autorités nationales compétentes. Seuls font exception à cette règle les cas où il est démontré que des raisons sérieuses justifient d'y déroger »[986].

610. Cette approche s'étend aux cas où la Cour est appelée à examiner la proportionnalité d'ingérences dans les droits garantis par la Convention, comme l'illustrent notamment les arrêts *Nejdet Atalay c. Turquie* du 19 novembre 2019 et *Öğrü et autres c. Turquie* du 19 décembre 2017 rendus respectivement sous l'angle des articles 10 et 11 de la Convention. La Cour vérifie si le juge national a opéré une « mise en balance des différents intérêts en présence » « dans le respect des critères établis par sa jurisprudence »[987].

---

983 Après avoir livré différents critères pour arbitrer pareils conflits (Cour eur. dr. h., Gde Ch., arrêt *Von Hannover c. Allemagne* (n° 2), 7 février 2012, §§ 108-113 ; Gde Ch., arrêt *Axel Springer AG c. Allemagne*, 7 février 2012, §§ 89-95), la Cour a souligné que « si la mise en balance de ces deux droits s'est faite dans le respect des critères établis par la jurisprudence de la Cour, il faut des raisons sérieuses pour que celle-ci substitue son avis à celui des juridictions internes » (Cour eur. dr. h., arrêt *Kaboglu et Oran c. Turquie*, 30 octobre 2018, § 70 ; arrêt *Marina c. Roumanie*, 26 mai 2020, § 66).

984 Voy. Cour eur. dr. h., Gde Ch., arrêt *Halet c. Luxembourg*, 14 février 2023, §§ 159-162 ; Gde Ch., arrêt *M.A. c. Danemark*, 9 juillet 2021, § 149.

985 Cour eur. dr. h., arrêt *Ndidi c. Royaume-Uni*, 14 septembre 2017, § 73.

986 Cour eur. dr. h., Gde Ch., arrêt *Savran c. Danemark*, 7 décembre 2021, § 189. Voy. également Cour eur. dr. h., arrêt *I.M. c. Suisse*, 9 avril 2019, § 73 ; arrêt *Makdoudi c. Belgique*, 18 février 2020, § 97 ; arrêt *Veljkovic-Jukic c. Suisse*, 21 juillet 2020, § 53.

987 Cour eur. dr. h., arrêt *Öğrü et autres c. Turquie*, 19 décembre 2017, § 66 : « La Cour estime que, pour apprécier si la mise en balance en question s'est faite dans le respect des critères établis par sa jurisprudence, elle doit essentiellement prêter attention à la motivation retenue par le juge national », et § 70 : « en l'espèce, les juridictions internes n'ayant pas effectué une quelconque mise en balance des différents intérêts en présence, la Cour estime qu'elles ne peuvent pas être considérées comme ayant appliqué des règles conformes aux principes consacrés par l'article 11 de la Convention et s'être fondées sur une appréciation acceptable des faits pertinents […]. On ne saurait dès lors considérer que l'application des amendes

Chapitre VIII
Une double mission : rendre la justice et dire le droit

611. « Rendre la justice » à l'égard du requérant qui la saisit et « dire le droit » de la Convention à l'attention de l'ensemble de la communauté des États parties : telle est la double mission de la Cour[988]. Ainsi que la Cour l'a énoncé dans son arrêt *Irlande c. Royaume-Uni*, « ses arrêts servent non seulement à trancher les cas dont elle est saisie, mais plus largement à clarifier, sauvegarder et développer les normes de la Convention et à contribuer de la sorte au respect, par les États, des engagements qu'ils ont assumés en leur qualité de Parties contractantes »[989].

612. Il y a plusieurs années, un débat véritablement « existentiel » s'est engagé sur l'avenir de la Cour, les uns considérant que, pour assurer sa pérennité, la Cour devrait se concentrer davantage sinon exclusivement sur la fonction « dire le droit », tandis que d'autres objectent que la fonction « rendre la justice » est intrinsèquement liée au droit de recours individuel et constitue la raison d'être de l'institution.

A. Deux missions distinctes

613. « Rendre la justice » et « dire le droit » constituent deux missions distinctes dans le chef de la Cour. Si la première traduit la dimension individuelle de son office, la seconde révèle sa fonction interprétative et objective.

614. Ainsi, la Cour « rend la justice » lorsqu'elle décide que le maintien en détention d'un individu, malgré une décision d'acquittement, viole l'article 5 de la Convention et lorsqu'elle indique dans le dispositif même de son arrêt que « l'État défendeur doit assurer la remise en liberté du requérant dans les plus brefs délais »[990].

615. La Cour « dit le droit » lorsqu'elle interprète la Convention. Tel est le cas lorsqu'elle énonce que l'article 6 de la Convention garantit, en amont du procès civil, le droit d'accès à un tribunal[991] et, en aval, le droit à l'exécution des décisions de justice définitives[992]. Il en va de même lorsqu'elle décrète l'applicabilité de principe de l'article 6 aux procédures en référé[993] ou lorsqu'elle

contestées ait fait l'objet d'un contrôle judiciaire adéquat. En l'absence d'une telle mise en balance par les autorités internes, celles-ci n'ont pas fourni de motifs pertinents et suffisants, et il n'a dès lors pas été établi que l'ingérence était 'nécessaire dans une société démocratique' ».

988 Voy. Fr. Krenc, « Dire le droit, rendre la justice. Quelle Cour européenne des droits de l'homme ? », *Rev. trim. dr. h.*, 2018, pp. 311-346.

989 Cour eur. dr. h., arrêt *Irlande c. Royaume-Uni*, 18 janvier 1978, § 154. Voy. également Cour eur. dr. h., arrêt *Karner c. Autriche*, 24 juillet 2003, § 26 ; Gde Ch., arrêt *Konstantin Markin c. Russie*, 22 mars 2012, § 89 ; Gde Ch., arrêt *Paposhvili c. Belgique*, 13 décembre 2016, § 130.

990 Cour eur. dr. h., Gde Ch., arrêt *Assanidzé c. Géorgie*, 8 avril 2004.

991 Cour eur. dr. h., arrêt *Golder c. Royaume-Uni*, 21 février 1975.

992 Cour eur. dr. h., arrêt *Hornsby c. Grèce*, 19 mars 1997.

993 Cour eur. dr. h., Gde Ch., arrêt *Micallef c. Malte*, 15 octobre 2009.

pose, en règle, l'accès à un avocat dès le premier interrogatoire d'un suspect[994]. La portée de ces enseignements interprétatifs dépasse largement le cas du requérant dont la Cour est saisie.

616. L'affaire *Taxquet c. Belgique* illustre fort bien cette double dimension de l'office de la Cour. Dans son arrêt de Grande Chambre[995], la Cour a dit pour droit que si l'article 6 de la Convention n'exige pas qu'un jury d'assises motive sa décision, cette disposition requiert toutefois que l'accusé comprenne les raisons de sa condamnation. Sur le fondement de cette lecture de la Convention, la Cour a constaté dans le cas du requérant une violation du droit à un procès équitable. Il est remarquable d'observer que ce constat de violation a ensuite permis au requérant d'obtenir en Belgique la réouverture de la procédure en droit interne, laquelle a abouti, au final, à l'irrecevabilité des poursuites. Cette affaire *Taxquet* montre de manière patente le lien entre les deux fonctions de la Cour lorsque celle-ci statue sur une requête individuelle. Au surplus, cette affaire montre aussi que, si les arrêts de la Cour contiennent des enseignements de première importance pour l'ensemble des États parties à la Convention, ils peuvent avoir des incidences très concrètes pour le requérant qui a obtenu gain de cause à Strasbourg.

617. La fonction « dire le droit » se voit spécialement valorisée par la Cour lorsque celle-ci entend poursuivre l'examen d'une requête nonobstant la perte d'un intérêt dans le chef du requérant. Il en va ainsi lorsque l'affaire pose des questions importantes au regard de la Convention, au-delà du seul cas du requérant. Ainsi, dans l'affaire *Karner c. Autriche*, le requérant se plaignait d'une discrimination en raison de son orientation sexuelle. Il décéda en cours d'instance devant la Cour. Aucun héritier ne s'étant manifesté pour poursuivre la procédure, la requête était promise à la radiation. La Cour décida toutefois de poursuivre l'examen de l'affaire sur la base de l'article 37, § 1er *in fine*, de la Convention en vertu duquel « la Cour poursuit l'examen de la requête si le respect des droits de l'homme garantis par la Convention et ses Protocoles l'exige ». La Cour estima en effet que « l'objet de la présente requête (une différence de traitement, en droit autrichien, à l'égard des homosexuels dans la transmission des baux) [concernait] une importante question d'intérêt général, non seulement pour l'Autriche mais également pour d'autres États parties à la Convention »[996]. La poursuite de l'examen de la requête a de la sorte permis à la Cour de « clarifier, sauvegarder et développer les normes de protection prévues par la Convention »[997].

618. C'est également en raison de ce que la requête *Paposhvili c. Belgique* portait sur d'« importantes questions » s'agissant de « l'interprétation de la jurispru-

[994] Cour eur. dr. h., Gde Ch., arrêt *Salduz c. Turquie*, 27 novembre 2008.
[995] Cour eur. dr. h., Gde Ch., arrêt *Taxquet c. Belgique*, 16 novembre 2010.
[996] Cour eur. dr. h., arrêt *Karner c. Autriche*, 24 juillet 2003, § 27.
[997] *Ibidem*.

dence relative à l'expulsion des étrangers gravement malades» que la Cour a décidé de ne pas rayer cette requête du rôle nonobstant le décès du requérant survenu en cours d'instance. La Cour fit valoir que «par son impact, l'espèce [dépassait] la situation particulière du requérant»[998]. Elle souligna que, «si le système mis en place par la Convention a pour objet fondamental d'offrir un recours aux particuliers, il a également pour but de trancher, dans l'intérêt général, des questions qui relèvent de l'ordre public, en élevant les normes de protection des droits de l'homme et en étendant la jurisprudence dans ce domaine à l'ensemble de la communauté des États parties à la Convention»[999].

619. Les exemples qui précèdent montrent que, si les saisines de la Cour résultent nécessairement d'une initiative de requérants au départ de leur cas personnel, la requête, une fois introduite, peut dépasser leur seul intérêt, ceux-ci ne disposant plus de la totale maîtrise de leur affaire qui peut devenir celle de tous.

620. L'arrêt *Petrescu c. Portugal* du 3 décembre 2019 le confirme de manière éclatante. Dans cette affaire, le gouvernement portugais et le requérant s'étaient accordés sur les termes d'un règlement amiable de l'affaire portée devant la Cour. L'article 39 de la Convention prévoit en pareil cas que «la Cour raye l'affaire du rôle par une décision qui se limite à un bref exposé des faits et de la solution adoptée». Toutefois, la Cour décida de ne pas rayer l'affaire *Petrescu* de son rôle, considérant que «le respect des droits de l'homme» exigeait la poursuite de l'examen de la requête dès lors que celle-ci dénonçait une situation de surpopulation carcérale revêtant un caractère «structurel» au Portugal et que, partant, l'affaire «[dépassait] la situation individuelle du requérant»[1000].

B. Deux missions intimement liées

621. La Cour peut-elle encore adéquatement «rendre la justice», alors qu'elle doit faire face à un nombre extrêmement important de requêtes individuelles?

622. Depuis plusieurs années, des voix particulièrement autorisées se sont élevées pour voir la Cour officier comme «cour constitutionnelle»[1001]. Si le qualificatif «constitutionnel» peut susciter quelques interrogations lorsqu'il est adossé à une juridiction internationale[1002], le dessein est clair: il s'agit de faire

---

998 Cour eur. dr. h., Gde Ch., arrêt *Paposhvili c. Belgique*, 13 décembre 2016, § 132.

999 *Ibidem*, § 130.

1000 Cour eur. dr. h., arrêt *Petrescu c. Portugal*, 3 décembre 2019, §§ 58-68.

1001 Voy., en ce sens, L. Wildhaber, «Un avenir constitutionnel pour la Cour européenne des droits de l'homme?», *Rev. univ. dr. h.*, 2002, vol. 14, n° 1-4, pp. 1-6; du même auteur, «A Constitutionnal Future for the European Court of Human Rights?», *Human Rights Law Journal*, 2002, vol. 23, pp. 161-165. Voy. aussi S. Greer et L. Wildhaber, «Revisiting the debate about 'constitutionnalising' the European Court of Human Rights», *Human Rights Law Review*, 2012, pp. 655-687.

1002 Sans doute faut-il y voir un écho à l'affirmation de l'arrêt *Loizidou*, selon laquelle la Convention est un «instrument constitutionnel de l'ordre public européen» (Cour eur. dr. h., Gde Ch., arrêt *Loizidou* prévaloir la fonction « dire le droit » sur la fonction « rendre la justice ». Les propos de Pierre-Henri Imbert, ancien directeur général des droits de l'homme au Conseil de l'Europe, ne souffrent aucune ambiguïté à cet égard. À ses yeux, « la fonction essentielle de la Cour est de dire le droit, pas de rendre la justice »[1003].

623. Cette vision n'est toutefois pas unanimement partagée, tant à l'extérieur qu'au sein même de la Cour. À l'orée du nouveau millénaire, Françoise Tulkens écrivait que « l'exigence pour la Cour de remplir ses deux missions, 'dire le droit' et 'rendre la justice', représente [...] un de ses défis majeurs »[1004], avant d'affirmer que « pour respecter sa vocation, dans le strict respect du principe de subsidiarité, la Cour doit dire le droit *et* rendre la justice »[1005].

624. En 2014, lors de la Conférence d'Oslo, le président Dean Spielmann abonda dans le même sens. À la question « la Cour doit-elle être une cour constitutionnelle ou une cour protectrice des individus ? », il répondit que la Cour « doit impérativement poursuivre cette mission de protection des droits des individus ». Et d'ajouter : « je crois à cette double vocation et je dis oui à une cour constitutionnelle européenne, à condition qu'elle demeure une cour protectrice des droits des individus en continuant à rendre justice dans le cas particulier soumis. Car ce qui a fait la force de notre système, ce qui nous rend fiers, c'est le droit de recours individuel »[1006].

625. En réalité, loin d'être antinomiques, les deux fonctions de la Cour (« rendre la justice » et « dire le droit ») sont complémentaires et intimement liées. La fonction « rendre la justice » est la fonction première de la Cour. C'est dans l'exercice de cette mission de justice individuelle qu'elle est amenée à « dire le droit » pour l'ensemble des États parties.

626. Il importe de rappeler que le droit de recours individuel constitue la « pierre angulaire » du système de la Convention et qu'il lui confère toute son originalité mais aussi sa force (*supra* n°s 37-43). La Cour a, en effet, été instituée pour juger des cas concrets sur requête, non pour déclamer le droit de la Convention *in abstracto*. Elle a été créée pour connaître de récits individuels vécus et portés par des victimes qui s'adressent à elle en ultime recours, et en dernier espoir, pour revendiquer les droits et libertés de la Convention dont elles ont été indûment privées.

---

c. Turquie (exceptions préliminaires), 23 mars 1995, § 75). Toutefois, comme cela a été relevé, « il convient de ne pas accorder trop d'importance au terme 'constitutionnel' », « qui doit se comprendre, non au sens du droit interne, mais dans une acception matérielle d'élément structurant d'un ordre juridique donné » (Fr. Sudre *et al.*, *Les grands arrêts de la Cour européenne des droits de l'homme*, 10e éd., PUF, Paris, 2022, p. 9).

1003 P.-H. Imbert, « L'avenir du passé. Une Cour européenne des droits de l'homme, pour quoi faire ? », *in Trente ans de droit européen des droits de l'homme – Études à la mémoire de Wolfgang Strasser*, coll. « Droit & Justice », n° 74, Nemesis/Bruylant, Bruxelles, 2007, p. 132.

1004 Fr. Tulkens, « La nouvelle Cour européenne des droits de l'homme. Attentes, réalités et perspectives », *Revue québécoise de droit international*, 2000, p. 328.

1005 *Ibidem*, p. 357 ; la conjonction « et » étant soulignée par l'autrice dans le texte.

1006 « L'avenir à long terme de la Cour européenne des droits de l'homme », Oslo, 7 avril 2014.

627. De toute évidence, la mission «rendre la justice» est une mission extrêmement ambitieuse. Elle a un coût, certes, mais elle n'a pas de prix. Le défi est dès lors de permettre à la Cour de mener à bien cette double mission – «rendre la justice» et «dire le droit» – qui caractérise son office. La Cour doit apporter une réponse adaptée à chaque situation individuelle dont elle est saisie, tout en veillant à garantir l'efficacité et la pérennité du système compte tenu des ressources limitées dont elle dispose[1007].

628. L'arrêt *Burmych et autres c. Ukraine* du 12 octobre 2017 illustre toute la difficulté de l'entreprise lorsque la Cour se voit confrontée à une masse de requêtes répétitives à propos desquelles le droit de la Convention a déjà été dit et redit par elle. Dans cette affaire, la Cour dut constater que l'Ukraine n'avait toujours pas pris les mesures nécessaires consécutivement à l'arrêt pilote *Ivanov*, lequel avait relevé l'existence d'un problème structurel découlant de la non-exécution prolongée de décisions de justice définitives[1008]. Elle décida alors de procéder à la radiation de 12 148 requêtes de son rôle qui portaient sur ce même problème, et de les transmettre au Comité des ministres afin qu'elles fussent traitées dans le cadre de l'exécution de cet arrêt *Ivanov*. Elle justifia sa solution par le fait que «compte tenu des compétences respectives de la Cour et du Comité des ministres au regard des articles 19 et 46 de la Convention», «la poursuite par elle de l'examen de ces affaires selon la pratique adoptée jusqu'ici ne présente aucune utilité du point de vue des buts de la Convention»[1009] et que «les intérêts des présents requérants et de toutes les autres victimes actuelles ou potentielles du problème systémique en cause sont plus adéquatement protégés dans le cadre de la procédure d'exécution»[1010].

Chapitre IX
Les arrêts de la Cour

A. Une double autorité

629. La double fonction de la Cour («rendre la justice», «dire le droit») se reflète dans la double autorité dont les arrêts de la Cour sont parés. L'autorité de la chose jugée s'attache à la fonction «rendre la justice» (1), tandis que l'autorité de la chose interprétée est liée à la fonction «dire le droit» (2).

1007 Ceci peut notamment passer par la résolution d'un cas «*leading*» et un traitement subséquent plus rapide des cas qui relèvent de la même problématique.

1008 Cour eur. dr. h., arrêt *Ivanov c. Ukraine*, 15 octobre 2009.

1009 Cour eur. dr. h., Gde Ch., arrêt *Burmych et autres c. Ukraine*, 12 octobre 2017, § 199.

1010 *Ibidem*, § 202.

1. *L'autorité de la chose jugée*

630. L'article 46, § 1er, de la Convention dispose que « [l]es Hautes Parties contractantes s'engagent à se conformer aux arrêts définitifs de la Cour dans les litiges auxquels elles sont parties ». Les arrêts définitifs[1011] de la Cour revêtent de la sorte un caractère obligatoire pour l'État défendeur et sont parés de l'autorité de la chose jugée.

631. Cette autorité est toutefois relative : un arrêt rendu par la Cour ne lie formellement que les parties à l'instance dans les limites de ce qui a été définitivement tranché par la Cour. Concrètement, cela signifie, d'une part, que l'arrêt ne lie que le requérant et l'État défendeur et qu'il ne pourrait juridiquement lier les autres États contractants non parties à l'instance. Cela implique, d'autre part, que cette autorité de la chose jugée ne vaut que pour le cas qui a été effectivement tranché par la Cour et qu'elle ne s'étend point à des cas identiques ou comparables[1012].

632. Ainsi, lorsque, par deux arrêts du 21 janvier 1982[1013], la Cour de cassation belge décida de ne pas suivre la jurisprudence issue de l'arrêt *Le Compte, Van Leuven et De Meyere c. Belgique* du 23 juin 1981, l'on ne pouvait parler d'une violation de l'autorité de la chose jugée par ledit arrêt *Le Compte*[1014]. Comme le releva le procureur général Velu, « devant une juridiction belge, l'autorité de la chose jugée par l'arrêt *Le Compte I* du 23 juin 1981 ne vaut qu'à l'égard des procédures disciplinaires à l'égard desquelles cet arrêt a statué et ne peut être invoquée que par et contre l'une des parties devant la Cour européenne, l'État belge, d'une part, le docteur Le Compte, le docteur Van Leuven ou le docteur De Meyere, d'autre part »[1015].

2. *L'autorité de la chose interprétée*

2.1. La portée

633. Si les arrêts de la Cour ne disposent que d'une autorité relative de la chose jugée, ils sont cependant pourvus d'une autorité plus large, qui trans-

---

1011 Les conditions dans lesquelles un arrêt de la Cour revêt un caractère définitif sont précisées à l'article 44 ainsi qu'à l'article 28, § 2 de la Convention. Les arrêts de la Grande Chambre sont définitifs dès leur prononcé. Il en va de même des arrêts rendus par les comités de trois juges. S'agissant des arrêts de chambre, il y a lieu de tenir compte de la possibilité, pour une partie, de solliciter le renvoi de l'affaire devant la Grande Chambre sur la base de l'article 43 de la Convention.

1012 Voy. Fr. Krenc, « L'effet des arrêts de la Cour européenne des droits de l'homme », *in* G. de Leval et Fr. Georges (dir.), *L'effet de la décision de justice*, CUP, vol. n° 102, Anthemis, Liège, 2008, spéc. pp. 8-12.

1013 Cass., 21 janvier 1982 (deux arrêts), *J.T.*, 1982, p. 438.

1014 Voy. J. Verhoeven, « À propos de l'autorité des arrêts de la Cour européenne des droits de l'homme et de la responsabilité internationale liée à leur observation », *R.C.J.B.*, 1984, spéc. pp. 279-289.

1015 J. Velu, « Les effets des arrêts de la Cour européenne des droits de l'homme », *in Introduire un recours à Strasbourg ?*, coll. « Droit & Justice », n° 2, Nemesis/Bruylant, Bruxelles, 1986, p. 177.

cende les limites du cas d'espèce et s'impose au-delà du seul État défendeur. Cette autorité consiste en l'« autorité de la chose interprétée ». Il s'agit de l'autorité qui s'attache à la jurisprudence de la Cour en ce que celle-ci « dit le droit » de la Convention (*supra* n°s 611 et s.).

634. Développée sous l'impulsion notoire de Walter Ganshof van der Meersch[1016] et de Jacques Velu[1017], cette « autorité de la chose interprétée »[1018] tient au fait que la Cour a été spécialement instituée par les États pour interpréter la Convention. L'article 32 de la Convention dispose en effet que « [l]a compétence de la Cour s'étend à toutes les questions concernant l'interprétation [...] de la Convention et de ses protocoles ». Indépendamment même de cet ancrage conventionnel, il est une réalité qu'il est difficile de nier : la Cour a été spécialement érigée par les États comme juge ultime de la Convention. Dans cette mesure, elle apparaît indubitablement comme l'institution la plus autorisée pour en préciser le sens.

635. Ceci implique que la Convention ne peut être dissociée de l'œuvre interprétative de la Cour, laquelle fait corps avec le texte. Les États parties sont dès lors tenus au respect de la Convention, telle qu'interprétée par la Cour au fil de ses arrêts.

2.2. Le caractère contraignant

636. Le caractère contraignant de cette autorité de la chose interprétée réside dans le poids du précédent et, très concrètement, dans le risque d'un constat de violation de la Convention que tout État contractant encourt si l'un de ses organes ne prend pas adéquatement en considération la jurisprudence interprétative de la Cour. Il n'est que de songer, pour ne prendre qu'un seul exemple, aux retentissements provoqués par l'arrêt *Salduz c. Turquie* du 27 novembre 2008 en ce qui concerne le droit à l'assistance d'un avocat durant la phase préliminaire du procès pénal. Certes, la *res judicata* afférente à cet arrêt demeure limitée *inter partes*. Il reste que tous les États parties ont été invités à en tirer les enseignements sitôt l'arrêt devenu définitif et à s'y conformer au plus vite sous peine d'engager à leur tour leur propre responsabilité devant la Cour.

637. La Cour le confirme : saisie d'une requête individuelle, elle « doit déterminer si les autorités nationales ont dûment pris en compte les principes découlant des arrêts qu'elle a rendus sur des questions similaires, y compris

---

1016 W. Ganshof van der Meersch, « La garantie des droits de l'homme et la Cour européenne de Strasbourg », *J.T.*, 1982, spéc. p. 107.

1017 Conclusions de l'avocat général Velu avant Cass. (b.), 14 avril 1983, *Pas.*, 1983, I, p. 866, n° 441 et *J.T.*, 1983, pp. 607 et s. Voy. également J. Velu, « À propos de l'autorité jurisprudentielle des arrêts de la Cour européenne des droits de l'homme : vues de droit comparé sur des évolutions en cours », *in Nouveaux itinéraires en droit. Mélanges en hommage à François Rigaux*, Bruylant, Bruxelles, 1993, pp. 527 et s.

1018 Voy. C. Giannopulos, *L'autorité de la chose interprétée des arrêts de la Cour européenne des droits de l'homme*, Pedone, Paris, 2019.

dans des affaires concernant d'autres États que [l'État défendeur]»[1019]. L'arrêt *Fabris c. France* souligne dans le même sens «l'obligation pour le juge national d'assurer, conformément à son ordre constitutionnel et dans le respect du principe de sécurité juridique, le plein effet des normes de la Convention, telles qu'interprétées par la Cour»[1020].

638. Il est intéressant d'observer – sans qu'il y ait lieu de s'en étonner outre mesure – que cette jurisprudence interprétative tend à s'imposer à la Cour elle-même. Bien qu'elle considère ne pas être «formellement tenue de suivre l'un quelconque de ses arrêts antérieurs», la Cour souligne qu'«il est dans l'intérêt de la sécurité juridique, de la prévisibilité et de l'égalité devant la loi qu'elle ne s'écarte pas sans motif valable des précédents»[1021]. À cet égard, l'arrêt *Yoh-Ekale Mwanje c. Belgique* du 20 décembre 2011 mérite une attention particulière. Formellement rendu à l'unanimité, cet arrêt est assorti d'une opinion «partiellement concordante commune» inédite, aux termes de laquelle six des sept juges composant la chambre déploraient l'arrêt qu'ils venaient de rendre et se disaient «tenus», «afin de préserver la sécurité juridique», de suivre la jurisprudence *N. c. Royaume-Uni*[1022] dont ils ne partageaient pourtant pas les lignes.

2.3. Le périmètre

639. En toute rigueur, l'autorité de la chose interprétée ne s'attache qu'aux seuls arrêts «définitifs»[1023] de la Cour. Seuls les arrêts «définitifs» de la Cour sont, en effet, obligatoires aux termes de l'article 46 de la Convention.

640. Toutefois, l'on a pu voir certaines juridictions nationales prendre appui sur des arrêts non «définitifs» rendus par une chambre dans le cadre d'une affaire déférée sur renvoi à la Grande Chambre (en application de l'article 43 de la Convention). Formellement, un tel arrêt de chambre ne jouit d'aucune autorité: «lorsqu'une demande de renvoi a été acceptée par le collège de la Grande Chambre, l'arrêt rendu par la chambre ne devient pas définitif (article 44, § 2 de la Convention, *a contrario*) et ne produit donc aucun effet juridique»[1024]. Pour autant, l'on ne pourrait en nier l'existence. Dans l'attente de l'arrêt de la Grande Chambre, l'arrêt de chambre constitue une donnée interprétative dont il serait difficile intellectuellement de faire abstraction. Cependant, une extrême prudence doit animer le juge interne. Cette prudence le conduira principalement à s'abstenir de draper du manteau de l'autorité de

---

1019 Cour eur. dr. h., arrêt *Opuz c. Turquie*, 9 juin 2009, § 163.

1020 Cour eur. dr. h., Gde Ch., arrêt *Fabris c. France*, 7 février 2013, § 75.

1021 Cour eur. dr. h., Gde Ch., arrêt *Chapman c. Royaume-Uni*, 18 janvier 2001, § 70.

1022 Cour eur. dr. h., Gde Ch., arrêt *N. c. Royaume-Uni*, 27 mai 2008. Depuis lors, cette jurisprudence a été reconsidérée par la Grande Chambre dans l'arrêt *Paposhvili c. Belgique* du 13 décembre 2016.

1023 Les conditions dans lesquelles un arrêt de la Cour revêt un caractère «définitif» sont précisées à l'article 44 ainsi qu'à l'article 28, § 2, de la Convention.

1024 Cour eur. dr. h., Gde Ch., arrêt *V.M. et autres c. Belgique*, 17 novembre 2016, § 39.

la chose interprétée un arrêt de chambre auquel un arrêt de la Grande Chambre est appelé à se substituer.

641. Lorsque celle-ci a rendu son arrêt sur renvoi, l'arrêt de chambre doit être « écarté pour être remplacé par le nouvel arrêt de la Grande Chambre rendu conformément à l'article 43, § 3, de la Convention »[1025]. Dans certains cas, la « substitution » opérée par l'arrêt de la Grande Chambre peut cependant reposer sur des motifs étrangers au fond de l'affaire dès lors qu'ils concernent une question de recevabilité. Dans une telle hypothèse, le raisonnement ayant conduit à l'arrêt de chambre n'a aucunement été « invalidé » sur le fond par la Grande Chambre. Un exemple peut être tiré de l'affaire *Azinas c. Chypre*. Dans cette affaire, la Cour s'était prononcée, par un arrêt de chambre, sur le fond de la requête et avait conclu à la violation de l'article 1er du Premier Protocole garantissant le droit au respect des biens[1026]. Saisie sur renvoi, la Grande Chambre a « réformé » cet arrêt de chambre, jugeant la requête irrecevable pour défaut d'épuisement des voies de recours internes[1027]. Dans ces circonstances, l'arrêt de chambre doit-il être tenu pour inexistant ? Telle n'a pas été la position de la Cour. Loin de dénier toute portée à ce premier arrêt *Azinas*, celle-ci a indiqué dans une décision *Banfield c. Royaume-Uni* que, malgré l'arrêt de la Grande Chambre concluant à l'irrecevabilité de la requête, l'arrêt de chambre demeurait « *a source of guidance* »[1028]...

642. Enfin, qu'en est-il des décisions d'irrecevabilité rendues par la Cour ? Ces décisions peuvent, en effet, emporter un examen au fond des griefs[1029]. À ce titre, elles ont vocation à s'intégrer, à l'instar des arrêts, dans le corpus jurisprudentiel de la Cour. Celle-ci se garde d'ailleurs bien d'établir une distinction entre ses « décisions » et ses « arrêts » sur le plan de leur autorité interprétative.

B. L'exécution des arrêts de la Cour

643. L'exécution des arrêts de la Cour est on ne peut plus cruciale. Les droits de la Convention ne sont réellement « concrets et effectifs » que si les arrêts de la Cour constatant leur violation sont exécutés. La Cour peut rendre des « beaux » ou « grands » arrêts à foison. En l'absence d'exécution, ceux-ci ne présentent qu'un intérêt purement théorique.

644. Attachant une grande importance à l'exécution des arrêts rendus par la Cour, la Convention a mis en place un mécanisme de surveillance collective qui sera décrit ci-après.

1025 *Ibidem.*

1026 Cour eur. dr. h., arrêt *Azinas c. Chypre*, 20 juin 2002.

1027 Cour eur. dr. h., Gde Ch., arrêt *Azinas c. Chypre*, 28 avril 2004. Pour une situation semblable, voy. Cour eur. dr. h., Gde Ch., arrêt *Vučković et autres c. Serbie*, 25 mars 2014.

1028 Cour eur. dr. h., décision (rec.) *Banfield c. Royaume-Uni*, 18 octobre 2005.

1029 L'article 35, § 3, a), de la Convention dispose en effet que la Cour déclare irrecevable toute requête « manifestement mal fondée ».

645. Si on regarde objectivement l'ensemble, ses bienfaits doivent être salués. En effet, et autant le dire d'emblée, la grande majorité des arrêts de la Cour sont exécutés, certes parfois avec retard. Il reste qu'il y a des exceptions dont certaines sont notoires, et il est par ailleurs frappant de relever que près de 80 % des affaires actuellement pendantes devant la Cour sont constituées de requêtes répétitives ou qui soulèvent des questions pour lesquelles il existe déjà une jurisprudence bien établie.

1. *Le contrôle de l'exécution des arrêts*

1.1. La compétence du Comité des ministres

646. En vertu de l'article 46, § 2, de la Convention, c'est le Comité des ministres du Conseil de l'Europe – organe intergouvernemental au sein duquel l'ensemble des États parties sont représentés – qui « surveille l'exécution » des arrêts définitifs de la Cour. Il en découle que la Cour n'est, en principe, pas compétente pour contrôler l'exécution de ses propres arrêts.

1.2. La compétence de la Cour

647. Si la Cour est, en principe, dépourvue de compétence pour contrôler l'exécution de ses propres arrêts, deux tempéraments importants doivent être mentionnés.

648. Premièrement, la Cour peut connaître d'une requête portant sur les suites données par un État défendeur à un arrêt lorsque cette requête soulève un problème nouveau non tranché par l'arrêt initial[1030]. Concrètement, elle peut être amenée à connaître d'une décision de refus d'une procédure interne à la suite d'un arrêt de la Cour dès lors que ce refus pose une question nouvelle, non préalablement tranchée par elle, qu'il s'agisse de la matière civile[1031] ou de la matière pénale[1032]. Il en est également ainsi en cas d'adoption d'une nouvelle décision après la réouverture de la procédure interne consécutivement à un arrêt de la Cour[1033].

649. Deuxièmement, une « procédure en manquement » a été spécialement mise en place par le Protocole n° 14, entré en vigueur le 1er juin 2010. Elle est organisée à l'article 46, §§ 4 et 5, de la Convention. À l'invitation du Comité des ministres, la Cour peut constater qu'un État partie a manqué à ses obligations au titre de l'article 46, § 1er, de la Convention. Deux arrêts ont été rendus à ce jour sur la base de cette procédure. Le premier est intervenu en 2019 dans l'affaire

1030 Cour eur. dr. h., Gde Ch., arrêt *VgT c. Suisse* (n° 2), 30 juin 2009, §§ 61-68 ; arrêt *Tsonyo Tsonev c. Bulgarie* (n° 4), 6 avril 2021, § 29.

1031 Voy. Cour eur. dr. h., Gde Ch., arrêt *Bochan c. Ukraine* (n° 2), 5 février 2015.

1032 Voy. Cour eur. dr. h., Gde Ch., arrêt *Moreira Ferreira c. Portugal* (n° 2), 11 juillet 2017.

1033 Voy. Cour eur. dr. h., arrêt *Emre c. Suisse* (n° 2), 11 octobre 2011.

Mammadov c. Azerbaïdjan[1034]. Le deuxième a été rendu en 2022 dans le cadre de l'affaire *Kavala c. Turquie*[1035]. Dans l'un comme dans l'autre cas, la Cour a constaté la violation de l'article 46, § 1er, de la Convention par l'État défendeur.

2. *Les obligations incombant à l'État défendeur au titre de l'exécution*

2.1. Le caractère déclaratoire des arrêts de la Cour

650. Les arrêts de la Cour ont, en principe, un caractère déclaratoire[1036]. Cela signifie que la Cour ne peut constater que la violation d'un droit garanti par la Convention. Elle n'a pas le pouvoir d'annuler une loi ou un acte administratif, ni de casser ou réformer une décision judiciaire. C'est à l'État concerné qu'il appartient de prendre les mesures que requiert l'exécution « correcte et entière »[1037] des arrêts de la Cour.

2.1.1. Le choix des moyens

651. Conformément à une jurisprudence bien établie, « l'État défendeur reste libre, sous le contrôle du Comité des ministres, de choisir les moyens de s'acquitter de son obligation juridique au regard de l'article 46 de la Convention pour autant que ces moyens soient compatibles avec les conclusions contenues dans l'arrêt de la Cour »[1038]. Il s'agit là d'une conséquence de la subsidiarité, qui opère non seulement en amont du contrôle de la Cour, mais aussi en aval, après que l'arrêt a été rendu.

2.1.2. Un choix encadré

652. Cette liberté de moyens n'est cependant pas absolue.

a. Les indications données par la Cour

653. Dans certaines circonstances[1039], la Cour peut indiquer à l'État défendeur des mesures en vue de l'aider à remplir ses obligations au titre de l'article 46, § 1er, de la Convention. Elle a franchi un pas notable en ce sens en 2004, à

1034 Cour eur. dr. h., Gde Ch., arrêt rendu dans le cadre de la procédure fondée sur l'article 46, § 4, dans l'affaire *Mammadov c. Azerbaïdjan*, 29 mai 2019.

1035 Cour eur. dr. h., Gde Ch., arrêt rendu dans le cadre de la procédure fondée sur l'article 46, § 4, dans l'affaire *Kavala c. Turquie*, 11 juillet 2022.

1036 Cour eur. dr. h., arrêt *Marckx c. Belgique*, 13 juin 1979, § 58; Gde Ch., arrêt *H.F. et autres c. France*, 14 septembre 2022, § 294.

1037 Cour eur. dr. h., Gde Ch., arrêt *VGT c. Suisse* (n° 2), 30 juin 2009, § 90.

1038 Cour eur. dr. h., Gde Ch., arrêt *Bochan c. Ukraine* (n° 2), § 34. Voy. aussi Cour eur. dr. h., arrêt *Emre c. Suisse* (n° 2), 11 octobre 2011, § 69.

1039 Voy. Cour eur. dr. h., arrêt *de Clerck c. Belgique*, 25 septembre 2007, §§ 98-101.

l'occasion des affaires *Assanidzé c. Géorgie* – en ce qui concerne l'énoncé de mesures individuelles – et *Broniowski c. Pologne* – s'agissant de l'indication de mesures générales.

654. Des mesures *individuelles* peuvent être indiquées par la Cour lorsque la nature de la violation n'offre, en réalité, guère de choix quant au mode de réparation (par exemple, libérer une personne arbitrairement privée de liberté[1040]). La Cour indique des mesures *générales* lorsqu'elle est confrontée à un problème structurel de grande ampleur[1041].

655. Parfois, l'indication peut se muer en une injonction coulée dans le dispositif même de l'arrêt[1042].

656. De manière générale, il est heureux que la Cour précise dans ses arrêts ce qu'elle attend des États afin que ceux-ci puissent se mettre en conformité avec les exigences de la Convention, sans préjudice de leur liberté quant aux moyens. Sur ce point, une évolution est perceptible dans la jurisprudence de la Cour qui tend à prendre davantage en considération la phase de l'exécution dans les arrêts qu'elle est amenée à rendre.

b. La procédure de l'arrêt pilote

657. Une attention particulière doit être portée aux arrêts pilotes dont la procédure a été inaugurée de manière prétorienne en 2004 dans l'affaire *Broniowski c. Pologne*[1043], avant d'être codifiée, en 2011, à l'article 61 du Règlement de la Cour.

658. Par un tel arrêt, la Cour relève un «problème structurel ou systémique» au sein de l'État défendeur et prescrit des mesures générales (modification d'une législation ou d'une pratique) pour y remédier, en fixant un délai pour leur adoption. Dans cette attente, l'examen des requêtes analogues dénonçant ce même «problème structurel ou systémique» peut être ajourné.

1040 Voy. notamment Cour eur. dr. h., Gde Ch., arrêt *Del Rio Prada c. Espagne*, 21 octobre 2013, §§ 138-139.

1041 Voy. notamment Cour eur. dr. h., arrêt *Vasilescu c. Belgique*, 25 novembre 2014, où «la Cour [a recommandé] à l'État défendeur d'envisager l'adoption de mesures générales. D'une part, des mesures devraient être prises afin de garantir aux détenus des conditions de détention conformes à l'article 3 de la Convention. D'autre part, un recours devrait être ouvert aux détenus aux fins d'empêcher la continuation d'une violation alléguée ou de permettre à l'intéressé d'obtenir une amélioration de ses conditions de détention» (§ 128). Voy., pour un autre exemple, Cour eur. dr. h., arrêt *Korporativna Targovska Banka AD c. Bulgarie*, 30 août 2022, § 208.

1042 En ce qui concerne les mesures individuelles, voy., par exemple, le dispositif de l'arrêt *Assanidzé c. Géorgie* du 8 avril 2004, de l'arrêt *Ilaşcu et autres c. Moldova et Russie* du 8 juillet 2004, de l'arrêt *Del Rio Prada c. Espagne* du 21 octobre 2013 ou encore de l'arrêt *Selahattin Demirtaş c. Turquie* n° 2 du 22 décembre 2020. En ce qui concerne les mesures générales, voy., par exemple, le dispositif de l'arrêt *Broniowski c. Pologne* du 22 juin 2004, de l'arrêt *Torreggiani et autres c. Italie* du 8 janvier 2013 ou encore de l'arrêt *Tunikova et autres c. Russie* du 14 décembre 2021.

1043 Cour eur. dr. h., Gde Ch., arrêt *Broniowski c. Pologne*, 22 juin 2004. Voy. ultérieurement Cour eur. dr. h., Gde Ch., arrêt *Hutten-Czapska c. Pologne*, 19 juin 2006.

659. L'affaire *W.D. c. Belgique* constitue la première application de la procédure de l'arrêt pilote à l'égard de la Belgique[1044]. La Cour y a jugé que les violations constatées de la Convention « trouvent leur origine dans un dysfonctionnement structurel lié au maintien en milieu carcéral de délinquants souffrant de troubles mentaux sans prise en charge thérapeutique adaptée ». Elle a dès lors énoncé que l'État belge « doit prendre, dans le contexte de l'ensemble des affaires similaires à la présente cause, des mesures appropriées pour que le système d'internement des personnes délinquantes soit en conformité avec les principes relatifs aux articles 3, 5, §§ 1er et 4, et 13 combinés avec l'article 3 de la Convention »[1045].

660. Par ailleurs, il arrive à la Cour de formuler des indications en marge de la procédure de l'arrêt pilote. On parle alors d'arrêts « quasi pilotes ». Les mesures générales se voient indiquées dans le corps de l'arrêt[1046]. Dans certains cas, les indications sont également énoncées dans le dispositif même[1047].

661. Ces procédures d'arrêts « pilotes » ou « quasi pilotes » ont pour vocation à aider les États contractants à jouer le rôle qui est le leur dans le système de la Convention en résolvant les problèmes structurels au niveau national afin d'assurer la reconnaissance des droits et libertés définis dans la Convention conformément à l'article 1er et d'apporter aux victimes un redressement plus rapide, tout en allégeant la charge de la Cour qui, sinon, aurait à connaître d'une grande masse de requêtes répétitives[1048].

2.2. Une triple obligation

662. Lorsque la Cour constate une violation de la Convention, l'État défendeur est tenu par une triple obligation :

- faire cesser la violation (ceci relève du présent) ;
- en réparer les conséquences (ceci concerne le passé) ;
- empêcher de nouvelles violations (ceci vaut pour le futur).

Seules les deux premières obligations sont inhérentes à l'autorité de la chose jugée des arrêts de la Cour qui est *inter partes*. La troisième découle de l'autorité de la chose interprétée (*supra* nos 629 et s.).

1044 Voy. pour d'autres arrêts pilotes concernant le système carcéral, Cour eur. dr. h., arrêt *Ananyev et autres c. Russie*, 10 janvier 2012 ; arrêt *Torregiani et autres c. Italie*, 8 janvier 2013 ; arrêt *Neshkov et autres c. Bulgarie*, 27 janvier 2015 ; arrêt *Varga et autres c. Hongrie*, 10 mars 2015 ; arrêt *Rezmives et autres c. Roumanie*, 25 avril 2017 ; arrêt *Sukachov c. Ukraine*, 30 janvier 2020.

1045 Cour eur. dr. h., arrêt *W.D. c. Belgique*, 6 septembre 2016, points 5 et 6 du dispositif.

1046 Cour eur. dr. h., arrêt *Manole et autres c. Moldova*, 10 septembre 2009, § 117 ; arrêt *Vasilescu c. Belgique*, 25 novembre 2014, § 128.

1047 Cour eur. dr. h., arrêt *Lukenda c. Slovénie*, 6 octobre 2005, § 98 et point 5 du dispositif ; arrêt *Tunikova et autres c. Russie*, 14 décembre 2021, §§ 149-159 et point 8 du dispositif.

1048 Cour eur. dr. h., Gde Ch., arrêt *Sejdovic c. Italie*, 1er mars 2006, § 120.

2.2.1. Faire cesser la violation

663. Cette première obligation présuppose une violation continue d'un droit garanti par la Convention. Elle vise par exemple la situation d'une personne qui, au mépris de l'article 5 de la Convention, demeure arbitrairement privée de liberté[1049].

2.2.2. Réparer les conséquences de la violation

664. Cette deuxième obligation implique celle d'effacer, autant que possible, les conséquences de la violation pour le requérant et de replacer celui-ci dans la situation dans laquelle il se trouverait si la violation n'avait pas existé (*restitutio in integrum*)[1050]. « *The aim is to put the applicant, as far as possible, in the position he would have been in had the requirements of the Convention not been disregarded* », énonce la Cour[1051], qui donne ici écho aux principes de la réparation, tels qu'ils furent explicités par la Cour permanente de justice internationale dans la célèbre affaire relative à l'usine de Chorzów[1052].

665. Si la *restitutio in integrum* doit être préférée à tout autre mode de réparation, elle peut toutefois se heurter à des obstacles majeurs. L'obstacle peut être purement matériel (on ne peut, par exemple, rendre la vie à celui qui l'a perdue). Il peut également être d'ordre juridique et, singulièrement, résulter de la circonstance que l'acte jugé contraire à la Convention est un acte juridictionnel ayant acquis définitivement l'autorité de la chose jugée dans l'ordre interne.

666. À cet égard, la Cour a jusqu'à présent indiqué que la Convention ne garantit pas un droit à la réouverture d'une procédure close dans l'ordre interne[1053]. Elle s'estime par ailleurs incompétente pour ordonner elle-même une telle mesure[1054].

667. Il n'en reste pas moins que la réouverture des procédures internes constitue un moyen et, dans un grand nombre de cas, celui qui est le plus adéquat pour exécuter les arrêts de la Cour. La Cour souligne en ce sens « l'importance qu'il y a à garantir la mise en place de procédures internes permettant le réexamen d'une affaire à la lumière d'un constat de violation de l'article 6 de la Convention »[1055]. En effet, « de telles procédures peuvent être considérées comme un aspect important de l'exécution de ses arrêts et leur existence

---

[1049] Voy., par exemple, Cour eur. dr. h., Gde Ch., arrêt *Assanidzé c. Géorgie*, 8 avril 2004 et Gde Ch., arrêt *Ilaşcu et autres c. Moldova et Russie*, 8 juillet 2004.

[1050] Cour eur. dr. h., arrêt *Emre c. Suisse* n° 2, 11 octobre 2011, § 75.

[1051] Cour eur. dr. h., arrêt *Youth Initiative for Human Rights c. Serbie*, 25 juin 2013, § 31.

[1052] C.P.J.I., arrêt du 13 septembre 1928, *Recueil des arrêts*, Série A n°17, p. 47, auquel se réfère expressément l'arrêt *Papamichalopoulos et autres c. Grèce* (art. 50) du 31 octobre 1995 (§ 36).

[1053] Cour eur. dr. h., Gde Ch., arrêt *Bochan c. Ukraine* (n° 2), 5 février 2015, § 44; Gde Ch., arrêt *Moreira Ferreira c. Portugal* (n° 2), 11 juillet 2017, §§ 60 et 91.

[1054] Cour eur. dr. h., Gde Ch., arrêt *VGT c. Suisse* (n° 2), 30 juin 2009, § 89; Gde Ch., arrêt *Moreira Ferreira c. Portugal* (n° 2), 11 juillet 2017, § 49.

[1055] Cour eur. dr. h., Gde Ch., arrêt *Moreira Ferreira c. Portugal* (n° 2), 11 juillet 2017, § 99.

démontre l'engagement d'un État contractant de respecter la Convention et la jurisprudence de la Cour »[1056].

668. La Cour s'appuie à cet égard sur la Recommandation nº R (2000) 2, adoptée le 19 janvier 2000, qui encourage les États parties *à* permettre le réexamen d'une affaire ou la réouverture d'une procédure en cas de constat, par la Cour, d'une violation de la Convention[1057]. Cette Recommandation a donné un élan décisif à la mise en place de mécanismes de réouverture au sein des différents États parties. Originairement, ces mécanismes étaient, pour la plupart, limités à la matière pénale. Ils tendent de plus en plus à s'étendre à la matière civile.

669. S'agissant de la matière pénale, la Cour a commencé par indiquer, au début des années 2000, que « lorsqu'un particulier, comme en l'espèce, a été condamné par un tribunal qui ne remplissait pas les conditions d'indépendance et d'impartialité exigées par la Convention, un nouveau procès ou une réouverture de la procédure, à la demande de l'intéressé, représente en principe un moyen approprié de redresser la violation constatée »[1058]. La Cour a par la suite généralisé son enseignement au-delà des cas de manquement aux exigences d'indépendance et d'impartialité : « lorsqu'un particulier, comme en l'espèce, a été victime d'une procédure entachée de manquements aux exigences de l'article 6 de la Convention, un nouveau procès ou une réouverture de la procédure à la demande de l'intéressé représente en principe un moyen approprié de redresser la violation constatée »[1059].

670. Pour autant, toute violation de la Convention n'appelle pas nécessairement une réouverture de la procédure interne déjà close. L'arrêt *Beuze c. Belgique* relatif au droit à l'assistance d'un avocat en matière pénale énonce en ce sens que « si de telles réouvertures peuvent être considérées comme un aspect important de l'exécution de ses arrêts, la révision du procès n'est pas la seule façon d'exécuter un arrêt de la Cour » et qu'il appartient aux autorités nationales compétentes de se prononcer sur « la mise en œuvre de cette possibilité » dans chaque cas d'espèce, « au regard du droit national et des circonstances particulières de l'affaire »[1060]. Les autorités nationales sont dès lors appelées à prendre en considération la nature de la violation constatée par la Cour, les constats faits par celle-ci, ainsi que les effets de la violation constatée sur la décision rendue dans l'ordre interne.

671. La matière civile se distingue de la matière pénale en ce que les litiges civils opposent, le plus souvent, deux particuliers. Un certain nombre de diffi-

---

1056 *Ibidem.*

1057 Cour eur. dr. h., Gde Ch., arrêt *VGT c. Suisse* (nº 2), 30 juin 2009, § 89.

1058 Cour eur. dr. h., Gde Ch., arrêt *Öcalan c. Turquie*, 12 mai 2005, § 210. Voy. précédemment Cour eur. dr. h., arrêt *Gençel c. Turquie*, 23 octobre 2003, § 27.

1059 Cour eur. dr. h., Gde Ch., arrêt *Cudak c. Lituanie*, 23 mars 2010, § 79 ; arrêt *Willems et Gorjon c. Belgique*, 21 septembre 2021, § 98.

1060 Cour eur. dr. h., Gde Ch., arrêt *Beuze c. Belgique*, 9 novembre 2018, § 200.

cultés peut dès lors se poser[1061]. Pour la Cour, « c'est aux États contractants qu'il revient de décider de la meilleure manière d'exécuter ses arrêts sans indûment heurter les principes de l'autorité de la chose jugée ou de la sécurité juridique […], en particulier dans les cas où le litige touche des tiers dont les intérêts légitimes propres sont à protéger »[1062]. Toutefois, même en matière civile, la Cour a expressément « [réaffirmé] son opinion selon laquelle [la réouverture] peut représenter le moyen le plus efficace, voire le seul, pour réaliser la *restitutio in integrum* »[1063].

2.2.3. Éviter des violations semblables

672. L'arrêt *Fabris c. France* rendu par la Grande Chambre le 7 février 2013 met expressément en exergue l'obligation incombant à l'État défendeur « de prévenir, avec diligence, de nouvelles violations semblables à celles constatées dans les arrêts de la Cour »[1064]. Cette obligation postule, lorsque la source de la violation constatée par la Cour réside dans une loi, une réglementation, une jurisprudence ou une pratique, sa modification, sa suppression ou son abrogation afin d'éviter que ne soit commise une nouvelle violation à l'égard d'autres personnes se trouvant sous la « juridiction » de l'État concerné.

673. En réalité, cette obligation pour les États parties de prévenir des violations semblables découle de leur obligation générale, au titre de l'article 1er de la Convention, de « faire en sorte que leur droit interne soit compatible avec celle-ci »[1065]. Elle s'impose naturellement dans la mesure où leur passivité peut conduire, à terme, à un nouveau constat de violation de la Convention par la Cour. En atteste l'arrêt *Vermeire c. Belgique* du 29 novembre 1991 qui releva le manquement de la Belgique à se conformer aux enseignements de l'arrêt *Marckx c. Belgique* du 13 juin 1979.

1061 Voy. P. Pastor Vilanova, « Third parties involved in international litigation proceedings: what are the challenges for the ECHR? », *in Judicial power in a globalized world – Liber amicorum Vincent De Gaetano*, Springer, Berlin, 2019, pp. 377-393. Voy. également les réticences de O. De Schutter, « La coopération entre la Cour européenne des droits de l'homme et le juge national », *Rev. b. dr. int.*, 1997, p. 33 : « Admettre […] la révision du procès déjà vidé, au motif que la Cour européenne des droits de l'homme y aurait décelé une violation de la Convention […], non seulement conduirait à ériger cette Cour en instance d'appel ou de pourvoi des décisions rendues par les juridictions internes, mais encore serait inacceptable à défaut que la partie adverse du requérant devant le litige interne soit représentée dans la procédure internationale »). Anticipant ces objections, le Comité des ministres a indiqué dans l'exposé des motifs de sa recommandation du 19 janvier 2000 (§ 15) que « ce problème se pose également lors de l'application des règles nationales ordinaires relatives au réexamen ou à la réouverture ». Et d'ajouter que « les solutions retenues dans ces affaires devraient être applicables, au moins *mutatis mutandis*, dans les cas de réexamen ou de réouverture ordonnés pour donner effet aux arrêts de la Cour ».

1062 Cour eur. dr. h., Gde Ch., arrêt *Bochan c. Ukraine* (n° 2), 5 février 2015, § 57.

1063 Cour eur. dr. h., Gde Ch., arrêt *Bochan c. Ukraine* (n° 2), 5 février 2015, § 58. Voy. également Cour eur. dr. h., arrêt *Beg S.p.a. c. Italie*, 20 mai 2021, § 163.

1064 Cour eur. dr. h., Gde Ch., arrêt *Fabris c. France*, 7 février 2013, § 75.

1065 Cour eur. dr. h., Gde Ch., arrêt *Maestri c. Italie*, 17 février 2004, § 47.

Partie IV

La Cour et ses défis

674. Juguler la charge contentieuse, répondre à la « défiance étatique »[1066] là où elle s'exprime, consolider les fils du dialogue avec le juge national : tels sont aujourd'hui les principaux défis de la Cour.

675. Au cours de ces deux dernières décennies, trois protocoles ont été adoptés en vue de rencontrer ces objectifs. Avec le recul, on peut dire que le Protocole n° 14 visait à satisfaire le premier, que le Protocole n° 15 a cherché à répondre au deuxième et que le Protocole n° 16 entend contribuer à la réalisation du troisième.

676. Il est aussi notable que l'attention s'est déplacée au fil du temps. Si la gestion de la masse contentieuse a été au cœur de toutes les préoccupations dans les années qui ont suivi l'entrée en vigueur du Protocole n° 11 (1er novembre 1998) consacrant pleinement le droit de recours individuel, c'est davantage la redéfinition de l'office de la Cour qui a animé les discussions à partir des années 2010, comme le montrent clairement les conférences intergouvernementales consacrées à l'avenir de la Cour, qui se sont tenues successivement à Interlaken (2010), Izmir (2011), Brighton (2012), Oslo (2014), Bruxelles (2015) et Copenhague (2018). La Conférence de Brighton a très certainement constitué un « tournant » en ce qu'elle a donné l'impulsion décisive à l'adoption des Protocoles nos 15 et 16 qui ont donné un nouveau visage à la Cour.

1066 L. Burgorgue-Larsen, *La Convention européenne des droits de l'homme*, 3e éd., L.G.D.J., Paris, 2019, p. 21.

Chapitre I
Gérer la masse contentieuse

A. Le constat

677. Il fut un temps où, aux dires d'un ancien juge, la Cour sabrait le champagne lorsqu'une nouvelle affaire lui était déférée[1067]. Ce temps est manifestement révolu. Aujourd'hui, ce sont près de 75 000 requêtes qui sont en attente de traitement devant la Cour. Un pic fut même observé en 2011 lorsque plus de 160 000 requêtes pendantes furent dénombrées.

678. Cette explosion de la masse contentieuse au début du nouveau millénaire a résulté de la conjugaison de plusieurs facteurs, dont certainement la notoriété croissante de la Cour victime de son succès, mais aussi, et surtout, l'élargissement massif du Conseil de l'Europe vers les pays d'Europe centrale et orientale intervenu dans les années 1990 à la suite de la chute du mur de Berlin[1068].

B. Les réponses

679. Différentes mesures ont été adoptées, tantôt par les États parties, tantôt par la Cour, en vue de gérer cette masse contentieuse.

1. Le Protocole n° 14 et la redistribution du contentieux

680. En vue de prévenir l'asphyxie du système et de « garantir à long terme l'efficacité de la Cour »[1069], un protocole additionnel à la Convention, le Protocole n° 14, a été adopté en 2004. Il n'est entré en vigueur que le 1er juin 2010 à la suite du dépôt de l'ultime instrument de ratification par la Fédération de Russie[1070].

681. Outre l'insertion dans la Convention d'une nouvelle cause d'irrecevabilité des requêtes individuelles (l'absence de « préjudice important »), le Protocole n° 14 entendait traiter plus efficacement, d'une part, les requêtes qui ne remplissent manifestement pas les conditions de recevabilité et, d'autre part, les requêtes « répétitives », soit les requêtes substantiellement semblables à d'autres sur lesquelles la Cour s'est déjà prononcée.

1067 « Interview met Donner, rechter in het Europees Hof voor de Rechten van de Mens », *N.J.C.M.-Bulletin*, 1988, p. 197.

1068 Pas moins de dix-huit États ont adhéré au Conseil de l'Europe au cours des années 1990.

1069 Rapport explicatif du Protocole n° 14, § 2.

1070 Voy. Fr. Krenc et S. Van Drooghenbroeck, « Le Protocole n° 14 : 'cautère sur une jambe de bois' ou véritable 'garantie de l'efficacité à long terme de la Cour européenne des droits de l'homme' ? », *J.T.*, 2010, pp. 493-502 ; P. Lemmens et W. Vandenhole (éd.), *Protocol no 14 and the Reform of the European Court of Human Rights*, Intersentia, Anvers, 2005.

682. Afin d'optimiser le traitement de la première catégorie de requêtes (les requêtes manifestement irrecevables), le Protocole n° 14 a instauré une nouvelle figure au sein de la Cour: le juge unique. En vue d'accélérer le traitement de la seconde catégorie (les requêtes répétitives), le Protocole n° 14 a étendu la compétence jusque-là dévolue aux comités de trois juges afin qu'ils puissent rendre désormais des arrêts sur le fond.

683. On peut aujourd'hui observer que la mise en œuvre du Protocole n° 14 a débouché sur une redistribution du contentieux au sein de la Cour. Les formations judiciaires et leurs compétences respectives ont déjà été envisagées plus haut (*supra* n°s 451-467). Il s'agit ici de montrer plus spécialement l'évolution concernant la répartition du contentieux entre ces formations.

1.1. Le filtrage par le juge unique

684. Tel qu'il a été institué par le Protocole n° 14, le juge unique a pour mission de «déclarer une requête [individuelle] irrecevable ou la rayer du rôle lorsqu'une telle décision peut être prise sans examen complémentaire» (article 27, § 1er, de la Convention).

685. Le rapport explicatif du Protocole n° 14 précise que le juge unique prend pareille décision «dans les affaires parfaitement claires, dans lesquelles l'irrecevabilité de la requête s'impose d'emblée»[1071]. Le juge unique déclarera ainsi irrecevables les requêtes introduites au-delà du délai utile pour saisir la Cour, celles qui visent à rejuger les faits ou à critiquer l'application du droit interne par les juridictions nationales sans que la méconnaissance d'un droit garanti par la Convention soit alléguée, ou encore celles qui ne sont aucunement étayées.

686. En pratique, la majeure partie des requêtes introduites devant la Cour sont rejetées par un juge unique.

1.2. L'extension du rôle du comité de trois juges

687. Avant l'entrée en vigueur du Protocole n° 14, le rôle des comités de trois juges consistait à écarter du prétoire les requêtes manifestement irrecevables. À cette compétence des comités, qui continue de s'exercer en sus de la fonction de filtrage du juge unique, le Protocole n° 14 a ajouté celle de rendre «un arrêt sur le fond lorsque la question [...] qui est à l'origine de l'affaire fait l'objet d'une jurisprudence bien établie de la Cour» (article 28, § 1er, b), de la Convention).

688. Le rapport explicatif du Protocole n° 14 précise que par «jurisprudence bien établie», il ne faut pas nécessairement entendre «jurisprudence constante». Ainsi, une «jurisprudence bien établie» peut découler d'«un seul arrêt

---

[1071] Rapport explicatif, § 67.

de principe de la Cour», «particulièrement s'il s'agit d'un arrêt de la Grande Chambre»[1072].

689. Aujourd'hui, la Cour dispose d'une «jurisprudence bien établie» dans un bon nombre de domaines. On songe notamment au contentieux relatif aux conditions de détention, à la longueur des procédures judiciaires ou à l'assistance d'un avocat en matière pénale[1073]. Tous ces contentieux peuvent être jugés adéquatement par des comités de trois juges.

1.3. La mutation de la chambre de sept juges

690. Originairement conçue comme la formation «ordinaire» de jugement, la chambre voit aujourd'hui son rôle sensiblement évoluer. Dans la mesure où la jurisprudence de la Cour a gagné en consistance dans un nombre sans cesse plus vaste de domaines, les comités de trois juges peuvent de plus en plus prendre appui sur une jurisprudence «bien établie» pour rendre des arrêts sur le fond. Ceci conduit subséquemment à un recentrage des chambres sur les affaires soulevant des questions inédites ou plus importantes. Il est dès lors permis d'avancer que les chambres sont devenues en quelque sorte des «mini grandes chambres». Elles laissent leur place de formations «ordinaires» au profit des comités de trois juges, lesquels tranchent un nombre plus important d'affaires que dans le passé. Ceci participe d'un changement de paradigme dans le traitement contentieux.

1.4. Le rôle régulateur de la Grande Chambre

691. Aujourd'hui davantage encore qu'hier, la Grande Chambre joue un rôle régulateur de la jurisprudence. Elle peut tantôt souhaiter «mettre un terme à [une] incertitude»[1074], «éclaircir», «préciser», «clarifier» la jurisprudence[1075], ou encore «revoir»[1076] celle-ci et «adopter une nouvelle approche»[1077]. Elle peut tantôt être amenée à statuer sur une question inédite de grande importance. Il apparaît de plus en plus nettement que l'un des rôles impartis à la Grande Chambre consiste, dans un contexte de revalorisation de la subsidiarité, à fixer des critères utiles à destination des juridictions nationales afin que celles-ci puissent assumer au mieux leur fonction de juges de droit commun de la Convention[1078].

1072 Rapport explicatif, § 68.

1073 Voy., par exemple, pour le contentieux «belge» du droit à l'assistance d'un avocat durant la phase préliminaire du procès pénal, les arrêts rendus par des comités de trois juges constatant une violation dans les affaires *De Veirman et Amnad c. Belgique* (11 mai 2021), *Schurmans c. Belgique* (22 février 2022), *Louis c. Belgique* (7 juin 2022), *Vandenbussche c. Belgique* (7 juin 2022) et *Vanlerberghe c. Belgique* (4 avril 2023).

1074 Cour eur. dr. h., Gde Ch., arrêt *Pellegrin c. France*, 8 décembre 1999, § 61.

1075 Ces trois verbes sont mentionnés dans le même paragraphe 188 de l'arrêt *Rooman c. Belgique* (Cour eur. dr. h., Gde Ch., 31 janvier 2019).

1076 Cour eur. dr. h., Gde Ch., arrêt *Kudła c. Pologne*, 26 octobre 2000, § 148.

1077 Cour eur. dr. h., Gde Ch., arrêt *Micallef c. Malte*, 15 octobre 2009, § 82.

1078 Voy. par exemple Cour eur. dr. h., Gde Ch., arrêt *Beuze c. Belgique*, 9 novembre 2018 (à propos du droit à l'assistance d'un avocat en matière pénale) ; Gde Ch., arrêt *Halet c. Luxembourg*, 14 février 2023 (à propos

2. L'expansion des modes alternatifs de règlement des litiges

692. Parallèlement à la redistribution du contentieux au sein de la Cour, on observe un recours croissant aux modes alternatifs de règlement des litiges (règlement amiable ou déclaration unilatérale), lesquels permettent d'alléger la charge contentieuse.

693. Les vertus de ces modes alternatifs de règlement des litiges[1079] avaient été mises en exergue, en 2006, par le « Groupe des Sages » chargé de réfléchir, à l'époque, à différentes propositions en vue de renforcer l'efficacité à long terme du système de contrôle de la Convention[1080]. Par la suite, lors des Conférences intergouvernementales consacrées à l'avenir de la Cour, les États ont été expressément « [encouragés] à donner la priorité [à ces] solutions alternatives aux procédures contentieuses »[1081].

2.1. Le règlement amiable

694. Le règlement amiable est prévu par la Convention, en son article 39. Celui-ci précise dans son paragraphe premier qu'« à tout moment de la procédure, la Cour peut se mettre à la disposition des intéressés en vue de parvenir à un règlement amiable de l'affaire s'inspirant du respect des droits de l'homme tels que les reconnaissent la Convention et ses Protocoles ».

695. Le recours au règlement amiable s'est considérablement intensifié ces dernières années. La Cour a, en effet, instauré une nouvelle pratique consistant à privilégier, autant que possible, la conclusion de règlements amiables au stade de la communication de la requête (soit au stade où la requête est notifiée par la Cour à l'État défendeur afin que celui-ci fasse part de ses observations). Le greffe de la Cour peut transmettre aux parties une proposition à cette fin, soit d'initiative, soit à la demande d'une partie (requérant ou État). Le règlement amiable implique l'adoption de mesures individuelles concernant la situation propre du requérant. Il peut, dans certains cas, contenir additionnellement des engagements plus généraux de l'État en vue de régler un problème potentiellement structurel[1082].

696. Lorsque les parties conviennent d'un règlement amiable, la Cour procède à la radiation de la requête, après s'être assurée que ledit règlement s'ins-

des lanceurs d'alerte) ; Gde Ch., arrêt *Hurbain c. Belgique*, 4 juillet 2023 (à propos du droit à l'oubli numérique).

1079 Voy. P. Dourneau-Josette, « Les modes de règlement alternatifs des requêtes devant la Cour européenne des droits de l'homme : les règlements amiables et déclarations unilatérales », *Rev. aff. eur.*, 2014, pp. 565-580. Voy. plus récemment et du même auteur, « Les adaptations procédurales ou l'accélération du traitement des requêtes », *Rev. trim. dr. h.*, 2020, pp. 121-142, spéc. pp. 134-137.

1080 Rapport du Groupe des Sages au Comité des ministres, 15 novembre 2006, CM(2006)23, §§ 106-108 et 141.

1081 Voy. spécialement en ce sens la déclaration adoptée à l'issue de la Conférence de Bruxelles des 26 et 27 mars 2015.

1082 Voy. Cour eur. dr. h., décision (rec.) *Kaya c. Belgique*, 12 septembre 2019.

pire du respect des droits de l'homme tels que les reconnaissent la Convention et ses Protocoles[1083].

697. En soi, la pratique de règlements amiables est assurément heureuse. Ceux-ci consistent en une fin négociée et acceptée du litige. Insistons-y : un arrêt de la Cour constatant une violation de la Convention au terme d'une procédure contentieuse n'est pas une fin en soi. L'essentiel est que la personne qui s'adresse à la Cour soit rétablie, le plus rapidement et le plus efficacement, dans ses droits fondamentaux.

698. S'il y a lieu de se féliciter du dénouement amiable et non contentieux d'une affaire, la Cour demeure la gardienne de l'« ordre public européen ». En cette qualité, la Cour peut, nonobstant l'accord intervenu entre le requérant et l'État défendeur, décider de poursuivre l'examen de la requête. L'affaire *Petrescu c. Portugal* illustre ce cas de figure. En l'espèce, le requérant et le gouvernement portugais s'étaient entendus sur les termes d'un règlement amiable. La Cour a néanmoins refusé de rayer la requête *Petrescu* de son rôle, considérant que « le respect des droits de l'homme » exigeait la poursuite de l'examen de la requête dès lors que celle-ci dénonçait une situation de surpopulation carcérale revêtant un caractère « structurel » au Portugal. Selon la Cour, l'affaire « [dépassait] la situation individuelle du requérant »[1084].

2.2. La déclaration unilatérale

699. Lorsque les tentatives de parvenir à un règlement amiable de l'affaire échouent, il reste la possibilité pour le gouvernement de l'État défendeur de formuler une « déclaration unilatérale ». À la différence des règlements amiables, les déclarations unilatérales ne sont pas prévues par la Convention. Elles sont encadrées par le Règlement de la Cour, en son article 62A, lequel est venu codifier, en 2012, la pratique antérieure de la Cour.

700. Lorsqu'elle est saisie d'une déclaration unilatérale, la Cour vérifie si celle-ci contient la reconnaissance expresse de la violation de la Convention et si elle offre au requérant un redressement adéquat, accompagné, le cas échéant, des mesures correctives nécessaires[1085]. Si cette double condition se trouve réunie, la Cour peut procéder à la radiation de la requête en application de l'article 37, § 1er, c), de la Convention, lequel autorise la radiation lorsqu'« il ne se justifie plus de poursuivre l'examen de la requête »[1086]. Cette radiation peut être déci-

---

1083 Article 39, § 3, de la Convention et article 62, § 3, du Règlement de la Cour.

1084 Cour eur. dr. h., arrêt *Petrescu c. Portugal*, 3 décembre 2019, §§ 58-68.

1085 Article 62 A, § 1er, b), du Règlement de la Cour.

1086 Sur les effets, dans l'ordre interne, d'une déclaration unilatérale et d'une décision de radiation de la Cour qui en prend acte : voy. tout particulièrement Cour eur. dr. h., arrêt *Willems et Gorjon c. Belgique*, 21 septembre 2021, §§ 45-66. Dans cette affaire, la Cour de cassation belge avait refusé de rouvrir la procédure interne à la suite d'une décision de radiation consécutive à une déclaration unilatérale du gouvernement belge, considérant qu'au nom de la séparation des pouvoirs, elle n'était pas tenue par la reconnaissance de violation de la Convention faite par le gouvernement dans sa déclaration unilatérale et que la décision de radiation de la Cour n'était pas revêtue de l'autorité de la chose jugée.

dée, même lorsque le requérant souhaite que l'examen de l'affaire se poursuive[1087].

701. Si le requérant marque finalement son accord sur les termes de la déclaration unilatérale, l'affaire est rayée du rôle au titre d'un règlement amiable, sur la base de l'article 39 de la Convention[1088].

702. Quoique saisie d'une déclaration unilatérale respectant la double condition précitée (reconnaissance et redressement), la Cour peut toujours considérer que « le respect des droits de l'homme garantis par la Convention et ses protocoles [...] exige [la poursuite de] l'examen de la requête » conformément à l'article 37, § 1er, deuxième alinéa, de la Convention. Tel fut le cas dans l'affaire *Rantsev c. Chypre et Russie*. En l'occurrence, ce sont la gravité des allégations portées devant la Cour – qui concernaient la traite d'êtres humains[1089] – ainsi que le caractère inédit de la question qui lui était soumise – étant « le point de savoir si et dans quelle mesure l'article 4 [de la Convention] impose aux États membres de prendre des mesures positives pour protéger les victimes potentielles de traite hors du cadre des enquêtes et poursuites pénales »[1090] – qui ont amené la Cour à estimer que « le respect des droits de l'homme garantis par la Convention [exigeait] la poursuite de l'examen de la requête » et à s'opposer ainsi à la demande de radiation du gouvernement chypriote qui se prévalait d'une déclaration unilatérale aux termes de laquelle il reconnaissait sans réserve la violation de la Convention[1091].

3. *Le développement d'une politique de priorisation*

703. Afin d'améliorer le traitement contentieux des affaires et singulièrement accélérer le traitement des affaires les plus graves et urgentes, la Cour a, en 2009, initié une politique de priorisation. Elle a établi à cette fin sept catégories allant des affaires urgentes concernant des requérants vulnérables (catégorie I) aux affaires manifestement irrecevables, appelées à être traitées par un juge unique (catégorie VII).

704. En 2021, la Cour a lancé une nouvelle « stratégie » en vue de poursuivre et d'affiner la politique de priorisation déjà en place[1092]. Cette nouvelle stratégie vise à se concentrer sur les affaires qui ne portent pas sur le noyau dur des droits protégés par la Convention (articles 2 ou 3), mais qui soulèvent néan-

---

1087 Cour eur. dr. h., Gde Ch., arrêt *Tahsin Acar c. Turquie* (question préliminaire), 6 mai 2003, § 75. Voy. en particulier l'article 62 A, § 3, du Règlement de la Cour.

1088 Voy. notamment Cour eur. dr. h., décision (rec.) *Boutafalla c. Belgique*, 27 juin 2017 ; décision (rec.) *Johnen c. Belgique*, 12 décembre 2019 ; décision (rec.) *Ejupi c. Belgique* et deux autres requêtes, 9 juillet 2020.

1089 Cour eur. dr. h., arrêt *Rantsev c. Chypre et Russie*, 7 janvier 2010, § 199.

1090 *Ibidem*, § 200.

1091 *Ibidem*, § 202. Voy. également Cour eur. dr. h., Gde Ch., arrêt *de Tommaso c. Italie*, 23 février 2017, §§ 130-140.

1092 Voy. R. SPANO, « Cour européenne des droits de l'homme : une nouvelle stratégie pour une nouvelle décennie », *Recueil Dalloz*, 2021, n° 26, pp. 1388-1391.

moins des questions très importantes au sein de l'État défendeur ou pour la Convention en général, et nécessitent dès lors un traitement plus rapide. Ces affaires dites « à impact » sont identifiées à partir des critères suivants : la résolution de l'affaire pourrait entraîner une modification ou une clarification de la législation ou de la pratique internationales ou internes ; l'affaire soulève des questions d'ordre moral ou sociétal ; l'affaire traite d'une problématique nouvelle ou significative dans le domaine des droits fondamentaux. La Cour peut également prendre en considération la médiatisation donnée à l'affaire ou son caractère politiquement sensible. Ont par exemple été classées « à impact » des affaires portant sur l'euthanasie[1093], le harcèlement sexuel en milieu du travail[1094], la reconnaissance des cultes[1095], la liberté d'expression des juges[1096], le changement climatique[1097] ou encore l'accès de personnes porteuses d'un handicap à des bâtiments publics[1098].

Chapitre II
Donner la pleine et juste mesure à la subsidiarité et à la marge nationale d'appréciation

A. Le constat

705. La Cour n'a pas vocation à se substituer aux autorités nationales. Elle n'en a ni la légitimité, ni les moyens. Du reste, il serait illusoire de croire que la mise en œuvre de la Convention peut s'opérer sans le concours des États. Celui-ci est tout simplement indispensable pour assurer la protection effective des droits garantis par la Convention (*supra* n° 567).

B. Les réponses

1. *La promotion de la « responsabilité partagée »*

706. À l'aune de ces évidences, le concept de la « responsabilité partagée » entre les États et la Cour a été spécialement mis en avant ces dernières années lors des différentes conférences intergouvernementales consacrées à l'avenir de la Cour. Ce concept tend à rappeler que la responsabilité première dans la mise en œuvre de la Convention incombe aux États parties. En amont, par la reconnaissance

1093 Cour eur. dr. h., arrêt *Mortier c. Belgique*, 4 octobre 2022.
1094 Cour eur. dr. h., arrêt *C. c. Roumanie*, 30 août 2022.
1095 Cour eur. dr. h., arrêt *Assemblée chrétienne des Témoins de Jéhovah d'Anderlecht et autres c. Belgique*, 5 avril 2022.
1096 Cour eur. dr. h., arrêt *Zurek c. Pologne*, 16 juin 2022.
1097 Affaires *Duarte Agostinho et autres c. Portugal et autres* (requête n° 39371/20), *Verein Klimaseniorinnen Schweiz et autres c. Suisse* (requête n° 53600/20) et *Carême c. France* (requête n° 7189/21).
1098 Cour eur. dr. h., arrêt *Arnar Helgi Lárusson c. Islande*, 31 mai 2022.

des fondamentaux consacrés par la Convention à tous les individus relevant de leur juridiction. En aval, par l'exécution des arrêts de la Cour. De son côté, il revient à la Cour de clarifier les obligations des États au regard de la Convention et d'« aider »[1099] ceux-ci à s'acquitter correctement de celles-là en rendant des arrêts qui identifient précisément les points de contrariété à la Convention.

2. *Le Protocole n° 15 et la consécration solennelle des principes de subsidiarité et de la marge nationale d'appréciation*

707. Le Protocole n° 15 à la Convention[1100], entré en vigueur le 1er août 2021, a solennellement inscrit les principes de la subsidiarité et de la marge nationale d'appréciation au frontispice de la Convention, plus exactement dans son Préambule. Celui-ci se voit désormais complété par un nouveau considérant libellé comme suit : « Affirmant qu'il incombe au premier chef aux Hautes Parties contractantes, conformément au principe de subsidiarité, de garantir le respect des droits et libertés définis dans la présente Convention et ses protocoles, et que, ce faisant, elles jouissent d'une marge d'appréciation, sous le contrôle de la Cour européenne des droits de l'homme instituée par la présente Convention »[1101].

708. Ce Protocole n° 15 tire son origine de la Conférence intergouvernementale organisée en avril 2012 à Brighton, qui « [avait conclu] que pour des raisons de transparence et d'accessibilité, une référence au principe de subsidiarité et à la doctrine de la marge d'appréciation, telle que développée dans la jurisprudence de la Cour, devrait être incluse dans le préambule de la Convention »[1102].

2.1. Une confirmation plutôt qu'une révolution

709. En soi, cette inscription dans le Préambule n'a rien de révolutionnaire[1103]. Le Protocole n° 15 ne fait que rappeler le fondement même de la Convention (la subsidiarité), en même temps qu'il confirme une doctrine déjà bien ancrée dans la jurisprudence de la Cour, quoique discutée (la marge nationale d'appréciation). Cette consécration permet cependant de clarifier expressément les responsabilités incombant respectivement aux États et à la Cour au regard de la Convention. Elle officialise la « responsabilité partagée » dont question ci-

1099 Cour eur. dr. h., Gde Ch., arrêt *Öcalan c. Turquie*, 12 mai 2005, § 210.

1100 Voy. G. Malinverni, « Le Protocole n° 15 à la Convention européenne des droits de l'homme », *Rev. trim. dr. h.*, 2015, pp. 51 et s.

1101 Voy. Fr. Krenc, « L'entrée en vigueur du Protocole n° 15 à la Convention européenne des droits de l'homme – Envisager positivement l'avenir », *L'Observateur de Bruxelles*, 2021/3, n° 125, pp. 3-4.

1102 Point 12, b), de la Déclaration de Brighton.

1103 La Cour n'a d'ailleurs pas attendu l'entrée en vigueur du Protocole n° 15 pour intégrer dans ses arrêts les termes figurant aujourd'hui dans le Préambule de la Convention. Voy. Cour eur. dr. h., Gde Ch., arrêt *Garib c. Pays-Bas*, 6 novembre 2017, § 137 ; Gde Ch., arrêt *Correia de Matos c. Portugal*, 4 avril 2018, § 116.

dessus. Encore faut-il que ces principes, déjà examinés ci-avant (*supra* n°s 556-610), ne soient pas dévoyés de leur finalité[1104].

2.2. De nécessaires précisions

2.2.1. La subsidiarité bien comprise

710. Nous sommes indéniablement dans l'« ère de la subsidiarité », pour reprendre les mots bien connus du président Spano[1105]. Mais cette subsidiarité doit être « bien comprise », comme y insistent le président Spielmann et Panayotis Voyatzis[1106]. Deux précisions essentielles me paraissent devoir être apportées afin que la subsidiarité demeure un principe crédible.

711. Premièrement, si elle promeut la décentralisation, la subsidiarité n'est pas synonyme de régression. Tout au contraire, loin d'impliquer un affaiblissement des droits garantis par la Convention, la subsidiarité invite et, plus encore, oblige les autorités nationales à les prendre davantage en considération. Dans son essence, elle appelle un enracinement et un épanouissement locaux des droits fondamentaux, non leur démantèlement. Pour le dire très simplement, la subsidiarité, ce n'est pas moins de Convention, mais plus de Convention au niveau interne, là où celle-ci a vocation à s'appliquer.

712. Deuxièmement, il importe tout autant de rappeler que la subsidiarité présuppose l'existence, au sein des différents États parties, d'un système juridictionnel qui s'avère, en théorie comme en pratique, tout à la fois accessible, indépendant et apte à statuer dans un délai raisonnable sur les griefs pris de la violation de la Convention. Il s'agit là d'une condition *sine qua non* de la subsidiarité. La Convention ne peut en effet rayonner dans l'ordre interne sans une justice indépendante et diligente qui fonctionne dans le respect de l'article 6 de la Convention.

2.2.2. La marge bien comprise

713. Ici aussi, deux mises au point me semblent nécessaires.

714. Tout d'abord, la marge d'appréciation n'implique aucunement la délivrance d'un blanc-seing aux États. Elle n'entraîne pas l'abdication par la Cour de sa mission de contrôle, ni l'octroi d'un « droit à l'erreur » au profit des États[1107].

[1104] Voy. Fr. Krenc, « L'autorité de la Cour européenne des droits de l'homme et de sa jurisprudence à l'aune de la subsidiarité et de la marge nationale d'appréciation », *in* K. Blay-Grabarczyk et L. Milano (dir.), *Les soixante-dix ans de l'adoption de la Convention européenne des droits de l'homme : enjeux et perspectives*, Pedone, Paris, 2021, pp. 49-62.

[1105] R. Spano, « Universality or diversity of Human Rights? Strasbourg in the age of subsidiarity », *op. cit.*

[1106] Voy. D. Spielmann et P. Voyatzis, « Âge de la subsidiarité ou ère de la retraite ordonnée ? Pour la subsidiarité bien comprise », *in Liber amicorum Robert Spano*, *op. cit.*, pp. 671-693.

[1107] Nous regrettons de ne pas pouvoir suivre Mireille Delmas-Marty et Jean-François Coste lorsqu'ils écrivent que la marge nationale d'appréciation constitue « un droit pour chaque État à invoquer sa différence pour justifier d'un certain écart par rapport à la Convention » et qu'elle tend « à admettre qu'une norme

Elle consiste en la reconnaissance d'une liberté d'action dans les limites tracées par la Convention, sous la supervision ultime de la Cour. En clair, elle laisse aux États le « choix des moyens »[1108] pour réaliser les fins assignées par la Convention.

715. Quant à la question de savoir quand la marge nationale d'appréciation entre en jeu, il peut être répondu que les autorités nationales jouissent d'une marge d'appréciation chaque fois que la Convention leur concède un pouvoir d'appréciation. Tel est notamment le cas lorsque sont en cause les articles 8 à 11 de la Convention qui consacrent des droits pouvant faire l'objet de restrictions. En revanche, il ne pourrait y avoir de marge d'appréciation lorsqu'est en cause un droit absolu. Il en va notamment ainsi du droit consacré par l'article 3 de la Convention de ne pas subir de torture ni de peines ou traitements inhumains ou dégradants. Une distinction doit cependant être faite selon que les obligations négatives ou positives sont en jeu[1109].

Chapitre III
Intensifier le dialogue avec le juge national

A. Le constat

716. Un troisième défi d'importance concerne la poursuite du dialogue avec les juridictions nationales. Ce dialogue – conduit en parallèle de celui noué avec les autres organes et juridictions internationaux[1110] – est essentiel, indispensable même, dans le cadre d'une « responsabilité partagée ». Dans le système mis en place par la Convention, le juge national occupe, en effet, la première place. Il est le juge naturel de la Convention. C'est lui qui, au plus près des individus, des faits et des réalités, est appelé à veiller à son respect et assurer son plein effet.

nationale non conforme à la Convention peut être jugée néanmoins compatible » (« Les droits de l'homme : logiques non standards », *Interdisciplinarité. Le genre humain*, 1998, n° 33, pp. 136 et 140). La marge reste dans le domaine de la conventionnalité, autrement dit, du licite.

1108 Cour eur. dr. h., arrêt *Marckx c. Belgique*, 13 juin 1979, §§ 31, 53 et 61 ; arrêt *Airey c. Irlande*, 9 octobre 1979, § 26.

1109 Voy., par exemple, Cour eur. dr. h., arrêt *Talpis c. Italie*, 2 mars 2017, § 103 (à propos de faits graves de violence domestique) : « il n'entre pas dans les attributions de la Cour de se substituer aux autorités nationales et d'opérer à leur place un choix parmi le large éventail de mesures propres à garantir le respect des obligations positives que l'article 3 de la Convention leur impose [...]. [Néanmoins, l]a question de l'adéquation de la réponse des autorités peut soulever un problème au regard de la Convention ». Voy. également sous l'angle de l'article 2 de la Convention, Cour eur. dr. h., Gde Ch., arrêt *Lambert et autres c. France*, 5 juin 2015, § 148 : « la Cour considère que, dans ce domaine qui touche à la fin de la vie, comme dans celui qui touche au début de la vie, il y a lieu d'accorder une marge d'appréciation aux États, non seulement quant à la possibilité de permettre ou pas l'arrêt d'un traitement maintenant artificiellement la vie et à ses modalités de mise en œuvre, mais aussi quant à la façon de ménager un équilibre entre la protection du droit à la vie du patient et celle du droit au respect de sa vie privée et de son autonomie personnelle [...]. Cette marge d'appréciation n'est toutefois pas illimitée [...], la Cour se réservant de contrôler le respect par l'État de ses obligations découlant de l'article 2 ».

1110 Des rencontres sont régulièrement organisées avec la Cour interaméricaine des droits de l'homme, la Cour africaine des droits de l'homme et des peuples et, bien sûr, la Cour de justice de l'Union européenne.

B. Les réponses

717. Le dialogue entre juges nationaux et juges européens s'engage de différentes manières. Il se noue informellement en marge de l'activité judiciaire, à l'occasion de visites, rencontres et séminaires conjoints. On songe notamment aux «Dialogues entre juges» qui ont lieu chaque année au Palais des droits de l'homme à l'occasion de l'ouverture de l'année judiciaire de la Cour. Ce dialogue trouve également, depuis quelques années, une expression par le «Réseau des cours supérieures» qui, mis en place en octobre 2015, vise à formaliser les échanges entre la Cour de Strasbourg et les cours supérieures nationales, via des «personnes de contact».

718. Au-delà de ces espaces de rencontres et d'échanges, le dialogue entre juges nationaux et juges européens s'opère par la voie contentieuse. Depuis peu, il se noue également par la voie consultative.

1. Le dialogue contentieux

719. Le dialogue entre juges nationaux et juges européens se produit naturellement dans le contentieux. Par le jeu de l'épuisement des voies de recours internes, la Cour est inéluctablement appelée à entrer en dialogue avec le juge national qui, saisi en premier lieu, aura pu préalablement se prononcer sur le cas d'espèce au regard de la Convention.

720. L'affaire *Al-Khawaja et Tahery c. Royaume-Uni* illustre fort bien ce dialogue contentieux: la Grande Chambre de la Cour y dialogua avec la Cour suprême britannique pour nuancer son approche quant à la compatibilité de la preuve par ouï-dire avec l'article 6, §§ 1er et 3[1111]. L'on songe aussi à l'affaire *Paposhvili c. Belgique*[1112] où la Cour reconsidéra sa jurisprudence *N. c. Royaume-Uni* concernant la protection due aux étrangers gravement malades soumis à une mesure d'éloignement. Il est remarquable d'observer que, dans ces deux affaires, les juges «nationaux» (le juge Bratza dans l'affaire *Al-Khawaja et Tahery* et le juge Lemmens dans l'affaire *Paposhvili*) ont revu, devant la Grande Chambre, la position qu'ils avaient, l'un et l'autre, préalablement adoptée devant la chambre. Ils ont tenu à justifier leur changement aux termes d'opinions séparées, dans lesquelles ils ont fait état des réactions suscitées en droit interne par la jurisprudence de la Cour et de leur prise en compte subséquente par la Grande Chambre. Ainsi, pour le juge Bratza, l'affaire *Al-Khawaja et Tahery* «constitue un bon exemple du dialogue judiciaire [...] entre les juridictions nationales et la Cour européenne sur l'application de la Convention». Quant à l'affaire *Paposhvili*, le juge Lemmens a indiqué que «le Conseil du contentieux des étrangers a pu attirer l'attention de la Cour sur le problème que posait sa jurisprudence», en sorte que l'arrêt *Paposhvili* de la Grande Chambre «peut être vu comme la

[1111] Cour eur. dr. h., Gde Ch., arrêt *Al-Khawaja et Tahery c. Royaume-Uni*, 15 décembre 2011.
[1112] Cour eur. dr. h., Gde Ch., arrêt *Paposhvili c. Belgique*, 13 décembre 2016.

réponse de la Cour au souci exprimé par le Conseil du contentieux des étrangers». «Les voix qui se sont élevées à Bruxelles ont donc été entendues à Strasbourg», s'est ouvertement félicité le président Raimondi[1113].

2. Le Protocole n° 16 et la mise en place d'un nouveau dialogue consultatif

721. Avec le Protocole n° 16, le dialogue entre juges nationaux et juges européens a pris une forme nouvelle par la mise en place d'un nouveau mécanisme consultatif devant la Cour[1114]. Le Protocole n° 16 permet en effet aux plus hautes juridictions d'un État partie à la Convention de solliciter de la Cour des «avis consultatifs» portant «sur des questions de principe relatives à l'interprétation ou à l'application des droits et libertés définis par la Convention ou ses protocoles»[1115].

722. Avant sa formalisation par le Protocole n° 16, l'idée d'institutionnaliser un dialogue entre la Cour et les juridictions nationales fut longtemps débattue. Elle retint plus spécialement en 2006 l'attention du «Groupe des Sages» chargé de réfléchir à «l'efficacité à long terme du mécanisme de contrôle de la Convention européenne des droits de l'homme»[1116]. Elle fut relancée en avril 2011 à l'occasion de la Conférence d'Izmir, avant d'épouser une forme plus concrète à la faveur de la Conférence sur l'avenir de la Cour, organisée à Brighton les 19 et 20 avril 2012. Le projet d'instaurer un mécanisme de renvoi préjudiciel, calqué sur celui en place devant la Cour de justice de l'Union européenne, fut rapidement écarté.

723. Entré en vigueur le 1er août 2018 après le dépôt par la France du dixième instrument de ratification, ce nouveau mécanisme d'avis consultatif accroît davantage encore les interactions entre les juges nationaux et les juges européens, autant qu'il renforce la dimension constitutionnelle de l'office de la Cour[1117].

1113 Discours prononcé le 27 janvier 2017 lors de l'audience solennelle de rentrée de la Cour.

1114 Notons que l'article 47 contient déjà un mécanisme d'«avis consultatifs» portant «sur des questions juridiques concernant l'interprétation de la Convention et de ses protocoles» (article 47, § 1er). Toutefois, «ces avis ne peuvent porter ni sur les questions ayant trait au contenu ou à l'étendue des droits et libertés définis au titre I de la Convention et dans les protocoles ni sur les autres questions dont la Cour ou le Comité des Ministres pourraient avoir à connaître par suite de l'introduction d'un recours prévu par la Convention» (article 47, § 2). Voy. les avis rendus les 12 février 2008 et 22 janvier 2010 qui portaient sur les conditions d'élection des juges.

1115 Sur ce Protocole n° 16, voy. notamment S. O'Leary et T. Eicke, «Some reflections on Protocol 16», *European Human Rights Law Review*, 2018/3, pp. 220 et s.; L.-A. Sicilianos, «L'élargissement de la compétence consultative de la Cour européenne des droits de l'homme – À propos du Protocole n° 16 à la Convention européenne des droits de l'homme», *Rev. trim. dr. h.*, 2014, pp. 9 et s.; Fr. Tulkens, «La Cour européenne des droits de l'homme et les avis consultatifs», *Cah. dr. eur.*, 2018, pp. 653 et s.; V. Berger, «Le Protocole n° 16 à la Convention européenne des droits de l'homme ou l'institutionnalisation du dialogue des juges», *Gazette du Palais*, 27 juin 2015, n° 178, p. 8.

1116 Rapport du Groupe des Sages au Comité des ministres, 15 novembre 2006, CM(2006)203, §§ 76-86.

1117 Voy. J. Andriantsimbazovina, «La demande d'avis consultatif du Protocole n° 16, un instrument de renforcement de la fonction constitutionnelle de la Cour européenne des droits de l'homme. Quelques

2.1. Le but du dialogue

724. La Cour a balisé le cadre de ce nouvel espace de dialogue dès son premier avis consultatif du 10 avril 2019, en ces termes: «comme l'indique le préambule du Protocole n° 16, la procédure d'avis consultatif a pour but de renforcer l'interaction entre elle et les autorités nationales et de consolider ainsi la mise en œuvre de la Convention, conformément au principe de subsidiarité [...]. L'objectif de la procédure n'est pas de transférer le litige à la Cour, mais de donner à la juridiction qui a procédé à la demande les moyens nécessaires pour garantir le respect des droits de la Convention lorsqu'elle jugera le litige en instance (voir le point 11 du rapport explicatif). La Cour n'est compétente ni pour se livrer à une analyse des faits, ni pour apprécier le bien-fondé des points de vue des parties relativement à l'interprétation du droit interne à la lumière du droit de la Convention, ni pour se prononcer sur l'issue de la procédure. Son rôle se limite à rendre un avis en rapport avec les questions qui lui ont été soumises. C'est à la juridiction dont émane la demande qu'il revient de résoudre les questions que soulève l'affaire et de tirer, selon le cas, toutes les conséquences qui découlent de l'avis donné par la Cour pour les dispositions du droit interne invoquées dans l'affaire et pour l'issue de l'affaire»[1118].

725. Le but du dialogue ainsi mis en place est de fournir «une orientation» à la juridiction qui s'adresse à la Cour. Celle-ci a en effet souligné qu'«en application du Protocole n° 16, son rôle n'est pas de statuer contradictoirement sur des requêtes contentieuses par un arrêt ayant force obligatoire mais, dans un délai aussi rapide que possible, de fournir à la juridiction qui a procédé à la demande une orientation lui permettant de garantir le respect des droits de la Convention lorsqu'elle jugera le litige en instance»[1119]. La Cour oriente donc la juridiction nationale mais ne juge pas à sa place, sous peine de renverser la logique subsidiaire mais aussi d'anticiper sur l'éventuel exercice ultérieur de la fonction contentieuse au titre de l'article 34 de la Convention.

2.2. Les acteurs du dialogue

2.2.1. Un dialogue ouvert aux plus hautes juridictions nationales

726. Seules les «plus hautes juridictions», que les États désignent eux-mêmes librement, peuvent adresser une demande d'avis consultatif à la Cour. Cette saisine consultative ne peut s'opérer que dans le cadre d'une affaire pendante

réflexions à partir des premiers avis consultatifs du Protocole n° 16», *in* C. Tzutzuioano et T. Disperati (dir.), *La saisine pour avis de la Cour européenne des droits de l'homme: le Protocole n° 16 à la Convention européenne des droits de l'homme*, Presses universitaires d'Aix-Marseille, 2021, pp. 223-237.

1118 Cour eur. dr. h., Gde Ch., avis consultatif relatif à la reconnaissance en droit interne d'un lien de filiation entre un enfant né d'une gestation pour autrui pratiquée à l'étranger et la mère d'intention, 10 avril 2019, P16-2018-001 § 25.

1119 *Ibidem*, § 34.

devant elles. La Cour n'intervient donc plus ici *ex post*, au terme de la séquence nationale. Son office s'insère dans celle-ci, ce qui constitue une rupture par rapport à l'office habituel de la Cour.

727. Relevons que, si seules les plus hautes juridictions nationales peuvent adresser une demande d'avis consultatif à la Cour, le dialogue est néanmoins susceptible de s'engager indirectement avec une juridiction de première instance ou d'appel lorsque, par exemple, celle-ci s'interroge sur la constitutionnalité d'une norme et saisit la juridiction constitutionnelle, laquelle vient s'adresser à son tour à la Cour[1120].

2.2.2. Un dialogue réservé à la Grande Chambre

728. Les avis consultatifs relèvent de la compétence exclusive de la Grande Chambre de la Cour (article 2 du Protocole n° 16). Cette compétence conférée à la Grande Chambre constitue la force mais aussi la faiblesse de ce mécanisme[1121]. La force en ce que l'intervention de la Grande Chambre donne assurément une solennité et une gravité aux avis rendus. La faiblesse dès lors que cette même intervention implique l'activation d'une importante machinerie dont la lourdeur pourrait affecter à terme l'efficience de la procédure consultative.

2.3. Les modalités du dialogue

729. Le mécanisme, tel qu'il est mis en place par le Protocole n° 16, s'avère facultatif à quatre titres.

730. Premièrement, le Protocole n° 16 constitue un protocole optionnel. Son entrée en vigueur n'est point subordonnée à sa ratification par l'ensemble des États parties à la Convention. Au 15 juillet 2023, 21 États – dont la Belgique – ont accepté ce mécanisme consultatif.

731. Deuxièmement, les plus hautes juridictions nationales désignées par les États ayant ratifié le Protocole n° 16 sont libres d'adresser à la Cour une demande d'avis consultatif. Aucune obligation ne pèse sur ces juridictions.

732. Troisièmement, la Cour n'est pas davantage tenue de délivrer l'avis sollicité. En effet, lorsqu'une demande d'avis est adressée à la Cour, un collège de cinq juges se prononce préalablement sur son « acceptation » (article 2, § 1er, du

1120 Voy., à cet égard, Cour eur. dr. h., Gde Ch., avis consultatif relatif à l'utilisation de la technique de « législation par référence » pour la définition d'une infraction et aux critères à appliquer pour comparer la loi pénale telle qu'elle était en vigueur au moment de la commission de l'infraction et la loi pénale telle que modifiée, 29 mai 2020, P16-2019-001. Dans le cas d'espèce, le tribunal de première instance d'Erevan interrogea la Cour constitutionnelle d'Arménie quant à la constitutionnalité d'une disposition pénale et la Cour constitutionnelle décida à son tour de saisir la Cour européenne d'une demande d'avis consultatif.

1121 Voy. à cet égard les craintes déjà exprimées avant l'entrée en vigueur du Protocole n° 16 par L.-A. Sicilianos, « L'élargissement de la compétence consultative de la Cour européenne des droits de l'homme », *op. cit.*, p. 20.

Protocole n° 16). Une demande d'avis peut par conséquent être refusée. Tel fut le cas en décembre 2020 lorsque le collège décida de ne pas accepter une demande d'avis consultatif soumise par la Cour suprême slovaque[1122]. On relèvera qu'à la différence des décisions prises par le collège de cinq juges réuni sur le fondement de l'article 43 de la Convention (demande de renvoi devant la Grande Chambre à la suite d'un arrêt de chambre), les refus d'acceptation d'une demande d'avis consultatif sont motivés (article 2, § 1er, du Protocole n° 16) et sont, en outre, publiés.

733. Quatrièmement, et enfin, la Cour ne se prononce point aux termes d'un arrêt juridiquement obligatoire. Elle est ici appelée à rendre un avis qui, formellement, n'est pas contraignant (article 5 du Protocole n° 16).

2.4. Le fruit du dialogue

734. Si l'avis consultatif n'est pas contraignant, il n'est pas de nul effet. On ose tout d'abord penser que la juridiction qui a sollicité l'avis sera encline à le suivre. On peut ensuite espérer qu'au-delà de la juridiction *a quo*, l'avis présentera une utilité pour les autres juridictions de l'État partie concerné, mais aussi, au-delà, pour celles des autres États.

735. De toute évidence, l'avis a vocation à s'intégrer dans la jurisprudence de la Cour, ainsi que l'ont indiqué les auteurs du Protocole n° 16[1123]. Cette intégration des avis consultatifs dans la «jurisprudence» de la Cour s'avère, à mes yeux, naturelle pour deux raisons au moins.

736. La première procède du fait que, lorsque la Cour interprète la Convention, cette interprétation ne diffère pas selon que la Cour se prononce dans le cadre consultatif ou dans le cadre contentieux. On ne comprendrait pas en effet que la Cour interprète différemment la Convention en fonction de la forme (avis consultatif, d'un côté, ou arrêt ou décision, de l'autre) sous laquelle cette interprétation est énoncée.

737. La deuxième raison tient à la formation de la Cour habilitée à rendre un avis consultatif, à savoir la Grande Chambre. L'autorité qui s'attache à ces

1122 Cour eur. dr. h., Gde Ch. (collège), 14 décembre 2020, décision relative à une demande d'avis consultatif formée en vertu du Protocole n° 16 concernant l'interprétation des articles 2, 3 et 6 de la Convention. La Cour suprême slovaque s'interrogeait sur l'indépendance des agents du service de l'inspection du ministère de l'Intérieur amenés à enquêter sur des plaintes visant des agents de police. Ce rejet a été motivé par le fait que la demande d'avis se référait à des droits (articles 2 et 3 de la Convention) qui n'étaient pas en jeu dans le cadre de la procédure interne et qu'en ce qui concerne l'article 6 de la Convention, la Cour suprême avait déjà «donné des indications pertinentes pour répondre à la question dont la Cour est à présent saisie» (§§ 19-22).

1123 Voy., en ce sens, le point 27 du rapport explicatif du Protocole n° 16: «Les avis consultatifs en vertu du présent protocole n'ont aucun effet direct sur d'autres requêtes ultérieures. Ils s'insèrent toutefois dans la jurisprudence de la Cour, aux côtés de ses arrêts et décisions. L'interprétation de la Convention et de ses protocoles contenue dans ces avis consultatifs est analogue dans ses effets aux éléments interprétatifs établis par la Cour dans ses arrêts et décisions».

avis découle inéluctablement de la prééminence de cette formation au sein de la Cour.

Chapitre IV
Écouter, expliquer et résister

A. Le constat

738. « Abstraction faite des tribunaux d'exception, des cours de sûreté de l'État et autres 'sections spéciales', peu de juridictions ont fait l'objet d'autant de critiques acerbes que la Cour européenne des droits de l'homme », écrivait Pierre Lambert en 2010 dans l'insigne *Revue trimestrielle des droits de l'homme*[1124]. D'aucuns ont ainsi pu se demander si la Cour n'était pas une « juridiction tyrannique »[1125] et s'il ne valait pas mieux la « supprimer »[1126].

739. En réalité, la Cour est, depuis son origine, la cible de critiques. Celles-ci peuvent émaner des autorités étatiques, des acteurs de terrain ou du monde académique[1127]. Tantôt il est reproché à la Cour d'être trop « arrogante » en ce que sa jurisprudence ferait pièce à la souveraineté des États ; tantôt la Cour serait trop « timide » car exagérément déférente à l'égard des autorités nationales.

740. On peut toutefois se demander si certaines critiques n'ont pas gagné en férocité ces dernières années dans la mesure où ce n'est plus tant un arrêt ou une jurisprudence de la Cour qui attise les foudres que l'existence même du contrôle dont elle est investie. À y regarder de plus près, le phénomène n'est pas propre à la Cour. L'on relève une réticence de plus en plus marquée à l'égard d'un contrôle externe aux États[1128], *a fortiori* lorsque ce contrôle externe est juridictionnel et se traduit, comme c'est le cas pour la Cour, par des arrêts obligatoires.

B. Les réponses

741. Que la jurisprudence de la Cour fasse l'objet d'une analyse critique est foncièrement heureux et – ajouterais-je – nécessaire. Toutefois, lorsque la cri-

---

1124 P. Lambert, « La Cour européenne des droits de l'homme à l'épreuve de quelques critiques... au fil du temps », *Rev. trim. dr. h.*, 2010, p. 5.

1125 B. Edelman, « La Cour européenne des droits de l'homme : une juridiction tyrannique ? », *Recueil Dalloz*, 2008, pp. 1946 et s.

1126 V. Haïm, « Faut-il supprimer la Cour européenne des droits de l'homme ? », *Recueil Dalloz*, 2001, pp. 2998 et s.

1127 Voy. notamment P. Popelier, S. Lambrecht et K. Lemmens (éd.), *Criticism of the European Court of Human Rights*, Intersentia, Cambridge-Anvers-Portland, 2016 ; S. Flogaitis, T. Zwart et J. Fraser (éd.), *The European Court of Human Rights and its discontents*, Edward Elgar, Cheltenham, 2013.

1128 Voy. L. Burgorgue-Larsen, « Les systèmes européen et interaméricain à l'heure des défis », *in* N. Aloupi, D.P. Fernandez Arroyo, C. Kleiner, L.-A. Sicilianos et S. Touzé (dir.), *Les droits humains comparés. À la recherche de l'universalité des droits humains*, Pedone, Paris, 2019, p. 107 : « l'on assiste à un mouvement de fond, global, d'opposition étatique aux structures internationales en général et aux systèmes de garantie des droits en particulier ». Voy. aussi S. Touzé, « La remise en cause de l'autorité des cours supranationales », *in La protection des droits de l'homme par les cours supranationales*, *op. cit.*, pp. 195-210.

tique vise la légitimité même de la Cour à exercer son contrôle externe, elle me paraît plus douteuse. J'y reviendrai par après (*infra* n°s 761-764). En outre, il me paraît extrêmement dangereux de remettre en cause les acquis de la jurisprudence de la Cour. Qui oserait, par exemple, aujourd'hui, contester le bien-fondé de l'arrêt *Marckx* dénonçant la discrimination entre enfants « naturels » et enfants « légitimes »[1129] ? Qui viendrait nier les vertus de l'arrêt *Golder* reconnaissant un droit d'accès du citoyen à un tribunal en matière civile[1130] ? Devrait-on déplorer l'arrêt *Siliadin* appelant à lutter contre l'esclavage domestique[1131] ou encore reconsidérer l'arrêt *Dudgeon* jugeant la pénalisation de l'homosexualité incompatible avec le droit au respect de la vie privée[1132] ? Au-delà de ces quelques exemples, l'œuvre de la Cour doit être vue dans sa globalité et il est difficile de nier les avancées considérables qu'on lui doit sur les terrains de la justice, de la liberté et de l'égale dignité des individus. J'ose soutenir que les arrêts de la Cour ont amélioré le quotidien de nos sociétés et ont conduit à des réformes salutaires au sein du Conseil de l'Europe.

1. *Écouter*

742. Si la Cour est une juridiction indépendante, elle ne statue cependant pas du haut d'une tour d'ivoire, coupée du monde qui l'entoure et emprisonnée dans ses dogmes. Pleinement consciente de l'importance liée à l'exécution de ses arrêts, elle n'est pas insensible aux réactions que ses arrêts suscitent, ni aux difficultés qu'ils peuvent, le cas échéant, générer[1133].

743. Qu'il me soit permis de citer un exemple. Dans l'affaire *De Cubber c. Belgique*, la Cour jugea que le fait, pour un même magistrat, de cumuler une fonction d'instruction avec celle de jugement suffisait à mettre en doute l'impartialité du tribunal dans lequel ce magistrat était appelé ensuite à siéger[1134]. Cette position de la Cour emporta la critique de la doctrine au motif qu'elle sacrifiait exagérément aux « apparences » et qu'elle traduisait une attitude de méfiance excessive à l'égard des institutions judiciaires et des femmes et des hommes qui les servent[1135]. Les praticiens firent également part de leurs inquiétudes[1136].

1129 Cour eur. dr. h., arrêt *Marckx c. Belgique*, 13 juin 1979.

1130 Cour eur. dr. h., arrêt *Golder c. Royaume-Uni*, 21 février 1975.

1131 Cour eur. dr. h., arrêt *Siliadin c. France*, 26 juillet 2005.

1132 Cour eur. dr. h., arrêt *Dudgeon c. Royaume-Uni*, 22 octobre 1981.

1133 Voy., à cet égard, Fr. Krenc, « L'acceptabilité des arrêts de la Cour européenne des droits de l'homme par les États parties : un défi permanent », *in* L. Robert et H. Surrel (dir.), *Quel avenir pour le système européen de protection des droits de l'homme ?*, coll. « Droit & Justice », n° 119, Nemesis/Anthemis, Bruxelles/Limal, 2020, pp. 97-135 et *Rev. trim. dr. h.*, 2020, pp. 217-253. Sur ce même thème, voy. également D. Szymczak, « La question de l'acceptabilité des arrêts de la Cour européenne des droits de l'homme par les États parties », *in* S. Touzé (dir.), *La Cour européenne des droits de l'homme – Une confiance nécessaire pour une autorité renforcée*, Pedone, Paris, 2016, pp. 123-139.

1134 Cour eur. dr. h., arrêt *De Cubber c. Belgique*, 26 octobre 1994.

1135 Voy. l'article fameux de P. Martens, « La tyrannie de l'apparence », *Rev. trim. dr. h.*, 1996, pp. 640 et s.

1136 Voy. en particulier J. Michaëlis, « Le cumul des fonctions de juge d'instruction et de juge de fond », *J.T.*, 1985, p. 187.

Celles-ci concernaient singulièrement les tribunaux à faibles effectifs, obligés de composer les sièges avec le peu de magistrats mis à leur disposition. L'application de la jurisprudence *De Cubber* à ces «petites» juridictions risquait de provoquer leur paralysie, à tout le moins d'épineux problèmes d'organisation, lesquels viendraient à leur tour compromettre une autre garantie fondamentale consacrée, elle aussi, par l'article 6 de la Convention, celle de l'administration de la justice dans un délai raisonnable. La Cour n'est pas restée indéfiniment sourde à ces inquiétudes. Elle décida de nuancer sa position par son arrêt *Hauschildt c. Danemark* du 24 mai 1989, considérant que le simple fait, pour un juge, d'avoir pris des décisions lors d'une phase antérieure au procès ne pouvait passer pour justifier, en soi, des appréhensions relativement à l'impartialité du tribunal appelé à le juger. Certes, «pareille situation peut susciter chez le prévenu des doutes sur l'impartialité du juge. Ils se comprennent». Cependant, «on ne saurait [...] les considérer comme objectivement justifiés dans tous les cas: la réponse varie suivant les circonstances de la cause»[1137]. Il convient dès lors de procéder, dans chaque cas, à une analyse concrète des données du litige et de la portée réelle du cumul critiqué afin d'apprécier le caractère raisonnable du doute nourri par le justiciable.

2. Expliquer

744. Il est parfaitement légitime d'attendre de la Cour qu'elle rende des arrêts intelligibles, rigoureusement motivés en droit et solidement ancrés dans les faits du dossier soumis devant elle. La Cour s'y attelle quotidiennement. Aussi, il me semble pouvoir dire qu'aujourd'hui, elle s'inscrit davantage encore dans une logique judiciaire qui, aux antipodes d'un mode sentencieux de la justice, est animée par un souci pédagogique et imprégnée par une culture du dialogue avec les juridictions nationales.

3. Résister

745. Dans l'exercice de sa fonction judiciaire, la Cour ne doit être ni arrogante ni pusillanime. Il lui incombe certes de faire montre de prudence. Celle-ci n'est cependant pas la peur d'assumer ses responsabilités. Appliquée à la fonction juridictionnelle, la prudence consiste à statuer en conscience et indépendance, après avoir dûment pris en considération l'ensemble des arguments et minutieusement pesé les intérêts en jeu. La Cour ne pourrait renoncer à sa mission au motif que sa décision risque de déplaire à son destinataire ou à une part importante de l'opinion publique. Elle est là pour réaliser la tâche qui lui a été confiée par les États, sans être gagnée par l'ivresse du pouvoir, ni habitée par la crainte d'être mal aimée. Lucidité et courage, tels sont les maîtres-mots de la fonction.

1137 Cour eur. dr. h., arrêt *Hauschildt c. Danemark*, 24 mai 1989, § 49.

Partie V

Des points de tension

746. Les droits fondamentaux sont des droits qui appartiennent à tout individu du simple fait de son existence et qui peuvent être invoqués à l'égard des autorités publiques, lesquelles sont tenues de les respecter, mais aussi de les protéger face aux atteintes d'autres particuliers.

747. Depuis quelque temps, ces droits fondamentaux sont discutés dans leur essence même. Des droits pour l'individu, mais quels devoirs ? Les droits fondamentaux permettent-ils d'inscrire l'individu dans un projet collectif? On peut lire et entendre ci et là qu'ils seraient nuisibles à la société, qu'ils viendraient désagréger les familles et qu'ils ne valoriseraient que des êtres hédonistes et égocentrés. En outre, la légitimité des juges qui visent à en assurer le respect est de plus en plus contestée. La Cour est particulièrement visée en ce qu'elle viendrait confisquer la souveraineté des États et mettre à néant les choix démocratiques opérés librement par les citoyens. Enfin, ces mêmes droits fondamentaux seraient un frein pour une action efficace en temps de crise.

748. Lorsqu'on jette un rapide regard rétrospectif sur l'évolution du droit européen et international des droits fondamentaux, on peut constater que celui-ci a sans doute connu un « âge d'or » au cours d'une période que l'on peut, me semble-t-il, situer entre la chute du mur de Berlin (1989) et le début des années 2000, postérieurement aux événements du 11 septembre 2001. Durant cette période existait un soutien, sinon un enthousiasme franc, pour la protection et la promotion des droits fondamentaux. En attestent, entre autres, l'élargissement massif du Conseil de l'Europe aux États d'Europe de l'Est, intervenu dans les années 1990, mais aussi l'adoption du Protocole n° 11 (1994, entrée en vigueur en 1998) consacrant pleinement le droit de recours individuel devant la Cour. On peut parallèlement constater que cette période a coïncidé avec les premières manifestations d'une justice pénale internationale (Statut de Rome, 1998). Depuis les années 2000 cependant, des mouvements de repli, amplifiés par les crises sécuritaire, économique mais aussi migratoire, sont observables. Ce repli s'accompagne, selon Paul Martens, d'une « défondamentalisation des droits humains »[1138].

[1138] P. Martens, « Sur la défondamentalisation des droits humains », *J.L.M.B.*, 2017, pp. 1380-1383.

749. Les lignes qui suivent envisagent ces «points de tension» et entendent apporter quelques éléments de réponse.

Chapitre I
Individu *versus* société ?

750. Dans son essai *Sans la liberté*, François Sureau observe que «nous n'avons plus du citoyen qu'une conception passive, qui détermine des droits correspondants, rattachés à nul projet, à nulle action collective»[1139]. Or, «[l]e citoyen est [...] non celui qui se satisfait de poursuivre son but propre, mais celui qui maintient vif le souci des buts des autres»[1140]. Pour Marcel Gauchet, «nous sommes condamnés à vivre en société, et former une société, c'est nécessairement porter atteinte à l'autonomie de chacun des individus qu'on rassemble pour la former, c'est forcément infliger un irréparable dommage à l'intégrité originaire de leur souveraineté personnelle». Et Marcel Gauchet d'ajouter: «[l]à réside le plus grand péril que recèle le retour aux droits de l'homme: retomber dans l'ornière et l'impasse d'une pensée de l'individu contre la société, succomber à la vieille illusion qu'on fait peut faire fond sur l'individu et partir de l'individu, de ses exigences et de ses droits pour remonter à la société»[1141].

751. La Convention repose, il est vrai, sur un principe d'«autonomie personnelle»[1142]. Son article 8 est, par ailleurs, interprété comme garantissant un «droit à l'épanouissement personnel»[1143]. La Convention sacraliserait-elle de sorte l'individu au mépris de la collectivité au sein de laquelle il est appelé à évoluer? Permettrait-elle l'assouvissement de tous les désirs individuels au détriment d'autrui? Tel n'est certainement pas son dessein.

A. Le texte de la Convention

752. Tout d'abord, le texte de la Convention ne vise pas à proclamer la souveraineté de l'individu au mépris total des droits d'autrui ou de la collectivité. Si elle consacre des droits absolus (comme l'interdiction de la torture et des peines ou traitements inhumains ou dégradants) en ce que ceux-ci participent du respect de la dignité humaine, la Convention énonce que des restrictions peuvent légitimement être apportées à un certain nombre de droits au titre notamment de «la protection des droits et libertés d'autrui». Ainsi en va-t-il du droit au respect de la vie privée et familiale (article 8), de la liberté de religion (article 9), de la liberté d'expression (article 10) comme des libertés de réunion

---

[1139] Fr. Sureau, *Sans la liberté*, Gallimard, Paris, 2019, p. 39.
[1140] *Ibidem*, p. 38.
[1141] M. Gauchet, *La démocratie contre elle-même*, Gallimard, Paris, 2002, p. 17.
[1142] Cour eur. dr. h., Gde Ch., arrêt *Sorensen et Rasmussen c. Danemark*, 11 janvier 2006, § 54.
[1143] Cour eur. dr. h., arrêt *K.A. et A.D. c. Belgique*, 17 février 2005, § 83.

et d'association (article 11). Pour la Cour, c'est la « constante recherche d'un équilibre entre les droits fondamentaux de chacun qui constitue le fondement d'une société démocratique »[1144]. Celle-ci suppose « le dialogue et un esprit de compromis, qui impliquent nécessairement de la part des individus des concessions diverses »[1145].

B. La jurisprudence de la Cour

753. La jurisprudence de la Cour témoigne de cette « constante recherche d'un équilibre ». Des restrictions apportées aux droits fondamentaux des individus ont ainsi été admises par la Cour tantôt au nom du « vivre ensemble », tantôt aux fins de la « solidarité sociale ».

1. La réception du « vivre ensemble »

754. Dans l'affaire *S.A.S. c. France*, c'est la notion de « vivre ensemble » invoquée par le gouvernement français qui a été considérée comme pouvant justifier une interdiction légale de dissimuler le visage dans l'espace public. La Cour rattacha ce « vivre ensemble » à la protection des « droits et libertés d'autrui » au sens des articles 8 et 9 de la Convention. Elle a indiqué « [pouvoir] admettre que la clôture qu'oppose aux autres le voile cachant le visage soit perçue par l'État défendeur comme portant atteinte au droit d'autrui d'évoluer dans un espace de sociabilité facilitant la vie ensemble »[1146].

2. La valorisation de la « solidarité sociale »

755. Quelques années plus tard, c'est le concept de la « solidarité sociale » qui fut mobilisé dans l'affaire *Vavřička et autres c. République tchèque* pour juger que la vaccination obligatoire, en République tchèque, des enfants contre neuf maladies bien connues de la médecine (notamment la poliomyélite, l'hépatite B ou encore le tétanos) constituait une ingérence dans le droit au respect de la vie privée pouvant être considérée comme « nécessaire dans une société démocratique ». La Cour souligna à la suite du gouvernement défendeur « l'importance que revêt la solidarité sociale, l'objet de l'obligation en cause étant de protéger la santé de tous les membres de la société, en particulier des personnes qui sont particulièrement vulnérables face à certaines maladies et pour lesquelles le reste de la population est invité à prendre un risque minime en se faisant vacciner »[1147]. Aussi, « on ne saurait estimer disproportionné le fait qu'un État exige, de la part de ceux pour qui la vaccination représente un risque

---

1144 Cour eur. dr. h., Gde Ch., arrêt *Chassagnou et autres c. France*, 29 avril 1999, § 113 ; Gde Ch., arrêt *Leyla Şahin c. Turquie*, 10 novembre 2005, § 108.

1145 Cour eur. dr. h., Gde Ch., arrêt *Leyla Şahin c. Turquie*, 10 novembre 2005, § 108.

1146 Cour eur. dr. h., Gde Ch., arrêt *S.A.S. c. France*, 1er juillet 2014, § 122.

1147 Cour eur. dr. h., Gde Ch., arrêt *Vavřička et autres c. République tchèque*, 8 avril 2021, § 279.

lointain pour la santé, d'accepter cette mesure de protection universellement appliquée, dans le cadre d'une obligation légale et au nom de la solidarité sociale, pour le bien du petit nombre d'enfants vulnérables qui ne peuvent pas bénéficier de la vaccination »[1148].

756. Loin de consacrer une vision purement individualiste, la Cour inscrit donc les droits fondamentaux dont elle a la garde, dans une perspective collective. C'est que la Convention ne consacre pas des droits au profit d'individus détachés de la société dans laquelle ils vivent. Elle ne promeut pas la maximisation des désirs personnels sans se soucier d'autrui ni de la collectivité. Elle est, au contraire, source d'obligations et de responsabilités afin de tendre vers une égale jouissance par chacun des droits qu'elle garantit.

Chapitre II
État de droit *versus* démocratie ?

757. Pour indissociables qu'ils soient, État de droit et démocratie sont susceptibles d'entrer en tension, sinon en conflit[1149]. En effet, si l'on admet que la démocratie repose sur un principe d'autonomie collective, en vertu duquel les individus sont censés être les auteurs des normes dont ils sont les destinataires[1150], force est de constater que l'intervention du juge en tant que gardien des droits et libertés des individus peut énerver et même heurter ce principe d'autonomie collective lorsqu'elle conduit à écarter, voire à mettre à néant une norme issue de la volonté populaire et adoptée dans le strict respect des procédures démocratiques. Plusieurs y voient l'expression d'un « gouvernement des juges »[1151], pendant que d'autres, ciblant plus spécialement la Cour, dénoncent la confiscation de la souveraineté nationale par des juges « venus d'ailleurs »[1152].

758. D'emblée, il importe de rappeler que la démocratie ne se réduit pas à la seule expression de la volonté populaire (*supra* n°s 57-64). Comme l'écrivent Justine Lacroix et Jean-Yves Pranchère, « [l]a démocratie sans droits n'est pas une démocratie. La volonté majoritaire des électeurs, telle qu'exprimée dans les urnes, n'est pas le seul critère de la démocratie ; elle n'est qu'une conséquence

1148 *Ibidem*, § 306.

1149 Voy. tout particulièrement H. Dumont, « La démocratie, moteur des mutations de l'État de droit et vice-versa. Points de repère pour penser une relation dialectique équilibrée », *in Semper perseverans - Liber amicorum André Alen*, Intersentia, Anvers/Gand/Cambridge, 2020, pp. 79-94.

1150 Voy. P. Gérard, *Droit et démocratie. Réflexions sur la légitimité du droit dans une société démocratique*, Publications des Facultés universitaires Saint-Louis, Bruxelles, 1995.

1151 Voy. J.-E. Schoettl, *La démocratie au péril des prétoires – De l'État de droit au gouvernement des juges*, Gallimard, Paris, 2022. Voy. sur ce thème lancinant, M. Cadelli et J. Englebert (dir.), *Gouvernement des juges : une accusation, une vertu et une analyse critique*, Anthemis, Limal, 2020.

1152 Voy. notamment J. Sumption, *Trials of the State: Law and the Decline of politics*, Profile Books, Londres, 2019 ; M. Elchardus, *Reset. Over identiteit, gemeenschap en democratie*, Ertsberg, Aalter, 2021. Voy., pour une critique plus ciblée sur la jurisprudence de la Cour relative à l'asile, M. Bossuyt, *Strasbourg et les demandeurs d'asile : des juges sur un terrain glissant*, Bruylant, Bruxelles, 2010.

de ces critères premiers que sont l'égalité des droits et la liberté de tous»[1153]. La Cour arrime, elle aussi, la démocratie à un horizon de valeurs[1154].

759. À mes yeux, il n'y a pas de «gouvernement des juges» lorsque ceux-ci s'assurent du respect du droit – au sommet duquel figurent les droits fondamentaux – par les différents organes de l'État. Telle est la mission même du juge. Dans un État de droit, aucune autorité n'échappe au contrôle de ses actes. Les juges eux-mêmes officient dans un cadre tracé par le droit et ne peuvent s'y soustraire. Ils ne peuvent s'arroger des pouvoirs qu'ils ne sont pas légitimes d'exercer. Aussi sont-ils pareillement tenus d'observer la séparation des pouvoirs et ils peuvent, dans certains cas, engager dans l'ordre interne la responsabilité de l'État dont ils sont les organes, voire même leur propre responsabilité[1155].

760. Il est vrai que les citoyens nourrissent de plus en plus d'attentes à l'égard des juges, dans un contexte marqué par une perte de confiance dans les institutions et par une judiciarisation sans précédent de la société. Cependant, le juge n'est pas un mandataire politique et n'a pas la légitimité pour se substituer aux élus. Gardien de l'État de droit, sa mission consiste néanmoins à assurer la prééminence du droit, en ce compris contre la loi lorsque celle-ci contrevient aux droits fondamentaux des individus (*supra* n°s 69-70 concernant la distinction entre l'«État de droit» et l'«État légal»).

761. En ce qui concerne, plus particulièrement, la Cour[1156], il convient de rappeler, une fois encore, qu'elle ne s'est pas auto-créée. Elle résulte de la volonté souveraine des États qui ont décidé non seulement d'adopter une convention internationale consacrant des droits fondamentaux, mais aussi de mettre en place un contrôle externe de nature juridictionnelle en vue d'en assurer le respect. De surcroît, ces mêmes États ont expressément investi la Cour de la compétence d'interpréter la Convention (article 32 de la Conven-

---

1153 J. Lacroix et J.-Y. Pranchère, *Les droits de l'homme rendent-ils idiots?*, Seuil, Paris, 2019, p. 15.

1154 Voy. tout particulièrement Cour eur. dr. h., Gde Ch., arrêt *Refah Partisi c. Turquie*, 13 février 2003 (à propos de la dissolution d'un parti politique visant à instaurer la charia en Turquie) et Gde Ch., arrêt *Fedotova et autres c. Russie*, 17 janvier 2023, §§ 179-180 (à propos de la reconnaissance et de la protection dues aux couples de même sexe).

1155 Voy. toutefois C.J.U.E., Gde Ch., arrêt *Asociația «Forumul Judecătorilor din România»*, 18 mai 2021, aff. C83/19, C127/19, C195/19, C291/19, C355/19 et C397/19, ECLI:EU:C:2021:393. La Cour de justice y souligne que «la reconnaissance d'un principe de responsabilité personnelle des juges pour les erreurs judiciaires qu'ils commettent comporte un risque d'ingérence dans l'indépendance des juges en ce qu'elle est susceptible d'influer sur la prise de décision par ceux qui ont pour tâche de juger» (point 232). Partant, «il importe que la mise en cause, dans le cadre d'une action récursoire, de la responsabilité personnelle d'un juge du fait d'une erreur judiciaire soit limitée à des cas exceptionnels et encadrée par des critères objectifs et vérifiables [...] ainsi que par des garanties visant à éviter tout risque de pressions extérieures sur le contenu des décisions judiciaires [...]» (point 233). Aussi, «le fait qu'une décision comporte une erreur judiciaire ne saurait, à elle seule, suffire pour engager la responsabilité personnelle du juge concerné» (point 234).

1156 Voy. G. Ravarani, «Quelques réflexions sur la légitimité du juge de Strasbourg», *Rev. trim. dr. h.*, 2019, pp. 261-296.

tion[1157]). Par conséquent, outre qu'elle est nécessairement inhérente à la fonction juridictionnelle, l'interprétation de la Convention par la Cour résulte non pas d'une liberté personnelle de ses juges, mais de la volonté commune et expresse des États. Et cette interprétation doit s'accorder avec le but exprimé dans le Préambule de la Convention par ses auteurs : assurer « la sauvegarde », mais aussi « le développement des droits de l'homme et des libertés fondamentales ».

762. Dans ce contexte, on ne pourrait parler de « gouvernement des juges » lorsque ceux-ci tirent de la convention internationale dont on leur a donné la garde le sens qui est le plus propre à atteindre son objet et son but. Il ne s'agit pas de créer de nouvelles obligations à charge des États contre leur volonté, mais de donner plein effet aux dispositions auxquelles ils ont consenti. Cette interprétation finaliste (*supra* n°s 99-103) est dictée par l'article 31, § 1er, de la Convention de Vienne sur le droit des traités. L'arrêt *Golder* est topique à cet égard lorsqu'il énonce qu'« on ne comprendrait pas que l'article 6, § 1er, [de la Convention] décrive en détail les garanties de procédure accordées aux parties à une action civile en cours et qu'il ne protège pas d'abord ce qui seul permet d'en bénéficier en réalité : l'accès au juge. Équité, publicité et célérité du procès n'offrent point d'intérêt en l'absence de procès »[1158].

763. Guidée par cette même logique d'effectivité, la Cour est, par ailleurs, inéluctablement appelée à rechercher la signification contemporaine d'un texte rédigé à la moitié du siècle dernier, en vue d'en faire un « instrument vivant »[1159] adapté aux réalités de la société dans laquelle elle a vocation à s'appliquer[1160] (*supra* n°s 106-118).

764. La mission de la Cour consiste à dire tout ce que la Convention énonce, mais aussi ce qu'elle présuppose et implique nécessairement, dans une logique d'effectivité des droits, en tenant compte des « conditions de vie actuelles ». De ce point de vue, la Convention ne se distingue pas foncièrement des autres textes qui consacrent des droits fondamentaux, notamment des constitutions nationales. Ceux-ci ont généralement en commun de présenter une texture ouverte. Leur signification, qui n'est point figée, est appelée à être continuellement précisée. La tâche de la Cour ne diffère donc pas sensiblement des autres juridictions appelées à interpréter ces textes. L'interprétation suppose cependant une extrême rigueur et une cohérence dans le chef de l'interprète, lequel est investi d'une grande responsabilité.

[1157] L'article 32, § 1er, de la Convention dispose : « La compétence de la Cour s'étend à toutes les questions concernant l'interprétation et l'application de la Convention et de ses protocoles qui lui seront soumises dans les conditions prévues par les articles 33, 34, 46 et 47 ».

[1158] Cour eur. dr. h., arrêt *Golder c. Royaume-Uni*, 21 février 1975, § 35.

[1159] Cour eur. dr. h., arrêt *Tyrer c. Royaume-Uni*, 25 avril 1978, § 31.

[1160] Pour ne prendre qu'un seul exemple, voy. Cour eur. dr. h., arrêt *Copland c. Royaume-Uni*, 3 avril 2007, §§ 41-42, à propos de l'inclusion du courrier électronique dans la notion de « correspondance » au sens de l'article 8 de la Convention.

Chapitre III
État de crise(s) *versus* État de droit ?

765. L'État de droit est actuellement sous pression. Il est considérablement mis à l'épreuve par les diverses « crises » qui régissent notre quotidien depuis plusieurs années. De la crise économique à la crise sanitaire en passant par la menace terroriste ou la crise migratoire, force est de constater que la question de la préservation de l'État de droit se pose, à chaque fois, en des termes substantiellement identiques. Toute crise s'accompagne des mêmes phénomènes : un repli national, une revalorisation des frontières, un renforcement du rôle de l'exécutif et une compression des droits et libertés. La fréquence de ces crises conduit, en outre, à la récurrence des états d'urgence et de régimes d'exception.

766. Ces crises peuvent-elles justifier la mise en quarantaine de l'État de droit ? Une réponse résolument négative s'impose[1161]. La Convention postule la « prééminence du droit ». Celle-ci doit être assurée, en toutes circonstances, par un juge indépendant, chaque fois que les droits garantis par la Convention sont menacés. Si le droit traduit la puissance de l'État, il en fixe aussi la limite.

767. En ces temps de crise où des restrictions considérables peuvent être apportées aux libertés sous le bénéfice de l'urgence, l'accès à un contrôle juridictionnel indépendant et effectif constitue une garantie fondamentale contre un risque d'abus, lequel ne peut jamais être négligé. Le juge est là non point pour se substituer aux autorités compétentes – il ne peut avoir cette prétention car il ne dispose pas de la légitimité nécessaire à cette fin –, mais pour contrôler la légalité et la proportionnalité de ces restrictions, guidé par la perspective que les citoyens puissent, aussi vite que possible, regoûter pleinement aux libertés.

768. De ce point de vue, la crise constitue un « test »[1162] pour l'État de droit en ce qu'elle permet de jauger sa « résilience »[1163]. La crise n'appelle pas un changement de paradigme. Elle est l'occasion de réaffirmer avec force cette « prééminence du droit ».

769. Par conséquent, l'expansion notable des situations de crise auxquelles nous sommes confrontés nous invite à maintenir nos consciences en éveil. Protéiforme, la crise s'est installée durablement dans notre quotidien. Face aux risques tenant à la pérennisation de l'urgence et à la normalisation de l'exception, il convient de faire montre d'une vigilance constante. En ce qu'il repose sur ces deux piliers que sont le droit au droit et le droit au juge, l'État

1161 Voy. Fr. Krenc, « Conclusions - L'État de droit face à l'exception », *in* Fr. Tulkens et S. Parsa (coord.), *État de droit, état d'exception et libertés publiques*, Anthemis, Limal, 2022, pp. 327-351.

1162 Voy. le numéro spécial de la *Revue du droit public* intitulé « Les états d'exception, un test pour l'État de droit » et publié en 2021.

1163 Voy. en ce sens le rapport 2020 sur l'État de droit présenté par la Commission européenne (COM(2020) 580 final).

de droit n'est pas un luxe réservé pour des temps paisibles. Il a vocation à gouverner aussi et surtout les situations les plus difficiles et les plus critiques. Ne perdons jamais de vue que c'est pour de telles situations que la Convention a été conçue et que c'est dans de telles situations qu'elle est appelée à prendre tout son sens.

Considérations finales

770. L'ensemble des considérations qui précèdent m'amène, en guise de conclusion, à revenir sur le rôle de la Cour afin d'en souligner, une fois encore, toute l'importance.

La Cour, cour internationale et cour des droits fondamentaux

771. La Cour est une cour internationale et une cour des droits fondamentaux.

772. La Cour est, tout d'abord, une cour internationale. Ceci emporte deux conséquences majeures qu'il importe de rappeler.

773. La première concerne la relation avec les ordres nationaux, laquelle est marquée du sceau de la subsidiarité. La Cour ne peut se substituer aux autorités nationales qui assument, au plus près des individus, des faits et des réalités, la responsabilité première d'appliquer la Convention. Elle n'intervient qu'à titre supplétif, en cas de défaillance de ces autorités.

774. La deuxième a trait à la relation avec l'ordre international, laquelle est fondée sur une recherche d'harmonie et de cohérence. La Cour officie dans un environnement international dont elle ne peut faire abstraction. Elle doit tenir compte des règles du droit international dans lequel la Convention s'inscrit.

775. Ensuite, la Cour est, aussi et surtout, une cour des droits fondamentaux. Ceux-ci constituent la raison d'être de son institution. La Cour a, en effet, pour mission d'assurer le respect d'une convention internationale qui se distingue sensiblement, par son objet comme par son but, des traités habituellement conclus. La Convention n'est pas une convention comme les autres. La Cour est dès lors appelée à donner l'interprétation qui est la plus à même de rencontrer cet objet et ce but et, concrètement, celle qui procure la pleine effectivité aux droits fondamentaux que la Convention garantit. Ainsi que la Cour réunie en plénière l'a solennellement rappelé, « l'objet et le but de la Convention, en tant qu'instrument de protection des droits de l'homme, appellent une interprétation et une application de ses dispositions qui permettent la protection concrète et effective de toute personne relevant de la juridiction des Hautes Parties contractantes »[1164].

[1164] Résolution de la Cour européenne des droits de l'homme du 22 mars 2022 sur les conséquences de la cessation de la qualité de membre du Conseil de l'Europe de la Fédération de Russie à la lumière de l'article 58 de la Convention européenne des droits de l'homme.

La Cour, gardienne des promesses

776. « Personne ne peut dire qu'il est, pour la suite des années à venir, à l'abri du péril totalitaire […]. Il faut donc créer par avance, au sein de l'Europe, une conscience qui sonne l'alarme. Cette conscience ne peut être qu'une juridiction propre à l'Europe ». Ces mots sont ceux prononcés par Pierre-Henri Teitgen en 1949 lorsque furent discutées l'élaboration d'une convention des droits de l'homme et la mise en place d'une juridiction internationale chargée d'en assurer le respect en Europe.

777. Il faut y insister : les engagements souscrits par les États au titre de la Convention ont été arrêtés délibérément au sortir de la Seconde Guerre mondiale afin de prévenir la répétition des pires atrocités que notre continent a connues. La Cour est appelée à veiller, en dernière instance, à leur respect.

778. À cet égard, le rôle de la Cour ne consiste pas à priver les États de leur souveraineté. Il n'est pas de remplacer les législateurs ni d'évincer les juges nationaux. Le rôle de la Cour est de rappeler en permanence les États à leurs engagements et de préserver, en toutes circonstances, ce patrimoine de droits et de libertés qui procèdent de valeurs communes à l'Europe.

779. Gardienne des promesses[1165], la Cour est investie d'une responsabilité immense envers les générations actuelles mais aussi futures. Il lui incombe de faire en sorte que le texte de la Convention adopté au milieu du siècle dernier soit porteur de sens dans le quotidien des individus et constitue le terreau d'une société libre, juste, solidaire et durable.

1165 Pour reprendre la métaphore d'Antoine Garapon, *Le gardien des promesses. Justice et démocratie*, préface de P. Ricœur, Odile Jacob, Paris, 1996.

Table des matières